沈阳考古文集

（第5集）

姜万里　主编

沈阳市文物考古研究所　编

科　学　出　版　社

北　京

内 容 简 介

本文集共收录考古调查、发掘报告、简报等资料性文章18篇，学术论文4篇，反映了沈阳市文物考古研究所近两年来配合城市基本建设、主动性考古发掘和文物保护等工作取得的成果。文章作者主要是沈阳市文物考古研究所的在职业务人员，还有曾参加过工作的省内同仁。

本书可供考古学、历史学研究者，尤其是沈阳地域性考古学文化和沈阳地方史研究者，以及其他相关专业师生参阅。

图书在版编目（CIP）数据

沈阳考古文集. 第5集 / 姜万里主编；沈阳市文物考古研究所编. —北京：科学出版社，2015.12
　ISBN 978-7-03-046524-5

　Ⅰ.①沈… Ⅱ.①姜… ②沈… Ⅲ.①考古工作—沈阳市—文集 Ⅳ.①K872.311-53

　中国版本图书馆CIP数据核字（2015）第285432号

责任编辑：刘　能　张文静 / 责任校对：邹慧卿
责任印制：肖　兴 / 封面设计：张　放

科 学 出 版 社 出版
北京东黄城根北街 16 号
邮政编码：100717
http://www.sciencep.com
中国科学院印刷厂 印刷
科学出版社发行　各地新华书店经销
*
2015 年 12 月第　一　版　开本：889×1194　1/16
2015 年 12 月第一次印刷　印张：22　插页 12
字数：626 000
定价：220.00 元
（如有印装质量问题，我社负责调换）

目　　录

沈阳农业大学后山遗址考古发掘收获

沈 阳 市 文 物 考 古 研 究 所
吉 林 大 学 边 疆 考 古 研 究 中 心

2011 年 3 月起，沈阳市文物考古研究所与吉林大学边疆考古研究中心合作开展沈阳早期古人类探源课题，在沈阳地区全境范围内开展旧石器时代考古调查。通过 3 年的野外调查，在辽河及其支流秀水河、浑河、蒲河流域的河流阶地上发现旧石器地点共 25 处，沈阳农业大学后山遗址即为其中之一。该遗址于 2012 年 4 月调查时发现。2013 年 6 月，沈阳农业大学后山遗址被沈阳市人民政府公布为沈阳市第 4 批市级文物保护单位。经国家文物局批准，沈阳市文物考古研究所与吉林大学边疆考古研究中心组成旧石器联合考古队，于 2012 年 8～11 月、2013 年 5～8 月、2014 年 4～8 月、2015 年 4～8 月先后对该遗址进行连续 4 次考古发掘，其成果将沈阳地区有人类活动的历史从新乐文化的 7200 年，提前至距今 11 万年左右。现将该遗址考古发掘收获报告如下。

一、地理位置及地形地貌

沈阳农业大学后山遗址位于沈阳市沈河区东陵路 120 号的沈阳农业大学院内后山果园处（图一），地处长白山系哈达岭余脉天柱山支脉南麓，浑河故道右岸 III 级基座阶地上，海拔约 82.6 米，地理坐标为东经 123° 33′ 49″，北纬 41° 49′ 35″（图二）。该阶地顶部地势较平坦，平面呈扇形，遗址位于整个阶地的南部前缘，面积约 8 万平方米（图版一）。

二、地层堆积、年代及成因

（一）地层堆积

根据土质土色的变化，目前可将该遗址的地层堆积划分为 9 层（图三），其中第 2～6 层为旧石器时代文化层，依次介绍如下。

第 1 层：耕土层。呈灰黑色。包含物有打制石器、夹砂陶片、鬲足、红烧土块及瓷

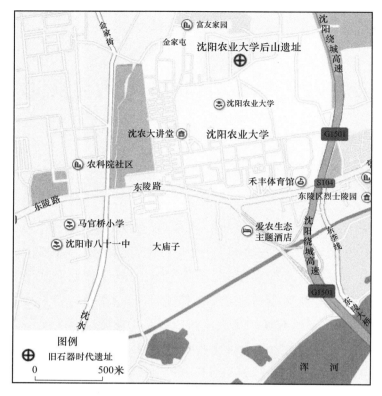

图一　沈阳农业大学后山遗址地理位置图

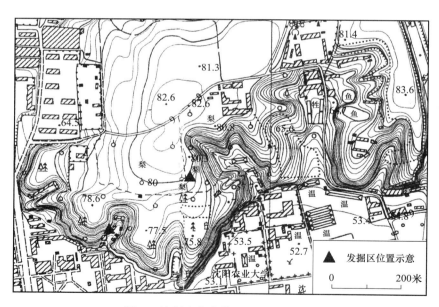

图二　沈阳农业大学后山遗址地形图

片等。石器原料主要为硅质泥岩、石英岩、石英砂岩、砂岩角岩、石英，还有少量板岩、辉长岩。厚4～20厘米。

图三　沈阳农业大学后山遗址地层堆积

　　第2层：黄褐色黏土。土质较致密。包含物有打制石器，石器原料包括石英砂岩、石英岩、硅质泥岩、石英。深4～20、厚55～90厘米。

　　第3层：黄色黏土。土质较松散，含少量铁锰结核。包含物有打制石器，石器原料主要为石英、石英岩、石英砂岩、角岩，还有少量砂岩、硅质泥岩。深70～110、厚70～90厘米。

　　第4层：棕褐色黏土。质地较硬、致密，含小团块结构的铁锰结核。包含物有打制石器，石器原料主要为石英、石英岩，还有少量硅质泥岩、砂岩、石英砂岩、板岩。深150～170、厚95～110厘米。在该层下发现10处坑状遗迹。

　　第5层：深黄色黏土。质地坚硬，含较大的铁锰结核。包含物有打制石器，石器原料主要为石英、石英岩，还有少量石英砂岩、硅质泥岩。深260～270、厚50～85厘米。在该层下发现1处坑状遗迹。

　　第6层：灰黄色粉砂土。质地较为坚硬、致密。包含物有少量打制石器，石器原料有石英、石英岩、硅质泥岩。深 310～350、厚 30～80 厘米。

第 7 层：浅灰褐色团块状黏土。质地很坚硬，柱状节理明显，节理状土块颗粒度较小，节理面之间有大量铁锰质沉积物。深 370～400、厚 40～50 厘米。未见石器出土。

第 8 层：黄褐色团块状黏土，土色微泛红。质地很坚硬，柱状节理明显，节理状土块颗粒度较大，节理面之间的铁锰质沉积物较第 7 层少。深 410～450、厚 60～74 厘米。未见石器出土。

第 9 层：灰黄褐色黏土。质地非常坚硬，水平层理明显，铁锰质沉积物较少。深 500～506、厚 44～52 厘米。未见石器出土。该层下未及基岩。

（二）地 层 年 代

为确定地层堆积的准确年代，了解古环境方面的相关信息，在发掘过程中邀请了北京大学考古文博学院年代学实验室及中国科学院古脊椎动物与古人类研究所的专家对发掘地层进行光释光、古地磁测年，沉积学、孢粉采样分析。综合各方数据，对其中几个文化层的年代有了具体认识，依次介绍如下。

第 1 层的年代为新石器时代以后至近现代；

第 2 层中部光释光测年数据为 24800BP ± 1400BP，结合沉积速率推测该层年代为距今 1.5 万～3 万年；

第 3 层光释光测年采样样品晒退不完全，结合沉积速率推测该层年代为距今 5 万～3 万年；

第 4 层上部光释光测年数据为 50600BP ± 2900BP，下部为 70300BP ± 4200BP，结合沉积速率推测该层年代为距今 7 万～5 万年；

第 5 层上部光释光测年数据为 73000BP ± 4400BP，中部为 86600BP ± 5700BP，结合沉积速率推测该层年代为距今 10 万～7 万年；

第 6 层上部光释光测年数据为 101000BP ± 9000BP，中部为 110200BP ± 7000BP，结合沉积速率推测该层年代为距今 11 万～10 万年；

第 7～9 层土色泛红，据相关专家推测地质时代为更新世中期，年代距今在 12 万年以前。

（三）地 层 堆 积 成 因

对该遗址地层堆积成因的研究，主要是通过沉积学分析粒度和磁化率分析测试手段来进行的。测试结果表明：

1）该遗址堆积粒度特征与风尘沉积基本相似，表明其可能主要为风力搬运，少数为河流水动力搬运。遗址磁化率值位于（19～110）×10^{-6}cm^3·kg^{-1}，各发掘点无显著差异。

2）遗址表层沉积物受人类活动影响显著，风化较为强烈，具有磁化率较高和粒度较粗的特征，下部各层整体相对较低，且下部各层岩性变化与粒度、磁化率的变化界限存在一定的差异，这可能和区域局部地下水位高低的影响有关。根据野外观察，遗址区基底地形变化显著，且潜育化程度明显不同（根据铁锰结核含量变化判断）。遗址地层的磁化率和粒度具有同相变化的特征，与典型第四纪黄土并不一致，表明其中磁性矿物可能受到后期潜育化作用影响显著，无明显风化成壤作用，磁化率主要受控于磁性颗粒的大小。

3）遗址的粒度和磁化率变化均表现出明显的旋回变化，包含了两个沉积旋回，其粒度特征与风尘堆积相似，因此其粒度变化可能主要受控于冬季风的变化。测试结果可能指示着遗址中包含了两个冰期—间冰期的旋回变化，根据这一结果我们推测遗址地层底部年龄应不老于300ka。需要指出的是，上述推测的前提是遗址地层比较连续，不存在较大的沉积间断。

三、遗迹与遗物

2012 年 8 月～2015 年 8 月，考古队先后 4 次对该遗址进行考古发掘（图四～图七），共布 1 米 ×1 米探方 309 个，分为 8 个发掘区，发掘深度距地表 4.2～6.7 米，完成发掘面积 309 平方米，发现旧石器时代坑状遗迹 11 处，出土各类石制品 1000 余件。具体介绍如下。

图四　2012 年试掘西区第 1 层清理结束后的现场照片

图五　2013年发掘第2层清理结束后的现场照片

图六　2012年试掘西区第3层发掘的现场照片

图七　2013年发掘第6层清理结束后的现场照片

（一）遗　　迹

通过发掘，共发现和清理了 11 处坑状遗迹（图八），其中 2013 年发现 3 处（编号 2013YJ1～2013YJ3）、2014 年发现 8 处（2014YJ1～2014YJ8）。除 2014YJ8 开口于第 5 层下外，其余遗迹皆开口于第 4 层下，打破第 5 层（图版二，1、2）。

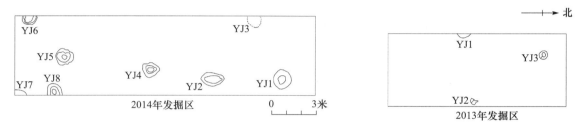

图八　坑状遗迹分布平面图

1. 遗迹平面与结构

这 11 处坑状遗迹从平面上可分为圆形、椭圆形和不规则形三种形制，从剖面结构上可分为双重圈结构和三重圈结构两类。以 2013YJ1 和 2014YJ8 为例加以介绍。

2013YJ1 位于发掘区中部偏西，平面近椭圆形，坑底近锅底状，为双重圈结构。平面长径 1.1、短径 0.85、深 0.75 米。遗迹内土质较硬，内圈土色较为斑驳，以红、灰色为主，外圈土色呈灰黄色（图九）。

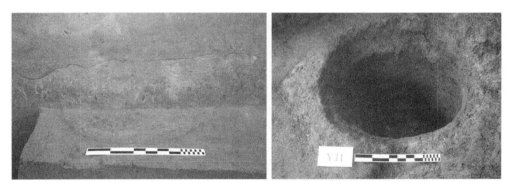

图九　2013YJ1 平面照片（左：清理前，右：清理后）

2014YJ8 位于发掘区南部偏东，大部分暴露，局部压在探方隔梁下，暴露部分平面近半圆形。长 1.06、宽 0.84 米。从平面和剖面来看，可分为三重圈结构。外圈呈黄褐色，颗粒度大，土质较硬；中圈呈浅灰黄褐色，颗粒度明显，土质较外圈硬；内圈呈青灰色，土质更硬（图一〇）。

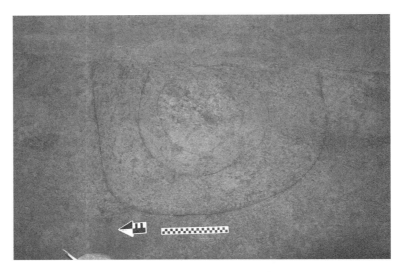

图一〇　2014YJ8 平面照片

2. 遗迹年代

坑状遗迹的年代，结合考古地层学和光释光测年数据可大致做以下推断：

开口于第 4 层下的遗迹，其年代大致在距今 7.3 万～7 万年；

开口于第 5 层下的遗迹，其年代大致在距今 10 万～9 万年。

（二）遗　　物

通过发掘，出土各类石制品 1000 余件，包括手镐、尖状器、雕刻器、砍砸器、刮削器、石核、石片、断块、砾石等。石器原料包括石英、石英岩、石英砂岩、硅质泥岩、砂岩、角岩、板岩、辉长岩等（图版二，3）。

石器均为打制，采用锤击法和砸击法剥片。工具均以硬锤直接修理，修理方式有正向和反向，其中以正向为主，修疤最多可达 4 层，均为鱼鳞状。除加工刃部以外，对工具形态和把手部位的修理也大量存在。

四、结　　语

通过连续 4 年的调查和考古发掘，我们对沈阳农业大学后山遗址堆积层次、时代序列、文化面貌等方面都有一定的认识和收获。

1）该遗址的发掘系首次在沈阳地区进行的旧石器时代考古发掘工作，是开展沈阳早期古人类探源课题的重要组成部分，也是沈阳考古工作中首次将科技考古手段和多学科综合研究成果应用于田野考古工作实践中的一个尝试，收到了良好的效果。

2）第2~4层出土的刮削器、雕刻器、尖状器等，其类型特征与东北地区以往发现的许多遗址在石器形制、打制方法等方面较为相似，应属小石器工业类型；第5层中发现的手镐、盘状石核、大石核等，其类型特征与我国华北地区、辽宁本溪庙后山、朝鲜半岛全功里等旧石器遗址出土的部分石器形制、打制方法等较为相似，应属大石器工业类型。

3）通过发掘，找到了地表出露的大量石器的原生层位。发现的5个旧石器文化层，经光释光测年和沉积学手段检测分析推定距今11万~1.5万年，从而确立了本遗址的时代序列和沈阳地区旧石器时代中晚期的文化序列，并将沈阳地区有人类活动的历史从新乐文化的7200年，提前至距今11万年左右。

4）该遗址发现的11处坑状遗址，有专家认为可能与古人类在野外搭建的窝棚式建筑有关，也有专家认为可能与河漫滩自然沉积有关，更有学者认为可能与古人类狩猎活动的陷坑有关。囿于发掘面积所限和相关分析检测还正在进行当中，尚不能对其性质、布局、功能等得出准确的认识。

5）本次发掘出的多层位旧石器文化层以及可能与古人类活动有关的坑状遗迹在沈阳地区乃至东北地区的露天遗址中尚属首次发现，进一步证实了该遗址属于原地连续埋藏的旧石器时代遗址，填补了沈阳地区以往没有确切层位旧石器发现的空白，并为研究旧石器时代古人类的人居环境和生业模式等学术课题提供了宝贵的实物证据。

6）该遗址的发现，对于研究中更新世至晚更新世时期沈阳乃至东北亚地区古人类的迁徙与融合、旧石器文化的交流与演变、现代人起源与发展等重大学术课题有着十分重要的意义。

附记：沈阳农业大学后山遗址的考古发掘得到了国家文物局、辽宁省文物局、沈阳市文化广电新闻出版（文物）局、沈阳农业大学、吉林大学边疆考古研究中心、沈阳市文物考古研究所等单位各级领导的热情关怀，并得到沈阳农业大学园艺学院、党政办公室、后勤处等部门的大力支持。中国科学院古脊椎动物与古人类研究所、北京大学考古文博学院、沈阳农业大学土地与环境学院等单位为本遗址进行科学检测分析，郭大顺、姜念思、夏正楷、高星、谢飞、陈全家、王幼平等先生经常对考古发掘工作进行悉心指导，沈阳农业大学后山遗址旧石器联合考古队全体成员为本遗址的发掘和整理工作付出辛苦和努力，在此一并致谢！

执　笔：付永平　方　启　陈全家

沈阳市郭七遗址沈阳工程学院地点
2013 年发掘简报

沈阳市文物考古研究所

郭七遗址位于沈阳市沈北新区道义街道郭七村的西北部，遗址东部为农田，南至沈阳工程学院北墙，西距沈阳航空航天大学东墙 90 米，北距蒲河约 1000 米。该遗址东西长 720、南北宽约 410 米，面积近 30 万平方米[1]（图一）。

图一　郭七遗址沈阳工程学院地点位置示意图

2007 年 7～10 月，我所对郭七遗址进行了一次考古发掘，发掘面积约 1700 平方米，发现了新乐上层文化和西汉的遗存，共发现了 2 座房址、75 个灰坑、2 座墓葬及 16 条灰沟[2]。通过此次发掘大致了解了郭七遗址的文化内涵。2013 年 5 月，沈阳工程学院拟在其北侧兴建教师公寓，其建设用地正处在郭七遗址的范围内，为了进一步了解和保护郭七遗址，沈阳市文物考古研究所于 5 月上旬对工程用地进行了详细的考古勘探，发现了一些文化遗存，并于 2013 年 5 月 30 日～6 月 18 日，对堆积较为丰富的区域进行了考古发掘，布置了 6 个 5 米 ×5 米的探方，发掘面积 150 平方米，发现了新乐上层文化时期的 9 个灰坑和 2 条灰沟，出土了大量的夹砂陶片，可辨器形有鬲、鼎、甗、壶、甑等遗物（图二、图三）。

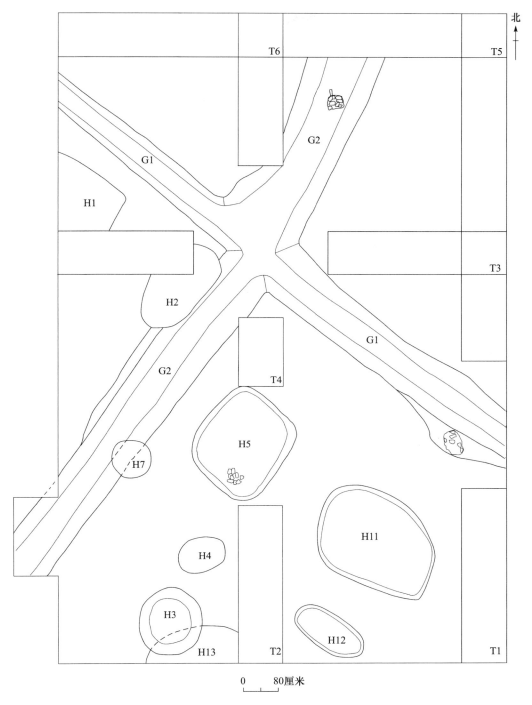

图二　郭七遗址沈阳工程学院地点发掘总平面图

为了区别于 2007 年的发掘，我们将本次的发掘命名为郭七遗址沈阳工程学院地点。

图三　郭七遗址 2013 年发掘全景照（由西向东）

一、地 层 堆 积

以 T2 南壁剖面为例介绍（图四）。

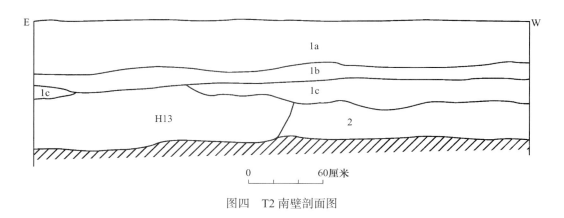

图四　T2 南壁剖面图

可分为 2 层，其中第 1 层又可细分为 3 个亚层：

第 1a 层：现代垫土层。黄褐色黏土。土质较致密，经过现代作业工具的碾压。厚 33～46 厘米。

第 1b 层：现代耕土层。灰褐色黏土。土质疏松。深 33～46、厚 9～20 厘米。平均分布。

第 1c 层：近代层。浅灰褐色黏土。土质疏松。深 50～62、厚 0～28 厘米。分布不均匀，主要在发掘区的南侧，包含少量的炉渣、石头等。

第 2 层：黄褐色黏土层。土质疏松。深 70～76、厚 24～32 厘米。平均分布，包含夹砂陶片等，为新乐上层文化层。

二、遗　迹

（一）灰　坑

共发现了 9 个灰坑，平面形状有近圆形、椭圆形、圆角长方形等。

H5 位于 T4 的西部，H5 的南部探入到 T2 内。开口于第 1 层下。平面呈圆角长方形，斜壁、近平底，南北长约 266、东西宽约 234、深约 56 厘米。坑内堆积分为 2 层：第 1 层为深灰褐色黏土层，土质致密，出土大量的夹砂陶片等；第 2 层为灰色黏土层，土质疏松，出土大量的夹砂陶片。可辨器形有鼎、鬲、壶等（图五）。

H7 位于 T4 的西南部，开口于第 1 层下。平面近圆形、弧壁、锅底，直径 87～89 厘米，深 47 厘米。坑内堆积为灰褐色黏土，土质疏松，出土了少量的夹砂陶，可辨器形有鬲、甑等（图六）。

H12 位于 T1 的西南部，开口于第 1 层下。平面近椭圆形，斜壁、近平底。南北长约 175、东西宽约 82、深 56～64 厘米。坑内堆积为灰褐色黏土，土质疏松，出土了少量的夹砂陶片，可辨器形有鼎、鬲等（图七）。

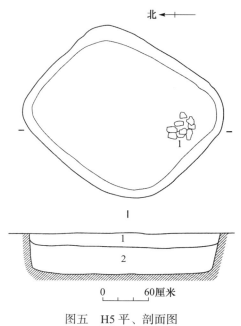

图五　H5 平、剖面图

（二）灰　沟

发现了 2 条灰沟。

G1 位于发掘区的北部，东北—西南走向，未能完全发掘。开口于第 1 层下。平面呈长条形，口大底小，斜壁，近平底。长 12.7、宽 0.94～1.58、深 0.5～0.68 米。沟内堆积为灰褐色黏土，土质疏松，出土了大量的夹砂陶片，可辨器形有鼎、鬲、壶、甗、甑等（图八）。

三、遗　物

出土的遗物全是陶质遗物，其中以夹砂红褐陶为主，占 94%，夹砂灰褐陶次之，占 6%。陶器器表以素面为主，有极少量的戳刺纹、附加堆纹。戳刺纹主要见于器耳的表

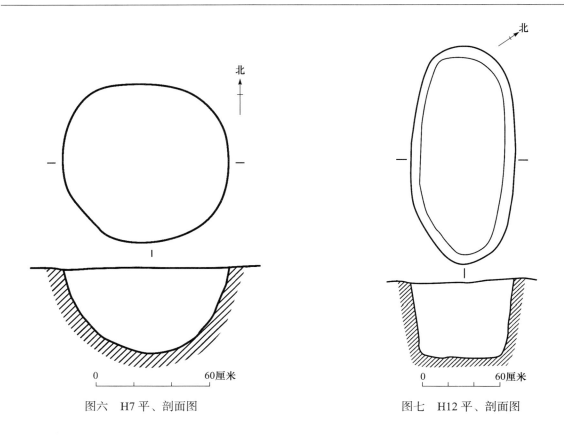

图六　H7 平、剖面图　　　　　　　　　图七　H12 平、剖面图

面，附加堆纹主要装饰在陶瓹的腰部。陶器器形以陶鬲、陶鼎、陶壶为主，还有少量的陶甑、陶瓹、陶碗等。

陶鬲　28 件。发现的多数是鬲足。G2：1，残。夹砂红褐陶。尖唇、弧腹、高实足根，足外撇较明显。中腹部残留 2 个横桥耳。在上腹部一侧可见明显的烟熏痕迹。通高40 厘米（图九，1）。H5：6，陶鬲足，残。夹砂红褐陶，柱状足。足表面可见制作时候的刮削痕迹。宽 2.7～5、残高 5.7 厘米（图九，2）。H13：1，陶鬲耳，残。夹砂红褐陶。表面有熏烤的痕迹，部分呈黑色。横桥耳。耳部长 8.1、宽 2.7～4.1、厚 0.9 厘米，腹片长 9.7、宽 9.5 厘米（图九，3）。

陶鼎　51 件。发现的多数是鼎足，有扁平状、柱状、多边棱状等。G2：4，陶鼎足，残。夹砂红褐陶，夹砂颗粒不均。扁平状足，表面有 4 个棱面，足底似为尖状。残宽1.8～5.5、残高 13 厘米（图九，4）。T1 ① C：4，陶鼎足，残。夹砂红褐陶。扁平状足，足表面有 4 个棱面，足底为近方形平面。宽 1.6～3.1、残高 8 厘米（图九，5）。G2：2，陶鼎足，残。夹砂灰褐陶，夹砂颗粒不均。近扁平状足，足表面有 5 个棱面，足底为多边形平面。宽 3.5～7.3、残高 10.8 厘米（图九，6）。G1：3，陶鼎足，残。夹砂红褐陶，夹砂颗粒不均。柱状足，足底为近圆形平面。足部分表面有呈黑色的熏烤痕迹。宽1.4～3.1、残高 11.3 厘米（图九，7）。H12：2，陶鼎足，残。夹砂红褐陶，夹砂颗粒不均。多边棱状足，足表面有五个棱面，足底为五边形平面。宽 1.5～3、残高 5.3 厘米（图九，8）。

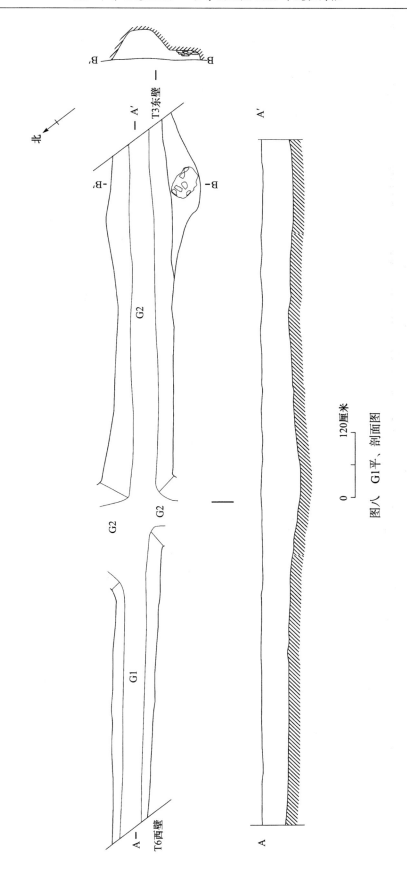

图八　G1 平、剖面图

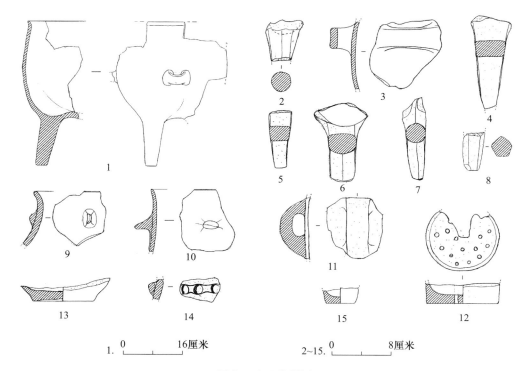

图九　出土陶器图

1. 陶鬲（G2∶1）　2. 陶鬲足（H5∶6）　3. 陶鬲耳（H13∶1）　4～8. 陶鼎足（G2∶4、T1①C∶4、G2∶2、G1∶3、H12∶2）　9、10. 陶壶口沿（G2∶5、G2∶8）　11. 陶壶耳（G2∶9）　12. 陶甑底（H13∶3）　13. 陶壶底（T1①C∶1）　14. 陶甗腰（T6①C∶2）　15. 陶碗底（G2∶11）

　　陶壶　33 件。没有可修复的陶壶，多是壶底、壶耳或口沿等。G2∶5，陶壶口沿，残。夹砂红褐陶。圆唇、卷沿、直颈。颈中部残见 1 个竖纽状盲耳。盲耳长 2.7、宽 1.8、厚 0.8 厘米，复原口沿残宽 7.1、残高 7.6 厘米（图九，9）。G2∶8，陶壶口沿，残。夹砂灰褐陶。尖唇、口微敞、直颈。颈中部残见 1 个横舌状盲耳。盲耳长 2.1、宽 1.2、厚 2.4 厘米，复原口沿残宽 7.3、残高 8.7 厘米（图九，10）。G2∶9，陶壶耳，残。夹砂灰褐陶。夹砂颗粒较细。竖桥耳。耳长 7.7、宽 4.1、厚 1.6 厘米，腹片长约 8.4、宽 7.5 厘米（图九，11）。T1①C∶1，陶壶底，残，夹砂红褐陶，夹砂颗粒不均，平底。底径 8.1、残高 3.2 厘米（图九，13）。

　　陶甑　8 件。多是甑底。H13∶3，陶甑底。夹砂红褐陶，平底。孔径 0.5、底径 9.8、残高 2.8 厘米（图九，12）。

　　陶甗　5 件。多是甗腰。T6①C∶2，陶甗腰。夹砂红褐陶。腰部装饰一圈窝状附加堆纹。压窝直径 1.2、附加堆纹高 0.8 厘米；甗腰残宽 5.5、高 3.4 厘米（图九，14）。

　　陶碗　7 件。多是碗底。G2∶11，陶碗底。夹砂灰褐陶，平底。底径 3.8、残高 2.2 厘米（图九，15）。

四、结　　语

（一）文化性质与年代

郭七遗址沈阳工程学院地点的这次发掘，出土的遗物全部是夹砂陶，夹砂颗粒不均，陶器颜色斑驳，多以红褐色为主，少量灰褐色。陶器器表多为素面，有少量的戳刺纹和附加堆纹。陶器器形主要有壶、鼎、鬲、甗、甑等。这些特征与 20 世纪 70 年代在沈阳新乐遗址识别出的新乐上层文化[3]相符，这次发掘地点的文化性质即是新乐上层文化。

新乐上层文化是一支在下辽河以西区域活跃的青铜时代考古学文化，其主要分布在浑河流域和沈阳市北部的蒲河流域一带，郭七遗址是属于分布在蒲河流域一带的新乐上层文化遗址。

2007 年对郭七遗址的发掘，识别出了三期文化遗存[4]。本次在沈阳工程学院地点的发掘仅发现了其第一期文化遗存，只出土了少量陶器，并没有发现石器、纺轮、网坠等小件，这大概与本次发掘地点主要位于郭七遗址的东侧边缘有关。

此次发掘的新乐上层文化遗存出土的陶器标本较少，陶鬲 G2：1 与郝心台遗址[5]出土的陶鬲（H34：5）风格接近，多是高实足根，且足外撇较明显。陶甗腰 T6①C：2 与郝心台遗址的甗腰（H34：6）的附加堆纹装饰风格相近。陶壶 G2：5 在壶颈上装饰竖纽状盲耳的风格与辽宁大学遗址学生宿舍楼地点[6]出土的陶壶 2004HLXT14⑤：5 一致。郝心台遗址和辽宁大学学生宿舍楼地点被认为是新乐上层文化晚期的遗址[7]，由此认为郭七遗址的新乐上层文化遗存属于新乐上层文化的晚期，结合对新乐上层文化年代的认识[8]，认为郭七遗址新乐上层文化遗存的绝对年代在商代晚期或至周初。

（二）对灰沟的认识

本次发掘出的 2 条灰沟，宽度大致一致，是同时期的两条相交的灰沟。2007 年对郭七遗址的发掘，发现了 12 条灰沟，大多呈东北—西南走向，有些灰沟的底部还有 1 条或 2 条小沟[9]。其他新乐上层文化遗址如千松园遗址[10]、郝心台遗址、大望花台遗址[11]等也发现了数量不等的灰沟。有些灰沟能围成一个闭环，如千松园遗址、郝心台遗址构成了一个环壕或围沟，特别是千松园遗址 2010 年发掘的灰沟，比较规整，既深又宽，具备一定的防御功能和分界作用。部分灰沟应该还具备一定的排水功能，遗址地处黄土台地，雨后湿黏，需要及时将雨水排出遗址区。

郭七遗址发掘的灰沟的作用主要是排水，而且 2007 年发掘的灰沟底部经常有 1 条或 2 条小沟，大概就是雨水冲刷形成的。

（三）郭七遗址东侧范围的界限

该工程用地在郭七遗址的东部范围，为了确定遗址的东部边界，对工程用地范围进行了详细的考古勘探，并观察工地现场开挖的基坑剖面，可以确认该工程用地的中部就是郭七遗址东部的边界。这样我们对郭七遗址的范围就有了进一步的认识，即郭七遗址东部为现"沈阳工程学院教师公寓"用地的中部，南至沈阳工程学院的北墙，西距沈阳航空航天大学东墙 90 米，北距蒲河 1000 米。

附记：本次发掘领队是赵晓刚，参加发掘的人员有李树义、韩玉岩等。本文线图由韩玉岩绘制，现场照片由李树义拍摄。

执　笔：李树义　赵晓刚

注　释

［1］沈阳市文物考古研究所、吉林大学边疆考古研究中心：《沈阳市道义镇郭七遗址发掘简报》，《考古》2013 年 4 期，7～19 页。

［2］沈阳市文物考古研究所、吉林大学边疆考古研究中心：《沈阳市道义镇郭七遗址发掘简报》，《考古》2013 年 4 期，7～19 页。

［3］沈阳市文物管理办公室：《沈阳市文物志》，沈阳出版社，1993 年，17、18 页。

［4］沈阳市文物考古研究所、吉林大学边疆考古研究中心：《沈阳市道义镇郭七遗址发掘报告》，《沈阳考古文集》（第 4 集），科学出版社，2014 年，25～59 页。另外，在注释［1］中，介绍郭七遗址发现了两期文化遗存。

［5］沈阳市文物考古研究所：《沈阳市郝心台新乐上层文化遗址 2011 年发掘简报》，《考古》，待刊。

［6］赵晓刚、付永平等：《辽宁大学青铜时代遗址发掘简报》，《边疆考古研究》（第 5 辑），科学出版社，2007 年，295～326 页。

［7］沈阳市文物考古研究所：《沈阳市郝心台新乐上层文化遗址 2011 年发掘简报》，《考古》，待刊；赵晓刚：《新乐上层文化综述》，《庆祝宿白先生九十华诞文集》，科学出版社，2012 年，49～87 页。

［8］赵晓刚：《新乐上层文化综述》，《庆祝宿白先生九十华诞文集》，科学出版社，2012 年，49～87 页。

［9］沈阳市文物考古研究所、吉林大学边疆考古研究中心：《沈阳市道义镇郭七遗址发掘报告》，《沈阳考古文集》（第 4 集），科学出版社，2014 年，25～59 页。

［10］沈阳市文物考古研究所：《沈阳市千松园遗址 2010 年发掘简报》，《考古》2013 年 9 期。

［11］沈阳市文物考古研究所：《沈阳市沈北新区大望花台青铜时代遗址考古发掘报告》，《沈阳考古文集》（第 4 集），科学出版社，2014 年，60～72 页。

沈阳市五爱墓群发掘报告

沈阳市文物考古研究所

　　沈阳五爱墓群位于沈阳市沈河区风雨坛街以东，南翰林路城南巷与小南街之间。北靠五爱服装综合市场，南临翰林路，东北距沈阳故宫约 1.4 千米，中心地理坐标为东经 123° 26′ 41.25″，北纬 41° 46′ 56.35″，海拔约 49 米（图一）。该地区一直是沈阳市城市考古密切注意的一个区域。

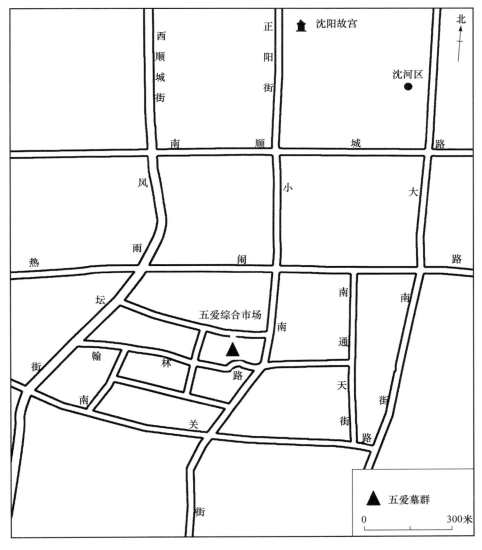

图一　五爱墓群地理位置示意图

2007 年 4 月中旬，沈阳五爱深港房地产开发有限公司在该地区建设五爱客运站"商业、居住、交通"项目。在该项目施工过程中，沈阳市文物考古研究所执法队员在现场发现散落汉砖，确定有汉墓存在，随即依法启动文物保护程序，迅速组织人员进驻现场，进行抢救性考古发掘工作，至 7 月中旬结束。

我们进驻前，工地现场已开始大面积挖土施工，西部大部分区域已下挖 2 米深，基本到沙层，部分墓葬已暴露在地表；西南部更是因由于挖坑取沙，已形成一个 4～5 米深的大沙坑；东北部地下建有防空洞；中部近年楼房楼基较深。因此，这些区域的地下遗存已被破坏殆尽。鉴于上述情况，我们的发掘工作集中于工地西北部和东南部。此次共清理汉代砖室墓 37 座，另有 1 座金墓和 1 座近代水井。

一、地理环境与周边汉魏时期遗存情况

该工地所发现的墓葬皆坐落在沙土上，上面叠压的都是近现代回填土。不少墓葬还被现代坑或现代建筑基础扰乱得残破不堪，除少数几座墓能保留部分砖壁外，其余仅存墓底砖。墓底距工地施工前地表 1.5～2 米，现代回填土也是 1.5～2 米，甚至直接打破部分墓葬。但是，幸运的是，能保留下来的墓底砖上都或多或少出土一些残碎的随葬遗物。因此，该墓地所有墓葬皆开口在现代扰乱层下，打破沙质生土，不必要作更详细的地层介绍。

该地区位于沈阳老城南部，是汉代墓葬的主要分布区，在东北方向的大南街西侧，热闹路北侧，2008 年 5 月在建设市妇婴医院时曾发现汉墓两座[1]；西北方向不到 1 千米，在沈河区热闹路 38 号建设"天主教修女院办公宿舍楼"时发掘一批汉墓，形制大小与本次发掘的墓葬基本相似[2]。

此外，近年五爱市场附近曾发现有汉墓的还有：东北方向，大东区小津桥路南侧、小东南路、八家子；东南方向，沈阳河区大南益文小区、大南街道办事处院内、滨河公社院内、小南钟厂内、大南街四段荣新里；西面，市十七中学院内、沈州路沈州花园小区内等（图二）[3]。

二、汉 墓 概 况

此次发现的汉墓方向、布局等都比较规律。除几座方向未能明确外，其余墓葬方向都在 195°～250°，而且各墓葬横竖排列相对整齐，间隔在 1～3 米（图三）。

由于大多数墓葬被扰乱严重，仅存墓底，而且坐落在河沙上，所以很多墓葬墓道情况不明，但仍能辨认出墓道的有 M1、M7、M26、M27、M29、M30、M32、M33、M35、M36。其中，M7 和 M30 南部仍有砌砖，疑有甬道，但残破严重，具体形制大小等不详（附表一）。

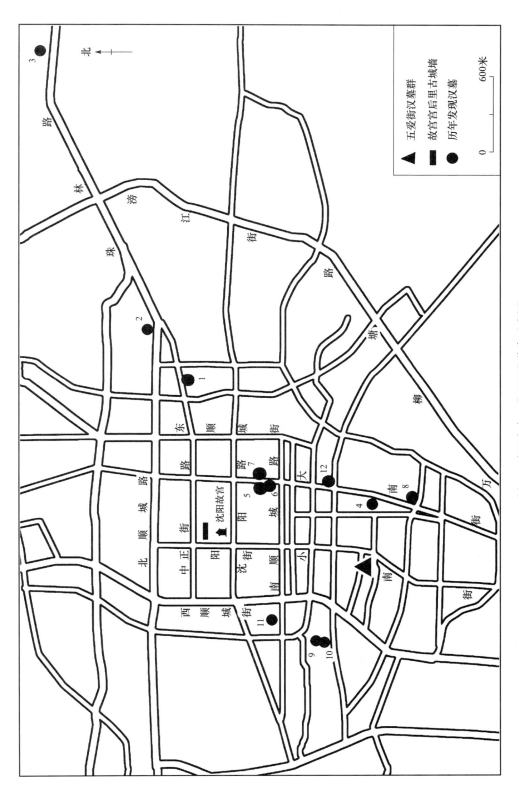

图二 沈阳市内已发现汉墓分布示意图

1. 小东汉墓 2. 小津桥汉墓 3. 八家子汉墓 4. 大南益文小区汉墓 5. 大南街道办事处内汉墓 6. 大南汉墓 7. 小南钟厂汉墓 8. 大南边门汉墓 9. 十七中学汉墓 10. 修女院汉墓 11. 沈州路汉墓 12. 原沈阳市妇婴医院汉墓

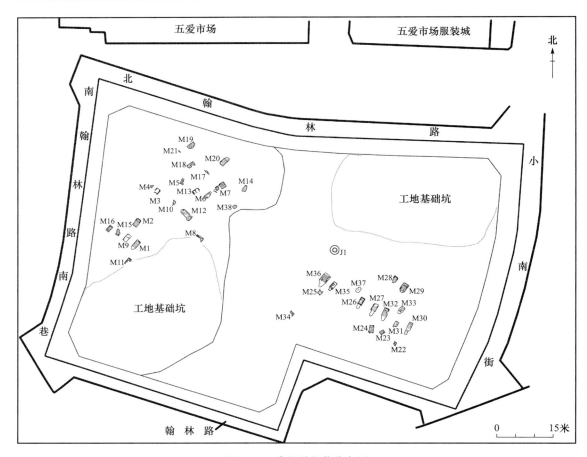

图三　五爱墓群墓葬分布图

　　除部分墓葬破坏特别严重，形制不明，以及 M12 为双室外，其余墓葬都是长方形单室。墓室长 3～5、宽 1.5～3.1 米。这些单室墓中，M2、M20、M24、M32、M36 五座的墓室北部都有一道砖墙，将北部隔出一个头箱，且随葬遗物多出于此。还有部分墓葬西北部或北部筑起一个边长半米左右的方台，如 M7、M8、M26、M29 四座，墓内随葬遗物均出于其上或散乱在侧，应是明器台。

　　墓壁保存较好的不多，很多墓葬只能从残存的墙基推测墓壁的砌筑方式。从可辨识的墓葬来看，墓壁砌筑于铺底砖上，大多用"一顺一丁"法砌筑；个别如 M6 为"两顺一丁"，M12 为"三顺一丁"，M5、M30、M33 为错缝平砌。

　　墓底砖铺法主要有"人"字纹和席纹两种。此外，还有 M5 和 M22 是用残砖拼铺的；M12 是平行斜铺的，M28 和 M33 是横竖交错铺成的；M30 是错缝横铺成的。

　　这批墓葬用砖基本都是绳纹砖。部分墓葬有楔形砖，如 M2、M7、M28 等；部分墓砖的绳纹面中部还有印号，如 M2 有鸡爪形印号，M24 有"米"字形印号。墓砖规格大致在长 32～40、宽 16～18、厚 4.5～6 厘米这个范围。也有少部分墓葬的墓砖规格较大，如 M10、M38，约为 40 厘米 ×20 厘米 ×7 厘米；也有比较小的，如 M1 为 25 厘米 ×17.5 厘米 ×3.8 厘米，M5 为 32.5 厘米 ×15.5 厘米 ×5 厘米（图四）。

　　此外，在部分墓葬扰土内还采集了一些带纹饰的陶瓦碎片，其中有绳纹、布纹、网纹、菱形纹、篦点纹、弦纹等（图五）。

　　由于破坏严重，大部分墓葬未见葬具，连棺钉也没有发现。保存骨架大致可看出的仅见 M6 及 M16，均为双人合葬。

图四　五爱墓群墓砖标本
1. M2　2. M24　3. M7　4. M5　5. M27　6. M10

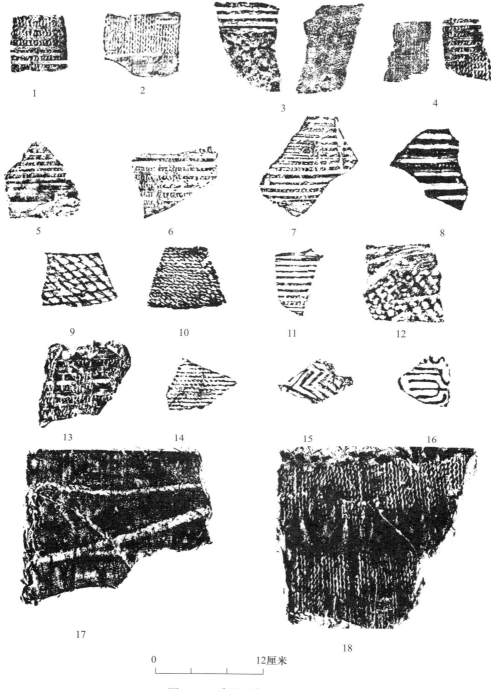

图五　五爱墓群陶瓦纹饰标本

1、2. M1　3、4. M4　5、6. M7　7～11. M9　12、13. M17　14～18. M28（16 为砖块残片）

三、汉墓出土陶器概述

除个别未见随葬遗物外，大多数墓葬都出土陶器，但由于扰乱严重，遗物多散乱零碎，难以确定原来的摆放位置。各墓随葬器物组合基本相近，都以东汉时代陶质明器为主。但也有未发现明器的，如 M5 仅出土陶瓮 1 件，M30 出土陶瓮和陶钵各 1 件，皆为实用器，且两墓墓底遗物出土时未见严重的扰乱迹象。M25 除出土石砚、铁指环、铁削各 1 件外，未见其他陶器残片。

经统计，37 座汉墓共出土遗物近 300 件。除大量的陶质明器外，还发现有少量的铜钱、铁器、石器及琉璃耳珰等。陶器可辨器形主要有长颈瓶、耳杯、瓮、罐、盆、甑、釜、灶、盒、案、奁、水斗、井等，做工较为粗糙简陋。

下面对该墓地出土的主要器类作一概述。

长颈瓶　大多数的墓中都有出土，可辨识的有 27 件，除个别残破严重外，大多数完整或可修复。有的墓里出土多件。皆长颈，曲腹或扁垂腹，平底，腹下有 3 个或 4 个穿孔，器底中部亦有一个穿孔。据腹部形态，长颈瓶主要有二型：A 型曲腹，16 件，瓶口略侈，颈长与腹高相差较小，多数为此型；B 型扁垂腹，11 件（瓶口外侈较大，略呈喇叭状，腹高较小，与颈长相差悬殊，此型仅见 M16：2、M32：1～M32：5。一般口径 3.7～6.1、最大腹径 9.3～15、通高 15.6～25 厘米。除 M12 中的 A 型瓶器体相对较大，M16、M32 中的相对较小外，其他墓中出土的器体大小相近，基本在口径 5、最大腹径 12、通高 20 厘米这个数据上下浮动。

耳杯　是出土数量最多的一个器类，可辨识的共有 50 多件。保存较好的墓中出土多件。平面基本呈椭圆形，大致可分二型：A 型，耳部及底部形态杯耳有平折明显的，杯腹皆斜直或略弧，底部多为平底，个别稍稍内凹或略起假圈足，出土的耳杯中多为此型；B 型，耳部上翘厉害，与杯身过渡不明显，圜底，仅见 2 件（M33：1 和 M35：1）。一般长径 11～12、通高 3～3.8 厘米，个别有稍大差异。除 M6：2 修整较为平滑精薄外，其他各墓出土的皆厚重粗陋。大多数全身素面，仅在 M23 及 M32 中出土的耳杯内底可见模印禽鸟纹。

陶灶　可辨识的陶灶有 10 件，可修复的仅 5 件。可分四型：A 型，圆柱形，1 件（M4：4），有灶口，三火眼及烟囱眼；B 型，圆角三角形，3 件（M20：4、M23：7、M32：24），亦有灶口，三火眼及烟囱眼，其中 M23：7 出土时火眼上置有 3 个小陶釜；C 型，圆角梯形，3 件（M9：10、M26：1、M27：1），亦有灶口，三火眼及烟囱眼，其中保存较为完整的 M27：1 灶口上还有挡火墙；D 型，扇形，2 件，其中 M12：21 有灶口，灶口上有挡火板，灶前还饰有鱼纹，五个火眼及长条状烟囱，还有 M19 有一长条状烟囱残件，原灶可能亦为此型。还有一件陶灶残件（M6：6），具体形态不明。

陶瓮　出土不多，可辨的仅 16 件，大多数可修复。口部多为直口，有些因领部弧曲呈敛口状。根据腹部形态可分四型：A 型，球腹圜底瓮，2 件（M1：3、M32：19），口径分别为 28 和 24、腹径 44 和 39、通高 39 和 36.5 厘米；B 型，鼓腹平底瓮，共 12 件，最大径在腹部，其基本形态相近，但大小差异较大，口径 9.5～18.2、最大腹径 14.2～34.4、通高 12.8～30、底径 8.4～14.4 厘米；C 型，1 件（M29：7），卷沿，方唇，束颈，口径 17.8 厘米，以下部分不明。异形瓮，1 件（M9∶17），圆唇，口微敛，折肩，直壁，肩部水平截面为弧边方体，以下不明。

陶罐　共发现 14 件，可分二型：A 型，5 件，侈口，方唇或叠唇，束颈，鼓腹，平底或略起假圈足；B 型，穿孔陶罐，6 件，仅 M29∶2 可修复，侈口，束颈，弧腹，平底，底下有一个穿孔，其余皆为器底残件，而且各残件除底部外，下腹还有穿孔数个。还有 3 件口部残件，形制不明。

陶釜　共发现 19 件，大致可分四型：A 型，4 件，敞口，直壁或弧壁，圜底或尖圜底；B 型，12 件，直口或敛口，曲腹或折腹，有的还成腰檐，有的上腹饰凹凸弦纹，大多数为小平底，个别尖圜底；C 型，2 件（M6∶5、M28∶1），器形相对前两型要大，造型更稳定，做工较好，敛口，下腹折曲，小平底或圜底；D 型，腰檐釜，1 件（M29∶6），器体较大，直口宽腰檐，斜腹，平底略内凹。

陶盆　共发现 8 件，可分二型：A 型，平沿平底，7 件，弧腹或斜腹，部分陶盆腹底还有刀修切痕；B 型，折腹圜底盆，1 件（M9∶5）。

陶盘　共出土 19 件，其中 14 件可修复，5 件残件。大致可分二型：A 型，共 4 件，平沿，上腹折曲，下腹斜直，较深腹，腹壁与底相接处成折角，平底，如 M2∶13 等；B 型，共 10 件，5 件残件应亦是此型，平沿，折曲上腹或弧腹，腹壁与底部相接处平缓过渡，平底或略起假圈足，如 M16∶7 等。

陶甑　共发现 8 件，可分二型：A 型，6 件，平沿，弧腹或弧折腹，部分腹底有刀修切痕，平底，底穿三到十余孔；B 型，仅 2 件（M38∶2、M11∶3），为敞口圜底，底穿五到九孔。

陶奁　共 12 件（套），可分二型：A 型，平底奁，共 9 件（套），其中成套盖奁 4 套，还有 2 件平底奁盆与 3 件奁盖单体皆未见配套。器盖，上部呈球冠状，下部为一圈体，扣合时盖住奁盆的大部分；奁盆，直口，曲腹或曲折腹，平底略起假圈足。B 型，三足奁，3 件（M9∶2、M9∶3、M12∶19），未见与之配套的器盖，奁体直口，曲腹或曲折腹，较平底奁腹浅，平底，腹下起三个尖状或柱状小矮足。

器盖　出土 10 件，皆完整或可修复，可分二型：A 型，4 件，覆盏状，器体较扁矮，顶部较平，多有子母口，M2 出土器盖皆为此型；B 型，5 件，皆有盖檐，器体较高，其中又可细分 Ba 型实檐盖，4 件，在盖中部或下半部起一周平檐，M12 出土器盖皆为此型，Bb 型 1 件，折边成檐，有平顶的，如 M20∶10；C 型，顶部中间有方形乳突关盖纽，折边成檐，如 M36∶1。另外，除 M12 的一件小器盖外，其余皆未见有与之相配的器物。

陶案　共发现 6 件，除 M20∶1 可修复外，其余皆残件。长方形板状，四周起郭，郭内环一凹槽，四角各穿一孔，板面刻画一周或两周长方形线框，内框刻画有鱼纹或横线。

陶樽　仅见 3 件。皆圆筒状，直口，直壁，外壁饰数对弦纹，平底，底沿起三个兽足状或几何状小矮足。其中有 1 件残件未见器足，但器体上仍可见器足接痕。

陶井　仅见 2 件可修复器，还有 2 件疑是陶井残件。皆侈口，束颈，折肩或曲肩，斜直腹，平底。个别腹表有明显刀修痕迹。

水器　有水勺 4 件，水斗 4 件，水瓢 1 件。保存较好的水勺皆圆锥斗状器身，曲把。水斗亦为小圆锥斗状器身，保存较好的一件还有"人"字形梁索，另外两件仅见接痕。水瓢为长心形。

另外，该墓地还零星出土各种其他器类陶器，如陶钵、圆陶片、陶碗残件，还有仅出土于 M12 的陶灯、器座、陶壶、方盒等分别见各墓详细介绍。

除陶器外，少数墓葬还出土零星铜钱、铜指环、铁器、石砚，以及琉璃耳珰、陶制饰件等，亦见各墓详细介绍。

四、汉 墓 分 述

为便于对各种结构墓葬的总体认识，本文根据各墓葬不同的结构形态，分别按双室墓、带头箱单室墓、带明器台单室墓、其他普通单室墓以及破坏严重仅存残迹的墓葬顺序，依次介绍各墓的发掘情况。

（一）双　室　墓

仅 1 座，M12。

M12

（1）墓葬概况

为南北双室"T"字形砖室墓，位于工地西区中部。残存墓底铺砖，两室四壁皆未见墓口迹象，周边即是沙土，因此方向未能确定。如果参照一般的"T"字形墓方向，南室为前室，则该墓约为 150°。该墓通长 6.4、宽 2.1～2.8 米。主室居北侧，呈长方形，南壁比北壁略宽，长 4.3、宽 2.1～2.4 米。主室南半部底部还见铺有一片白灰底，北部较少或没有。墓底砖为平行斜铺。墓壁在铺底砖上起筑，从残存的墓墙根来看，应是以"三顺一丁"法起筑。该墓遗物皆出自主室南半部，堆放密集整齐，多为陶器，皆为泥质灰陶，多轮制。但由于陶质酥软，受地面压力影响较大，保存都较差，大多已残碎不堪。其中有陶案、陶罐、陶灶、陶釜、陶锤、陶方盒、澄滤器、三足奁、灯具、器座、长颈瓶、器盖等。遗骨保存极差，腐朽严重，仅见少量骨屑。南侧为较小的横室，东半部被现代坑破坏，东西残长 2.7、南北宽 1.6 米。该墓室内未有遗物或其他遗迹发现。其与北侧的主室相接处有自己独立砖墙，残存部分铺底砖及两层墙砖。铺底砖以两个方向平行斜铺，墓壁保存很差，应与主室砌筑方法一致（图六）。

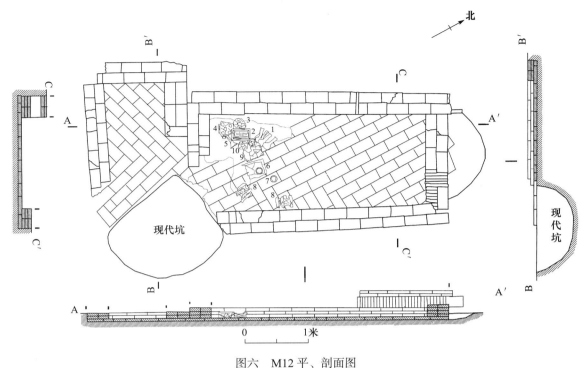

图六　M12 平、剖面图

1. 长颈瓶　2. 澄滤器　3. 陶瓮　4. 陶灶　5. 陶灯　6. 陶盒　7. 器盖　8. 器座　9. 陶案　10. 陶奁

（2）出土遗物

支架　1 件。M12：1，呈两横条中夹一圆，应为釜架，架条截面为方形。长 10.1、宽 5.5、厚 0.7～0.9 厘米（图七，1）。

陶釜　B 型，1 件。M12：2，手制，器表满布刀修痕迹。器体较小，口微敛，口部呈子母口状，弧折腹，小平底。口径 4.3、腹径 5、底径 2、高 2.2 厘米（图七，2）。

器盖　Ba 型，2 件。顶平，边略弧，有盖檐，檐下盖口内敛。M12：5，直径 12、高 3.5 厘米；M12：6 直径 12、高 3.1 厘米（图七，3、4）。

陶奁　B 型，1 件。M12：19，三足奁，口微侈，曲折腹，平底，还有三小矮足。口径 18.4、底径 7.8、高 8.2 厘米（图七，5）。

陶瓮　B 型，1 件。M12：9，直口，微敛，立领，鼓腹，平底。口径 11.2、最大腹径 19.3、底径 8.4、高 15.2 厘米（图七，6）。

带盖陶锺　1 套。锺体，M12：8，直口，高领，略垂腹，中空假圈足，底部有划纹。口径 6.7、腹径 16.2、底径 8.7、高 15.6 厘米。锺盖，M12：4，Ba 型盖，泥质灰陶。轮制。顶平，边略弧，有盖沿，沿下盖口呈扁圆柱状。直径 6.6、高 2.4 厘米（图七，7）。

陶灶　D 型，1 件。M12：21，模制。平面呈扇面形，前有长方形灶口，上有挡板，灶面布置五个火眼，前三大，后两小，前部檐边有一条鱼纹，后部竖起一条烟囱。灶宽 15.8～26.3、长 25、通高 19 厘米（图七，8）。

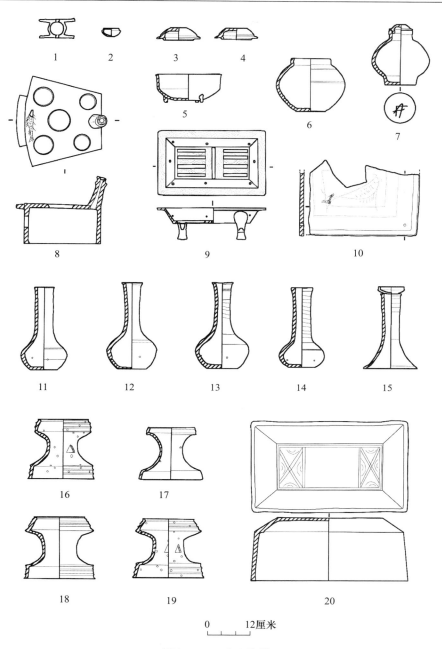

图七 M12 出土陶器

1. 支架（M12：1） 2. B 型釜（M12：2） 3、4. Ba 型器盖（M12：5、M12：6） 5. B 型三足奁（M12：19）
6. B 型陶瓮（M12：9） 7. 带盖陶锤（M12：8） 8. D 型陶灶（M12：21） 9. 澄滤器（M12：22） 10. 陶案
（M12：7） 11～13. A 型长颈瓶（M12：11、M12：12、M12：14） 14. B 型长颈瓶（M12：13） 15. 灯具
（M12：3） 16～19. 器座（M12：16、M12：15、M12：18、M12：17） 20. 方盒（M12：20）

澄滤器 1件。M12：22，模制。宽平沿，斜直壁，平底，底镂空成箅，从上面俯视
该器面，沿面及内底面皆饰满波浪纹，两边长壁各饰三个镂孔，短壁各一，长壁外各附
两足。通长30、宽18.5、高8.9厘米（图七，9）。

陶案 1件。M12：7，模制。残半。制作较为粗糙，呈长方形板状，四周起郭，近郭处有一周凹槽。底部亦是四周凸起郭棱。各角穿一孔，案上刻画有一鱼纹，鱼外有两长方形划线包围。残长 31、底径 21.5、厚 1.1 厘米（图七，10）。

长颈瓶　4 件。A 型，3 件。M12：11、M12：12、M12：14，器表可见轮制弦痕，瓶口略侈，尖唇，长颈，曲腹，肩上饰有弦纹两道，腹下穿有三孔，平底，底部穿有一孔。口径 5.4～6.1、最大腹径 12.6～15、底径 7.4～8.6、通高 23～25 厘米（图七，11～13）。B 型，1 件。M12：13，器表可见轮制弦痕。直口，尖唇，长颈，垂腹。颈下及肩上饰有弦纹道，腹下及底部共穿四孔。口径 6.1、最大腹径 12.6、底径 7.4、通高 23.2 厘米（图七，14）。

灯具　1 套。灯盘，M12：3，手制。器体较小，直口，折腹，圜底。器表满布刀修痕迹。口径 7.1、高 2.1 厘米。支座，M12：10，泥质灰陶，轮制，长颈喇叭状，中空。口径 5.5、底径 15、高 21.6 厘米（图七，15）。

器座　4 件（M12：15～M12：18）。呈腰鼓状，中空，口部内敛厉害，底口略外侈。外壁饰有瓦纹，亦有数重凹弦纹，器表棱角突出。其中，M12：15 器表灰白，腰腹中饰三角形镂孔六个。口径 13、腰腹径 6.4、底径 18、高 15 厘米（图七，17）。M12：18 器表黑褐，没有镂孔。口径 14.4、腰腹径 9.6、底径 19.7、高 17.5 厘米（图七，18）。M12：16 和 M12：17 器表有规律布满圆圈镂孔，腰中还有三个三角形镂孔。口径 14.3、腰腹径 8.6、底径 19.8、高 16.8 厘米（图七，16、19）。

陶方盒　1 件。M12：20，泥质灰陶，手制。器体呈覆斗状长方体，盒内中空。顶部饰一对方形几何纹。长 44、宽 26.4、通高 17.9 厘米（图七，20）。

（二）带头箱单室墓

5 座，M2、M20、M24、M32、M36。

1. M2

（1）墓葬概况

位于工地西区南部，残存墓底铺砖和部分墙砖等。从头箱位置位于北部来看，墓道应在南壁外，方向为 225°。墓室通长 4.2、宽 2.4 米。北部起一道有缺口的单层砖隔墙以成头箱，随葬遗物皆摆放在内，箱长 1.73、宽 1.1 米。墓底铺砖呈席纹。砖墙在铺底砖上以"一顺一丁"法起筑。遗骨腐朽严重，保存极差，仅见少量骨屑，北部隔墙下可见疑是头骨状的朽骨，头向应是向北。随葬遗物的位置基本未有扰乱，但残碎严重；均为泥质灰陶，以轮制为主，器类有长颈瓶、樽、案、盘、水井、水勺、奁、耳杯、器盖等（图八）。

（2）出土遗物

器盖　A 型，3 件。M2：10～M2：12，陶色不均，黑褐为主，局部发黄。平盖顶，

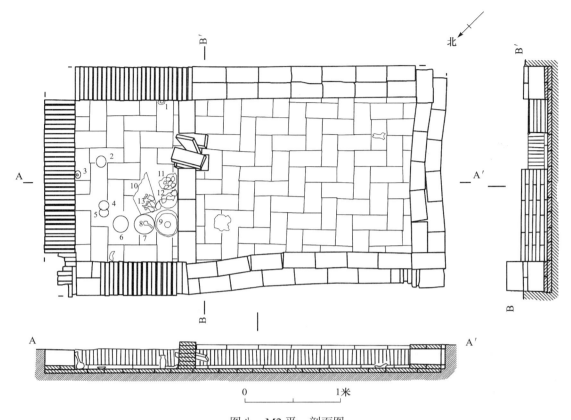

图八 M2 平、剖面图

1.陶井 2、4、5.器盖 3.长颈瓶 6.陶盘 7.陶盆 8.勺 9.陶盒 10.陶案 11～13.其他陶器残片

斜边，子母口。器表有轮制弦痕。口径 9.6～11.6、顶径 5.7～6、通高 2.3～2.5 厘米（图九，1～3）。

陶盘 A 型，1 件。M2：13，直口，折沿，沿中有凹槽，弧折腹，平底，略起假圈足。器表有轮制弦痕。口径 23.7、底径 11.7、高 7.2 厘米（图九，4）。

勺 1 件。M2：9，陶质夹砂较多。手制，制作粗糙。器体较小，口部略呈圆形，前部敞口，前腹较为斜直，后部有一曲把，把头分叉，后腹较弧，尖圜底。器表满布手修痕迹。通长 10、口部宽 4.9 厘米（图九，5）。

耳杯 A 型，5 件。M2：3～M2：7，模制，制作粗糙。陶色不均，黄褐相间，或黑褐为主局部发黄，椭圆形杯身，直口，新月状杯耳，略上翘，弧腹，平底，或略起假圈足。长径 11～11.5、短径 9.4～9.7、高 3.2～3.5 厘米（图九，6～10）。

陶井 1 件。M2：2，侈口，口下有一圈凸沿，束颈，折肩，腹斜收，平底。器表可见轮制痕迹，内壁可见旋痕。口径 6.3、底径 6.4、高 13、肩部最大径 8.8 厘米（图九，11）。

陶奁 A 型，2 套（其一缺盖）。其中 M2：16，奁盆与奁盖一套，两者相套合，内外可见数道弦纹。奁盆直口，尖唇，曲腹，略呈假圈足，奁盖口径比奁盆要大，上部分

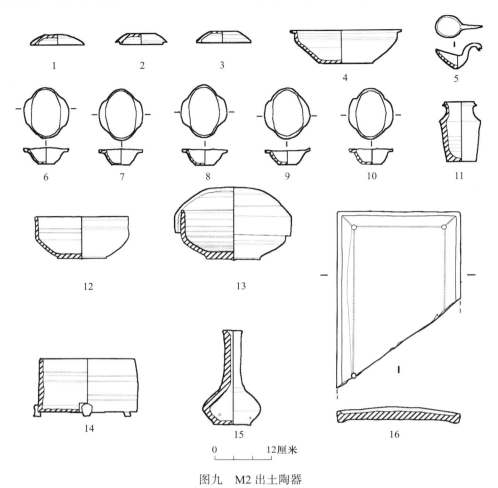

图九　M2 出土陶器

1～3. A 型器盖（M2∶10～M2∶12）　4. A 型盘（M2∶13）　5. 勺（M2∶9）　6～10. A 型耳杯（M2∶3～M2∶7）
11. 陶井（M2∶2）　12. 奁盆（M2∶15）　13. 套奁（M2∶16）　14. 樽（M2∶14）　15. A 型长颈瓶（M2∶1）
16. 陶案（M2∶8）

呈球冠状，下部呈圆筒状，大致呈曲边球冠状。通高 15.7 厘米，奁盆底径 11.3、口径 22.1 厘米，盖口径 25 厘米（图九，13）。M2∶15 仅存奁盆，形制与 M2∶16 相近。口径 19.2、底径 10.4、高 9 厘米（图九，12）。

陶樽　1 件。M2∶14，圆桶状，直口，微敛，直腹，平底，三足。内外壁均饰数道弦纹。口径 20.1、底径 21.1、通高约 11.6（不含足）、足高 2.6～2.8 厘米（图九，14）。

长颈瓶　A 型，1 件。M2∶1，瓶口略侈，长颈，垂腹，腹下穿有三孔，底部略起假圈足并穿有一孔。器表可见轮制弦痕。口径 4.2、最大腹径 12.2、底径 8.2、通高 20.5 厘米（图九，15）。

陶案　1 件。M2∶8，模制，制作较为粗糙，残半。呈长方形板状，四周起郭，近郭处有一周凹槽，底部亦是四周凸起郭棱，各角穿一孔，孔间及郭角间划有一两道连线。残长 38.4、宽 26、厚 2.8 厘米（图九，16）。

2. M20

（1）墓葬概况

位于工地西区北部，工地基础坑北壁下。仅存墓底铺砖和四壁部分墙砖，西南部被现代坑破坏。方向为230°。墓室长4.2、残宽1.9米。北部起一道隔墙以成头箱，遗物皆摆放在此，东西残长1.7、南北残宽1.2米。墓底铺砖成席纹，砖墙和头箱隔墙皆是用"一顺一丁"法砌筑。仅见少量朽骨屑。出土遗物多残碎严重，均为泥质灰陶，多轮制，器类有陶盆、器盖、陶釜、耳杯、陶盘、陶樽、陶奁、陶案、陶灶、耳杯等（图一○）。

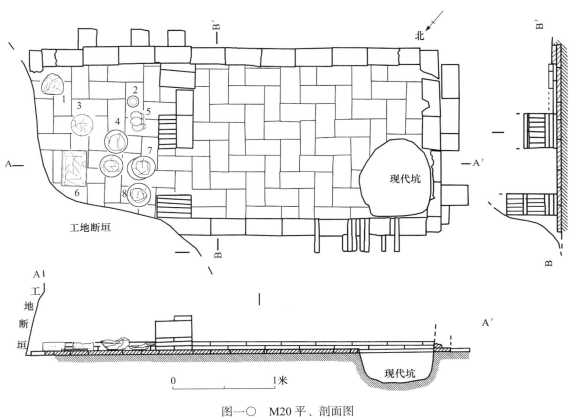

图一○　M20平、剖面图

1.灶　2.盆　3.奁　4.樽　5.耳环　6.陶案　7、8.盘

（2）出土遗物

陶釜　B型，2件。泥质灰陶。轮制，器表下腹满布刀修痕迹。器体较小，直口，折腹，折棱成腰檐，平底。M20：17，口径4.2、高2.8、最大腹径6.2、底径3.4厘米；M20：18，口径3.8、高2.9、最大腹径6.2、底径3.2厘米（图一一，1、2）。

器盖　Bb型，1件。M20：10，器盖，泥质灰陶。轮制。顶略下凹，斜直边，盖边上有一圈凹弦纹，边内折成檐，下口内敛。口径6.4、最宽约10.4、高3厘米（图一一，3）。

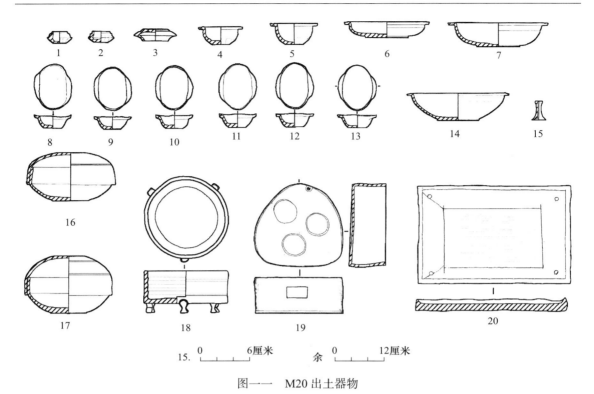

图一一　M20 出土器物

1、2. B 型陶釜（M20：17、M20：18）　3. Bb 型陶器盖（M20：10）　4、5. A 型陶盆（M20：8、M20：9）
6、7、14. B 型陶盘（M20：3、M20：2、M20：19）　8~13. A 型陶耳杯（M20：11~M20：16）　15. 琉璃耳珰
（M20：20）　16、17. 陶套奁（M20：7、M20：5）　18. 陶樽（M20：6）　19. B 型陶灶（M20：4）　20. 陶案（M20：1）

陶盆　A 型，2 件。泥质灰陶。轮制，器底满布刀修痕迹。器体较小，近直口，宽平沿，沿中有一凹槽，弧腹，平底。M20：9，口径 10.9、底径 4.4、高 4.5 厘米；M20：8，口径 11.7、底径 4.5、高 4.6 厘米（图一一，4、5）。

陶盘　B 型，3 件。泥质灰陶。轮制。敞口，宽平沿，沿下饰有弦纹，弧腹，略起假圈足。M20：19，口径 25、底径 9.8、高 6.9 厘米；M20：3，口径 20.9、底径 10.6、高 4 厘米；M20：2，口径 24.7、底径 10.6、高 6 厘米（图一一，6、7、14）。

耳杯　A 型，6 件。M20：11~M20：16，皆泥质灰陶。模制，制作粗糙。椭圆形杯身，敞口，新月状杯耳，略上翘，斜腹，平底或略内凹。长径 11~11.7、短径 9.1~9.5、高 3~3.4 厘米（图一一，8~13）。

陶奁　A 型，2 套。泥质灰陶。轮制。由两部分组成，上为球冠状奁盖，顶平，下部曲成圆柱状，下为深腹盆状奁身，奁身直口曲折腹，略起假圈足。M20：7，通高 12.2、宽 22、底径 9 厘米；M20：5，通高 14.5、宽 21.5、底径 8.8 厘米（图一一，16、17）。

陶樽　1 件。M20：6，泥质灰陶。轮制。内壁布满制作弦纹，外壁中上及中下腹各有一圈双弦纹。口径 20.5、通高 10.5 厘米（图一一，18）。

陶灶　B 型，1 件。M20：4，泥质灰陶。模制。圆角三角形，正面有长方形灶门，灶面有三个火眼，后部有一烟眼。长约 20.9、最宽 21.9、高 8.3~9 厘米（图一一，19）。

陶案 1件。M20：1，泥质灰陶。模制，制作较为粗糙。残半。呈长方形板状，四周起郭，近郭处有一周凹槽，槽内还刻划一方框，框内刻划有横条，底部较平，各角穿一孔，孔间及郭角到内框间划有一两道连线。长37.4、宽24.8、厚3厘米（图一一，20）。

耳珰 1件。M20：20，琉璃质。呈腰鼓状，上小下大，下成喇叭状，中部穿空。高2、上宽0.7、下宽1.4、孔径0.2厘米（图一一，15）。

3. M24

（1）墓葬概况

位于东区南部。残存墓底铺砖及部分墙砖等，四壁皆未见墓口迹象，砖外即是沙土，未见墓道迹象，但从墓内头箱位于北部来看，墓道应在南壁外，方向为195°。墓室通长4、宽2.38米。北部起一道双层砖隔墙以成头箱，但未见遗物，应是被扰乱而无存。箱长1.6、宽0.68米。墓底铺砖为"人"字纹。砖墙保存较差，在铺底砖上起筑，推测亦是用"一顺一丁"法砌筑。此外，多数墓砖可见"米"字印纹。遗骨腐朽严重，仅在中部发现少量朽骨。随葬遗物几乎无存，仅在墓室南面的扰土中发现数片陶案残片（图一二）。

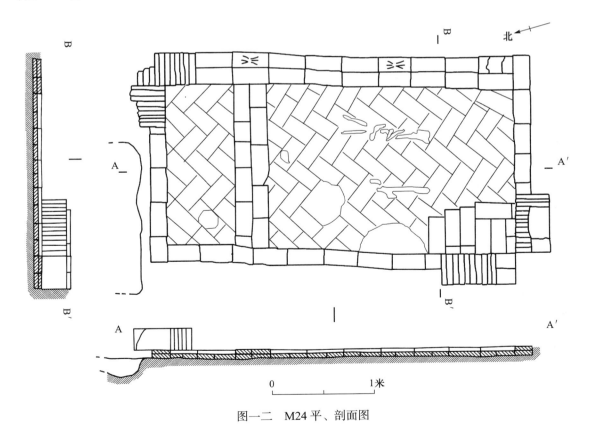

图一二 M24平、剖面图

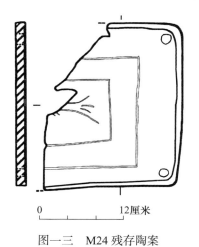

图一三　M24 残存陶案

（2）出土遗物

陶案　1 件。M24：1，泥质灰陶。模制，制作较为粗糙。残半。呈长方形板状，四周起郭，近郭处有一周凹槽。底部较平。各角穿一孔，案板内有"回"字形刻划浅槽，内槽有鱼尾残纹。残长 20.1、最宽 24.5、厚 1.5 厘米（图一三）。

4. M32

（1）墓葬概况

位于东区中部。残存墓底铺砖及部分墙砖，但墓圹尚存。方向为 205°。墓道居墓室南面，斜坡墓道，北面近墓室处较宽，往南渐收。墓道长 2.2、宽 1.1～2.48 米。墓室通长 4.3、宽 2.4 米。北部起一道隔墙以成头箱，隔墙砌法与四壁砖墙一致，皆以"一顺一丁"法起筑。未扰动，随葬遗物皆摆放在内，墓室西南部还有一件小陶罐，应是被扰乱到此。箱长 1.6、宽 0.76 米。墓底铺砖，头箱里约成"人"字纹，墓室里铺砌较为凌乱。砖墙在铺底砖上起筑。墓内遗骨腐朽严重，仅见少量骨屑。随葬遗物较为丰富，但大多残碎严重，一些小件物品保存较好。均为泥质灰陶器，以轮制为主，器类有长颈瓶、陶罐、陶壶、陶盘、陶奁、耳杯、陶井、陶盆、陶甑、陶釜、陶灶、陶樽等（图一四）。

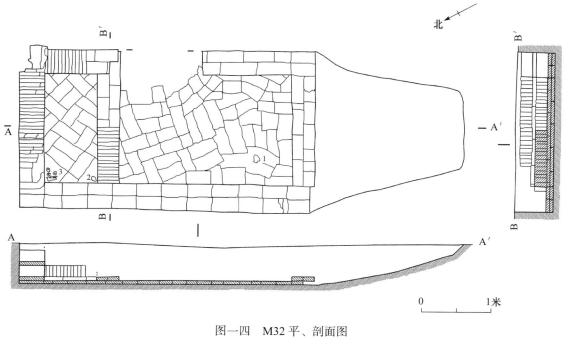

图一四　M32 平、剖面图
1. 陶罐　2. 耳杯　3. 长颈瓶

（2）出土遗物

陶釜　B型，1件。M32：23，器体较小，敛口，折肩，斜直腹，平底。肩上饰弦纹，下腹布满刀修痕迹。口径4.3、最大腹径5.2、底径3、高2.3厘米（图一五，1）。

水斗　1件。M32：22，手制。器体较小，大致呈圆形，敞口，斜直腹，小平底。最大径3.5、底径1.3、残高1.7厘米（图一五，2）。

陶盆　A型，1件。M32：14，器体较小，口略敞，宽平沿，沿中有凹槽，弧腹，平底。内壁可见轮制弦纹痕迹。口径10.4、底径4.4、高4厘米（图一五，3）。

陶甑　A型，1件。M32：15，器体较小，口略敞，宽平沿，沿中有凹槽，弧腹，平底，底穿十三孔，不规则分布。内壁可见轮制弦纹痕迹。口径9.6、底径3.6、高3.6厘米（图一五，4）。

陶井　1件。M32：21，侈口，束颈，折肩，斜直腹，平底。下腹满布刀修痕迹。口

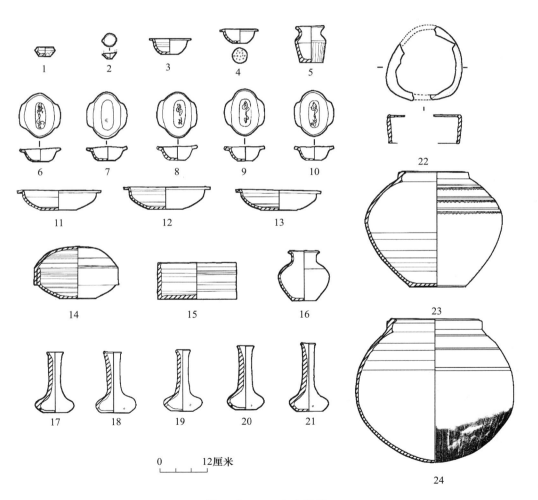

图一五　M23 出土陶器

1. B型釜（M32：23）　2. 水斗（M32：22）　3. A型盆（M32：14）　4. A型甑（M32：15）　5. 陶井（M32：21）

6～10. A型耳杯（M32：6～M32：10）　11～13. B型盘（M32：11～M32：13）　14. A型奁（M32：18）

15. 樽（M32：17）　16. A型罐（M32：16）　17～21. B型长颈瓶（M32：1～M32：5）　22. B型灶（M32：24）

23. B型瓮（M32：20）　24. A型瓮（M32：19）

径 7.3、最大腹径 7.8、底径 5.9、高 9.6 厘米（图一五，5）。

耳杯　A 型，5 件。M32：6～M32：10，模制，制作粗糙。陶色不均，黑褐为主，局部发黄。椭圆形杯身，敞口，新月状杯耳，上翘，弧腹，平底，略起假圈足。内底有印纹。长径 11.8～12.3、短径 9.9～10.4、高 3.6～3.8 厘米（图一五，6～10）。

陶盘　B 型，3 件。M32：11～M32：13，略敞口，宽平沿，沿中有凹槽，方唇，弧折腹，平底，略起假圈足。内壁可见轮制弦痕。口径 21.1～21.7、底径 8.9～9.2、高 5.2～5.7 厘米（图一五，11～13）。

陶奁　A 型，1 套。M32：18，由奁盖与器身组成，奁盖呈球冠状，下半部分呈圆柱状，奁身直口折腹平底，略起假圈足。内壁布满轮制弦痕。整个器体最大径 21.4、高 13.6 厘米（图一五，14）。

陶樽　1 件。M32：17，直口，直壁，平底，略内凹，底部有一弦环，环内略为凸起一圆，底边上可见原有器足的接痕。内外壁布满轮制弦纹。口径 19.8、底径 19.9、高 9.5 厘米（图一五，15）。

陶罐　A 型，1 件。M32：16，侈口，束颈，鼓腹，平底。肩上饰有弦纹。口径 8、最大腹径 12.8、底径 6、高 12.9 厘米（图一五，16）。

长颈瓶　B 型，5 件。M32：1～M32：5，侈口，长颈，曲腹，腹下穿有三孔，平底，底部穿有一孔。器表可见轮制弦痕。口径 3.7～4.5、最大腹径 9.3～10.3、底径 5.4～7、通高 15.6～18 厘米（图一五，17～21）。

陶灶　B 型，1 件。M32：24，模制。仅存残片。大致可知器身呈圆角三角形。通高 7.5 厘米（图一五，22）。

陶瓮　2 件。A 型，1 件。M32：19，器体较大，敛口，口部截面呈鹰嘴状，立领，球腹，圜底。下腹器表满布弦纹。口径 22.6、最大腹径 40、高 37 厘米（图一五，24）。B 型，1 件。M32：20，敛口，口部截面呈鹰嘴状，立领，鼓腹，肩上饰弦纹波浪纹组合纹饰，平底，微起假圈足。内壁满布轮制弦纹痕迹。口径 17.5、最大腹径 34.4、高 30、底径 14.4 厘米（图一五，23）。

5. M36

（1）墓葬概况

位于东区西部。残存墓底铺砖及部分墙砖，但基本墓圹尚存。方向为 220°。墓道居墓室南面，斜坡状，稍偏东，北面近墓室处较宽，往南渐收，长 1.84、宽 0.9～1.7 米。墓室通长 4.08、宽 3.1 米。北部起一道单层砖隔墙以成头箱，可能由于扰乱严重，头箱内未见遗物。箱长 2.34、宽 0.84 米。墓底铺砖成"人"字纹。砖墙在铺底砖上起筑，从残留砌砖来看应亦是以"一顺一丁"法起筑。墓内遗骨腐朽严重，有可能属于两个个体的长骨朽骸。残存遗物较少，仅在墓室中部填土出有一些陶器残件，可辨器形有器盖、陶盘、水斗以及灶、耳杯、瓮等（图一六）。

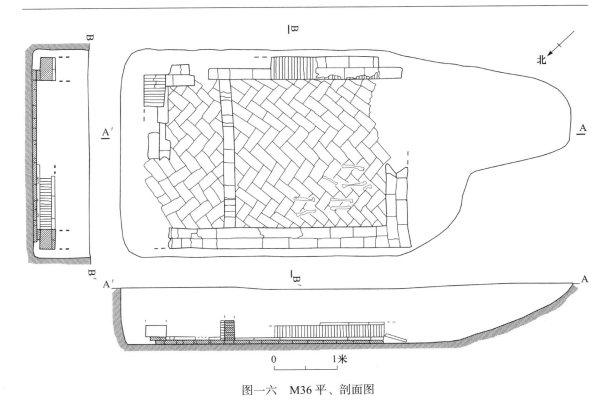

图一六 M36平、剖面图

（2）出土遗物

耳珰 1件。M36：2，琉璃质。蓝色，腰鼓形，中部穿孔，半透明状。上宽0.9、下宽1.6、高2.1、孔径0.2厘米（图一七，1）。

勺 1件。M36：3，泥质灰陶。手制。敞口，弧腹，尖圜底，口部附有一勾玉状扁平把手。口径5.3～5.8、通高6厘米（图一七，2）。

器盖 C型，1件。M36：1，有方形尖顶，顶周边下凹一圆，弧面，盖边内折成檐，再折成直口。直径8.8、通高3.5厘米（图一七，3）。

陶盘 B型，1件。M36：4，敞口，宽平沿，弧腹。腹壁饰凸弦纹，平底。口径17.2、底径7、高4.7厘米（图一七，4）。

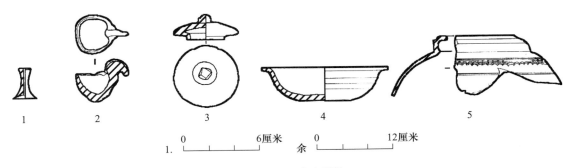

图一七 M36出土器物

1.琉璃耳珰（M36：2） 2.勺（M36：3） 3.C型陶器盖（M36：1） 4.B型陶盘（M36：4） 5.陶瓮残件（M36：5）

陶瓮残件　B 型，1 件。M36：5，敛口，口沿向内突，立领。肩上饰波浪纹弦纹组合，波浪纹上还有圆圈纹，腹下残缺（图一七，5）。

（三）带明器台单室墓

4 座，M7、M8、M26、M29。

1. M7

（1）墓葬概况

位于工地西区北部。残存墓底铺砖及部分墙砖，但基本墓圹尚存。方向为 225°。墓室南面有疑是甬道的结构，西部为现代坑破坏，东部仍保有部分墙砖，底呈斜坡状。残长 6.25 米，墓道情况不明。墓室通长 4.85、宽 2.7 米。西北角以"一顺一丁"法筑起一方台，墓内遗物残件散乱于台上及其周边，所以此台应是明器台。南北长 1.36～1.44、东西宽 1.5～1.6、高 0.5 米。墓底铺砖成"人"字纹。砖墙在铺底砖上以"一顺一丁"法起筑。墓内遗骨腐朽严重，仅见少量骨屑，明器台南侧下有一头骨状朽骨，该墓头向应是向北。残存遗物较少，主要有陶瓶、陶盘、陶奁等器物残片及铁器一件（图一八）。

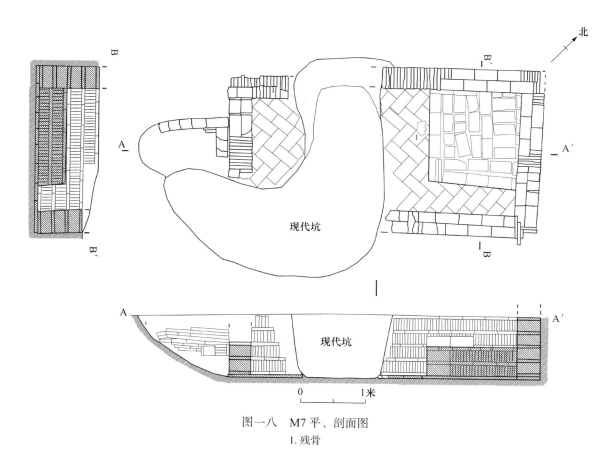

图一八　M7 平、剖面图

1. 残骨

（2）出土遗物

长颈瓶　A 型，可辨识的共 7 件，其中 3 件可修复。M7：1～M7：3，泥质灰陶。轮制。瓶口略侈，长颈，弧折腹，腹下穿三孔，平底，底一孔。器表可见轮制弦痕，颈部和肩部均有两圈凹弦痕。口径 4.8～5、最大腹径 12.1～12.8、底径 7.7～8、通高 18～19.8 厘米（图一九，1～5）。

陶盘　B 型，1 件。M7：8，泥质灰陶。轮制。残，缺底。侈口微卷沿，折腹，底残。器表可见轮制弦痕。口径 23.9 厘米（图一九，6）。

铁器　1 件。M7：4，弧形扁铁条，残锈严重，一端大一端小，小端稍卷曲。通长 13.7、宽 0.7～1.1、厚约 0.4 厘米（图一九，7）。

奁盖　A 型，1 件。M7：7，泥质灰陶。轮制。上部分呈球冠状，下部呈圆筒状，大致呈曲边球冠状。器表有弦纹。口径 19.5、通高 10.3 厘米（图一九，8）。

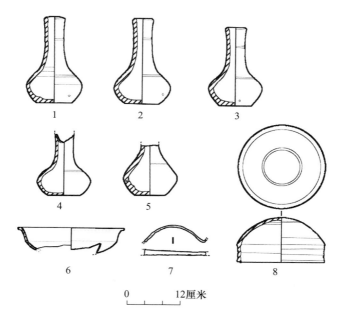

0　　　　12厘米

图一九　M7 出土器物

1～5. A 型陶长颈瓶（M7：1～M7：3、M7：5、M7：6）6. B 型陶盘（M7：8）
7. 铁器（M7：4）8. A 型陶奁盖（M7：7）

2. M8

（1）墓葬概况

位于工地西区东南部。残存墓室东北角部分墙砖及明器台。方向不明。东北角的明器台内部为夯土，周边筑以砖墙，土面上再铺砖，台残高 0.16 米。墓室大小不明，墓底铺砖亦不明，砖墙是以"两顺一丁"法起筑。未见遗骨。除该墓残墙南部扰土内发现一件器盖外，未见其他遗物（图二〇）。

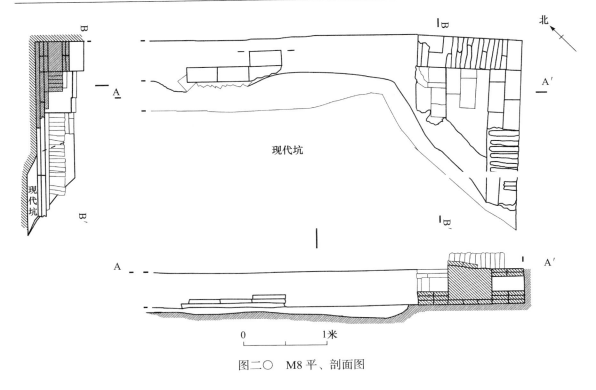

北

现代坑

现代坑

0　　　　　　1米

图二〇　M8平、剖面图

（2）出土遗物

器盖　A型，1件。M8：1，泥质灰陶。轮制，器表有轮制弦痕。陶色不均，黑褐为主，局部发黄。平盖顶，略弧，边弧折，子母口。口径9.8、高1.5厘米（图二二，7）。

3. M26

（1）墓葬概况

位于工地东区中部。残存墓底铺砖及部分墙砖，但基本墓圹尚存。方向为220°。墓室南面有舌形斜坡墓道，残长2.1、宽1.2米。墓室通长3.8、宽2米。北部用残砖起一道隔墙，内实以土。由于该结构上部被扰乱严重，具体高度及功能不明确。墓内遗物残件散乱于土台上及其南侧。所以，推测此土台应是明器台。南北宽0.84、东西长1.38、残高0.14米。墓底铺砖成"人"字纹。砖墙在铺底砖上以"一顺一丁"法起筑。墓内遗骨腐朽严重，但仍能辨识出朽坏严重的两个个体的头骨及部分下肢骨。残存遗物较少，均为泥质灰陶器，器类有陶瓮、陶盘、陶饼、耳杯及筒瓦等（图二一）。

（2）出土遗物

陶瓮　B型，1件。M26：2，轮制，器表有数重弦纹。口部稍敛，截面呈鹰嘴状，立领，鼓腹，略成假圈足。口径18.2、腹径31.7、底径12.8、高27厘米（图二二，1）。

陶灶　C型，1件。M26：1，模制，器表平整。器体水平截面大致呈圆角梯形，前半部残，从灶面上看应有小火眼三个，前火眼残。残长20.3、高9厘米（图二二，2）。

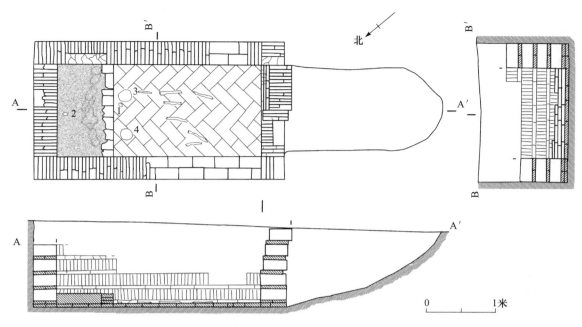

图二一 M26平、剖面图

1、2.耳杯 3、4.残骨

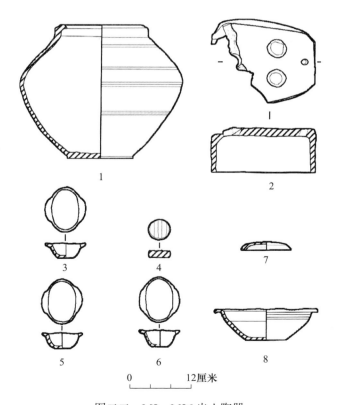

图二二 M8、M26出土陶器

1.B型瓮（M26：2） 2.C型灶（M26：1） 3、5、6.A型耳杯（M26：4、M26：5、M26：6）

4.陶饼（M26：7） 7.A型器盖（M8：1） 8.A型盘（M26：3）

耳杯　A 型，3 件。M26：4～M26：6，模制，制作粗糙。陶色不均，黑褐为主，局部发黄。椭圆形杯身，敞口，新月状杯耳，略上翘，弧腹，平底。长径 7.9～9、短径 7.8、通高 2.9～3.2 厘米（图二二，3、5、6）。

陶饼　1 件。M26：7，磨制，正面有沟纹。口径 4.2、厚 1.3 厘米（图二二，4）。

陶盘　A 型，1 件。M26：3，轮制。敞口，宽平沿，斜腹，略弧，平底。口径 20.2、底径 8、高 6 厘米（图二二，8）。

4. M29

（1）墓葬概况

位于工地东区东北部。残存墓底铺砖及部分墙砖，但基本墓圹尚存。方向为 215°。墓室南面有斜坡墓道，残长 0.7、宽 1.1 米。墓室通长 4、宽 2.6 米。西北角用砖围筑成一台，内实以土，围砖砌法与墓室四壁一样，皆以"一顺一丁"法起筑，但因破坏严重，高度不明，台面情况亦不明。推测此台亦是明器台。东西长 1.56、南北宽 0.95 米。墓底铺砖成"人"字纹。四壁砖墙在铺底砖上起筑。墓内遗骨腐朽严重，仅东南部见几根朽坏严重的残骨。残存遗物较少，主要有耳珰、长颈瓶、陶罐、陶盘、耳杯、陶瓮、陶釜以及筒瓦等，陶器均为泥质灰陶，以轮制为主（图二三）。

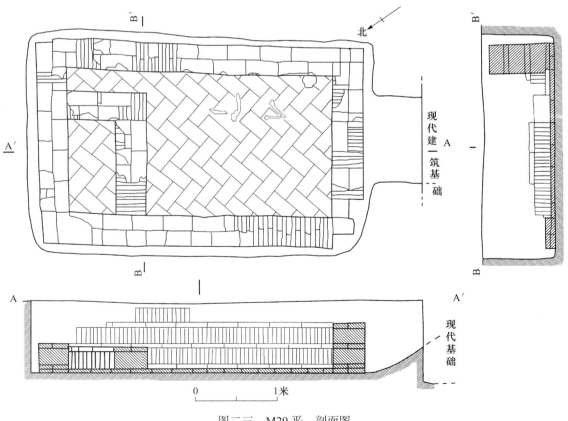

图二三　M29 平、剖面图

（2）出土遗物

耳珰　1对。琉璃质，蓝色，腰鼓状，上小下大。M29：5，通高2、上径0.8、下径1.6厘米；M29：8，通高2.2、上径0.7、下径1.45厘米（图二四，1）。

陶盘　A型，1件。M29：3，器表可见轮制弦痕。敞口，宽平沿，曲腹，平底。口径17.4、底径7、高4.9～5.3厘米（图二四，2）。

陶瓮　C型，1件。M29：7，残件。直口宽平沿，方唇，束颈。肩上饰有一圈双弦纹。口径17.8厘米（图二四，3）。

陶釜　D型，1件。M29：6，口微敛，折腹，折棱突出成腰檐，平底。上半部布满瓦纹。口径14.9、腹径20.8、底径8.7、高8.3～9厘米（图二四，4）。

耳杯　A型，1件。M29：4，模制，制作粗糙。陶色发黄。椭圆形杯身，敞口，平展新月状杯耳，斜腹，平底，略起假圈足。长径11.8、短径10.5、高3.3厘米（图二四，5）。

陶罐　B型，1件。M29：2，器表可见轮制弦痕。侈口，卷沿，沿上有一凹槽，沿下有一圈凸弦纹，束颈弧腹，平底，底穿一孔。口径9.8、腹径12.3、底径7.7、高15.3厘米（图二四，6）。

长颈瓶　A型，1件。M29：1，器表可见轮制弦痕。直口，长颈，垂腹，颈下和上腹皆饰有弦纹，腹下穿三孔，平底，底下亦有一孔。口径4.9、最大腹径11.4、底径7.7、通高19.3厘米（图二四，7）。

筒瓦　1件。M29：8，模制。器表满绳纹。长38.7、宽15、厚0.9～1.2厘米（图二四，8）。

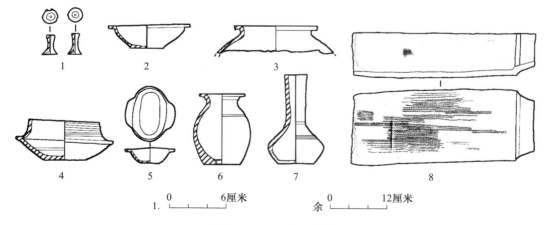

图二四　M29出土器物

1. 琉璃耳珰（M29：5、M29：8）　2. A型陶盘（M29：3）　3. C型陶瓮（M29：7）　4. D型陶釜（M29：6）
5. A型陶耳杯（M29：4）　6. B型陶罐（M29：2）　7. A型陶长颈瓶（M29：1）　8. 陶筒瓦（M29：5）

（四）其他普通单室墓

15座，M1、M5、M6、M11、M14～M16、M18、M19、M23、M27、M28、M30、

M33、M35。

1. M1

（1）墓葬概况

位于工地西区南部。残存墓底铺砖及部分墙砖，但基本墓圹尚存。方向为220°。墓室南面残存一小段斜坡墓道，残长约1.3、宽0.6～2米。墓室通长约3.9、宽2.1米。墓底铺砖成席纹，四壁砖墙在铺底砖上以"一顺一丁"法起筑。墓内遗骨腐朽无存，仅在墓室扰土里见少许朽坏严重的残骨。残存遗物较少，除两陶釜出土于东北角外，其他遗物残片都是散落在墓内扰土中。出土遗物还有陶瓮、耳杯、陶甑等，均为泥质灰陶，以轮制为主（图二五）。

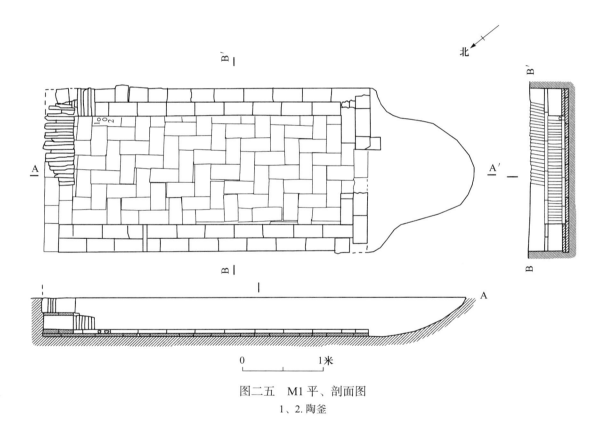

图二五　M1平、剖面图
1、2. 陶釜

（2）出土遗物

陶釜　B型，2件。泥质灰陶。手制，器表满布刀修痕迹。器体较小，口微敛，弧折腹，小平底。M1∶1，口径4、底径2、高3.8厘米；M1∶2，口径3、底径1.5、高3.4厘米（图二六，1、2）。

陶甑　A型，1件。M1∶5，轮制手修，器表粗陋。微敞口，弧沿，方唇，沿下抹成一道凹槽，略成束颈状，弧折腹，平底，底有穿三孔。口径8.3、底径3.1、高3.5、孔径约0.6厘米（图二六，3）。

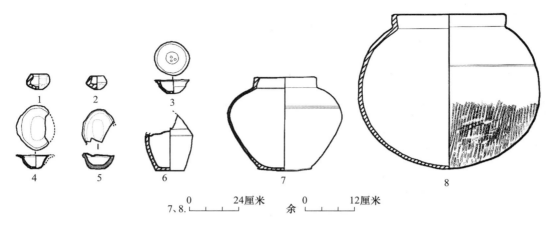

图二六 M1、M5 出土陶器

1、2.B 型釜（M1：1、M1：2） 3.A 型甑（M1：5） 4、5.A 型耳杯（M1：4、M1：7） 6.器底残件（M1：6）

7.B 型瓮（M5：1） 8.A 型瓮（M1：3）

耳杯 A 型，2 件。模制。手修，器体粗糙简陋。横截面呈椭圆形，杯耳简单修葺，不平整，平底，略成假圈足。M1：4，最大径 11.1、高约 3.1 厘米。M1：7 与 M1：4 相近，但残半，高 3.3～3.8 厘米（图二六，4、5）。

器底残件 1 件。M1：6，口部残缺，折腹，上部饰双弦纹两道，平底。可能是陶井或陶壶之类器形。最大腹径 11.3、底径 7 厘米（图二六，6）。

陶瓮 A 型，1 件。M1：3，器表有轮制弦痕。直口，弧曲立领，因领弧曲口稍显内敛，球腹，圜底。中腹有两道明弦纹，下半腹布满绳纹。口径 28、腹径 44、通高 39 厘米（图二六，8）。

2. M5

（1）墓葬概况

位于工地西区中部。墓葬南部及东北部皆被现代坑打破，残存部分墓底铺砖和墙砖。方向为 230°。墓室南面被现代坑破坏，墓道无存。墓室通残长 2.7、宽 1.7 米。墓底用残砖平行横铺，中部偏北有一行整砖平铺，似要把墓室分成南北两部，但因墓室扰乱严重，是否具有隔墙不甚明确。发掘时整个墓室底部只见一层铺砖。四壁砖墙在铺底砖上稍为错缝平砌起筑。未见遗骨。墓室西北角仅见一件残碎的陶瓮（图二七）。

（2）出土遗物

陶瓮 B 型。M5：1，泥质灰陶。轮制，器表可见轮制弦纹。敛口，直领，鼓肩，平底，略起假圈足。口径 15.4、最大腹径 28、底径 13.2、高 23.7 厘米（图二六，7）。

3. M6

（1）墓葬概况

位于工地西区东部。除东半部和北部、南壁外皆被现代坑破坏，墓道无存。方向

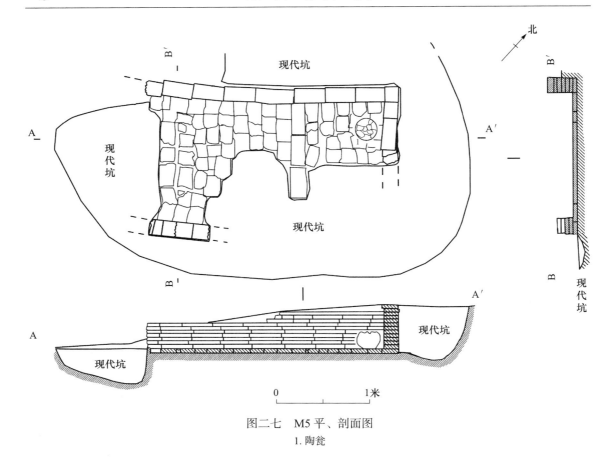

图二七　M5 平、剖面图
1.陶瓮

为 225°。墓室残长 3.66、残宽 1.65 米。墓底铺砖成"人"字纹，四壁砖墙在铺底砖上以"两顺一丁"法起筑。墓内遗骨腐朽严重，但仍能辨识出两个个体，西侧个体比东侧个体粗壮，应是西男东女夫妻合葬，从东者残存牙齿估计，其死亡年龄 35～40 岁。残存遗物较少，主要有陶耳杯、陶钵、陶釜、陶灶残件、铜钱、指环、石砚、铁片等（图二八）。

（2）出土遗物

铁片　1 件。M6：1，椭圆形，通体锈蚀严重，疑是牌饰件。长约 3.8、宽 2.9、厚 0.2 厘米（图二九，1）。

指环　1 件。M6：7，铜指环，通体锈蚀。直径 2.1、环截面宽 0.3、厚 0.15 厘米（图二九，2）。

石砚　1 件。M6：4，长方形石砚，正面光滑，背面较粗糙，呈平整长方形石片。长 10.1、宽约 5.1、厚 0.4 厘米（图二九，3）。

陶釜　C 型，1 件。M6：5，泥质灰陶。陶质发黄。侈口束颈，折腹，折角处起一圈棱，圆锥状小平底。口径 6.6、最大腹径 9.4、高 8 厘米（图二九，4）。

陶钵　1 件。M6：3，泥质灰陶。轮制，器表有轮制弦痕。似乎是上下两部分套接而成，下腹可见接痕。直口，折腹，平底。口径 16、底径 8.8、通高 8.9 厘米（图二九，5）。

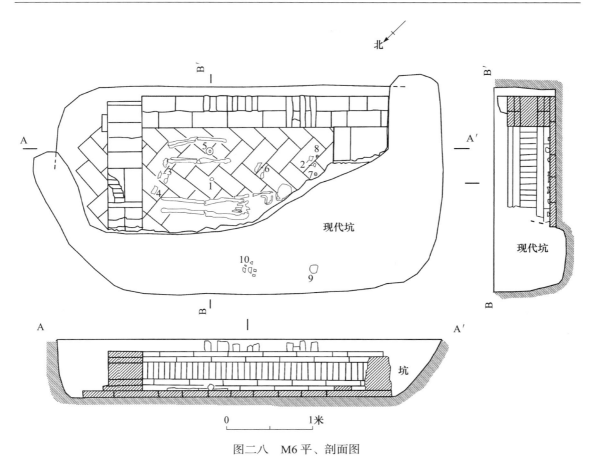

图二八　M6平、剖面图

1.铁片　2.陶片　3.耳杯　4.石砚　5.陶釜　6.陶灶残片　7、8.铜钱　9、10.陶片

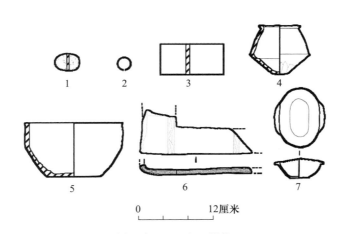

图二九　M6出土器物

1.铁片（M6：1）　2.铜指环（M6：7）　3.石砚（M6：4）　4.C型陶釜（M6：5）

5.陶钵（M6：3）　6.陶灶残片（M6：6）　7.A型陶耳杯（M6：2）

　　陶灶残件　1件。M6：6，泥质灰陶灶残片。仅存灶门下部，应是长方形灶门。正面饰两道几何刻划纹，余部不详。残长18厘米（图二九，6）。

耳杯 A 型，1 件。M6：2，泥质灰陶。模制。器表光滑平整，器壁较薄，椭圆形杯身，敞口，短径中部拱起，新月状杯耳，平展，斜腹，略弧，平底，略起假圈足。长径 9.8、短径 8、高 3.2 厘米（图二九，7）。

铜钱 10 枚（M6：8～M6：17），除一枚大泉五十，余皆五铢钱（图三〇）。

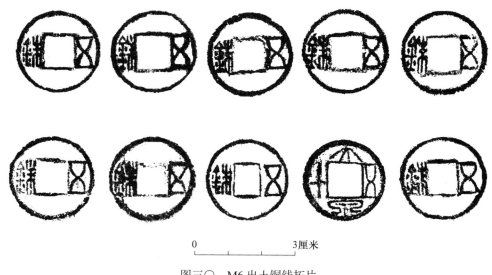

0   3厘米

图三〇 M6 出土铜钱拓片

4. M11

（1）墓葬概况

位于工地西区南部。墓葬南部大部分被破坏，墓道无存，仅存墓室北部部分铺砖及北壁、西壁部分墙砖。方向为 215°。墓室残长 3.5、残宽 1.8 米。墓底铺砖成"人"字纹，四壁砖墙在铺底砖上起筑，从残存墙砖来看应是以"一顺一丁"法砌筑。墓内少量残朽骨屑。残存遗物较少，主要有陶釜、陶甑、耳杯等，均为泥质灰陶，以手制为主（图三一）。

（2）出土遗物

耳杯 A 型，2 件。模制，制作粗糙。陶色不均，黑褐为主，局部发黄。椭圆形杯身，敞口，新月状杯耳，略上翘，弧腹，平底，略起假圈足。M11：1，长径 10.9、短径 10、高 3 厘米；M11：4，长径 11.2、短径约 9.6、高 3 厘米（图三二，1、2）。

陶甑 B 型，1 件。M11：3，器表满布刀修痕迹。器体较小，敞口，弧折腹，小平底，底穿五孔。口径 4.3、高 2.3 厘米（图三二，3）。

陶釜 A 型，2 件。M11：2，器体较小，敞口，斜腹，尖圜底。口径 3.8、高 1.8 厘米。M11：5，泥质灰陶，手制，器体较小，直口，弧腹，圜底。口径 4、高 2.1 厘米（图三二，4、5）。

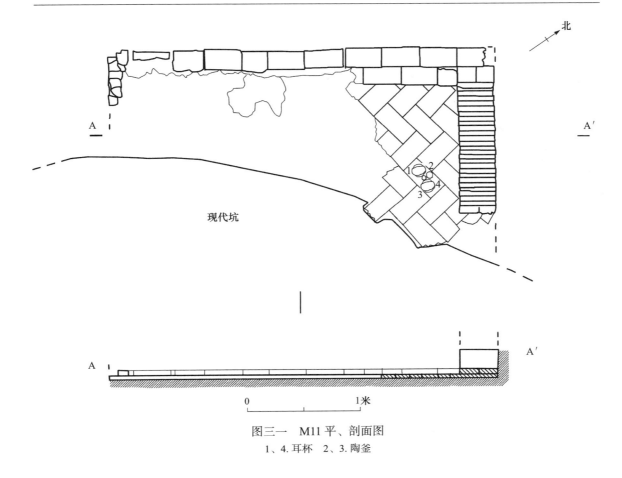

图三一　M11 平、剖面图
1、4. 耳杯　2、3. 陶釜

5. M14

（1）墓葬概况

位于工地西区东部。残存墓底部分铺砖，东壁还残存一层断续墙砖，推测方向为215°。墓室大小不明，残长 3.4、残宽 1.7 米。墓底铺砖成"人"字纹，砖墙在铺底砖上起筑，砌筑方法不明。墓内仅见少量残朽严重的骨屑。散布墓内的残存器物多残碎严重，且数量较少，仅出耳杯、水勺、陶案等残件，均为泥质灰陶，以模制为主（图三三）。

（2）出土遗物

耳杯　A 型，2 件可复原器，3 件为残片（图三二，7~11）。制作粗糙。陶色发黄。椭圆形杯身，敞口，新月状杯耳，两耳略飞翘或平折，斜腹，平底。M14：2，长径 9.8、短径 8、高 3.5 厘米；M14：3，长径 11.4、短径 9.7、高 3.5 厘米。

勺　1 件。M14：4，陶质较差。手制，制作粗糙，器表不平，满布手修痕迹。器体较小，口部略呈圆角三弧边形，前部敞口，前腹较为斜直，后腹较厚，尖圆底，后部有一曲把。高约 4.4、宽 5.4 厘米（图三二，12）。

陶案　1 件。M14：1，制作较为粗糙。残半。呈长方形板状，四周起郭，近郭处有一周凹槽，底部亦是四周凸起郭棱。各角穿一孔，孔内还有一周划线，线内应有其他纹

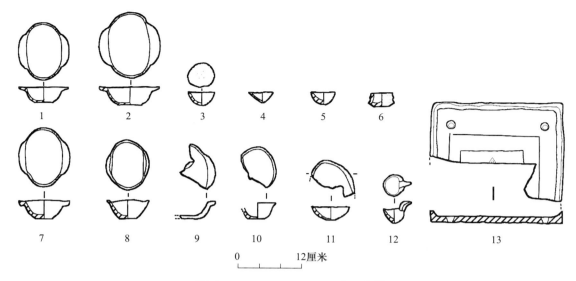

图三二　M11、M14、M15 出土陶器

1、2、7～11.A 型耳杯（M11：1、M11：2、M14：2、M14：3、M14：5、M14：6、M14：7）　3.B 型甑（M11：3）

4、5.A 型釜（M11：2、M11：5）　6.B 型釜（M15：1）　12.勺（M14：4）　13.陶案（M14：1）

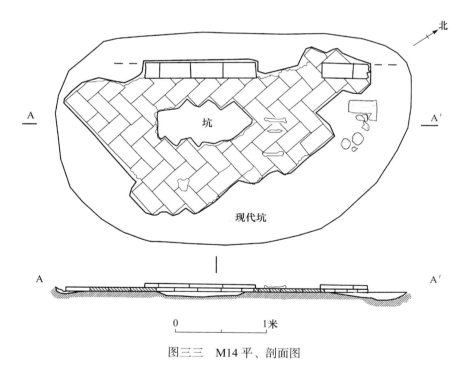

图三三　M14 平、剖面图

样，残破严重，难以推究。残长 25.3、宽 19.2、厚 1.2～2.2 厘米（图三二，13）。

6. M15

（1）墓葬概况

位于工地西区西南部。残存墓底部分铺砖，南壁还残存一层断续墙砖。方向为 205°。

墓室大小不明，残长 2.98、残宽 1.95 米。墓底铺砖成席纹，砖墙在铺底砖上起筑，砌筑方法不明。墓内仅见少量残朽严重的骨屑。墓内遗物残存较少，仅见零星陶片及小陶釜一件（图三四）。

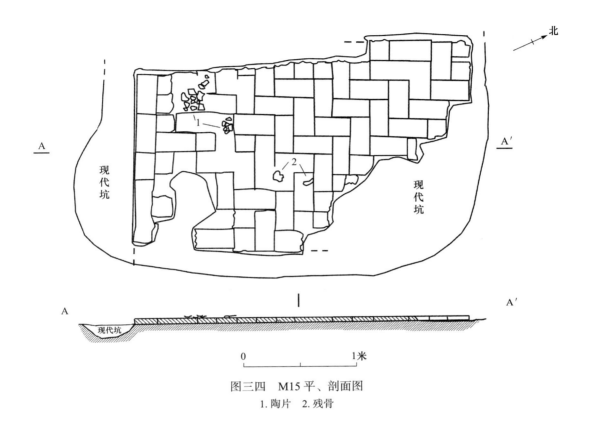

图三四　M15 平、剖面图
1. 陶片　2. 残骨

（2）出土遗物

陶釜　B 型，1 件。M15：1，泥质灰陶。轮制。器体较小，直口，直腹，下腹起凸棱成檐，平底。器表饰瓦纹。口径 4.2、底径 2.8、高 2.8 厘米（图三二，6）。

7. M16

（1）墓葬概况

位于工地西区西南部。残存墓底铺砖，四壁还残存一层断续墙砖。方向为 220°。墓室长约 3、宽 1.5 米。墓底铺砖成席纹，砖墙在铺底砖上起筑，砌筑方法不明。墓西南部发现受过挤压的朽骨，主要是长骨，疑有流水作用或其他外力把尸骨挤推至西侧，可能是男性个体，其他情况不明。墓内遗物保存相对较全，几乎都未被扰动地摆放在墓室北部，但因地面压力等原因，陶器多残碎严重，主要出土有长颈瓶、陶瓮、陶罐、陶奁、耳杯、陶盘、陶盆、耳珰等，陶器均为泥质灰陶，以轮制为主（图三五）。

（2）出土遗物

耳珰　1 对。琉璃质，蓝色，腰鼓形，中部穿孔，半透明状。M16：16，上径 0.9、

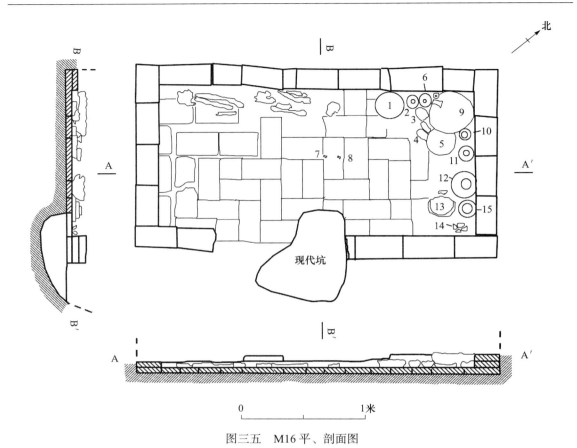

图三五　M16 平、剖面图

1.陶盘　2、6.长颈瓶　3、4.耳杯　5.陶奁　7、8.耳珰　9~12、15.瓮罐残件　13.陶盆　14.陶釜残件

底径 1.5、高 2、孔径 0.2 厘米；M16：18，上径 1、底径 1.6、高 2、孔径 0.2 厘米（图三六，1）。

　　陶盆　A 型，1 件。M16：6，有刀修痕迹。敞口，宽平沿，弧腹，小平底。口径 10.6、底径 4.4、高 3.7 厘米（图三六，2）。

　　耳杯　A 型，3 件。模制，制作粗糙。陶色不均。椭圆形杯身，敞口，新月状杯耳，略上翘，弧腹，平底或略内凹。M16：3，长径 10.9、短径 9.2、高 3.5 厘米；M16：4，长径 11.1、短径 9.1、高 3.4 厘米；M16：5，长径 10.1、短径约 9.5、高 3.4 厘米（图三六，3~5）。

　　陶瓮　B 型，3 件。直口，立领，鼓腹，平底，微起假圈足。肩上皆有弦纹。这 3 件陶瓮形制相近，但大小差别较大。M16：10，口径 9.5、最大腹径 16.6、底径 7.7、高 12.8 厘米。M16：13，口径 11.4、最大腹径 20.5、底径 8.9、高 17 厘米。M16：14，口部残。肩腹皆饰数圈双弦纹。最大腹径 30.6、底径 13、残高 22 厘米（图三六，6、11、17）。

　　陶盘　B 型，2 件。器体较小，口微敞，宽平沿，沿中部下凹，曲腹，平底，略起假圈足。M16：7，口径 22.7、底径 10.1、高 4.6 厘米。M16：8，口面倾斜不水平。口径 22.7、底径 8.4、高约 5.6 厘米（图三六，7、8）。

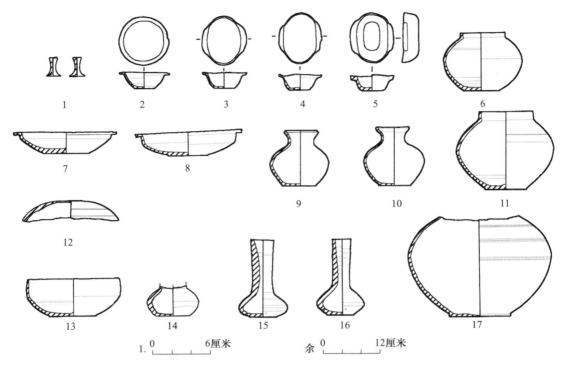

图三六 M16 出土器物

1. 琉璃耳珰（M16∶16、M16∶18） 2. A 型陶盆（M16∶6） 3～5. A 型陶耳杯（M16∶5、M16∶4、M16∶3）
6、11、17. B 型陶釜（M16∶10、M16∶13、M16∶14） 7、8. B 型陶盘（M16∶8、M16∶7） 9、10. A 型陶罐
（M16∶11、M16∶12） 12、13. A 型陶奁盖及奁盆（M16∶17、M16∶9） 14～16. B 型陶长颈瓶（M16∶15、
M16∶2、M16∶1）

陶罐　A 型，2 件。敞口，束颈，鼓腹，平底。M16∶11，口径 7.6、最大腹径 12.5、底径 7.2、高 12.1 厘米；M16∶12，口径 7.2、最大腹径 12.9、底径 6.9、高 12.9 厘米（图三六，9、10）。

陶奁　A 型，1 套。奁盖，M16∶17，泥质灰陶。轮制。器表饰数圈弦纹。最大残宽 20.4 厘米。奁身，M16∶9，器表满布刀修痕迹。直口，尖唇，曲腹，平底，略起假圈足，口径 19.7、底径 10、高 8.2 厘米（图三六，12、13）。

长颈瓶　B 型，3 件，其中可修复 2 件，残件 1 件。器表可见轮制弦痕，瓶口略侈，长颈，垂腹，颈下及腹部皆有制作弦纹，腹下穿四孔，平底，略起假圈足，底下穿一孔。M16∶1，口径 4.1、最大腹径 10.1、底径 5.7、通高 16.7 厘米；M16∶2，口径 5、最大腹径 10.4、底径 5.9、通高 17 厘米；还有一件残件，缺颈部，M16∶15，最大腹径 10.9、底径 7、残高 6.3 厘米（图三六，14～16）。

8. M18

位于工地西区北部。残存墓底铺砖，西、东、北三壁还残存一层墙砖，南部被现代坑打破。方向为 240°。墓室长 3.7、残宽 2 米。墓底铺砖成席纹，砖墙在铺底砖上起筑，砌筑方法不明。仅见少量朽骨屑，遗物无存（图三七）。

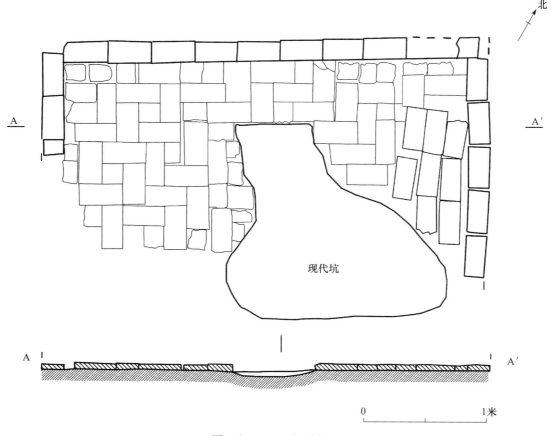

图三七　M18 平、剖面图

9. M19

（1）墓葬概况

位于工地西区北部。工地基础坑北壁下，残存墓底铺砖，东壁还残存部分墙砖。方向为 230°。墓室长 3.8、残宽 2.2 米。墓底铺砖成席纹，砖墙在铺底砖上起筑，从东壁残墙看砌筑方法应亦是"一顺一丁"法。仅见少量朽骨屑，出土遗物残碎严重，主要有长颈瓶、陶罐、陶壶、陶盘、耳杯等，均为泥质灰陶，以轮制为主（图三八）。

（2）出土遗物

长颈瓶　A 型，3 件。器表可见轮制弦痕。略侈，曲腹，腹下穿三孔，平底，底穿一孔。长颈，瓶颈及颈下皆饰有弦纹。M19：2，瓶口残，口径 5、最大腹径 11.5、底径 8、通高 18.5 厘米；M19：3，口径 4.8、最大腹径 13.8、底径 8.2、通高 20.9 厘米；M19：4，口径 5.3、最大腹径 13.7、底径 8.8、通高 21 厘米（图三九，1～3）。

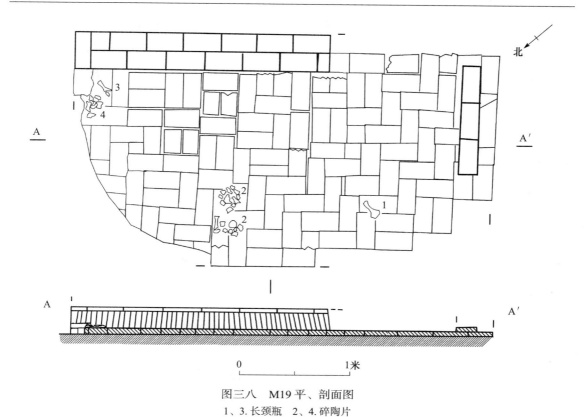

图三八　M19平、剖面图
1、3.长颈瓶　2、4.碎陶片

耳杯　A型，1件。M19：1，椭圆形杯身，敞口，新月状杯耳，略上翘，弧腹，平底，略起假圈足。杯底应有禽鸟模印，但大部分模糊不清。长径10.1、短径8、高2.5～2.9厘米（图三九，4）。

陶罐　3件，皆残。B型，器底残件，1件。M19：8，残缺严重。弧腹，平底，腹部残存部分可见两孔，底有一孔，底径8.5、残高13厘米（图三九，5）。还有两件罐类口部残件。M19：7，肩以下残缺，侈口，短窄沿，方唇，束颈。口径8.7厘米。M19：6，口略侈，有窄沿。口径7.7厘米（图三九，7、8）。

陶灶　D型，1件。M19：5，应是轮制。仅存烟囱部分。侈口束颈。

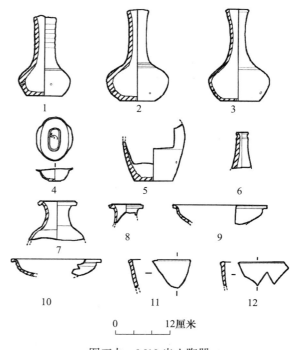

图三九　M19出土陶器
1～3.A型长颈瓶（M19：2～M19：4）　4.A型耳杯
（M19：1）　5.B型罐（M19：8）　6.D型灶残件（M19：5）
7、8.罐口沿（M19：7、M19：6）　9、10.B型盘（M19：11、
M19：12）　11、12.口沿（M19：9、M19：10）

器表可见弦痕。口径 2.8、残长 8.2 厘米（图三九，6）。

陶盘残件　B 型，2 件。皆为残件。敞口，双唇，曲腹，底残缺。M19：11，口径 21 厘米；M19：12，口径 20 厘米（图三九，9、10）。

口沿　2 件。直口或微敞。M19：9，复原口径 19.2 厘米；M19：10，复原口径 16 厘米（图三九，11、12）。

10. M23

（1）墓葬概况

位于工地东区南部。残存东北部墓底铺砖及东壁部分墙砖。方向为 250°。墓室残长 2.4、残宽 1.7 米。墓底铺砖成"人"字纹，砖墙在铺底砖上起筑，从东壁残砖看应亦是以"一顺一丁"法起筑。未见遗骨，出土遗物有陶灶、陶釜、耳杯、陶盆、陶甑、陶盘及器盖等，均为泥质灰陶，以轮制为主（图四〇）。

（2）出土遗物

陶釜　B 型，3 件。下腹满布刀修痕迹。器体较小，口微敞，折腹，折腹处凸棱成腰檐，小平底。上腹饰瓦纹。M23：4，口径 4、最大腹径 5.5、底径 2.3、高 2.7 厘米；

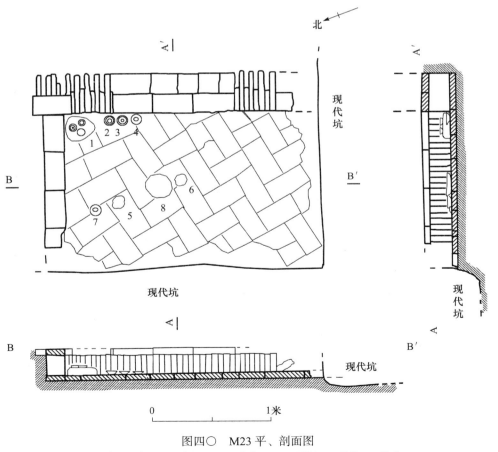

图四〇　M23 平、剖面图

1.陶灶及陶釜　2.陶甑　3、4.陶盆　5、6.耳杯　7.器盖　8.陶盘

M23：5，口径4.3、最大腹径4.9、底径2.3、高2.3厘米；M23：6，口径3.5、最大腹径4.4、底径1.7、高2.2厘米（图四一，1～3）。

陶甑　A型，1件。M23：1，敞口，宽平沿，沿上略有凹槽，弧腹，平底，底穿七孔。口径7.7、底径3、高3.4厘米（图四一，6）。

陶盆　A型，2件。器底有刀修痕迹。敞口，宽平沿，沿上略有凹槽，弧腹，平底。M23：3，沿下抹一凹槽。口径8.2、底径3.2、高3.6厘米。M23：2，口面不水平。口径7.9、底径3、高3.1～3.4厘米（图四一，4、5）。

器盖　Ba型，1件。M23：8，顶上微突一圆纽，盖边中部起一圈凸棱，有盖檐，口内敛。盖宽11.1、高2.2厘米（图四一，7）。

陶盘　B型，1件。M23：9，略敞口，宽平沿，曲腹，略起假圈足。口径21.5、底径9.4、高5.4厘米（图四一，8）。

耳杯　A型，8件。M23：10～M23：17，模制，制作粗糙。椭圆形杯身，敞口，新月状杯耳，略上翘，弧腹，平底，略起假圈足。除M23：15和M23：17，杯底皆饰双禽衔鱼纹，M23：10的纹饰较模糊。耳杯长径11.1、短径9.1、高3.6厘米（图四一，9～16）。

陶灶　B型，1件。M23：7，模制，经后期修抹。大体呈圆角三角形，长方形灶口，灶面上有三个灶眼，出土时三陶釜落在其上，灶后部有一个烟眼。通长20.5、宽19.3、高8.5厘米（图四一，17）。

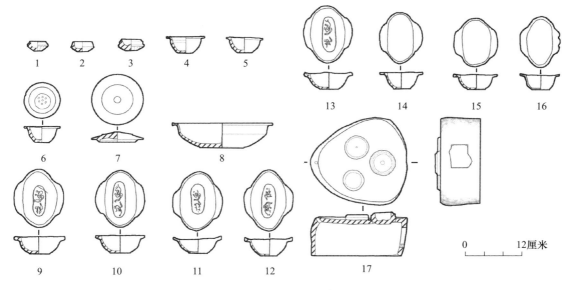

0　　　　12厘米

图四一　M23出土陶器

1～3. B型釜（M23：6、M23：5、M23：4）　4、5. A型盆（M23：3、M23：2）　6. A型甑（M23：11）　7. Ba型器盖（M23：8）　8. B型盘（M23：9）　9～16. A型耳杯（M23：10～M23：17）　17. B型灶（M23：7）

11. M27

（1）墓葬概况

位于工地东区中部。北部铺砖部分缺失，但基本墓圹仍存，两侧砖墙仍存三层。方向为 210°。斜坡墓道，残长 2.8、宽约 1.2 米。墓室残长 3.7、宽 2.3 米。墓底铺砖成"人"字纹，砖墙在铺底砖上以"一顺一丁"法起筑。遗骨残朽严重，仅存少量骨屑。随葬遗物残存较少，多散乱于墓室东壁下。仅存陶灶、陶瓮、陶甑等残件，陶器均为泥质灰陶，以轮制为主（图四二）。

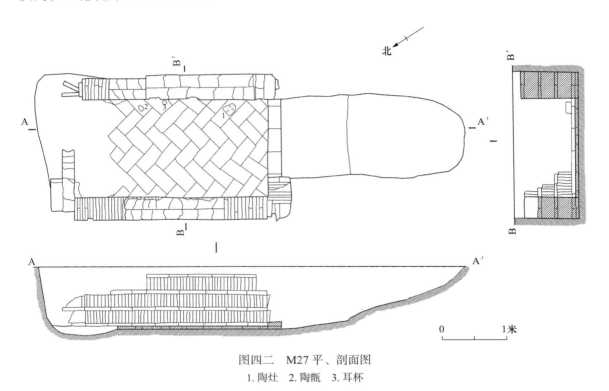

图四二　M27 平、剖面图
1. 陶灶　2. 陶甑　3. 耳杯

（2）出土遗物

陶甑　A 型，1 件。M27：2，手制刀修，下腹满布刀修痕迹。器体较小，敞口，花边宽沿，弧折腹，平底，底中部残，仅见甑孔残边。口径 8.6、底径 3.5、高 2.5 厘米（图四三，1）。

罐口沿　1 件。M27：6，敞口，束颈，颈上饰多重弦纹。口径约 27.8 厘米（图四三，2）。

陶罐　B 型，1 件。M27：7，上半部残缺。斜壁，平底，下腹及器底均有穿孔。底径约 7.2 厘米（图四三，4）。

碗钵类器底　1 件。M27：3，器表可见轮制弦纹。弧腹，平底，略起假圈足。底径 7.8 厘米（图四三，5）。

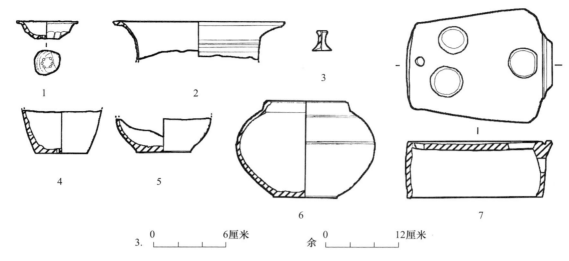

图四三　M27 出土器物

1. A 型陶甑（M27：2）　2. 陶罐口沿（M27：6）　3. 琉璃耳珰（M27：4）　4. B 型陶罐（M27：7）　5. 碗钵类陶器底（M27：3）　6. B 型陶瓮（M27：5）　7. C 型陶灶（M27：1）

陶瓮　B 型，1 件。M27：5，敛口，鼓腹，平底，略起假圈足。器表领下及腹中各有一圈双弦纹。口径 11.9、最大腹径 19.7、底径 9、高 14.1 厘米（图四三，6）。

陶灶　C 型，1 件。M27：1，器体呈抹角梯形，后两角突出，前面有方形灶口，口上有挡火板檐，灶面上有三个火眼，近后壁上有一个烟眼。长 20.6、宽 16.1、高 8.3 厘米（图四三，7）。

耳珰　1 件。M27：4，琉璃质。蓝色。呈腰鼓状，上小下大，下面呈喇叭状，中部穿空。上径 0.6、底径 1.3、高 1.4、孔径 0.15 厘米（图四三，3）。

12. M28

（1）墓葬概况

位于工地东区北部。西南部、东南部铺砖及墙砖无存。方向为 210°。墓道无存。墓室残长 3.4、宽约 2.1 米。墓底铺砖横竖交错平铺，砖墙在铺底砖上以"一顺一丁"法起筑。遗骨残朽严重，仅在北部发现少量散乱的朽骨。出土遗物较少，主要有陶釜、陶甑、耳珰及三件穿孔饰件等，陶器均为泥质灰陶，轮制（图四四）。

（2）出土遗物

陶甑　A 型，1 件。M28：2，下腹经刀修。器体较小，直口，弧折腹，平底。口径 9.1、底径 3.8、高 3.4 厘米（图四五，1）。

陶釜　C 型，1 件。M28：1，腹下满布刀修痕迹。器体较小，敛口，曲腹，圜底。口径 4、最大腹径 6.4、高 4.6 厘米（图四五，2）。

陶饼　1 件。M28：6，泥质灰陶片磨制而成。大致呈圆形。直径 4.1～4.2、厚 1.4～1.5 厘米（图四五，3）。

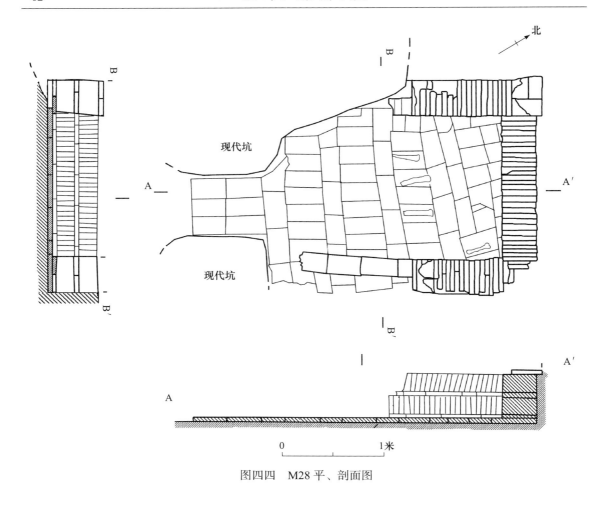

图四四　M28 平、剖面图

耳珰　1 件。M28：3，琉璃质。蓝色。腰鼓状，上小下大。上径 0.8、底径 1.3、通高 1.4 厘米（图四五，4）。

穿孔饰件　3 件。M28：4，石质。大致近圆形，中部稍偏穿一圆孔。最大径 1.55、高 1.3、孔径 0.3 厘米。M28：5，石质穿孔饰件，大致呈椭圆形，中间穿孔。长 1.2、宽 1、高 0.5、孔径 0.1 厘米。M28：7，应是泥质红陶卷制而成长条形小陶管饰物，中间穿孔。长 2.4、最大径 0.65、孔径 0.2 厘米（图四五，5～7）。

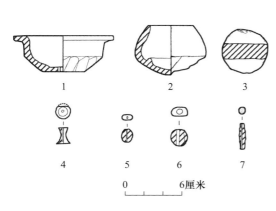

图四五　M28 出土器物

1. A 型陶瓿（M28：2）　2. C 型陶釜（M28：1）

3. 陶饼（M28：6）　4. 琉璃耳珰（M28：3）

5～7. 穿孔饰件（M28：5、M28：4、M28：7）

13. M30

（1）墓葬概况

位于工地东区东部。墓室南部及墓道被现代坑打破，墓砖火候较低，色红质软，手捏即碎。基本墓圹尚存，方向为 205°。墓道残存一小段，南部被现代坑打破，残长约 1.4 米。墓道与墓室间，有一段疑是甬道部分的铺砖，残长约 1.1 米，南接墓道，北距墓室 0.9 米，其间被现代坑打断。墓室残长 3、宽1.6 米。墓底铺砖错缝横铺，砖墙在铺底砖上起筑，砌法可能从后壁残墙来看，应是错缝平砌。遗骨残朽严重，仅见少量散乱骨屑。随葬遗物仅见后壁摆放有一陶瓮及一陶钵，均为泥质灰陶，轮制（图四六）。

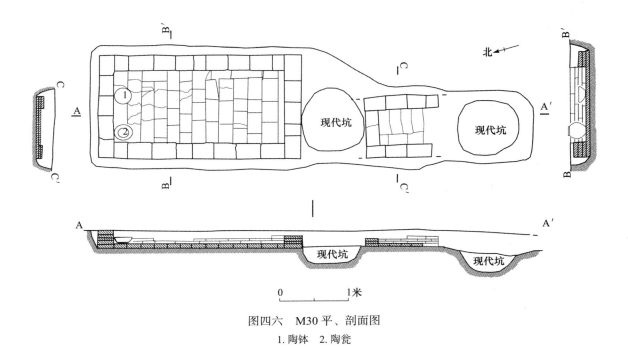

图四六　M30 平、剖面图
1. 陶钵　2. 陶瓮

（2）出土遗物

陶瓮　B 型，1 件。M30：1，口微敛，立领，鼓腹，平底，微起假圈足。肩部及中腹饰有弦纹。口径 15.3、最大腹径 27、底径 11.6、高 24 厘米（图四七，1）。

陶钵　1 件。M30：2，器表内外满布轮制弦纹。口略敛，曲腹，曲处有一圈凹弦纹，平底，略起假圈足。口径 21.5、底径 8.5、高 7.5 厘米（图四七，2）。

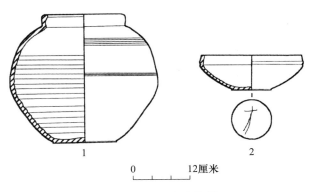

图四七　M30 出土陶器
1. B 型瓮（M30：1）　2. 钵（M30：2）

14. M33

（1）墓葬概况

位于工地东区东部。北部局部被现代房基叠压，基本墓圹尚存。墓砖较为残碎。方向为 215°。舌形斜坡墓道，残长 1.5、宽 1.36 米 。墓室残长 3.16、宽 1.36 米。墓底铺砖横竖交错平铺，砖墙在铺底砖上以错缝平砌法起筑。墓内仅见少量残朽骨屑，残存随葬品仅存陶耳杯及陶罐口残件各一件，还有数片灰陶片，均为泥质灰陶（图四八）。

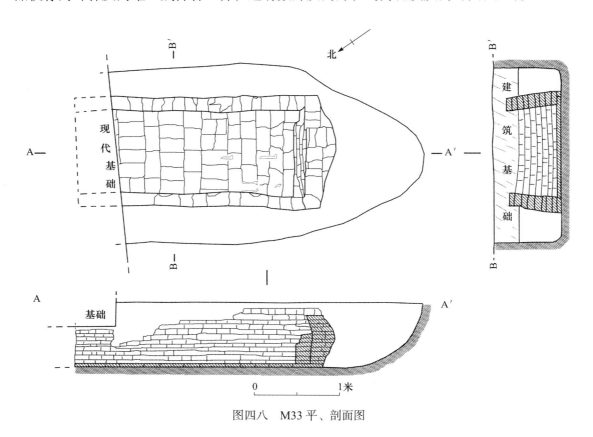

图四八　M33 平、剖面图

（2）出土遗物

陶罐口沿　1 件。M33：2，轮制。侈口，束颈。口径 8 厘米（图五〇，1）。

耳杯　B 型，1 件。M33：1，模制。残半，仅存半个器身及部分器耳。敞口，器耳上翘，弧腹，底残。长径残长 7.6、短径残宽 8.4、高 4 厘米（图五〇，2）。

15. M35

（1）墓葬概况

位于工地东区西部。墙砖及大部分墓底砖无存，但墓葬基本土圹尚存。方向为 220°。斜坡墓道，南端被现代坑打破，残长 1.2、残宽 1 米。墓室残长 3.62、残宽 1.92 米。墓底铺砖成"人"字纹，砖墙几近无存。墓内未见残骨，残存耳杯、陶釜各一件，还有陶灶、陶罐等残件、残片，均为泥质灰陶（图四九）。

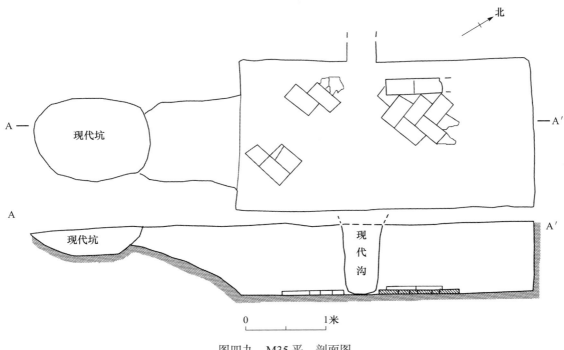

图四九 M35 平、剖面图

（2）出土遗物

耳杯 B型，1件。M35：1，模制，制作粗糙。椭圆形杯身，敞口，新月状杯耳，飞翘，弧腹，圜底。长径10、短径8.6、高3.7厘米（图五〇，4）。

陶釜 B型，1件。M35：2，手制，下腹满布刀修痕迹。器体较小，口微敛，弧折腹，小平底。口径3.5、最大腹径4.5、底径2.5、高3厘米（图五〇，3）。

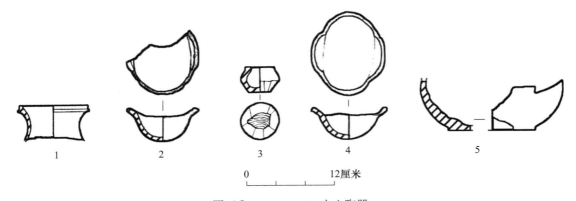

图五〇 M33、M35 出土陶器

1.罐口沿（M33：2） 2、4.B型耳杯（M33：1、M35：1） 3.B型釜（M35：2） 5.碗钵类器底（M35：3）

碗钵类器底　1件。M35：3，轮制。弧腹，略起假圈足。复原底径10.2厘米（图五〇，5）。

（五）其他墓葬残迹

12座，M3、M4、M9、M10、M13、M17、M21、M22、M25、M31、M34、M38。

1. M3

位于工地西区西部，残存墓底两侧少量铺砖。据残存墓砖推测墓葬方向约为245°。未见残骨，亦未见遗物。

2. M4

（1）墓葬概况

位于西区西部。残存西北部分墓底铺砖，该墓结构大小不明。墓底砖上有两块平砖，疑是头箱隔墙残迹。残存墓底铺砖可见为席纹。遗物集中出土于北部，残存铺砖东侧。未见遗骨，出土遗物有陶釜、耳杯、陶灶、陶奁等，均为泥质灰陶。

（2）出土遗物

陶釜　A型，1件。M4：2。手捏制。器壁较厚，器表粗糙，器体较小，敞口，斜腹，圜底。口径3、底径1.5、高2.2厘米（图五一，1）。

耳杯　A型，2件。均模制。椭圆形杯身，敞口，新月状杯耳，略上翘，弧腹，平底，略起假圈足。M4：3，器表修得较为平整，陶色黑褐。长径12.3、短径9.4、高4.3厘米。M4：1，制作粗糙。长径11.5、短径10.4、高3.5厘米（图五一，2、3）。

器腹　1件。M4：5，疑是小陶罐，轮制，内壁可见轮制弦痕。最大腹径14.1、残高9.6、壁厚0.3～0.5厘米（图五一，4）。

陶灶　A型，1件。M4：4，轮制，器表可见轮制弦痕。残破严重。器体较为粗糙，横截面呈圆形，长方形灶门，三个火眼，后壁顶上有一圆孔烟囱。直径15、高6.5～7、壁厚约0.7厘米（图五一，5）。

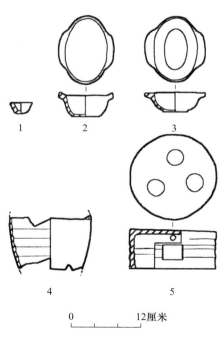

0　　　　　12厘米

图五一　M4出土陶器

1. A型釜（M4：2）2、3. A型耳杯（M4：3、M4：1）4. 器腹（M4：5）

5. A型灶（M4：4）

3. M9

（1）墓葬概况

位于工地西区南部。残存墓底西南角少量残砖，但墓圹依然清晰可辨。墓底砖几近无存，但墓内中部散落大量陶器残片。方向为220°。墓圹长3.8、宽1.95米。墙砖几近无存，砌法不明。墓内仅见少量骨屑，出土遗物有耳杯、陶盆、水勺、水斗等残件，均为泥质灰陶（图五二）。

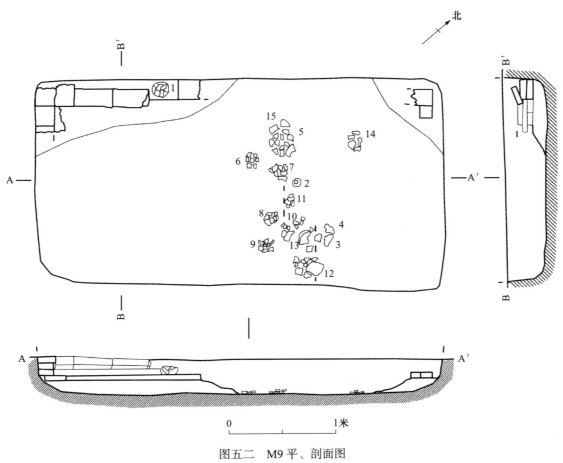

图五二　M9平、剖面图

1.长颈瓶　2.陶釜　3、4.耳杯　5～15.陶器残片

（2）出土遗物

陶釜　B型，1件。M9：6，手制，器表有刀修痕迹。器体较小，敛口，口下有弦纹两道，弧折腹，尖圜底。口径4.2、高2.7厘米（图五三，1）。

陶盆　2件。A型，1件。M9：4，轮制，器表有刀修痕迹。器体较小，敞口，微弧沿，斜腹，平底。沿下还有数道弦痕。口径11、底径3.8、高3.9厘米（图五三，3）。B型，1件。M9：5，轮制，器表有刀修痕迹。器体较小，敞口，尖圆唇，曲腹，尖圜底。口径7.8、高2.5厘米（图五三，2）。

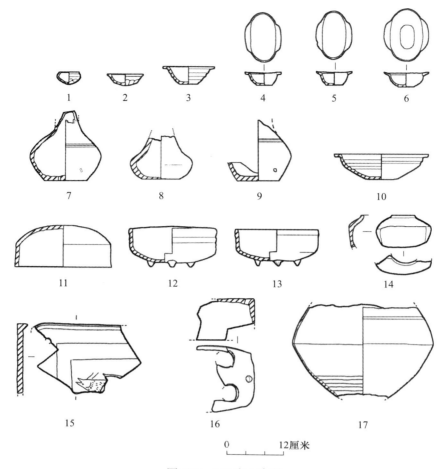

图五三　M9 出土陶器

1. B 型釜（M9：6）　2. B 型盆（M9：5）　3. A 型盆（M9：4）　4～6. A 型耳杯（M9：7～M9：9）　7、9. A 型长颈瓶（M9：11、M9：12）　8. B 型长颈瓶（M9：13）　10. A 型盘（M9：16）　11. A 型奁盖（M9：1）　12、13. B 型奁（M9：2、M9：3）　14. 异形瓮（M9：17）　15. 陶案（M9：14）　16. C 型灶（M9：10）　17. 陶瓮（M9：15）

耳杯　A 型，3 件。模制，器表较平整。陶色不均，黑褐为主，局部发黄。椭圆形杯身，敞口，新月状杯耳，上翘，弧腹，平底，略起假圈足。M9：7～M9：9，长径 10.7～11.6、高 2.9～3.2 厘米（图五三，4～6）。

长颈瓶　3 件，均轮制。A 型，2 件。残碎，颈部仅存下半部。曲腹，平底，腹下及底下均有穿孔。肩上饰有弦纹。M9：11，最大腹径 15、底径 9、残高 15.2 厘米；M9：12，最大腹径 14、底径 8.8、残高 13.2 厘米（图五三，7、9）。B 型，1 件。M9：13，残碎，颈部仅存下半部。扁垂腹，平底，腹下及底下均有穿孔。肩上饰有弦纹。最大腹径 13.2、底径 8、残高 9.3 厘米（图五三，8）。

陶盘　A 型，1 件。M9：16，轮制，器表可见轮制弦痕。宽平沿，沿下有一道凹弦纹，斜腹。口径 20、高约 5.5 厘米（图五三，10）。

陶奁　3 件，均轮制。A 型，1 件。M9：1，仅存奁盖，器表有轮制弦痕，上部分呈球冠状，下部呈圆筒状，大致呈曲边球冠状。盖口径 20.4、通高 9.2 厘米（图五三，11）。

B型，三足奁，2件。直口，曲腹，平底，底有三矮器足。器表有凹弦纹数道。M9：2，口径18.7、通高9厘米；M9：3，口径17.7、通高8厘米（图五三，12、13）。

陶瓮 异型瓮，1件。M9：17，轮制。仅存口部肩部残件。器身后修成方体，敛口，弧折肩，直壁，底残。口径约5厘米（图五三，14）。

陶案 1件。M9：14，模制，制作较为粗糙。残破严重。应呈长方形板状，四周起郭，近郭处有一周凹槽，边角穿一孔，案上有鱼纹，鱼外有两重刻划的长方形线框。残长22.7、残宽15.1、厚1.3、外郭厚2.3厘米（图五三，15）。

陶灶 C型，1件。M9：10，手制，器表满布抹痕痕迹。残破严重，仅存后壁部分，仍可见两火眼及一烟囱。残长12.2、宽14.5、高9.2、口径4厘米（图五三，16）。

陶瓮 1件。M9：15，轮制，器表满布制作弦痕。残破严重，仅存腹部。弧腹，最大径在中腹，接近B型瓮，底残。残高20.2、最大腹径30厘米（图五三，17）。

4. M10

（1）墓葬概况

位于工地西区中部。残存墓底东北角的铺砖，南部是一大沙坑。方向为220°。墓室大小不详。墓底铺砖成"人"字纹，墙砖几近无存，砌法不明。墓内仅见少量骨屑，残存残耳杯3件，还有陶盆、勺、水斗、釜等残片，均为泥质灰陶。

（2）出土遗物

水斗 1件。M10：2，手制。器体较小而匀称，整体呈半球形，口部略呈圆形，斜直腹，吊索已残缺，圜底。残宽4.2、残高2.4厘米（图五四，1）。

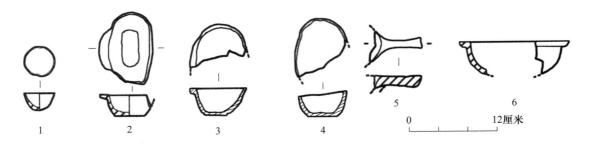

图五四 M10出土陶器
1.水斗（M10：2）2～4.A型耳杯（M10：1、M10：4、M10：3）5.勺柄残件（M10：5）6.B型盘（M10：6）

耳杯 A型残件，3件。M10：1，模制，制作粗糙。椭圆形杯身，敞口，新月状杯耳，微上翘，弧腹，平底。残长径10、残短径7.3、高3厘米。M10：3，残半。残长径8.1、残短径约6.7、高3.1厘米。M10：4，残半。残长5.9、宽约7.7、高3.8厘米（图五四，2～4）。

勺柄残件 1件。M10：5，勺部残缺。长条形，接一弧形器边。残长7.2、厚约1.6厘米（图五四，5）。

陶盘　B 型，1 件。M10∶6，轮制。残碎严重。宽平沿，直口，弧腹。口径约 14.9 厘米（图五四，6）。

5. M13

（1）墓葬概况

位于工地西区中部，仅存少量残砖。据残砖走向推测，方向约为 225°。墓室大小不详。墓底铺砖成"人"字纹，墙砖几近无存，砌法不明。墓内扰土发现一枚五铢钱及一些碎陶片，可辨的仅一陶水斗（图五五）。

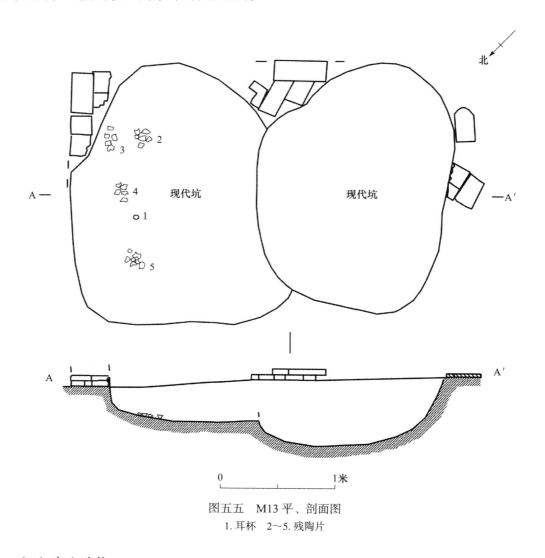

图五五　M13 平、剖面图
1. 耳杯　2～5. 残陶片

（2）出土遗物

水斗　1 件。M13∶1，泥质灰陶。手制。器体较小，吊索已残，敞口，约成圆形，斜腹，尖圜底。口径约 5、高 2.5 厘米（图五六，1）。

铜钱　1 枚。M13∶2，五铢钱，正背面皆有外郭，背面还有内郭（图五六，2）。

6. M17

（1）墓葬概况

位于工地西区北部，仅存少量铺砖。方向不明，墓室大小不详。墓底铺砖成席纹，墙砖几近无存，砌法不明。未见残骨，在残存铺砖上残留遗物有一保存完整的水斗及陶罐、长颈瓶、陶井等残件，均为泥质灰陶，以轮制为主。

（2）出土遗物

水斗 1件。M17：4，手制。器体较小，由圜底釜状器身与"人"字形提架组合成。器身口径5、通高4.4厘米（图五七，1）。

图五六　M13 出土陶器
1.水斗（M13：1） 2.铜钱（M13：2）

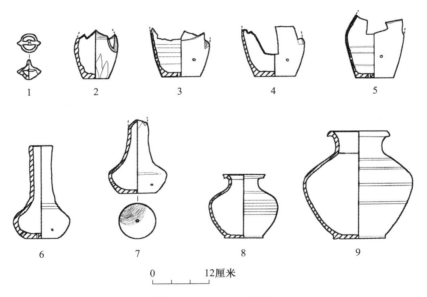

图五七　M17 出土陶器
1.水斗（M17：4） 2.陶井（M17：5） 3～5.B型罐（M17：6、M17：7、M17：9） 6.A型长颈瓶（M17：3）
7.B型长颈瓶（M17：8） 8、9.A型罐（M17：2、M17：1）

陶井 1件。M17：5，器表有刀修痕迹。疑是陶井残件。口部残缺，弧腹，平底。底径5.4、残高10.8厘米（图五七，2）。

陶罐 5件。A型，2件。敞口，约成外翻尖唇，束颈，鼓腹，略成假圈足。肩腹分别饰有双弦纹。M17：1，口径13.3、最大腹径23.4、底径11、高23.6厘米；M17：2，口径8.9、最大腹径14.6、底径8.2、高14厘米（图五七，8、9）。B型，3件。皆罐器底残件，口部残缺。曲腹，平底，下腹有三孔，底有一孔。M17：6，底径8.1、残高10.6厘米；M17：7，底径8.2、残高13.9厘米；M17：9，底径8.6、残高11厘米（图五七，3～5）。

长颈瓶 2件。A型，1件。M17：3，器表可见轮制弦痕。瓶口略侈，长颈，颈下饰三道弦纹，弧腹，腹下穿三孔，平底，底穿一孔。口径 4.9、最大腹径 12、底径 6.9、通高 20.4 厘米（图五七，6）。B 型，1 件。M17：8，口部残，扁垂腹，平底，腹下及底下均有穿孔。口部残缺，腹鼓突处饰有两条戳点纹。最大腹径 12.3、底径 7.5、残高 16.3 厘米（图五七，7）。

7. M21

位于工地西区北部，残存少量铺砖。方向不明，墓室大小不详。墓底铺砖残存太少，铺法不详，墙砖无存，砌法不明。未见残骨，遗物亦无存。

8. M22

位于工地东区东南部，残存部分铺砖。方向不明，墓室大小不详。墓底用残砖平铺而成，墙砖无存，砌法不明。未见残骨，未见遗物。

9. M25

（1）墓葬概况

位于工地东区西部，残存中部墓底铺砖及两壁两层墙砖。方向为 220°。墓室残长 2、宽 1.8 米。墓底铺砖约成席纹，砖墙在铺底砖上起筑，起筑方法不明。墓室中部发现两个个体的残骨，皆为长骨，但残朽严重。随葬遗物仅见铁刀残件、石砚残件及铁铜结合指环等（图五八）。

（2）出土遗物

石砚　1 件。M25：1，长方形厚石片，四边稍磨，正背两面未作打磨。长 10.4、宽 6.4、厚 0.6 厘米（图六〇，1）。

铁刀　1 件。M25：2，通体残锈，应是环首刀，环部残半，刀身呈长条形，截面呈尖三角形。通长 16.5、宽 0.7～1.6、背厚 0.7、环径 0.6 厘米（图六〇，2）。

指环　1 件。M25：3，铜条缠绕在铁圈上。直径 2.1～2.2、厚 1 厘米（图六〇，3）。

10. M31

（1）墓葬概况

位于工地东区东部。墓室南部被现代坑打破，墓道无存。墓砖火候较低，色红质软，手捏即碎。方向为 210°。墓室残长约 3.1、宽约 1.7 米。墓底铺砖残朽严重，多已变形，且铺法凌乱。砖墙在铺底砖上起筑，砌法不明。墓内已不见残骨，仅出土陶甑、陶奁、陶灶、陶罐等残片（图五九）。

（2）出土遗物

陶甑　A 型，1 件。M31：1，泥质灰陶。轮制。敞口，卷沿，弧腹，平底，底穿三个条形孔。口径 10、底径 3.8、高 3.5 厘米（图六〇，4）。

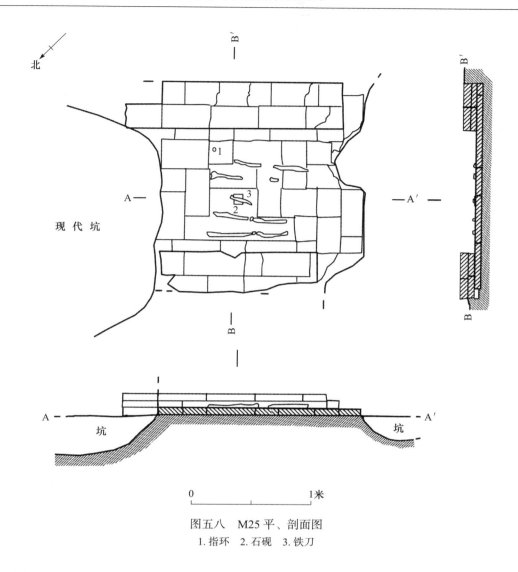

图五八　M25 平、剖面图
1. 指环　2. 石砚　3. 铁刀

11. M34

位于工地东区西南部。墓室大部分被现代坑破坏，仅存东北角部分残砖。方向不明，墓室大小不详，残长 1.6、残宽 2.1 米。墓底砖铺法不明，墙砖在铺砖上以"一顺一丁"法起筑。未见残骨，仅在墓内见一片泥质灰陶片，在墓边采集一枚残破的五铢钱。

12. M38

（1）墓葬概况

位于工地西区东部，坐落在沙土上。残存南部部分铺底砖，墓道无存。方向约为240°。墓室残长约 1.6 米，宽约 1.9 米。墓底铺砖成"人"字纹，砖墙几近无存。墓内未见残骨，仅出土甑、水瓢、瓮、盘等残件，均为泥质灰陶，以轮制为主。

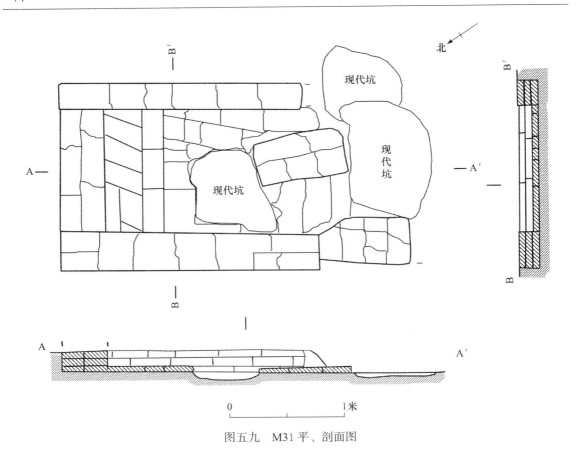

图五九　M31 平、剖面图

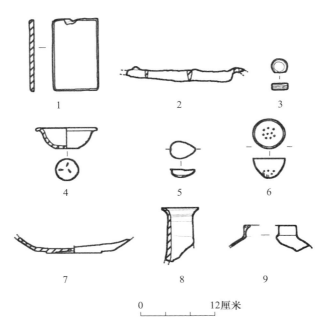

图六〇　M25、M31、M38 出土器物

1. 石砚（M25∶1）　2. 铁刀（M25∶2）　3. 指环（M25∶3）　4. A 型陶甑（M31∶1）　5. 水瓢（M38∶2）　6. B 型陶甑
（M38∶1）　7. 陶盘（M38∶4）　8. 口沿残件（M38∶3）　9. B 型陶瓮（M38∶5）

（2）出土遗物

水瓢　1件。M38：2，手制。长心形，口略敞，弧腹，圜底。长径4、高1.4厘米（图六○，5）。

陶甑　B型，1件。M38：1，手制。敞口，弧腹，尖圜底，底穿九个小孔。口径5.2、高3.4厘米（图六○，6）。

陶盘　B型，1件。M38：4，为器底残件。折腹，假圈足，底略为内凹。底径8.9厘米（图六○，7）。

口沿残件　1件。M38：3，器表可见轮制弦纹。口径6、残高9厘米（图六○，8）。

陶瓮　B型，1件。M38：5，立领，口沿内突，成敛口状。复原口径8.6、残高4.3厘米（图六○，9）。

五、金墓及近代砖砌水井

1. 金墓

1座，M37。

（1）墓葬概况

位于该工地发掘西区中部，坐落在一片黄色沙土中，上部早被扰乱，西北部被一现代坑打破。为一竖穴土坑墓，平面呈圆角长方形，壁略弧，平底，无墓道，南北长2.74、东西宽2米。墓内填土为灰褐色沙土。墓底仅发现部分下肢骨、椎骨及头骨残片等，从残存情况看，应当为仰身直肢葬。墓内发现木痕，织布残痕等，应有木棺。墓内出土遗物有铁剪、金顶饰、穿孔饰件及宋钱十余枚，墓中的扰土中还发现铜镜一面（图六一）。

（2）出土遗物

铜镜　1面。M37：1，通体锈蚀，为四乳对禽铭纹镜。圆纽，圆纽座，镜面中部凸起一圈带主题纹饰，夹于两圈弦纹间，四乳把主题纹带分成四部分，两乳间均有一对禽鸟，双歧冠，长尖喙，覆翼，卷尾，各对禽均夹一字相对，可惜锈蚀严重，未能辨识，素宽缘。直径10.1、缘宽1厘米（图六二，1）。

金顶饰　1件。M37：2，金质，色泽光亮。器体分三层，最上为圆顶，中间为十角凸棱，底为四瓣卷云纹状底座，整个器体中空。最宽处2.9、高1.5厘米（图六二，2）。

铁剪　1件。M37：3，通体残锈，刃部及剪把已无法张开，与现代剪刀相近。通长10.7、宽5厘米（图六二，3）。

黄色珠饰件　1件。M37：4，残。器体透光发黄，质料不明。穿孔。残长1.3、宽1.2厘米（图六二，4）。

铁钉　8件。M37：21～M37：27，部分残断。通体锈蚀，皆有钉帽，截面近方形。长4.3～10.5厘米（图六二，5）。

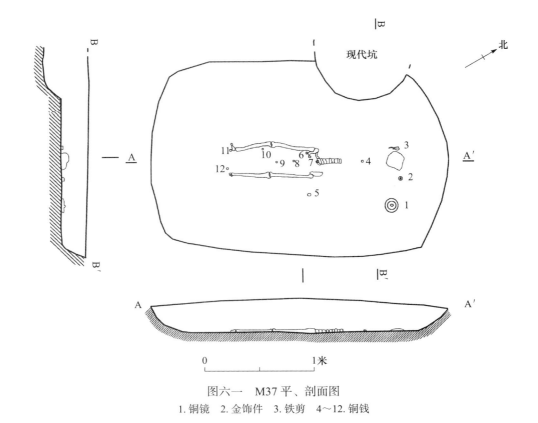

图六一 M37 平、剖面图

1. 铜镜 2. 金饰件 3. 铁剪 4～12. 铜钱

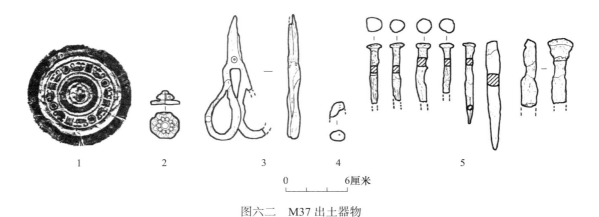

图六二 M37 出土器物

1. 铜镜（M37：1） 2. 金顶饰（M37：2） 3. 铁剪（M37：3） 4. 黄色珠饰件（M37：4） 5. 铁钉（M37：21～M37：27）

铜钱 16 枚。M37：5～M37：20，分别为元丰通宝 5 枚，熙宁重宝 3 枚，熙宁通宝 1 枚，熙宁元宝 1 枚，祥符元宝 1 枚，至道通宝 1 枚，开元通宝 1 枚，皇宋通宝 1 枚，圣宋元宝 1 枚，崇宁通宝 1 枚（图六三）。

2. 近代水井

1 座，编号 J1。

图六三　M37 出土铜钱

1～5.元丰通宝（M37：5～M37：9）　6.至道通宝（M37：10）　7.圣宋元宝（M37：11）　8.皇宋通宝（M37：12）

9.开元通宝（M37：13）　10.祥符元宝（M37：14）　11.熙宁元宝（M37：15）　12.崇宁通宝（M37：16）

13～15.熙宁重宝（M37：17～M37：19）　16.熙宁通宝（M37：20）

该井位于发掘东区的西部，坐落在沙土之中。该井为圆形，井壁砖砌。井深，且沙土流动性强，清理到 1 米余后基于安全原因停止清理。井内除少量近现代青花瓷片，未发现其他遗物。口径 1.85～1.9 米。

六、结　　语

1. 汉墓分布规律

37 座汉墓基本是以西北到东南方向成排分布，而且序列清晰，正常间隔一般在 2～3 米，无叠压、打破关系。大体可分东西两区。西区现存墓葬由北而南大致可见七排：

由西而东一排有 M19、M20、M14；

二排有 M21、M18、M17、M7、M38；

三排有 M5、M13、M6；

四排有 M4、M3、M10、M12、M8；

五排有 M2；

六排有 M16、M15、M9、M1；

七排有 M11。

东南区大致也成五排：

一排有 M28、M29；

二排有 M33；

三排有 M36、M35、M26、M27、M32、M31、M30；

四排有 M25、M24、M23、M22；

五排有 M34。

由于工地现场破坏严重，东西两区之间和东区北部未发现保存下来的墓葬，影响东西间墓葬分布的衔接及整个工地墓葬分布规律性的体现。但是发掘过程中，这些空白地带的沙土中也发现少量的陶器残片及绳纹砖等遗物，因此中部及东北部空白地带存在同期墓葬是可以肯定的。而且从工地现场墓葬的分布或周边发现的残砖、陶片来看，该墓群远不止于 3 万多平方米的五爱客运站建设工地现场。西面南临翰林路东侧仍发现大量陶片及墓砖，北面 M19、M20 两墓向工地基槽北壁延伸，东北面五爱市场服装城东侧的工地东北角亦有残砖和陶片发现，东南面 M22、M23、M24 已贴近工地南壁——可见该墓群的范围比已揭露的要大得多。与周边修女院汉墓、大南汉墓、妇婴医院汉墓等相连成片也是很有可能的。

这么大规模的墓群，其时间延续必然较长，各墓葬个体之间也必然存在先后早晚关系。由于各墓葬形制和随葬遗物没有明显时代差异，我们只能借助周边地区发现的墓葬材料加以对比来探讨其中早晚关系。

另外，这么多的墓葬，处于汉晋之间这个复杂的大时代中，又在东北地区沈阳市这个复杂的地理位置上，其中的性质和地位必然也有一定的差异，同样值得注意和深入探讨。

2. 汉墓结构与形制

这批汉墓从结构、形制上可分为四种类型：双室墓、普通单室墓、带头箱墓、带明器台墓。双室墓仅发现 M12 一座，处于西北区的中部。多数为普通单室墓，而带头箱墓或带明器台墓则散布于两区。但四种类型墓葬并未见有明显的时间先后规律或在性质地位上的区别。

砖墙砌筑方式方面，保存较好。可观察的墓葬中，大多以"一顺一丁"法起筑，还有个别"两顺一丁"或"三顺一丁"。较特别的是，M5、M30 和 M33 三墓的砖墙为错缝平砌而成，而且铺底砖皆不是"人"字纹或席纹。另外，M5 和 M30 出土的随葬遗物仅有一两件实用器，虽然墓葬亦被破坏严重，但是清理时墓内遗物都未见被扰乱的迹象，更没发现有其他随葬遗物残片。因此，M5 和 M30、M33 三墓与其他墓葬可能存在早晚关系。但是，这几座墓还是遵从墓地总体排列方式，大小方向与周边的墓葬也没有明显差别，与其他墓葬还是有很强的一致性，故时间上应该不能差太远。而该墓地只有 M12 的墓葬形制与方向，与周边的墓葬差别较大，但也没有偏离墓群的总体排列布局。

墓底砖铺作方式方面，保存较好。可观察的墓葬中，主要是"人"字纹（相当于烧沟汉墓墓底铺砖第 8 式，M23 第 7 式）及席纹（相当于烧沟汉墓墓底铺砖第 11 式）两种。还有个别其他方式，如 M5、M22 碎砖横铺、M12 平行斜铺（相当于烧沟汉墓墓底铺砖第 9、10 式）、M28、M33 横竖交错平铺（相当于烧沟汉墓墓底铺砖第 6 式）、M30 错缝横铺（相当于烧沟汉墓墓底铺砖第 4 式）[4] 等。而烧沟汉墓中的各式铺地砖式次，正如该报告所言，是"按其在五型墓中出现的先后来排定的"[5]。因此，参考烧沟汉墓的次序，我们可以把五爱汉墓分成六批，从中探讨各墓葬可能的先后关系（表一）。

表一　沈阳五爱汉墓与烧沟汉墓墓底铺砖样式对照表

五爱汉墓			烧沟汉墓			
铺地砖样式	墓例	小计	式别次序	墓例	期别	时间范围
残砖平行横铺	M5、M22	2	2	墓162	三前	西汉晚期
错缝横铺	M30	1	4	墓108	三前	西汉晚期
横竖交错平铺	M28、M33	2	6	墓1015	三后	王莽及稍后
"人"字纹	M6、M7、M10、M11、M13、M14、M23、M24、M26、M27、M29、M32、M35、M36、M38	15	8	墓38	三后	王莽及稍后
平行斜铺	M12	1	9、10	墓125、墓23	9 为三前、10 为四至五	西汉晚期及东汉早中期
席纹	M1、M2、M4、M15、M16、M17、M18、M19、M20、M25	10	11	墓1030	五	东汉中期
不明	M3、M8、M9、M21、M31、M34	6				

应该说明的是，表一体现的只是按照烧沟汉墓墓底铺砖这一因素出现的先后顺序排出的次序，并不排除个别样式的跨时代延用，如"人"字纹从东汉到南北朝一直都有延用。远在东北边区的沈阳五爱汉墓，只能说明各墓的上限不早于那个时期，而说明不了该墓就处于那个时期或晚于那个时期。因此，五爱汉墓间的先后关系有待更多其他因素的佐证或修正。

由于该墓群中能保存的骨骸较少，所以大多墓葬葬式不明。但从 M6、M16 等保存下来的遗骸来看，实行的应是仰身直肢葬。葬具方面更未发现实物，情况皆不明。最后，我们只能从该墓地出土的随葬遗物来探讨这批墓葬更具体的时代、早晚关系、性质等相关问题。

3. 随葬器物

该墓地主要出土陶器器形有长颈瓶、耳杯、罐、瓮、盘、盆、甑、釜、灶、樽、奁、各种水器等，基本上与大南益文小区院内、沈州路沈州花园小区院内、热闹路天主教修女院内等周边发现汉墓随葬遗物相近。而且此次发现汉墓数量最多，出土随葬遗物器类也最多。而这批遗物也大致与烧沟汉墓的第三组陶器组合，即以方盒、案、盘、勺、杯、斗为代表的器物组合相对应，因此，结合上述出现的烧沟汉墓最晚出现的几种铺底砖样式来看，这批五爱汉墓不会早于东汉中期。

参考郑君雷的《中国东北地区汉墓研究》[6]，综观整个辽宁地区，除辽南大连地区出土一些简单粗糙的人俑、猪狗动物俑等外，基本不见其他地区汉墓出土类似遗物。也就是说，东北地区汉墓基本没有与烧沟汉墓中，以鸡、猪、狗等陶器为代表的第四组相对应的器物组合。而与第三组，以方盒、案、盘、勺、杯、斗为代表的，相对应的器物组合却是东北地区东汉中晚期的典型组合。因此，总体来说，这批五爱汉墓大体就处于东汉中晚期这一时段。至于各墓葬具体情况，还有待进一步探讨、求证。

烧沟汉墓报告中认为，陶制明器的流行，宣告："至此，远古以来以实物（包括生灵）殉葬的遗风，已大部由明器制作代替了……"[7]从烧沟第四组器物组合来看，中原地区的汉墓，确实可以说"包括生灵"。东北地区的汉墓，基本没有与之对应的鸡、猪、狗等禽畜陶制明器。而正是沈阳五爱汉墓西边 1000 米左右的修女院汉墓中的 M11 南部，发现一具可能是狗的动物骨骼[8]。这不排除是个别行为，但是，整个东北地区，甚至是当时作为边城的沈阳，少不了与周边游牧民族文化的碰撞交流，因此，也有可能是当地汉墓受周边游牧民族文化影响使然。同样在五爱汉墓东北方向，也是 1000 米左右的妇婴医院汉墓中的 M2，出土了明显带有东部鲜卑文化特征的侈口长腹罐[9]。可见，沈阳这些汉墓还是接受了一些游牧民族的文化因素。结合东北地区没有发展出烧沟第四组对应的器物组合等情况，说明了这些墓葬所处的历史背景——东部鲜卑在东北地区的壮大，导致当地的汉文化与中原汉文化联系的松弛甚至中断，从而形成更有地方特点，甚至还带有个别游牧民族文化因素的东北地区汉文化，而沈阳这些汉墓就是一个缩影。这批五爱汉墓应该就是处于这样的历史背景下。

4. 汉墓出土器物演变规律

该墓群出土随葬器物中，文化内涵上有很强的一致性，但在各器类的具体形态上，还是有很大的差异。因此，在探讨五爱汉墓出土遗物时，我们还是以东北地区（尤其是沈阳、抚顺、辽阳及大连地区）的汉墓出土材料为基础，参考郑文《中国东北地区汉墓研究》中的研究成果，对各器类进行参照对比，以探讨这批墓葬的相对早晚关系和更具体的绝对年代（表二）。

（1）长颈瓶

这是出土较多的很有地方特色的器类，主要出土于沈阳、抚顺、辽阳一带。沈阳近年发现的东汉墓皆有出土，而以五爱汉墓出土尤多。

表二　沈阳五爱各墓葬部分遗物时段指示表（参照郑文）

时段＼器类	新莽	东汉早期	东汉中晚期		公孙氏时期	西晋
			偏早	偏晚		
	辽阳地区三期	四期	五期		六期	七期
长颈瓶		M2、M7、M19、M29	M9、M12、M17		M16、M32	
耳杯	M1	M6、M14		M2、M9、M19	M4、M10、M11、M16、M20、M23、M26、M29、M32	M33、M35
灶	M4	M20、M23、M32	M9、M26、M27	M12		
井		M1、M2、M17、M32				
瓮	M5	M12、M16	M1、M32	M26、M30	M27	
罐		M16、M17、M32				
樽	M2	M20、M32				
奁　A型					M2、M7、M9、M16、M20、M32	
奁　B型				M9、M12		
案		M2、M20、M9、M12、M14、M24				
器盖		不详				
石砚		M6、M25				
方盒			M12			
澄滤器（方炉）			M12			
陶灯					M12	
陶钵（罩）			M6			

　　《辽东地区东汉时期长颈瓶的源流及相关问题》一文中谈到长颈瓶的特点和演变规律[10]，但由于文中没有列出其结论的推导过程，暂不作参考。《中国东北地区汉墓研究》第六章第四节讨论"辽阳地区汉墓期别"时，把长颈瓶分为三型，其中的A型Ⅱ式和C型更接近五爱汉墓出土的长颈瓶形态，但文中没有具体探讨其演变规律。而且十多年前，该文能收集的材料还很有限，近十多年来新发现很多材料，现在应该可以重新补充或修正了。不过，我们从文中图四D"辽阳地区汉墓陶器期别图"中可以发现，这三型长颈瓶还是有一定的演变规律。且不看与五爱汉墓长颈瓶差异较大的A型Ⅰ式和B型，结合A型Ⅱ式和C型来看（器物分别来自三期辽阳唐户屯62号墓[11]，四期抚顺小甲邦M1[12]，五期伯官屯M2、M3[13]和小甲邦M2[14]、辽阳旧城东门里壁画墓[15]），这三期的长颈瓶瓶腹从鼓腹——弧曲腹——扁腹，瓶颈从瘦长到粗短。再来看五爱汉墓出土的两型长颈瓶，A型与小甲邦、伯官屯、东门里出土的相近，时代应该也相差不远，属于东汉时期。但是，B型是这些墓葬比较少见的，除五爱汉墓及其周边的沈州路东汉墓M2[16]、小东汉墓M14[17]各出土两件外，暂时未见于其他地方。该型器形

更小，器腹更扁，几成圆饼状，而颈部没有明显继续演化。按上述推导的规律，五爱汉墓中出土的 B 型长颈瓶应该更晚，可能晚到公孙氏时期。五爱汉墓出土长颈瓶的九座墓中，M16 及 M32 只出土 B 型瓶，M9、M12、M17 则二型皆有，余下的 M2、M7、M19、M29 皆出 A 型。据此，在出土长颈瓶的九座墓中，我们亦可推出一组可能存在的早晚关系：

M2、M7、M19、M29——M9、M12、M17——M16、M32

应该强调的是，这两型长颈瓶的出现有先后，但并不能排除它们同时代存在及沿用时间不同等问题。因此，只能说明后者不能比前者早，但不能说明前者就不能与后者同时或比后者晚。

（2）耳杯

为五爱汉墓出土数量最多的器类，计 50 多件。郑文中对于大连地区和辽阳地区汉墓出土的耳杯同样都分为两型——平底和圜底。而且两地区耳杯都有一个相同的演变规律——早期耳部高出口沿，晚期平齐。但是，这个规律并不十分明显。就辽阳地区出土耳杯来看，作为三期的沈阳上伯官汉墓出土的耳杯[18]中，有耳部高出口沿的，也有平齐的；四期的抚顺中央路 M4[19] 出土的，耳部与口沿就已平齐，但杯体还相对比较圆，正面看杯底较宽；五期的抚顺小甲邦 M3[20] 和辽阳东门里壁画墓出土的，耳部却又高出口沿，且杯体变长椭圆，长宽之比大，正面看杯底也较宽。如此看来，辽阳地区与大连地区还有一个相同的演变路线，也即郑文中也提到的，大连地区的耳杯"早期杯口较圆，晚期趋于椭圆"。也就是杯身长宽之比由小到大。但同时，杯底正面宽度也明显有一个由窄到宽的趋势。

五爱汉墓出土的耳杯也分平底和圜底两型。B 型圜底杯仅见两件，容后讨论。A 型平底杯中，根据杯底有无略起假圈足又可分二亚型，除个别残破严重外，Aa 型有假圈足的有 33 件，Ab 型全平底的 12 件。据上述演变规律，这两亚型从中又可分前后两式。

Aa 型 I 式：如 M1：4、M2：7、M6：2、M14：3 等 4 件，特征为杯底正面宽度较窄，横截面较为高瘦，趋向倒梯形。其中 M1：4 比其他三者更典型。这种高瘦的形态，与作为辽阳地区三期的沈阳上伯官汉墓出土的耳杯相近，时代应该也相近，大致属于新莽时期。

Aa 型 II 式：如 M11：1、M23：16、M29：4、M32：6 等 28 件，占大多数，特征为杯底正面宽度较宽，横截面较为宽矮，更趋向长方形。其中，M2、M9 和 M19 出土的 II 式杯，以及 M23：10，还是有点接近 I 式杯的特征，或者说是过渡特征。而大多的 Aa 型 II 式比五期的辽阳东门里壁画墓出土的耳杯更宽矮，因而时代应该更接近辽阳地区六期，即公孙氏割据时期。

Ab 型 I 式：仅 M14：2 一件，特征同样为杯底正面宽度较窄，横截面较为高瘦。这与抚顺中央路 M4 以及大连前牧城驿 M802[21] 出土的耳杯形态相近，但更显高瘦，时代上应该在辽阳地区的三至四期，大致属于东汉早期。

Ab 型 II 式：如 M10：1、M20：13 等 11 件（特征为杯底正面宽度较宽，横截面较为宽矮。这与大连地区六期的盖县九垅地 M3[22] 出土的耳杯形态相近，因而时代大致属于公孙氏割据时期。

据此，我们亦可推出两组相对早晚关系：

其一，M1——M6、M14——M2、M9、M19——M4、M11、M23、M26、M29、M32

Aa 型耳杯中，M1 具有比 M6、M14 更典型的 I 式特征，因此应比后两者更早。M2、M9、M19 中的耳杯过渡性较强，而 M23 出土的大多数耳杯还是典型 II 式特征，因而前三者比 M4 等余下几座略早。

其二，M14——M10、M16、M20、M26

上述规律主要从出土较多的平底杯中总结出来，对于较为少见的圜底杯同样有相似的演变规律。例如，辽阳地区三期的上伯官汉墓与大连地区四期盖县九垅地 M2[23] 出土的圜底杯，杯底都比较尖圆，而较晚的盖县东达营 M1[24] 出土的杯底就相对比较宽圆。M33 及 M35 出土的 B 型圜底杯比东达营 M1 的更为宽圆，因此要更晚，时代上应该晚于大连地区的六期，即晚于公孙时期，可能到西晋。

据上述分析，综合五爱汉墓出土各型耳杯情况，可总结出这样一组早晚关系：

M1——M6、M14——M2、M9、M19——M4、M10、M11、M16、M20、M23、M26、M29、M32——M33、M35

（3）陶灶

该墓群出土的四种形态差异明显。郑文中把大连地区汉墓出土陶灶分三式：

I 式：灶面鼓，灶门无檐，俯视多为圆形，其他为圆头长方形或圆头三角形。

II 式：灶面平，灶门有檐，俯视为圆头长方形、圆头梯形和圆头三角形。

III 式：灶面平，灶门有檐，俯视或梯形或方形。

辽阳地区汉墓出土的陶灶分二式：

I 式：俯视灶面为圆形或舟形，灶门无檐。

II 式：俯视灶面呈圆头梯形，灶门无檐。

从上，我们可发现两区陶灶的发展的一般趋势：

东汉早期之前，陶灶的水平截面多为圆形，或圆头状，如大连地区三期的沙岗子 M1[25] 和（日）营城子 M1[26]，以及辽阳地区三期唐户屯 62 号墓出土的。

到东汉早期，圆形灶多演变成圆头方形或三角形，或者圆角方形，灶门开始出现门檐，如大连地区四期的盖县九垅地 M2、（日）牧城驿东坟[27]、大连前牧城驿 M802[28] 出土的。

到东汉中晚期时，灶体明显变长或变方（包括梯形），但正面看仍然比较低矮宽扁，基本都有灶门檐，如大连地区五期的金州区（日）董家沟 M2[29]、盖县九垅地 M4[30] 出土的，前方后圆，器体较长，灶门上有檐；辽阳地区五期的抚顺小甲邦 M3 和辽阳东门里壁画墓出土的，器体皆成棱角分明的长方体，灶门上也都有檐。

到公孙氏割据时，灶体成更规整方正（也含梯形），而且变得较为高瘦，大多还有门檐，如大连地区六期的营城子 M52[31]、东达营 M1 和九垅地 M3 和辽阳地区六期的棒台子二号壁画墓[32]出土的陶灶。

据上述陶灶的演化规律，五爱汉墓中，A 型圆形灶 M4：4 应该最早，可能到东汉早期之前；B 型 M20：4、M23：7、M32：24，圆角三角形灶，灶门无檐，不会太晚，大约属于东汉早期；C 型 M9：10、M26：1、M27：1，灶体变长变方，俯视大致呈梯形，灶门有檐，应该就属于东汉中晚期；D 型 M12：21，器体较为规整，方正，约成梯形，灶门有檐，但没有大连和辽阳地区六期汉墓出土的灶体高瘦，应该还是处于五期或稍晚，即东汉晚期靠后。据此来看，这几座出土陶灶的墓葬早晚关系还是相对比较明显：

M4——M20、M23、M32——M9、M26、M27——M12

（4）陶井

郑文中把东北地区出土的陶井分二型，其中的束颈井与五爱汉墓出土的两件可复原器相近。而且大连和辽阳两地区汉墓出土的束颈井皆有这样一个发展趋势：束颈从明显到不明显，口部或者肩径从大于底部底径到大小相近。

从外形上看，从东汉中晚期之前的陶井近似于束颈的壶罐，器体相对矮短。有类似出土的如大连地区三期沙岗子 M1，四期的（日）牧城驿东坟，五期的（日）营城子 M2[33]，以及辽阳地区三期的唐户屯 62 号墓和四期的抚顺小甲邦 M1 等。这些墓葬出土的陶井与五爱汉墓出土的束颈井 M2：2、M32：21 相近。这也说明该类型陶井出现得早，延用时间长，约从新莽时期一直到东汉中晚期。还有两件残件，M1：6 和 M17：5，上半部残缺，更像壶罐类的器体，时代应该也相近。

东汉晚期、公孙氏时期的长筒形陶井，有类似出土的如大连地区六期的盖县九垅地 M3，辽阳地区五期辽阳东门里壁画墓和六期的棒台子二号壁画墓。这说明该类型出现得晚，约流行于东汉晚期至公孙氏时期。五爱汉墓已出土的陶井中虽未见类似类型，但周边如西边的沈阳热闹路天主教修女院 M10、沈阳南部苏家屯区十里河镇红宝山汉墓也有出土，说明该类型陶井也是有可能在该墓群中出土的。

（5）瓮和罐

很多时候，瓮罐难分，各说各法，所以烧沟汉墓报告就有明确说明："我们仍从类型上着手，把这一类器物根据颈部的有无来分，有颈的称罐，无颈的称瓮。"[34]郑文中更直接把这类器物统称"罐"。五爱汉墓出土的瓮罐类器物中，有颈部的器体都比较小，而无者皆较大，因此，本文从烧沟报告——把有颈的称罐，无颈的称瓮。正如前文已介绍，五爱汉墓中，瓮又分四型，罐分两型，分类方法与郑文有些出入。五爱汉墓的罐 A、B 型相当于郑文辽阳地区罐 A、B、C 型，瓮 A、B 型相当于其罐 D、E 型。

其中五爱汉墓中的 A 型瓮，仅 M1：3、M32：19，正如郑文中 E 型 I 式向内子口圜底罐，始见于辽阳地区三期；而 B 型瓮，有 M26：2、M27：5、M30：1、M32：20，则如辽阳地区 E 型 II 式向内子口平底罐，多出于五、六期，而其中的 M5：1、M12：9、M16：10、M16：13 则如郑文中的 D 型 I 式敛口立领罐，近于三期沈阳上伯官 M2 出土者。由此，从出土陶瓮口部与底部皆可复原的八座墓中，可知：

M1、M5、M12、M16——M32——M26、M27、M30

另外，"内子口圜底罐"中，如从辽阳地区三期的上伯官汉墓，到五期的东门里壁画墓，甚至六期公孙氏时期辽阳三道壕M1[35]出土的陶瓮，器体都有从高瘦到矮胖的趋势。"内子口平底罐"中，从辽阳地区五期的辽阳东门里壁画墓和抚顺小甲邦M2，到六期的鹅房M1[36]出土的平底瓮同样也有从高瘦到矮胖的趋势。此外，郑文中的D型罐，从辽阳地区三期沈阳上伯官汉墓，到四期抚顺中央路M4，再到五期伯官屯M2出土的几件陶瓮也有着同样的趋势。其中五爱汉墓中的M1：3形态更接近于五期东门里壁画墓出土的圜底瓮；M5：1比M12：9、M16：10、M16：13要高瘦，前者最大径在肩部，口微敛，更接近于三期上伯官M2，后者最大径下移，口直，更接近于四期中央路M4出土的D型罐；M27：5又比M26：2、M30：1、M32：20要矮胖，前者更近于六期鹅房M1，后者更近于五期的东门里壁画墓及小甲邦M2出土的E型罐。因此，上述早晚关系可调整为：

M5——M12、M16——M1、M32——M26、M30——M27

五爱汉墓出土的A型罐，侈口，束颈，罐体鼓圆，近似于矮胖形的壶。与郑文中的A、B、C三型束颈罐相似。从辽阳地区二期抚顺刘尔屯M3[37]，到三期沈阳上伯官M1、M2，再到四期抚顺中央路M4，出土A型罐大致演变趋势是口部渐小，口径从大到小，底径与之相近，腹部最大径从上往下移。五爱汉墓中的M16、M17、M32出土的A型罐与中央路M4出土的较为相近，大致应该属于东汉早期的形态。

五爱汉墓的B型罐，仅存6件，器体不大，但与长颈瓶一样，底部及下腹皆有穿孔，具体功能及意义不明。从已发表材料来看，周边发现的墓葬未见出土。该器形与长颈瓶上的穿孔功用问题仍然有待进一步的探讨。

（6）樽

五爱汉墓中仅发现三件，M2：14、M20：6、M32：17。从发表材料来看，该器类辽阳地区出土较少，主要见于沈阳市区，如修女院汉墓、小东汉墓、大南益文小区汉墓、伯官屯汉墓、上伯官汉墓等。

大连地区的A型樽与五爱汉墓出土的形态相近，演化规律也较为明显。例如，大连地区二期的刘家屯M811[38]，到三期的（日）营城子M1，四期的（日）牧城驿东坟，再到六期盖县东达营M1出土的陶樽中，可见樽腹由深而浅。五爱汉墓中的M2：14与大连地区三期的（日）营城子M1，以及辽阳地区三期的上伯官屯M2出土的陶樽较为相近，而M20：6、M32：17则与四期的（日）牧城驿东坟出土的相近。据此，M2——M20、M32。

（7）陶奁

五爱汉墓中出土两型，A型有盖套合平底奁，B型无盖三足奁。郑文中把奁分为圆奁、椭奁和方奁。而其中的圆奁与五爱汉墓的A型奁相近，如辽阳地区五期东门里壁画墓，大连地区六期东达营M1、南M4等出土的圆奁。尤其与东达营M1出土的形态基本一致。因此，五爱汉墓这批 A 型奁属于大连地区六期，也即公孙氏时期的特征器物。

而五爱汉墓中的 B 型奁，大致与郑文中说的陶樽相似，但除了有三足，其奁盆又基本与五爱 A 型奁相同。结合上述陶樽由深而浅的演化规律，及与 A 型奁的亲缘关系，可以认为五爱汉墓出土的这几件 B 型奁也应该属于大连地区的五到六期，即东汉晚期到公孙氏时期的特征器物。

（8）陶案

五爱汉墓出土的陶案中，除 M20：1 可复原外，皆为长方形陶案残件，而且 M9：14、M12：7、M14：1、M24：1 四件案面上还刻画有鱼纹。其形态与辽阳地区五期的东门里壁画墓和大连地区的五期（日）营城子 M2 出土的陶案基本相似，因而时代也应该相近。

（9）器盖

烧沟汉墓的壶盖与五爱汉墓的器盖有一定差异，前者顶隆起或多作圜形，而后者则多为平顶，多不见与之配套的器物。而烧沟盖纽出现较晚，因此，五爱汉墓中的 Bb 型纽盖 M36：1，应该比其他无纽平顶盖要晚。具体时代难以确定。

（10）石砚

五爱汉墓出土 2 件，M6：4、M25：1。见于抚顺刘尔屯西汉晚期 M1[39] 和小甲邦东汉中晚期 M3。时间跨度较大，可见东汉时期都有随葬石砚的习俗。

其他可对比器物有，M12 出土的方盒 M12：20 与辽阳地区的东门里壁画墓、大连地区的（日）营城子 M2 出土的相似。澄滤器 M12：22，郑文等称这种器类为"方炉"，也与东门里壁画墓的相似。陶灯组合 M12：3、M12：10，与大连地区六期盖县九垅地 M3 出土的相近。陶钵 M6：3，郑文中称这种器类为"箪"，与大连地区五期（日）董家沟 M8[40] 出土的相近。还有其他器类演化规律不明显，在此不多作介绍。

此外，从发掘情况来看，M5 仅出土一件陶瓮，M30 则出一瓮一钵，保存都较为完整或可修复，但墓内并未发现其他遗物残片，类似于随葬陶器种类简单的西晋墓。西晋墓正是以罐盘类遗物为主，如辽阳三道壕 M1 和 M2[41]、沈阳伯官屯 M1、陈相屯石椁墓[42] 等，因此五爱这两墓有可能晚至西晋。

5. 汉墓时段推断

根据五爱汉墓各墓葬形制及各类遗物的演化规律和时段指示性（表二），我们来分析总结五爱汉墓群中各墓葬可能归属的时段。

M1 出土的耳杯、井、平底瓮等皆为具辽阳地区第三、四期特征遗物，但圜底瓮更接近五期，而且该墓葬墓底铺砖呈烧沟最晚出现的席纹状，因此，该墓早不过东汉中期，但也不能太晚，大致可以定在辽阳地区五期，即东汉中晚期。

M2 出土的井、樽以及长颈瓶特征较早，但该墓葬墓底铺砖呈烧沟最晚出现的席纹状，而且耳杯和案皆有五期东汉中晚期的特征，尤其陶奁更可能到公孙氏时期，因此，该墓早不过东汉晚期，晚可到公孙氏时期。

M3 不详。从其墓砖及与周边墓葬大致排列方向一致推测，确认该墓属于汉晋时期墓葬。

M4 该墓残破严重，出土遗物零碎，其中陶灶具东汉早期或更早出现的特征，但耳杯具六期公孙氏时期特征，因此，该墓不能太早，应为公孙氏时期。

M5 出土陶瓮特征较早，但该墓墓壁为错缝横砌，与东汉流行的横立相间的砌法有异，而且从发掘情况来看，除一瓮外并未见其他东汉时期特征遗物残件，这种随葬器物剧减的埋葬习俗正是西晋时期流行的，因此，该墓应定为西晋时期。

M6 出土的耳杯、钵（簞）及石砚皆是东汉中晚期特征遗物，且该墓葬墓底铺砖样式也是烧沟较晚出现的"人"字纹，因此，该墓应为东汉中晚期。

M7 出土长颈瓶偏东汉早中期，但陶奁具公孙氏时期特征，且该墓葬墓底铺砖样式也是烧沟较晚出现的"人"字纹，因此，该墓应定为公孙氏时期。

M8 不详，如 M3，可确认为汉晋时期墓葬。

M9 出土的长颈瓶、耳杯、灶、案皆具东汉中晚期特征，前两类更是偏晚，且出土公孙氏时期的陶奁，因此，该墓应为公孙氏时期。

M10 出土公孙氏时期特征耳杯，且"人"字纹墓底铺砖，因此该墓应该属于公孙氏时期。

M11 如 M10，出土公孙氏时期特征耳杯，且"人"字纹墓底铺砖，因此该墓应该属于公孙氏时期。

M12 出土遗物大多具有东汉晚期特征，如长颈瓶、灶、案、方盒、澄滤器（方炉）等，有的如 B 型三足奁、陶灯组合还具有公孙氏时期特征。且该墓是"丁"字形双室墓，墓底铺砖为平行斜铺，这都是烧沟最晚出现的样式之一。因此，该墓应该属于公孙氏时期。

M13 出土东汉时期流行的水瓢，且"人"字纹墓底铺砖，因此，该墓应该属于东汉中晚期。

M14 出土东汉早中期特征的耳杯，和东汉中晚期特征的陶案，且"人"字纹墓底铺砖，因此，该墓应该属于东汉中晚期。

M15 出土东汉时期流行的陶釜，席纹墓底铺砖，因此，该墓应该属于东汉中晚期。

M16 出土公孙氏时期特征的长颈瓶、耳杯、陶奁等，席纹墓底铺砖，因此，该墓应该属于公孙氏时期。

M17 出土东汉时期的陶井、陶罐，以及东汉晚期的长颈瓶，席纹墓底铺砖，因此，该墓应该属于东汉晚期。

M18 遗物无存，但墓葬形制大小方向与周边东汉墓相近，且席纹墓底铺砖，因此，该墓应该属于东汉中晚期。

M19 出土东汉早中期特征的长颈瓶，同时也有东汉晚期的耳杯，其中的陶灶残件也可能是晚期的 D 型灶，且席纹墓底铺砖，因此，该墓应该属于东汉晚期。

M20 出土东汉时期流行的灶、樽、案等，还有公孙氏时期特征的耳杯和陶奁，席纹墓底铺砖，因此，该墓应该属于公孙氏时期。

M21 墓葬残破严重，遗物无存，从残存汉砖来看，可以确认为汉晋时期。

M22 墓葬残破严重，遗物无存，从残存汉砖来看，可以确认为汉晋时期。

M23 出土东汉早期特征的陶灶，同时也有公孙氏时期的耳杯，且"人"字纹墓底铺砖，因此，该墓应该属于公孙氏时期。

M24 出土东汉中晚期特征的陶案，且"人"字纹墓底铺砖，因此，该墓应该属于东汉中晚期。

M25 未见陶器，但有东汉时期流行的石砚，且席纹墓底铺砖，因此，该墓应该属于东汉中晚期。

M26 出土东汉中晚期特征的陶灶和瓮，还有公孙氏时期的耳杯，且"人"字纹墓底铺砖，因此，该墓应该属于公孙氏时期。

M27 出土东汉中晚期特征的陶灶，还有公孙氏时期的陶瓮，且"人"字纹墓底铺砖，因此，该墓应该属于公孙氏时期。

M28 出土东汉时期特征的陶甑、釜等明器，墓底铺砖为烧沟王莽或稍后就已经出现的第 6 式——横竖交错平铺，因此，该墓应该属于东汉时期偏早。

M29 出土东汉早中期特征的长颈瓶，同时也有公孙氏时期的耳杯，且"人"字纹墓底铺砖，因此，该墓应该属于公孙氏时期。

M30 出土东汉晚期特征的陶瓮，而且从发掘情况来看，该墓除一瓮一钵外并未见其他东汉时期特征遗物残件，如 M5 流行的西晋时期的埋葬习俗，因此，该墓应定为西晋时期。

M31 出土东汉时期特征的陶甑，墓葬残破严重，从残存汉砖来看，可以确认为汉晋时期。

M32 出土有东汉时期的灶、井、瓮、罐、樽等，同时也有公孙氏时期的长颈瓶、耳杯、陶奁等，且"人"字纹墓底铺砖，因此，该墓应该属于公孙氏时期。

M33 出土最晚的耳杯，且墓壁如 M5，为错缝横砌，与东汉流行的横立相间的砌法有异，因此，该墓应定为西晋时期。

M34 墓葬残破严重，遗物无存，从残存汉砖来看，可以确认为汉晋时期。

M35 如 M33 出土最晚的耳杯，"人"字纹墓底铺砖，因此，该墓应定为西晋时期。

M36 出土东汉时期特征的耳珰、水勺等模型明器，且"人"字纹墓底铺砖，因此，该墓应该属于东汉中晚期。

M38 出土东汉时期特征的水瓢、陶甑等模型明器，且"人"字纹墓底铺砖，因此，该墓应该属于东汉中晚期。

综上所述，除 M3、M8、M21、M22、M31、M34 六座因破坏严重，遗物基本无存，难以确定更具体的年代外，根据上述墓葬形制及遗物演化逻辑顺序推导，所得其他各墓葬大致所处时段如表三所示。

表三　沈阳五爱汉墓群各墓葬所处时段示意表

东汉时期			公孙氏时期	西晋时期
早	中	晚		
		M1		
			M2	
		M3		
			M4	
				M5
		M6		
			M7	
		M8		
			M9	
			M10	
			M11	
			M12	
	M13			
	M14			
	M15			
			M16	
		M17		
	M18			
		M19		
			M20	
		M21		
		M22		
			M23	
	M24			
	M25			
			M26	
			M27	
M28				
			M29	
				M30
		M31		
			M32	
				M33
		M34		
				M35
	M36			
	M38			

东汉早期——M28，1 座；

东汉中晚期——M1、M6、M13、M14、M15、M18、M24、M25、M36、M38，10 座；

东汉晚期——M17、M19，2 座；

公孙氏时期——M2、M4、M7、M9、M10、M11、M12、M16、M20、M23、M26、M27、M29、M32，14 座；

西晋——M5、M30、M33、M35，4 座。

6. 五爱汉墓与周边汉墓关系

从五爱汉墓群及其附近历年发现的汉墓的地理分布来看，可以发现这些墓葬，皆围绕 1993 年沈阳故宫北墙后发现的汉魏古城，分别从西、南、东三个方向分布。而且，这些墓葬的形制大小，以及出土的遗物都有很大的一致性。从随葬遗物看，陶器还是长颈瓶、耳杯、罐、瓮、盘、盆、甑、釜、灶、樽、奁、各种水器等器类。而从已发表的材料中可见，大南益文小区院内、沈州路沈州花园小区院内、热闹路天主教修女院内等几处发现的墓葬及其随葬遗物，与本次发掘材料时代相近，文化内涵基本相同。因此，根据已掌握的材料可以看出，以现今沈阳故宫为中心，由东而南再向西，1～2 千米扇区范围内密集分布着一大片时代相近、文化内涵相同的东汉墓葬群。其中，本次发掘的五爱汉墓群最能体现汉晋时期当地汉城城外墓葬分布的密集程度和主体成员文化内涵。而且从这次发掘情况来看，沈阳故宫周边这片墓群分布范围较大，排列整齐有序，延续时间长，成员社会地位和经济条件相近，各墓葬墓主身份等具体性质，尚有待探讨。

从五爱汉墓的墓葬形制及其出土遗物特征等来看，不仅与沈阳周边墓葬关系密切，还与沈阳南郊苏家屯区、东郊东陵区，以及抚顺、辽阳地区的汉墓，甚至辽南大连地区，也有相当大的文化一致性。

7. 金墓

该墓出土十余枚铜钱中，除开元通宝，皆为北宋年号钱，最晚的是北宋末年宋徽宗的年号，未发现更晚的遗物，据此推测该墓应该是金代时期墓葬。

墓中扰土出土的铜镜样式有明显汉镜风格，与之相似的有吉林洮南出土的一枚汉代"家常富贵"四乳铭纹镜[43]、吉林榆树出土四乳八禽镜、广东广州东汉前期墓出土镜[44]、乌兰察布盟凉城县北营子汉墓 M14 出土的四乳八禽镜[45]，以及山西朔县西汉墓出土的铜镜[46]等。所以，如果该镜真是此墓随葬遗物，那么很可能是墓主随葬前代遗物。

发　　　掘：肖达顺　苏鹏力　刘卫民

张宏涛　刘德才

绘图、修复：刘卫民　张宏涛等

执　　　笔：肖达顺　井肖冰

注　释

［ 1 ］ 沈阳市文物考古研究所：《沈阳大南街古代遗存发掘报告》，《沈阳考古文集》（第 2 集），科学出版社，2009 年。

［ 2 ］ 沈阳市文物考古研究所：《沈阳热闹路天主教修女院古代墓群 2006 年考古发掘报告》，《沈阳考古文集》（第 1 集），科学出版社，2007 年；沈阳市文物考古研究所：《沈阳热闹路天主教修女院古代墓群 2007 年考古发掘报告》，《沈阳考古文集》（第 2 集），科学出版社，2009 年。

［ 3 ］ 李晓钟：《沈阳地区战国秦汉考古初步研究》，《沈阳考古文集》（第 1 集），科学出版社，2007 年。

［ 4 ］ 中国社会科学院考古研究所：《洛阳烧沟汉墓》，科学出版社，1959 年。

［ 5 ］ 中国社会科学院考古研究所：《洛阳烧沟汉墓》，科学出版社，1959 年，83 页。

［ 6 ］ 郑君雷：《中国东北地区汉墓研究》，吉林大学博士学位论文，1997 年。

［ 7 ］ 中国社会科学院考古研究所：《洛阳烧沟汉墓》，科学出版社，1959 年，229 页。

［ 8 ］ 沈阳市文物考古研究所：《沈阳热闹路天主教修女院古代墓群 2007 年考古发掘报告》，《沈阳考古文集》（第 2 集），科学出版社，2009 年。

［ 9 ］ 沈阳市文物考古研究所：《沈阳大南街古代遗存发掘报告》，《沈阳考古文集》（第 2 集），科学出版社，2009 年。

［10］ 梁振晶：《辽东地区东汉时期长颈瓶的源流及其相关问题》，《辽宁考古文集》（二），科学出版社，2010 年。

［11］ 沈欣：《辽阳唐户屯一带的汉墓》，《考古通讯》1955 年 4 期。

［12］ 抚顺博物馆：《抚顺小甲邦东汉墓》，《辽海文物学刊》1992 年 2 期。

［13］ 沈阳文物工作组：《沈阳伯官屯汉魏墓葬》，《考古》1964 年 11 期。

［14］ 抚顺博物馆：《抚顺小甲邦东汉墓》，《辽海文物学刊》1992 年 2 期。

［15］ 冯永谦、韩宝兴、刘忠诚等：《辽阳旧城东门里东汉壁画墓发掘报告》，《文物》1985 年 6 期。

［16］ 沈阳市文物考古研究所：《辽宁沈阳沈州路东汉墓发掘简报》，《北方文物》2004 年 3 期。

［17］ 刘焕民：《沈阳小东汉墓葬群勘探调查与发掘》，《辽宁考古文集》（二），科学出版社，2010 年。

［18］ 沈阳市文物考古工作队 佖俊岩：《沈阳上伯官汉墓清理报告》，《辽海文物学刊》1991 年 2 期。

［19］ 郑辰：《抚顺市中央路东汉墓发掘简报》，《辽海文物学刊》1991 年 2 期。

［20］ 抚顺博物馆：《抚顺小甲邦东汉墓》，《辽海文物学刊》1992 年 2 期。

［21］ 旅顺博物馆：《辽宁大连前牧城驿东汉墓》，《考古》1986 年 5 期。

［22］ 许玉林：《辽宁盖县东汉墓》，《文物》1993 年 4 期。

［23］ 许玉林：《辽宁盖县东汉墓》，《文物》1993 年 4 期。

［24］ 许玉林：《辽宁盖县东汉墓》，《文物》1993 年 4 期。

［25］ 许明纲、吴青云：《辽宁大连沙岗子发现二座东汉墓》，《考古》1991 年 2 期。

［26］ 森修：《营城子》，东亚考古学会，1934 年。

［27］滨田耕作：《南山里》，东亚考古学会，1933 年。

［28］旅顺博物馆：《辽宁大连前牧城驿东汉墓》，《考古》1986 年 5 期。

［29］三宅俊成：《关东州董家沟古坟调查报告书》，《满洲学报》1944 年 7 期。

［30］许玉林：《辽宁盖县东汉墓》，《文物》1993 年 4 期。

［31］许明纲：《大连营城子古墓清理》，《考古》1959 年 6 期。

［32］王增新：《辽阳市棒台子二号壁画墓》，《考古》1960 年 1 期。

［33］森修：《营城子》，东亚考古学会，1934 年。

［34］中国社会科学院考古研究所：《洛阳烧沟汉墓》，科学出版社，1959 年，109 页。

［35］东北博物馆：《辽阳三道壕两座壁画墓的清理工作简报》，《文物参考资料》1955 年 12 期。

［36］辽阳市文物管理所：《辽阳发现三座壁画墓》，《考古》1980 年 1 期。

［37］抚顺市博物馆：《辽宁抚顺县刘尔屯西汉墓》，《考古》1983 年 11 期。

［38］刘俊勇：《辽宁大连刘家屯西汉贝墓》，《博物馆研究》1995 年 3 期。

［39］肖景全、郭振安：《辽宁抚顺市刘尔屯村发现两座汉墓》，《考古》1991 年 2 期。

［40］三宅俊成：《关东州董家沟古坟调查报告书》，《满洲学报》1944 年 7 期。

［41］东北博物馆：《辽阳三道壕两座壁画墓的清理工作简报》，《文物参考资料》1955 年 12 期。

［42］沈阳新乐遗址博物馆 周阳生：《沈阳陈相屯魏晋石椁墓清理》，《辽海文物学刊》1993 年 1 期。

［43］孔祥星、刘一曼：《中国铜镜图典》，文物出版社，1992 年，225 页。

［44］孔祥星、刘一曼：《中国铜镜图典》，文物出版社，1992 年，263 页。

［45］内蒙古文物考古研究所、乌兰察布盟文物工作站：《凉城县北营子汉墓发掘简报》，《内蒙古文物考古》
　　　1991 年 1 期。

［46］信立祥、雷云贵、屈盛瑞：《山西朔县秦汉墓发掘简报》，《文物》1987 年 6 期。

附表一　沈阳五爱墓群汉代墓葬登记表

墓号	工地位置	保存状态	墓室规格（米）	方向	形状结构	墓道	墓壁	墓底	附属设施	墓砖规格（厘米）	遗骨状况	残存遗物
M1	西区南部	墓室扰乱严重，仅存墓底	约3.9×2.1	220°	长方形单室墓	残存一小段斜坡形墓道	一顺一丁	席纹		34.3×17×3.8，25×17.5×3.8	保存极差，仅见少量骨骨	B型陶釜2件，A型陶瓶2件，器底残件1件，A型陶瓷1件
M2	西区南部	墓室扰乱严重，仅存墓底	约4.2×2.4	225°	长方形单室墓		一顺一丁	席纹	墓室北部有头箱	32×(10.5~14.5)×4.5	保存极差，仅见少量骨骨，具体情况不明	A型器盖3件，A型耳杯5件，勺1件，陶井1件，A型罐2套（其一缺盖），陶樽1件，A型长颈瓶1件，陶案1件
M3	西区西部	扰乱严重，仅存墓底两侧铺砖	破坏严重，大小不详	约245°	不详		不明	不明		未采集	未见遗骨	未见遗物
M4	西区西部	扰乱严重，仅存墓底	破坏严重，大小不详	不明	长方形单室墓		不明	席纹	北部疑有头箱	36.5×18×5	未见遗骨	A型陶釜1件，A型耳杯2件，器腹1件，A型陶灶1件
M5	西区中部	扰乱严重，仅存墓底	残存约2.7×1.7	230°	长方形单室墓		错缝平砌	用残砖一行横铺而成		32.5×15.5×5	未见遗骨	B型陶瓮1件
M6	西区东部	扰乱严重，仅存墓底	残存约3.66×1.65	225°	长方形单室墓		两顺一丁	"人"字纹		未采集	朽坏严重，但仍能辨识出两个个体	铁片1件，插环1件，石砚1件，C型陶釜1件，陶钵1件，陶灶残件1件，A型耳杯1件，大泉五十1枚，五铢钱9枚
M7	西区北部	扰乱严重，仅存墓底	约4.85×2.7	225°	长方形单室墓	墓室南部有斜坡墓道，近南壁还保留部分西面的砖壁，疑有甬道	一顺一丁	"人"字纹	墓北一明器台	36×(12.3~17.5)×4.5，36.5×17.8×4.5，33.4×16×4.5	极差，朽坏严重，缺严重	A型长颈瓶5件，B型陶盘1件，A型器盖1件，铁器1件
M8	西区东南部	扰乱严重，仅存墓底	破坏严重，大小不明	不明	不详		两顺一丁	不明	东北角还保留疑是明器台的土台残迹，上有铺砖	未采集	未见遗骨	A型器盖1件

续表

墓号	工地位置	保存状态	墓室规格（米）	方向	形状结构	墓道	墓壁	墓底	附属设施	墓砖规格（厘米）	遗骨状况	残存遗物
M9	西区南部	扰乱严重，仅存墓圹及少量铺砖	不详	220°	长方形单室墓		不明	不明		未采集	极差，仅见少量骨屑	B型陶釜1件，A型陶盆1件，A型耳杯3件，A型长颈瓶2件，B型长颈瓶1件，A型陶盘1件，B型陶皮1件，A型陶瓮1件，异型瓷2件，B型陶灶1件，C型陶瓮1件，陶瓷1件
M10	西区中部	扰乱严重，仅存墓底东北角的铺砖	不详	220°	长方形单室墓		不明	"人"字纹		40×20×7	仅见少量骨屑	水斗1件，A型耳杯3件，勺柄残件1件，B型陶盘1件，A型陶釜1件
M11	西区南部	扰乱严重，仅存墓底部分铺砖	约3.5×1.8	215°	长方形单室墓		应是一顺一丁	"人"字纹		33×16.5×4.5	极差，仅见少量骨屑	A型耳杯2件，B型陶甑1件，A型陶釜2件
M12	西区中部	扰乱严重，仅存墓底	约6.4×2.1~2.8	150°？	前后两室，北部为长方形主室，南部为一小横室		应是三顺一丁	平行斜铺		未采集	极差，仅见少量骨屑	支架1件，B型陶釜1件，Ba型器盖2件，B型陶皮1件，B型陶甑1件，带Ba型陶锺1套，D型陶灶1件，A型长颈瓶1件，澄滤器1件，陶案1套，灯具1套，器座4件，陶方盒1件
M13	西区中部	扰乱严重，仅存墓底西侧部分铺砖	不详	约225°	长方形单室墓		不明	"人"字纹		35.5×17.5×5	未见遗骨	水斗1件，五铢钱1枚
M14	西区东部	扰乱严重，仅存墓底部分铺砖	残存3.4×1.7	215°	长方形单室墓		不明	"人"字纹		35.5×17×4.5	极差，仅见少量骨屑	A型耳杯5件，水勺1件，陶案1件

续表

墓号	工地位置	保存状态	墓室规格（米）	方向	形状结构	墓道	墓壁	墓底	附属设施	墓砖规格（厘米）	遗骨状况	残存遗物
M15	西区南部	扰乱严重，仅存墓底部分铺砖	约2.98×1.95	205°	长方形单室墓		不明	席纹		未采集	极差，仅见少量骨屑	B型陶釜1件
M16	西区西南部	扰乱严重，仅存墓底铺砖	约3×1.5	220°	长方形单室墓		不明	席纹		未采集	极差，仅见一具被挤压过的骨架	耳珰1对，A型陶盆1件，A型耳杯3件，B型陶瓮3件，B型陶罐2件，A型陶豆2件，A型长颈瓶1套，B型长颈瓶3件
M17	西区北部	扰乱严重，仅存少量墓底铺砖	不详	不明	长方形单室墓		不明	约成席纹		未采集	未见骨屑	水斗1件，陶井1件，A型陶罐2件，B型陶罐器底3件，A型长颈瓶1件，B型长颈瓶1件
M18	西区北部	扰乱严重，仅存部分墓底铺砖	约3.7×2	240°	长方形单室墓		不明	席纹		未采集	极差，仅见少量骨屑	遗物无存
M19	西区北部	扰乱严重，仅存部分墓底铺砖	约3.8×2.2	230°	长方形单室墓		一顺一丁	席纹		未采集	极差，仅见少量骨屑	A型长颈瓶3件，A型耳杯1件，B型长颈瓶1件，罐类口部残件2件，D型陶灶1件，B型陶盘2件，口沿2
M20	西区北部	扰乱严重，仅存墓底铺砖	约4.2×1.9	230°	长方形单室墓		一顺一丁	席纹	北部有头箱	32×16×4.5	极差，仅见少量骨屑	B型陶盆2件，Bb型器盖1件，B型陶盆3件，A型陶豆2套，A型耳杯6件，耳铛1件，A型陶灶1件，B型陶灶1件，陶樽1件，陶案1件
M21	西区北部	扰乱严重，仅存少部分墓底铺砖	不详	不明	不详		不明	不详		未采集	未见骨屑	遗物无存

续表

墓号	工地位置	保存状态	墓室规格（米）	方向	形状结构	墓道	墓壁	墓底	附属设施	墓砖规格（厘米）	遗骨状况	残存遗物
M22	东区东南部	扰乱严重，仅存少部分墓底铺砖	不详	不明	不详		不明	用残砖平铺而成		未采集	未见骨骼	遗物无存
M23	东区东南部	扰乱严重，仅存部分墓底铺砖	残存约 2.4×1.7	250°	长方形单室墓		应是一顺一丁	"人"字纹		37.5×17.5×4.5	未见骨骼	B 型陶釜 3 件，A 型陶甑 1 件，A 型陶盆 2 件，Ba 型器盖 1 件，B 型陶盘 1 件，A 型耳杯 8 件，B 型陶灶 1 件
M24	东区南部	墓室扰乱严重，仅存墓底	约 4×2.38	195°	长方形单室墓		应是一顺一丁	"人"字纹	北部有头箱	34×16.5×5.5, 32.5×16.5×4.5	仅见少量遗骨	陶案 1 件
M25	东区西部	扰乱严重，仅存部分墓底铺砖	残存约 2×1.8	220°	长方形单室墓		不明	约成席纹状		36×（12.5～17.5）×5	极差，仅见两具尸架的部分长骨	铁刀 1 件，石砚 1 件铁结合铜结合指环 1 件
M26	东区中部	墓室扰乱严重，仅存墓底及部分墓壁墙	约 3.8×2	220°	长方形单室墓		一顺一丁	"人"字纹	北部有明器台，被破坏严重	31.5×（16～10.5）×5	极差，但可辨识两个个体长骨	B 型陶瓮 1 件，C 型陶灶 1 件，A 型耳杯 3 件，陶饼 1 件，A 型陶盘 1 件
M27	东区中部	扰乱严重，仅存墓底及部分砖墙	约 3.7×2.3	210°	长方形单室墓		一顺一丁	"人"字纹		36×（12～17.5）×5.5, 36.5×18×5	极差，仅见少量骨骼	A 型陶甑 1 件，罐口沿 1 件，耳珰 1 件，B 型罐底 1 件，碗钵类器底 1 件，B 型陶瓮 1 件，C 型陶灶 1 件
M28	东区北部	扰乱严重，仅存部分墓底铺砖和砖墙	残存约 3.4×2.1	210°	长方形单室墓		一顺一丁	墓砖横竖交错平铺		38.5×18×6	极差，仅见少量骨骼	A 型陶釜 1 件，C 型陶盆 1 件，陶饼 1 件，耳珰 1 件，C 型陶灶 1 件，穿孔饰件 3 件

续表

墓号	工地位置	保存状态	墓室规格（米）	方向	形状结构	墓道	墓壁	墓底	附属设施	墓砖规格（厘米）	遗骨状况	残存遗物
M29	东区东北部	扰乱严重，仅存墓底及部分砖墙	约4×2.6	215°	长方形单室墓	斜坡墓道	一顺一丁	"人"字纹	西北部有明器台	37×18×5，36×（12~17.5）×4.6	极差，仅见少量骨屑	耳珰1对，A型陶盘1件，C型陶瓷1件，D型陶釜1件，A型耳杯1件，B型陶罐1件，A型长颈瓶1件，筒瓦1件
M30	东区东部	墓室扰乱严重，仅存墓底部分	约3×1.6	205°	长方形单室墓	有墓道残迹，但被破坏严重。室南面疑是甬道部分的铺砖	应是错缝平砌	错缝横铺		未采集	极差，仅见少量骨屑	B型瓷1件，钵1件
M31	东区东部	扰乱严重，仅存少部分墓底铺砖	残存约3.1×1.7	210°	长方形单室墓		不详	不明		未采集	未见遗骨	A型陶瓶1件
M32	东区中部	扰乱严重，仅存墓底部分	约4.3×2.2	205°	长方形单室墓	残存一段斜坡墓道	一顺一丁	墓底铺砖，头箱里约成"人"字纹，墓室里较为杂乱	北部有头箱	36×18×5	极差，仅见少量骨屑	B型陶釜1件，水斗1件，A型陶盆1件，A型陶瓶1件，陶井1件，B型陶瓿3件，A型耳杯5件，B型陶茎1套，陶樽1件，A型陶罐1件，A型陶瓷1件，B型长颈瓶5件，B型陶灶1件，A型陶瓮1件，B型陶瓷1件
M33	东区东部	扰乱严重，仅存墓底及部分墙壁	约3.16×1.36	215°	长方形单室墓	斜坡墓道	错缝平砌	墓砖横竖交错平铺		32×19×4.5	极差，仅见少量骨屑	陶罐口沿1件，B型耳杯1件
M34	东区西南部	扰乱严重，仅存东北角少部分墓底铺砖	残存约1.6×2.1	不明	长方形单室墓		一顺一丁	不明		40×19×7	未见遗骨	仅在墓内发现一片泥质灰陶片，在墓边采集一枚五铢钱

续表

墓号	工地位置	保存状态	墓室规格（米）	方向	形状结构	墓道	墓壁	墓底	附属设施	墓砖规格（厘米）	遗骨状况	残存遗物
M35	东区西部	扰乱严重，仅存墓扩及少部分墓底铺砖	残存约 3.62×1.92	220°	长方形单室墓		不明	"人"字纹		34×17×4	未见骨骼	耳杯B型1件，B型陶釜1件，碗钵类器底1件
M36	东区西部	扰乱严重，仅存墓底部分铺砖	约 4.08×3.1	220°	长方形单室墓	斜坡墓道，稍偏东	应是一顺一丁	"人"字纹	北部有头箱	34×16×4.5	见有可能属于两个个体的长骨朽散	耳珰1件，水勺1件，C型器器盖1件，B型陶盘1件，陶瓷残件1件
M38	西区东部	扰乱严重，仅存少部分墓底铺砖	残存约 1.6×1.9	240°	长方形单室墓		不明	"人"字纹		40×20×7	未见骨骼	水瓢1件，B型陶甄1件，陶盘1件，口沿残件1件，陶瓷残件1件

附表二　沈阳五爱汉墓出土遗物登记一览表

编号	长颈瓶A型	长颈瓶B型	耳杯A型	耳杯B型	灶A型	灶B型	灶C型	灶D型	釜A型	釜B型	釜C型	釜D型	甗A型	甗B型	盆A型	盆B型	盒A型	盒B型	盒C型	器盖A型	器盖Ba型	器盖Bb型	器盖C型	瓮A型	瓮B型	瓮C型	罐A型	罐B型	盘A型	盘B型	井	水斗	勺	案	樽	钵	耳珰	铜钱	铁器	其他	小计
M1			2							2			1				1																							底器残件1件	7
M2	1		5										2							3									1		1		1	1	1						16
M3																																									0
M4			2		1				1																															器腹1件	5
M5																			1																						1
M6			1				1				1																									1		10		指环1枚，石砚1件，陶灶残件1件	17
M7	5												1																	1									1		8
M8																				1																					1
M9	2	1	3										1	2	1	1										1			1	1				1					1	异形瓮1件	17
M10			3						1																					1		1	1								7
M11			2						2					1																											5
M12	3							1			1			1	1						3					1								1						支架1件，陶锺1件，澄滤器1件，灯具1套，器座4件，陶方盒1件	21

续表

编号	长颈瓶		耳杯		灶				釜				甑		盆		盉		器盖				瓮			罐		盘		井	水斗	勺	案	樽	钵	耳珰	铜钱	铁器	其他	小计
	A型	B型	A型	B型	A型	B型	C型	D型	A型	B型	C型	D型	A型	B型	A型	B型	A型	B型	A型	Ba型	Bb型	C型	A型	B型	C型	A型	B型	A型	B型											
M13																															1						1			2
M14			5																													1	1							7
M15											1																													1
M16		3													1			2							3	2	3		2							2				18
M17	1	1																								2	2			1	1	1								9
M18																																								0
M19	3		1					1																			1		2										口部残件 2 件，口沿标本 2 件	12
M20			6		1						2				2			2			1								3				1	1	1					20
M21																																								0
M22																																								0
M23			8		1						3		1		2					1																1				17
M24																																	1							1
M25																																						1	指环 1 枚，石砚 1 件	3
M26			3				1																		1			1											陶饼 1 件	7

续表

编号	长颈瓶A型	长颈瓶B型	耳杯A型	耳杯B型	灶A型	灶B型	灶C型	灶D型	釜A型	釜B型	釜C型	釜D型	甑A型	甑B型	盆A型	盆B型	奁A型	奁B型	器盖A型	器盖Ba型	器盖Bb型	器盖C型	瓮A型	瓮B型	瓮C型	罐A型	罐B型	盘A型	盘B型	井	水斗	勺	案	樽	钵	耳珰	铜钱	铁器	其他	小计
M27							1						1											1		1											1			碗钵类器底残件1件，罐口沿残件1件	7
M28			1										1																							1			陶饼1件，穿孔饰件3件	7
M29	1					1						1		1											1			1								2			筒瓦1件	9
M30														1																					1					2
M31						1																																			1
M32		5	5							1			1	1	1		1						1			1			3	1	1		1	1							24
M33				1																																			陶罐口沿1件	2
M34																																								0
M35				1																		1																	碗钵类器底残件1件	3
M36														1										1					1			1				1				5
M38														1										1					1										陶瓢1件，口沿残件1件	5

续表

编号	长颈瓶		耳杯		灶				釜				甑		盆		豆		器盖				瓮			罐		盘		井	水斗	勺	案	樽	钵	耳珰	铜钱	铁器	其他	小计
	A型	B型	A型	B型	A型	B型	C型	D型	A型	B型	C型	D型	A型	B型	A型	B型	A型	B型	A型	Ba型	Bb型	C型	A型	B型	C型	A型	B型	A型	B型											
总计	16	11	50	2	1	3	3	2	4	12	2	1	6	2	7	1	9	3	4	4	1	1	2	12	1	5	6	4	15	3	4	4	6	3	2	8	11	3	33	267
合计	27		52		9				19				8		8		12		10				15			11		19		3	4	4	6	3	2	8	11	3	33	267
百分比	10.11		19.48		3.37				7.12				3		3		4.49		3.75				5.62			4.12		7.12		1.12	1.5	1.5	2.25	1.12	0.75	3	4.12	1.12	12.36	100

沈阳辽中偏堡子汉墓群 2014 年发掘报告

沈阳市文物考古研究所

2014 年 10 月 30 日，辽中县文物管理所向沈阳市文物局汇报，市级文物保护单位偏堡子村汉魏墓群范围内正在进行自来水管道工程施工，有可能破坏墓葬。沈阳市文物局随即安排沈阳市文物考古研究所业务人员对施工现场进行勘察。10 月 31 日～11 月 13 日，沈阳市文物考古研究所对偏堡子村东施工现场进行文物监护，并对发现的墓葬进行了抢救性考古发掘工作。共清理汉魏时期砖室墓两座，出土陶罐和陶奁等少量随葬品，参加本次发掘工作的人员有沈阳市文物考古研究所付永平、林栋，技术工人刘卫民，以及辽中县文物管理所所长郑玉金等。现将本次考古发掘工作具体情况介绍如下。

一、地理位置及地层堆积

本次发掘的墓葬位于辽中县茨榆坨镇偏堡子村东南部，地处沈阳市市级文物保护单位 "偏堡子汉代墓群" 范围内，南邻市级文物保护单位 "偏堡子城址"（图一）。发掘的

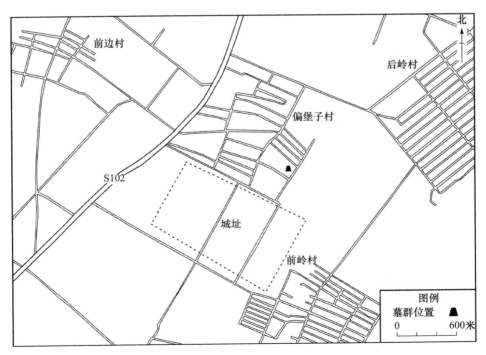

图一　偏堡子墓群位置示意图

两座墓葬位于村东道路的中段和北段（图二）。经考古调查和发掘，了解到该区域地层堆积自上而下可分为两层：

第 1 层：为近现代地层，地表为村路，路之下为红砖、土块等道路垫土层及近现代垃圾，厚 40～65 厘米。

第 2 层：深黄褐色黏土，致密，包含物少，为汉魏时期文化层。

第 2 层以下即为生土。本次发掘墓葬开口于第 1 层下，打破第 2 层和生土层。

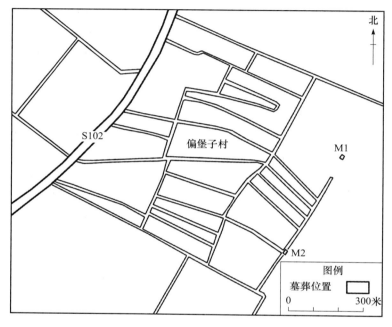

图二　M1、M2 位置示意图

二、考古调查情况

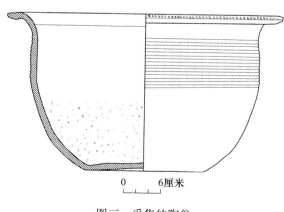

0　　　6厘米

图三　采集的陶瓮

通过监护和考古调查发现疑似墓葬地点 18 处，记录了各个点位的 GPS 坐标（附表），其中于点 1 位置发现了瓮棺碎片多片，属同一个体，体积较大，未见墓砖，推测此处可能为一座瓮棺墓，后得到复原（图三）。泥质灰陶，侈口、弧腹、平底，口径 44.6、底径 19、高 25.8 厘米。另外于点 7 和点 13 位置分别发现了 M2 和 M1，其余点位通过地层断面情况看，均有墓砖迹象，存在墓葬的可能性较大。可知墓群由村道向西一直延伸至村内。

三、考古发掘情况

本次发掘共计抢救性清理砖室墓两座，编号分别为 2014LCPM1 和 2014LCPM2（以下简称 M1、M2）。

M1 位于偏堡子村东北部，村东公路北端，墓向 230°，墓为长方形单室砖墓，墓圹长 3.8、宽 2.6 米，墓室长约 3、宽 2、深 0.7 米，中部被自来水沟打破（图四；图版三）。墓砖外表为灰色薄皮，大部分已脱落，薄皮内部为砖红色，火候较低，一面饰有粗绳纹，长约 35、宽约 18、厚约 4 厘米。墓底砖采用两横两竖铺法，墓壁由内外两层砖组成，墓壁同样采取横竖交替砌法，由于上部均被破坏，暂看不出排列规律。该墓早期被严重破坏，未发现任何随葬品。

M2 位于 M1 南约 400 米的村路下方，墓向 215°，墓圹和墓室东部被自来水沟破坏，墓圹长 4.5、残宽 2.5 米，墓室长约 4.2、深 1.25 米，墓北部有头箱（图五；图版四）。

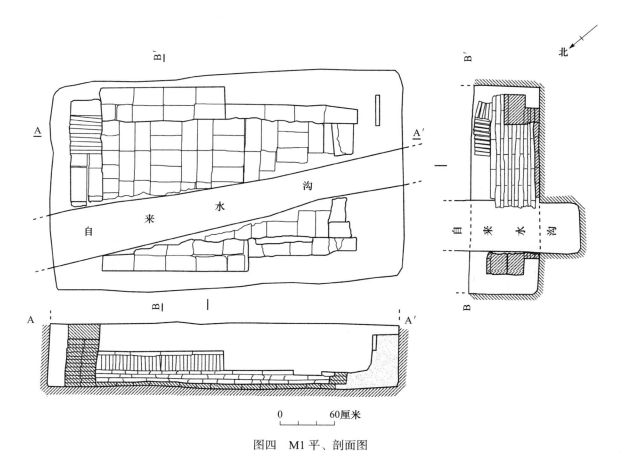

0　　　　60厘米

图四　M1 平、剖面图

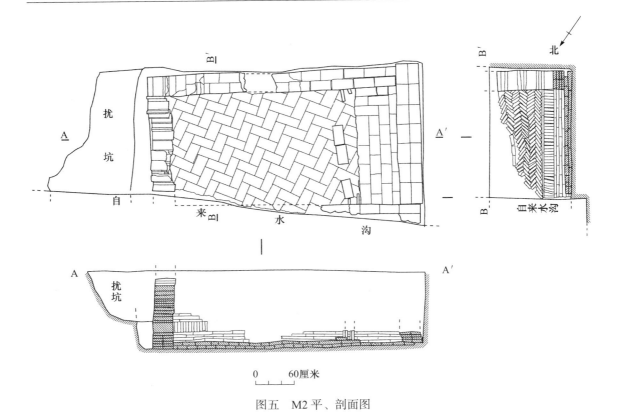

图五　M2 平、剖面图

图六　陶罐（M2：1）

整个墓的东壁被自来水沟破坏，其余三面墓壁为内外双层砖壁，南壁保持相对较好，底部砌平砖，上部砖为"之"字形砌筑。墓底铺双层砖，上层为"人"字形铺法，下层横竖交替铺设。墓砖为青灰色，火候较高，尺寸较 M1 略小，长约 32、宽约 14、厚约 3 厘米。

于 M2 底北部近头箱处发现一个残破的陶罐，可复原，编号为 M2：1（图六）。泥质灰陶。直口、溜肩、弧腹、圜底。口径 17.5、高 22.4 厘米。另外发现少量人骨和一枚牙齿碎屑。

四、结　　语

本次发掘为近年来沈阳市在辽中地区首次正规的考古发掘工作。该地区总体上北高南低，北部原来应为岗地，地势较高，墓葬多集中于北部的岗地。通过发掘获取了东汉时期墓葬形制等方面的一手资料。

　　本次发掘的两座墓葬均为长方形单室砖墓，形制与沈阳市区以往在大南益文小区汉墓[1]、沈州路东汉墓群[2]、八家子汉魏墓群[3]等形制相同，为沈阳地区汉魏时期最为普遍的墓葬形制，墓主人当为这一时期的平民阶层。而如红宝山 M6[4]、伯官屯墓群[5]出土的并列多室墓，以及陈相屯出土的并列石板墓[6]等，在本次调查和发掘中尚未明确发现。这类多室墓代表了较高的级别，在辽中偏堡子地区是否存在，还有待进一步的考古发现证实。

　　由于两座墓葬被破坏严重，出土随葬品十分有限，给墓葬的断代带来了一定困难。但通过对墓葬形制以及墓底砖的排列方式等特征的分析，还是能够大体推断其年代。两座墓葬均为平面为长方形的小型单室墓，为沈阳地区东汉至魏晋时期常见的墓葬形制。其中 M2 墓地砖的铺砌呈"人"字形，且带有一个头箱，这些特征均与沈阳修女院 M3[7]相同。参考洛阳烧沟汉墓的分期研究，"人"字形墓底砖出现的年代应大体在东汉晚期[8]，修女院 M3 的时代同样定为东汉晚期，因此 M2 的时代同样应在东汉晚期，该墓出土的一件直口带领的圜底罐，为以往所少见。

　　M1 的墓砖火候偏低，尺寸较 M2 偏大，墓底砖的铺砌方法也与 M2 有明显的区别，因此二者可能存在时代上的差异。M1 墓砖的特征显示其生产水平相对较低，这类尺寸较大的汉砖，在东汉末期至魏晋以后已较为少见，因此我们认为 M1 的年代可能略早于M2，大体在东汉中期。由于 M1 位于 M2 北侧约 400 米，推测该墓群可能由北向南排列。

　　另外，我们对村南的偏堡子城址进行了调查，地表看不出有明显的城墙遗迹，仅在局部区域见到略微隆起的土包。因此，要确定该遗址为城址还需要进一步做勘探工作。这次在城内发现了汉魏及辽金时期的遗物，说明该城至辽金时期仍得到沿用。这次发掘对偏堡子汉魏墓群的情况及墓群与城址的关系问题有了进一步的认识，为后续的考古调查、发掘和研究工作奠定了基础。

发　　掘：林　栋（领队）付永平
　　　　　　刘卫民　郑玉金
绘　　图：刘卫民
照　　相：林　栋
执　　笔：林　栋　付永平　郑玉金

注　释

［1］　沈阳市文物管理办公室：《沈阳大南益文小区汉墓清理简报》，《沈阳文物》1992 年创刊号。

［2］　沈阳市文物考古研究所：《辽宁沈阳沈州路东汉墓发掘简报》，《北方文物》2004 年 3 期。

［3］　沈阳市文物考古研究所：《辽宁沈阳八家子汉魏墓葬群发掘简报》，《北方文物》2004 年 3 期。

［4］　沈阳市文物管理办公室：《红宝山汉墓清理简报》，《沈阳文物》1993 年 1 期。

［5］　沈阳市文物工作组：《沈阳伯官屯汉魏墓葬》,《考古》1964 年 4 期。

［6］　新乐遗址博物馆：《沈阳陈相屯魏晋石椁墓清理》, 辽海文物学刊 1993 年 1 期。

［7］　沈阳市文物考古研究所：《沈阳热闹路天主教修女院古代墓群 2006 年发掘报告》,《沈阳考古文集》（第 1
　　　集）, 科学出版社, 2007 年。

［8］　洛阳考古发掘队：《洛阳烧沟汉墓》, 科学出版社, 1959 年。

附表　墓葬位置GPS坐标统计表

坐标点	N	E	高程（米）	备注
1	41° 31′ 50.38″	122° 55′ 33.34″	18.4	瓮棺
2	41° 31′ 55.38″	122° 55′ 36.74″	23.5	
3	41° 31′ 55.02″	122° 55′ 37.28″	25.3	
4	41° 31′ 54.88″	122° 55′ 39.24″	17.9	
5	41° 31′ 54.85″	122° 55′ 39.01″	18.1	
6	41° 31′ 50.38″	122° 55′ 33.34″	20.8	
7	41° 31′ 52.38″	122° 55′ 38.37″	20.3	M2
8	41° 31′ 55.42″	122° 55′ 38.45″	21.4	
9	41° 31′ 58.40″	122° 55′ 41.87″	20.5	
10	41° 31′ 57.24″	122° 55′ 40.74″	24.1	
11	41° 32′ 5.64″	122° 55′ 44.11″	22.7	
12	41° 32′ 6.38″	122° 55′ 42.06″	22.4	
13	41° 32′ 5.05″	122° 55′ 45.62″	20.5	M1
14	41° 32′ 4.11″	122° 55′ 45.98″	21.4	
15	41° 32′ 2.78″	122° 55′ 45.03″	19.6	
16	41° 32′ 2.21″	122° 55′ 44.66″	19.4	
17	41° 32′ 1.31″	122° 55′ 43.97″	19.2	
18	41° 32′ 0.56″	122° 55′ 43.49″	20.3	

沈阳青桩子汉魏墓群 2013 年发掘简报

沈阳市文物考古研究所

2013 年 4 月，辽宁天一建设公司在修建四环东街的施工中破坏了一批古墓葬。被破坏的古墓葬位于浑南区东陵街道上伯官村青桩子自然村。现场勘查发现，至少 13 座汉魏时期的墓葬遭到破坏。受沈阳市文物局委托，沈阳市文物考古研究所从 4 月 12 日开始对被破坏的墓葬进行了抢救性考古发掘，共清理墓葬 13 座，灰坑 3 处，发掘出土各类文物共 100 余件。现将发掘情况简报如下。

一、地理地貌和周边相关遗存

墓葬区位于沈阳市浑南区东陵街道上伯官村青桩子自然村西的耕地中。东、南临抚顺市行政界，西距沈阳四环快速路和省道十大线（S107）800 米，东距抚顺市旺力街 500 米，南距东李线公路 300 米，玄菟路（沈抚 2 号线公路）从墓葬分布区南部东西向穿过（图一）。

墓群地处辽河平原东端边缘，北濒浑河，西南距离牤牛河（浑河支流）300 米，地属浑河左岸台地。整体地势东高西低，南高北低。

墓群所在及其周边的浑河两岸是沈阳、抚顺市战国至汉魏时期考古学遗存分布最密集的区域之一。在浑河左岸已经发现青桩子（战国至汉代）[1]、上伯官（汉魏）两座城址[2]，在城址周围的沈阳上伯官[3]、下伯官[4]，抚顺刘尔屯[5]、李石寨[6] 等地发掘了一大批汉代至魏晋时期的墓葬，浑河右岸的山冈台地上分布有战国至汉代长城列燧遗址[7]（图二）。

此次清理的墓葬分布在青桩子城址内及城南，西南距离上伯官城址 600 米。

二、墓葬分布和地层堆积

施工方在墓葬分布区掘开一条南北向的道路基槽，宽 30、深 2 米，并移走土方。残存的 13 座墓葬分布在基槽东西两侧的断壁上。从基槽底面的散落的青砖碎块判断，基槽中亦有墓葬，但已被彻底摧毁。

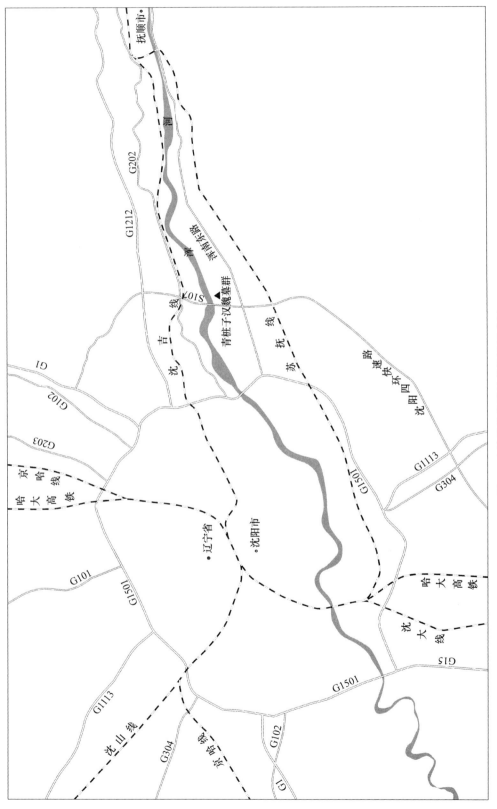

图一　青桩子魏墓群地理位置示意图

图二　青桩子和上伯官城址周围考古遗存分布图

　　此次清理的 13 座墓葬在青桩子城址内外均有分布，其中城内 10 座，城南 3 座（图三）。因城内外地层堆积有所不同，故分别予以介绍。

　　以道路基槽断壁为剖面，青桩子城址外南面的地层堆积如下（图四）：

　　第 1 层：表土层。灰褐色砂土。包含物有少量散碎的泥质灰陶瓦、器皿残片、植物根茎、现代垃圾等。厚约 30 厘米。

　　第 2 层：黑土层。黑褐色黏土，湿黏。包含物有一些散碎的泥质灰陶瓦、器皿残片、植物根茎、细沙粒等。城外的墓葬均开口于此层下。厚约 30 厘米。

　　第 3 层：黄沙层。黄褐色沙土，质地松软。包含物有少量小河卵石。厚约 60 厘米。

　　第 4 层：沙土层。铁锈色，质地坚硬，较纯净。厚约 80 厘米。

　　第 4 层下为生土层。

　　青桩子城址内的地层堆积如下（图五）：

　　第 1 层：表土层。黑褐色砂土。质地松软。包含物以现代生活垃圾为主。厚约 30 厘米，在城内均有分布。

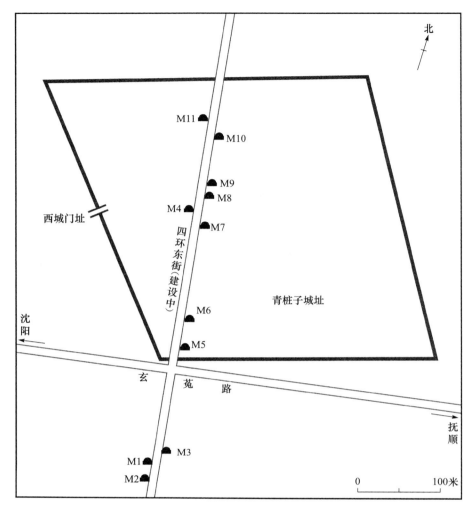

图三　青桩子汉魏墓群分布图

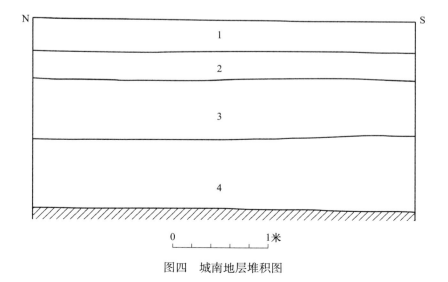

图四　城南地层堆积图

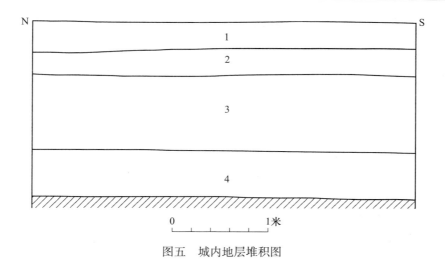

图五　城内地层堆积图

第 2 层：沙土层。浅黄色。细腻松软。城内的墓葬均开口此层下。厚约 25 厘米，在城内均有分布，较纯净。

第 3 层：褐土层。暗黄褐色。质地较松软。为汉代文化层，包含物有泥质灰陶粗绳纹板瓦、筒瓦和素面器皿残片，出土汉"半两"。厚约 80 厘米，在城内均有分布。

第 4 层：泥沙层。浅黄色褐色。质地松软，含沙较多。为战国至秦代文化层，包含物有泥质黑灰陶细绳纹板瓦和器皿残片，出土秦"半两"。厚约 50 厘米，在城内均有分布。

第 4 层下为生土。深黄褐色。质地坚硬，纯净。

三、遗迹和遗物

此次清理的 13 座墓葬均受到施工的破坏，大部分墓葬的形制和结构已不能判明。现将保存较完整、形制和结构清楚的 5 座墓葬分别介绍如下。

（一）M3

1. 位置和保存现状

位于青桩子城址南，北距南城墙 130 米，开口于第 2 层下，打破第 3、4 层。墓葬在早年被扰动，残存部分墓室铺底砖和少部分砖壁，西半部分被施工破坏。

2. 形制和结构

长方形单室砖墓，墓向 175°。从残存的迹象看，墓圹呈长方形，残长 4.9、残宽 5.2 米。墓室呈长方形，残长 4.8、残宽 4.7 米。墓壁用双排长方形素面青砖错缝砌筑，多已无存，在转角处残存两层青砖，以上结构不清。墓底用单层长方形素面青砖斜向错缝墁砌，呈"人"字形。不见葬具和人骨（图六）。

墓壁和墓底所用长方形青砖通体素面，长 42、宽 20、厚 10 厘米。

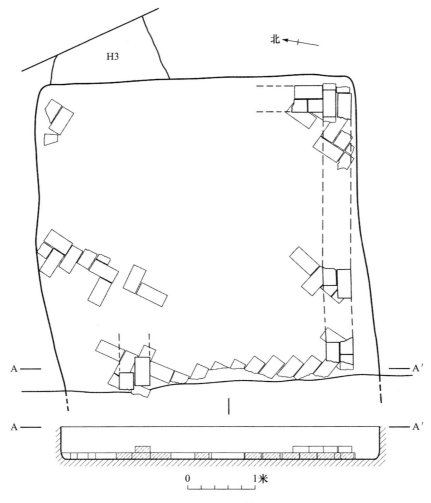

图六　M3 平、剖面图

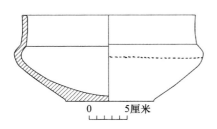

图七　M3 出土圆陶盒（M3：1）

3. 随葬品

出土圆陶盒 1 件。M3：1，泥质灰陶。子母口盖合，盖缺。盒身轮制，圆唇，直口，束颈，折腹，台底。外壁折腹处施 1 圈戳印纹。口径 23、最大腹径 25、底径 11.7、高 11.4、唇厚 0.7、壁厚 0.7 厘米（图七）。

（二）M5

1. 位置和保存现状

位于青桩子城址内，南距城址南城墙 30 米，开口于第 2 层下，打破第 3、4 层（城内文化层）。券顶西半部分被施工破坏。

2. 形制和结构

券顶砖室墓，墓向 355°。墓圹略呈长方形，无墓道。墓圹长 5、宽 2.5 米。券顶已坍塌，西半部分被施工破坏。券顶用一侧厚一侧薄的楔形子母砖纵向起筑，残高 0.62 米。墓室内长 4.1、宽 1.6、残深 2.4 米。墓室用长方形子母砖错缝平砌，略有变形。墓底用单层长方形子母砖横向连缝墁砌。明器台置于墓室北端，台体为天然生土，台面用整块灰白色石灰岩石板墁砌，随葬品出土于其上及其周围（图八；图版六，1）。

墓壁、墓底、棺壁所用长方形子母砖通体素面，长 43、宽 23、厚 12 厘米。券顶所用楔形子母砖顶、底面施粗绳纹，长 43、宽 23、厚 9～12 厘米。

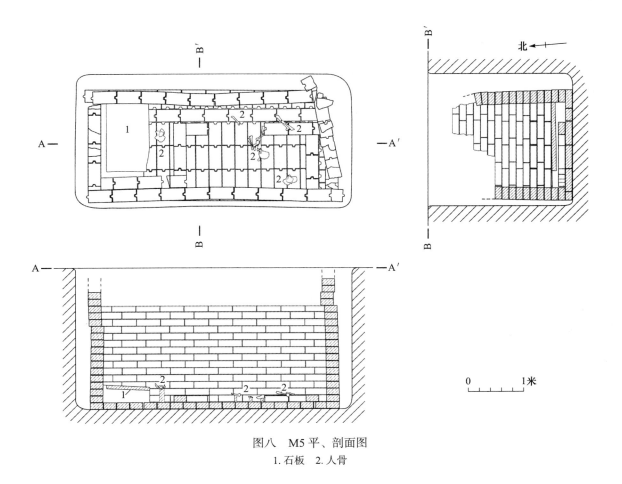

图八　M5 平、剖面图
1. 石板　2. 人骨

3. 葬具和人骨

铺底砖上设砖棺，置于墓室西南端，西倚墓室西壁，北、东、南三面棺壁用子母砖平砌，残存 1 层青砖，以上结构不清，疑为错缝砌筑。遗骨散落于砖棺内外，有 2 个个体，年龄和性别有待鉴定。

4. 随葬品

出土随葬品 36 件，其中铜器 3 件，陶器 33 件。陶器均为泥质灰陶，器身不见使用磨损痕迹。下面按器类分别介绍。

（1）陶器

罐　1 件。M5：1，轮制。器壁薄厚均匀。方唇，平折沿，直口，束颈，溜肩，鼓腹，最大腹径居中，台底略外撇。肩部施两道弦纹，腹部及其以下有刮抹痕迹。内壁可见轮旋纹，底部中央有凸起。口径 13.1、最大腹径 20、底径 9、通高 16.5、壁厚 0.6～0.7 厘米（图九，4；图版六，2）

长身壶　3 件。均轮制，形制基本相同（图九，1～3；图版七，1）。M5：2，方唇，平折沿，敞口，束颈，溜肩，弧腹，平底。内壁有细轮旋纹。口径 8.8、最大腹径 15、通高 34.1、底径 7.3、壁厚 0.4～0.6 厘米（图九，1）。

瓮　1 件。M5：5，轮制。整体近球形。方唇，敛口，弧颈，溜肩，鼓腹，圜底。口沿和内壁上部可见轮旋纹，内壁下部施篦点纹。外壁上部平滑细腻，肩部施 3～6 道弦纹，腹部施 2～3 道弦纹，底部施粗绳纹。口径 19.2、最大腹径 35.5、通高 34.7、唇厚 1、颈高 3 厘米（图九，5；图版六，4）。

案　1 件。一端残。M5：6，模制，板状。正面边缘有凸棱状轮廓；残存的一端有 2 处穿孔，正面的孔周围有胚泥翻卷痕。穿孔之间有弦纹相连。残长 27.5、宽 26、案身厚 0.7、廓厚 1.4、孔径 1 厘米（图一〇，1）。

仓　1 件。M5：7，模制。硬山顶结构，顶面施刻划纹以示瓦楞。正面中部开转轴式双扇对开门。两侧山墙顶部近屋脊处各有 1 处圆形气窗。通高 32、面阔 16.2～18.3、进深 10.9～11.5 厘米（图一〇，2；图版七，2）。

圆盖盒　1 件。M5：8，分盒盖和盒身两部分，均圆形，子母口盖合。均轮制，外壁光滑细腻，内壁有细轮旋纹。盒盖，穹隆顶，斜壁外撇为母口，方唇，外壁顶部中央有 5 颗乳钉纽，以大纽为中心，4 颗等大的小纽等距、对称地贴压在两圈粗弦纹上；乳钉纽外环绕 3 圈瓦楞纹；再往外又有 2 圈粗弦纹；顶部边缘处有 3 圈粗弦纹。盒身，方唇，敛口，斜领内敛为子口，折腹突出于子口以承托盒盖，斜壁微弧，平底面上有线割痕。通高 16、盖高 9.9、盖口径 24.4、盒高 10.2、口径 22.3、底径 8.5、腹径 25 厘米（图一一，1；图版六，3）。

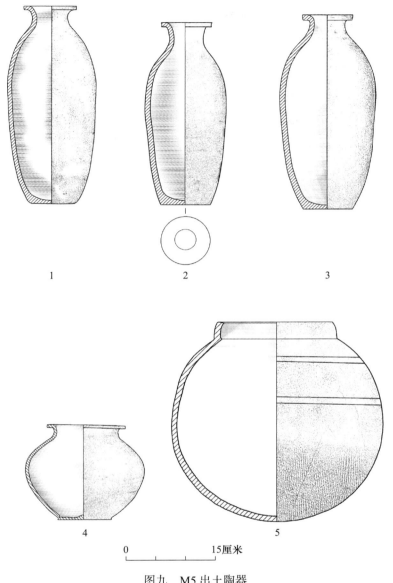

图九　M5 出土陶器

1～3. 长身壶（M5：2～M5：4）　4. 罐（M5：1）　5. 瓮（M5：5）

　　澄滤器　1 件。M5：9，轮制。三足缺。器身，叠唇，敛口，直壁，圜底。底部中心 4 个长条形的气孔，呈 "十" 字形分布，其间各有 3～5 个圆形小穿孔，内壁可见细轮纹，外壁有刮抹痕。三足置于外壁近底处，等距分布。口径 23.5、高 9.2 厘米（图一一，2；图版七，4）

　　盘　3 件。均轮制。分二型。

　　A 型　弧腹。2 件。M5：10，叠唇，平折沿，敞口，弧腹，平底。口沿、内壁和外壁近口沿处可见细轮纹，外壁有刮抹痕，底部有线割痕。口径 20.5、底径 8、高 4.4 厘米（图一一，3）。

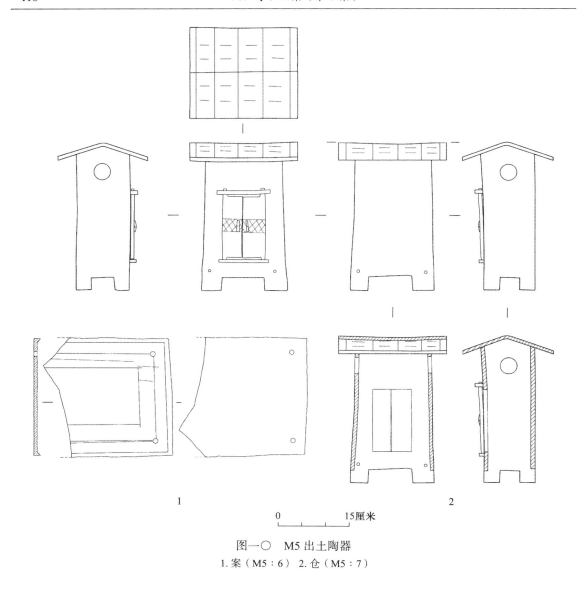

图一〇　M5 出土陶器

1. 案（M5∶6）　2. 仓（M5∶7）

　　B 型　折腹。1 件。M5∶12，尖唇，平折沿，敞口，折腹，平底。口沿、内壁和外壁近口沿处可见轮纹，外壁有刮抹痕，底部有线割痕。口径 21.1、底径 7、高 5.6 厘米（图一一，5；图版七，3）。

　　奁　1 件。模制。M5∶13，平面近矩形，方唇，直口，折腹，平底，底部中央和四角各有 1 个乳钉足。高 15.5、口长 44.1、口宽 24.5、底长 30、底宽 12、壁厚 1.2 厘米（图一一，6；图版七，5）。

　　耳杯　9 件。均模制，手工修整。杯口均呈椭圆形，方唇，弧腹，双耳略上翘（图版六，5）。分二型。

　　A 型　台底。8 件。唇部有刮削痕，双耳顶部和内壁有细腻的旋抹痕。外壁粗糙，遍布裂纹。M5∶14，双耳薄厚不均。内壁两端和双耳外侧均有刮削痕。口长径 10.2、短径 6、高 3.5 厘米（图一二，1）。M5∶15，双耳两端较厚。内壁着色不均，一侧呈黑

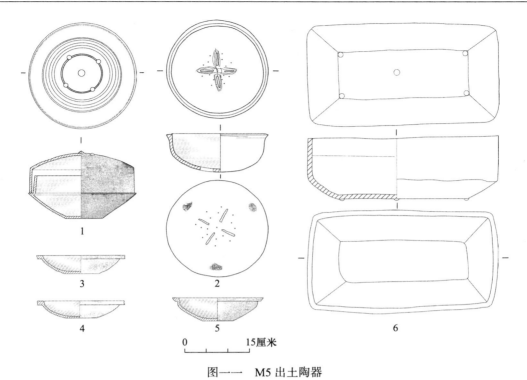

图一一　M5 出土陶器

1. 圆盖盒（M5：8）　2. 澄滤器（M5：9）　3、4. A 型盘（M5：10、M5：11）　5. B 型盘（M5：12）　6. 奁（M5：13）

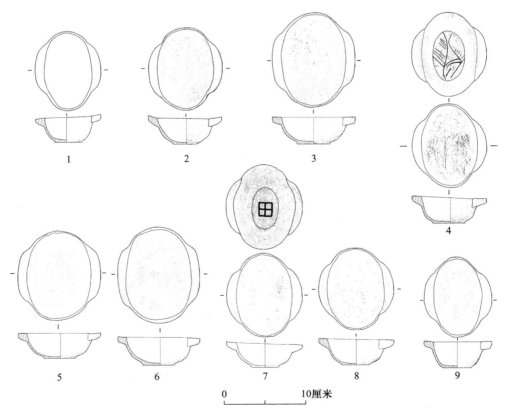

图一二　M5 出土陶耳杯

1～8. A 型（M5：14～M5：21）　9. B 型（M5：22）

色，杯底有刮抹痕；外壁附着指纹，受烟熏呈黑色。口长径 10.6、短径 7、高 3.3 厘米（图一二，2）。M5：17，双耳两端较厚。内壁附着有黑色斑点。外壁附着指纹。台底上有刻画的鱼纹。口长径 10.6、短径 7、高 3.4 厘米（图一二，4）。M5：20，双耳两端较厚。内壁附着有黑色斑点。外壁附着指纹。台底中央有"田"字模印款。口长径 10.7、短径 6.9、高 3.3 厘米（图一二，7）。

B 型　平底。1 件。M5：22，双耳薄厚均匀，整体略上翘，唇部有刮削痕，杯壁和杯底附着有褐色斑点残痕；外壁粗糙，遍布裂纹，两端和双耳外侧均有刮削痕。口长径 10.2、短径 6、高 3.4 厘米（图一二，9）。

钵　2 件。形制基本相同。M5：24，轮制。一侧略高，器身着色不均，半黑半灰。圆唇，展沿，敞口，弧壁，平底；内外壁均有细轮纹；底部高低不均，有线割痕，一侧有切口错位的豁口。口径 8、底径 3.4、高 3 厘米（图一三，2）。

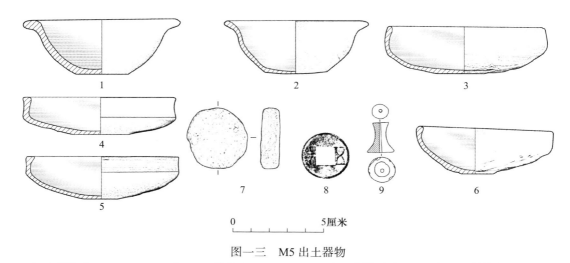

图一三　M5 出土器物

1、2. 陶钵（M5：23、M5：24）3～6. 陶盏（M5：25～M5：28）7. 圆陶片（M5：31）8. 五铢钱（M5：29）
9. 铜耳珰（M5：34）

盏　4 件。形制基本相同。M5：26，轮制。圆唇，敛口，折腹，圈底。口沿、内壁、外壁腹部均有细轮纹。外壁底部有刮抹痕。口径 8.5、高 2.1 厘米（图一三，4）。

圆陶片　1 件。M5：31，平面近圆形，用板瓦残片磨制而成。直径 3.4～3.5、厚 1.1 厘米（图一三，7）。

筒瓦　2 件。均残。M5：32，轮制。瓦面施绳纹，瓦里施布纹。残长 40、头端筒径 16.9、瓦身厚 1～1.4、尾扣厚 1～1.4 厘米（图一四，1）。

多枝灯　1 件。M5：35，由灯座、灯枝和灯盏三部分组成，灯座和灯枝为模制，灯盏为轮制。灯座顶部有 5 孔，各插 1 灯枝，底部中央有 1 处圆孔，下大上小。顶部和底部之间有 4 角各有 1 根四棱形支柱支撑。灯枝，共 5 枝，残 1 枝，中央灯枝呈长条状，其他近"S"形。灯盏，形制相同，尺寸相近，方唇，敛口，折腹，平底。通高 36、底座高 11.5、宽 5～5.5、盏口径 10.2～10.5 厘米（图一四，2；图版七，6）。

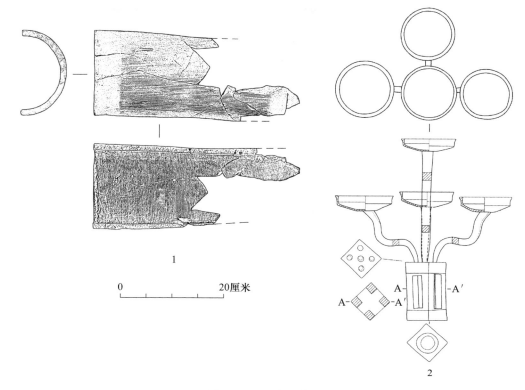

图一四　M5 出土陶器
1. 筒瓦（M5∶32）　2. 多枝灯（M5∶35）

（2）铜器

五铢钱　2 枚。形制、尺寸、铭文均相同。M5∶29，"五"字瘦长，竖划弯曲。"铢"字金字旁顶端为三角形，下部有四竖点，"朱"字头方折，脚圆润。直径 2.6、穿边长 1.1、郭厚 0.1、肉厚 0.08 厘米（图一三，8）。

耳珰　1 件。M5∶34，束腰状，中央有纵向穿孔。高 1.7、口径 0.9、底径 1.5 厘米（图一三，9）。

（三）M7

1. 位置和保存现状

位于青桩子城址内，距南城墙 140 米，距西城墙 120 米。开口于第 2 层下，打破第 3、4 层（城内文化层）。券顶北端有 1 处盗洞。

2. 形制和结构

券顶砖室墓，墓向 355°。墓圹平面略呈"凸"字形，通长 5.9、宽 2.5 米。墓道为斜坡状，长 2、宽 0.8～1、深 1.8 米。墓室券顶用一侧厚一侧薄的楔形子母砖纵向起筑，青砖和红砖掺杂使用，红砖火候较低，多已破碎、粉化。北端券洞用单层红色子母砖错缝平砌封堵，与墓室北壁和券洞外两侧的护壁同期砌筑。墓门为券顶拱门结构，高1.6、面阔1.2米，用单层红色子母砖纵向起筑而成，高出墓室券顶0.2米。墓门用砖壁封堵，底部用红色子母砖平砌，用砖规格一致，砌筑规整严密；顶部用单层青色子母砖平砌，用砖大小不等，甚至用残破、变形的砖块（图一五；图版五，1、2）。

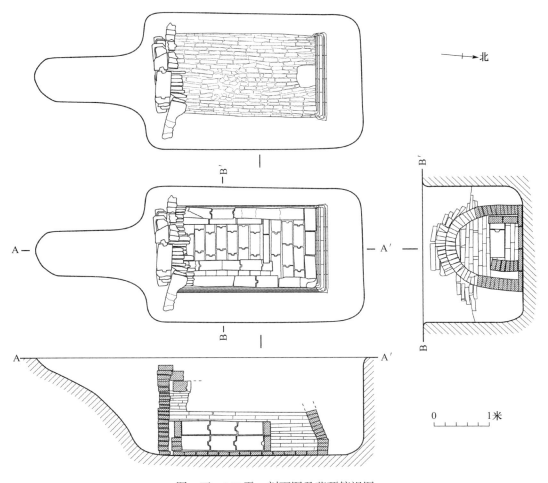

图一五　M7平、剖面图及墓顶俯视图

墓壁用红色子母砖错缝平砌。墓室地面用单层子母砖横向错缝墁砌，铺底砖以青色为主，有少量红色砖。

墓壁、墓底所用长方形子母砖通体素面，长30、宽22、厚12厘米。棺壁所用长方形子母砖通体素面，长50、宽30、厚20厘米。券顶所用一侧厚一侧薄的楔形子母砖顶、底面施粗绳纹，长28、宽20、厚6～8厘米。

3. 葬具和人骨

铺底砖上设砖棺，置于墓室西南端。南壁下部用三层红色子母砖错缝平砌，其上用一块青色子母砖立砌。西、北壁用二层榫卯青砖错缝立砌，东壁用七层红色子母砖错缝平砌。墓内不见人骨（图一五）。

4. 随葬品

随葬品置于墓室北端。灶置于墓室东北角，盖罐置于西北角，其他器物置于其间。共出土随葬陶器 37 件，均为泥质灰陶。以下按器形分别介绍。

盖罐　15 件。分二型（图版八，7）。

A 型　整体矮胖。14 件。M7：1，盖、罐均轮制。子母口盖合。罐盖，平顶微鼓，子口及其周围可见轮旋纹。罐身，方唇，口微侈，束颈，溜肩，鼓腹，弧壁，台底。内壁附着灰白色渍迹；外壁颈、肩处施弦凹纹。盖径 7.7、盖高 1.7、口径 8、罐高 12、通高 13.1、唇厚 0.5、壁厚 0.6、最大腹径 14.5、底径 7.8 厘米（图一六，1）。

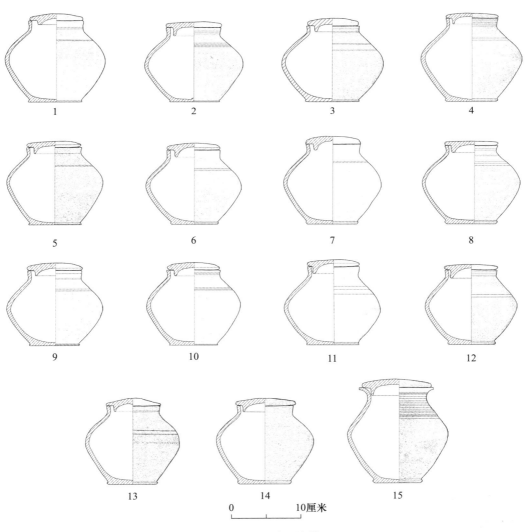

0　　　　　　　　10厘米

图一六　M7 出土陶罐

1~14. A 型盖罐（M7：1~M7：14）　15. B 型盖罐（M7：15）

B 型　整体瘦高。1 件。M7：15，盖、罐均轮制。子母口盖合。盖，平顶，子口及其周围可见轮旋纹。罐，方唇，侈口，束颈，溜肩，鼓腹，弧壁，台底。内壁附着灰白色渍迹，外壁颈、肩处施弦纹。盖径 9.9、盖高 2.5、口径 10.7、罐高 14、通高 15.3、唇厚 0.3、壁厚 0.5、最大腹径 14.5、底径 6.6 厘米（图一六，15）。

盘　4 件。分二型。

A 型　折腹。3 件，均轮制。M7：16，方唇，展沿，折腹，台底。内壁腹部施 1 圈凹弦纹。高 4.8、口径 21.4、底径 10.5、唇厚 0.5、壁厚 0.5 厘米（图一七，1）。M7：18，方唇，平折沿，折腹，台底，内壁近底处施两圈凹弦纹。高 5、口径 21.4、唇厚 0.7、壁厚 0.5、底径 10.3 厘米（图一七，2）。M7：19，斜唇，展沿，折腹，台底，内壁近底处施两圈凹弦纹。高 5、口径 20.7、壁厚 0.5、底径 9.9 厘米（图一七，3）。

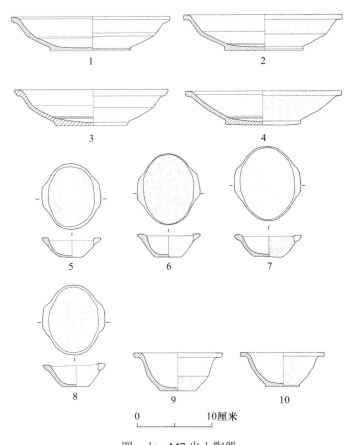

图一七　M7 出土陶器

1～3. A 型盘（M7：16、M7：18、M7：19）　4. B 型盘（M7：17）　5～8. 耳杯
（M7：22～M7：24）　9. A 型釜（M7：25）　10. B 型釜（M7：26）

B 型　弧腹。1 件。M7：17，轮制。方唇，平折沿，弧腹，台底。内壁近底处有两圈凹弦纹。高 4.7、口径 21、唇厚 0.7、壁厚 0.5、底径 10.3 厘米（图一七，4）。

耳杯　4 件（图版八，1）。均模制，形制基本相同。M7：22，杯口、底均呈椭圆状，双耳高于杯口。方唇，弧腹，平底。杯体两端外壁有切削痕。口长径 9.2、口短径 6.2、底长径 5.4、底短径 3、高 2.8 厘米（图一七，5）。

釜　2 件。分二型（图版八，2）。

A 型　折腹。1 件。M7∶25，轮制。斜唇，展沿，敞口，折腹，台底。口径 12、底径 4.8、高 5.2、唇厚 0.6、壁厚 0.5 厘米（图一七，9）。

B 型　弧腹。1 件。M7∶26，轮制。方唇，展沿，敞口，弧腹，台底。口径 11.3、底径 4.7、高 4.7、唇厚 0.6、壁厚 0.5 厘米（图一七，10）。

罐　1 件。M7∶24，轮制。叠唇，平折沿，束颈，溜肩，鼓腹，平底。肩、上腹部施弦纹、腹部近底处和底部施绳纹。口径 20、最大腹径 31.5、底径 15、高 27、唇厚 0.9、沿宽 2.2 厘米（图一八，1）。

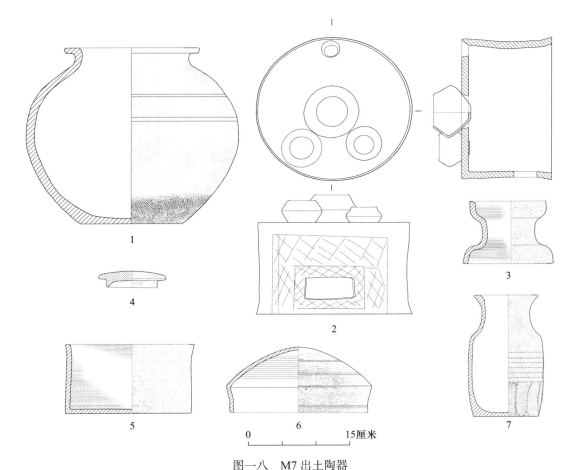

图一八　M7 出土陶器

1.罐（M7∶24）　2.灶（M7∶36）　3.器座（M7∶28）　4.罐盖（M7∶37）　5.奁（M7∶27）

6.圆器盖（M7∶29）　7.井（M7∶31）

奁　1 件。M7∶27，轮制。整体略呈筒状。方唇，直口微侈，直壁微弧，平底，内壁腹、底部可见轮旋纹。口径 19、底径 18.6、高 10.5、唇厚 0.7、壁厚 0.8 厘米

（图一八，5；图版八，3）。

　　器座　1 件。M7：28，轮制。整体近哑铃状。顶端尖唇，直口，底端方唇，侈口。内壁可见细轮纹。高 9.5、顶径 11.3、腰径 7.8、底径 13.4、壁厚 0.8 厘米（图一八，3；图版八，4）。

　　圆器盖　1 件。M7：29，轮制。穹隆状顶，折腹，束颈，敛口，方唇。外壁口沿、腹部施弦纹，折腹处施篦点纹。内壁顶部施粗弦纹。高 9.9、最宽处 21.5、口径 20.3、唇厚 0.6、壁厚 0.6 厘米（图一八，6）。

　　井　1 件。M7：31，轮制。尖唇，展沿，敞口，束颈，溜肩，弧腹，平底。内壁附着有灰白色渍痕，外壁最大腹径处施 6 圈瓦楞纹，以下有纵向切削痕。高 18.3、口径 9.5、沿宽 1、壁厚 0.6、最大腹径 11.1、底径 9.6 厘米（图一八，7；图版八，5）。

　　勺　1 件。M7：32，出土于陶井内（M7：31）。模制。勺身近杯状，方唇，侈口，弧腹，圜底。匙把近曲尺状，横截面呈多棱形。通高 5.6、勺身高 3.3、口径 4.1～4.3 厘米（图一九，4）。

　　甑　1 件。M7：30，轮制。方唇，平折沿，敞口，折腹，平底，底部有 12 个圆形穿孔。高 4.9、口径 11、唇厚 0.6、壁厚 0.5、底径 4.1 厘米（图一九，1）。

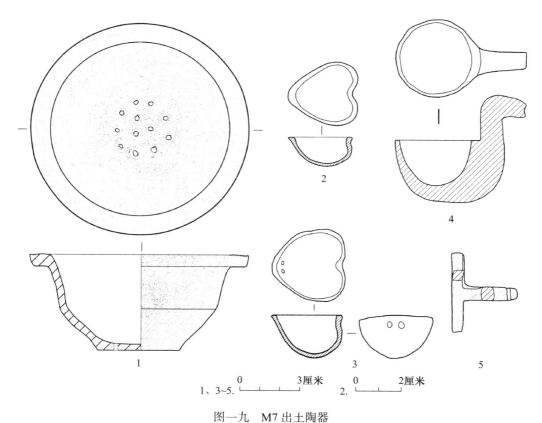

0　　　　3厘米
1、3~5.　└─┴─┴─┘

0　　2厘米
2.　└─┴─┘

图一九　M7 出土陶器

1. 甑（M7：30）　2、3. 瓢（M7：33、M7：34）　4. 勺（M7：32）　5. 构件（M7：35）

瓢　2件。均模制。形制基本相同，平面呈"心"形，方唇，弧腹，圜底。M7：33，头、尾两端各有2处穿孔。口径3.7、高2.2厘米（图一九，2）。M7：34，口径3.3～3.5、高1.5厘米（图一九，3）。

构件　1件。M7：35，模制。平面呈"T"形，一端有1圈刻槽。长4、宽3.3、厚0.5厘米（图一九，5）。

灶组合　1套。M7：36，由灶体和3件釜组成，均轮制。灶体，泥质灰陶。整体近筒状，平顶，直壁，敞口，方唇，顶部有3个圆形灶眼，1个烟孔。腹部有1处长方形灶口。周围有刻划几何纹。釜，3件，均泥质黑灰陶。形制相同，圆唇，折腹，平底。灶体高13.3、顶径21.5、底径22、壁厚1～1.2厘米。灶眼孔径5.9、5.1、4.5厘米，烟道孔径2.5、灶口长6.5、宽3.5厘米。大号釜高5.5、口径5、最大腹径8、底径2厘米；中号釜高4.6、口径3.8、最大腹径6、底径1.8厘米；小号釜高4、口径3.1、最大腹径5.2，底径1.5厘米（图一八，2；图版八，6）。

罐盖　1件。M7：37，轮制。平顶上鼓，子口圆唇，周围可见轮纹。高2.5、顶径10、子口深1.2、口径7.5厘米（图一八，4）。

（四）M8

1. 位置和保存现状

位于青桩子城址内，距南城墙160米，距西城墙140米。开口于第2层下，打破第3、4层（城内文化层）。墓葬西部被施工破坏，残存两墓室，东墓室顶部已坍塌，西墓室被施工切掉一半。

2. 形制和结构

券顶多室砖墓，残存2座墓室，东西排列。墓向357°。墓圹平面略呈"吕"字形，长5.75、残宽4.8米。墓道置于西墓室南端，未完全发掘。东墓室，券顶已坍塌，从坍塌堆积中砖块的排列迹象看，应是用一端大一端小的楔形青砖横向起券。内长2.6、宽1.1米。东、南、西三面墓壁用长方形青砖"两顺一丁"砌筑，墓门置于墓室南壁中部，为双层拱形结构，用2层长方形青砖纵向独立起券，高1.3、面阔0.8、进深0.9米。券顶上用一端大一端小的楔形青砖立砌额墙，残存1层。墓门封门墙底部用长方形青砖"两顺一丁"砌筑，顶部用长方形青砖错缝平砌。门洞下地面和墓室地面用单层长方形青砖横向错缝墁砌。

西墓室，东倚东墓室，墓室西部被破坏，顶部和西壁结构不清。东面与之共用间壁墙，北壁用长方形青砖"两顺一丁"砌筑。墓室内长3.9、残宽1.7米。墓门置于墓室南壁中部，顶部被施工破坏，结构不清；门道面阔0.7、进深0.4米，地面用长方形青砖横向错缝墁砌，高出墓室地面 2 层砖。封门墙用长方形青砖"两顺一丁"砌筑。明器台置于东墓室北端，台体为天然生土，台面用长方形青砖横向错缝墁砌。随葬器物多置于明器台上。墓室地面用单层长方形青砖横向错缝墁砌（图二〇；图版五，3）。

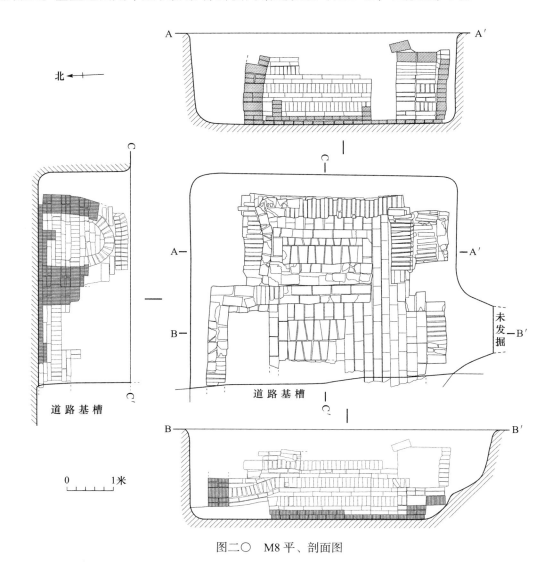

图二〇　M8 平、剖面图

　　东、西墓室在砖棺和墓室南壁之间有甬道相通，宽 0.4 米，地面与东、西墓室墓道一体墁砌。

　　墓壁和墓底所用长方形青砖通体素面，长 42、宽 20、厚 10 厘米。券顶和棺底所用楔形青砖底面施粗绳纹，长 42、宽 12～20、厚 20 厘米。

3. 葬具和人骨

　　东、西墓室的砖棺均设于墓室铺底砖上，位置有所不同。

　　东墓室砖棺置于墓室西北端，西倚墓室西壁，北、东、南三面棺壁用长方形青砖错缝平砌。砖棺内长 1.7、宽 0.4 米。棺底用单层素面一端大一端小的楔形砖横向咬合墁砌。人骨已残碎，分布在砖棺内。

西墓室砖棺置于墓室中部，北倚明器台，四面棺壁均已被破坏。残长 1.4、残宽 1 米。棺底用一端大一端小的单层素面楔形砖横向咬合墁砌。不见人骨（图二〇）。

4. 随葬品

出土随葬陶器 27 件、五铢钱 1 串。除陶奁出土于西墓室砖棺内，其他陶器多出土于西墓室明器台上，均泥质灰陶。五铢钱出土于东墓室填土内，已锈蚀成块。以下按器形分别介绍。

（1）陶器

樽 1 件。M8：1，轮制。樽身，整体近圆筒形，方唇，直口，直壁微弧，平底略外鼓。樽足，模制，蹄形，内空，等距贴塑于樽身下腹部近底处。口径 19.6、底径 19、通高 14.6、壁厚 0.4 厘米（图二一，1；图版九，1）。

圆盖奁 1 件。M8：3，轮制。奁盖，穹隆状顶，中部施 3 圈瓦楞纹，斜壁略内弧，圆唇，直口。奁身，整体近圆筒形，方唇，直口，斜壁略内弧，平底。通高 16 厘米，奁身高 21.6、口径 24.6、底径 23.5、唇厚 0.6、壁厚 0.6、底厚 0.8 厘米，奁盖高 22.5、顶径 28.2、口径 26.5、壁厚 0.4～0.5 厘米（图二一，2；图版一〇，1）。

三足炉 1 件。M8：27，模制。泥质红褐陶，施黑陶衣。方唇，平折沿，平底。蹄形足贴塑于外壁近底处。折沿、底部施刻划几何纹。通高 8.5、长 22.5、最宽处 14.5、足高 6.5、沿宽 1.2～1.3、唇厚 0.5 厘米（图二一，3；图版九，2）。

灶组合 1 套。M8：4，由灶体和釜组成。灶体，模制。整体平面略呈方形。顶面设烟孔 1 处，置于左上角，设灶眼 5 孔，置于中央、前沿和右上角，中央灶眼较大，置釜。矩形灶门置于前脸中央，前脸左右和灶门周围刻划水波纹。灶门正上方，近顶处出檐，其顶面施刻划几何纹。釜，存 1 件，模制。尖唇，盘口，平折沿，弧腹，台底，外壁上腹部施 6 圈瓦楞纹，内壁通体施轮旋纹。通高 24、厚 0.7、顶端面阔 23.5～24、进深 23.2～23.5、底端面阔 22.7～26.6、进深 23.1～24.1。灶门面阔 11.1～11.4、高 8.1～8.4 厘米。灶眼孔径中央处 11、其他 4.4～4.9 厘米。烟道孔径 1.3～1.9 厘米。釜通高 5.2、口径 14、唇厚 0.5、折沿宽 1.5、底径 6、壁厚 0.4 厘米（图二一，4；图版九，3）。

三足壶 1 件。M8：26，轮制。壶身，圆唇，侈口，束颈，溜肩，鼓腹，圜底。壶足，模制，蹄形，等距贴塑于壶身下腹部，足上下端内空。壶身颈部残存 1 处穿孔，肩部施 3 圈凹弦纹，上腹部施 2 圈凹弦纹。口径 5.5、最大腹径 13、通高 13.5、足高 4.8 厘米（图二一，5；图版九，4）。

三足鼎 1 件。M8：23，圆形，子母口盖合，盖缺。鼎身轮制，圆唇、敛口、折腹，圜底；鼎足模制，蹄形，等距贴塑于下腹部近折腹处，横截面呈弯月形，上下端内

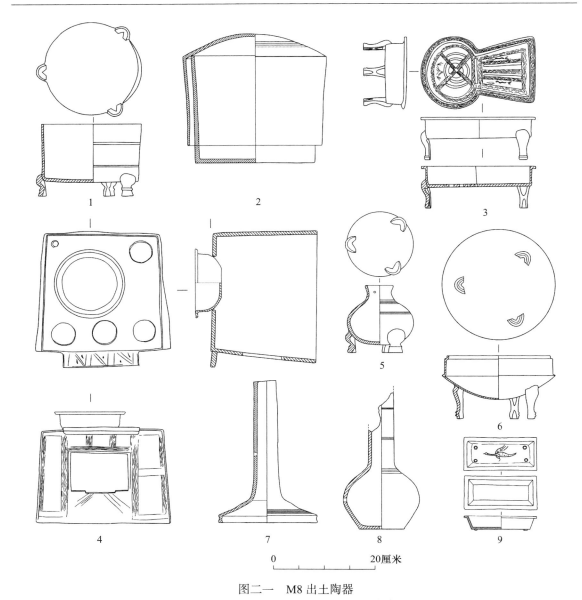

0   20厘米

图二一　M8 出土陶器

1. 樽（M8∶1）　2. 圆盖奁（M8∶3）　3. 炉（M8∶27）　4. 灶（M8∶4）　5. 三足壶（M8∶26）　6. 三足鼎（M8∶23）

7. 灯座（M8∶2）　8. 长颈瓶（M8∶24）　9. 椭（M8∶16）

空，近足根处施 2 道瓦楞纹。口径 20.2、最大腹径 22.2、通高 13.2、唇厚 0.5、壁厚 0.4、足高 6.8 厘米（图二一，6；图版九，5）。

灯座　1 件。M8∶2，轮制。整体近长颈喇叭状，中空，方唇，敛口，颈部有 2 圆孔，足部施 2 圈瓦楞纹，底座束腰状。口径 4.4、底径 19.5、通高 29、唇厚 1.1、底座高 1.4 厘米（图二一，7；图版九，6）。

长颈瓶　1 件。M8∶24，轮制。口缺，颈残。长颈，溜肩，鼓腹，台底。颈上、中部各施 2 道凹弦纹，肩上部施 3 道凹弦纹，上腹部近肩处残存 1 处圆形穿孔，底部中央有 1 处圆形穿孔。颈径 5、最大腹径 15、残高 27.7、底径 9、腹孔径 0.8、底孔径 0.9、壁厚 0.6 厘米（图二一，8）。

楼　1 件。M8：16，模制。整体近槽状，方唇，平折沿，敞口，斜腹，平底。外壁底部四角各有 1 个圆锥台状足，中央模印飞鸟纹。通高 2.9、顶长 14.3、宽 6.8、口长 12.8、宽 5.3、底长 11.6、宽 4.2、足高 0.2、唇厚 0.4 厘米（图二一，9；图版一〇，2）。

盏　6 件。形制基本相同，均轮制。M8：10，圆唇，敞口，折腹，圜底。通高 1.7、口径 7.8、唇厚 0.4、壁厚 0.3 厘米（图二二，1；图版一〇，5）。

耳杯　3 件。形制基本相同，均模制。M8：8，杯口呈椭圆形，圆唇，弧腹，台底，

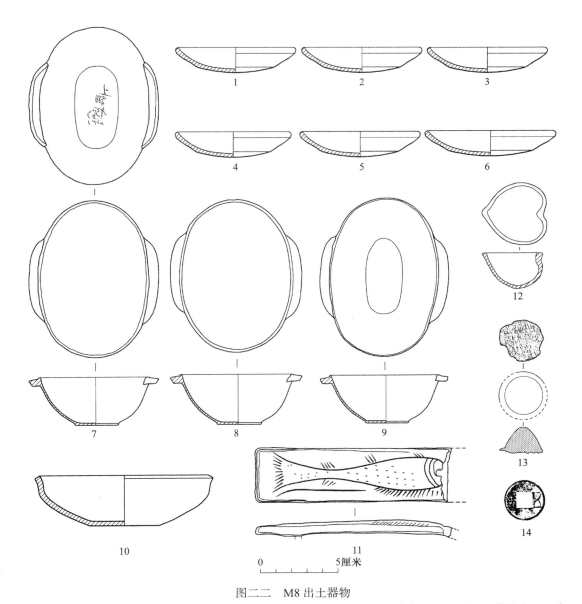

图二二　M8 出土器物

1～6. 陶盏（M8：10～M8：15）　7～9. 陶耳杯（M8：8、M8：7、M8：9）　10. 陶钵（M8：25）　11. 陶俎（M8：5）
12. 陶瓢（M8：21）　13. 乳钉陶纽（M8：22）　14. 五铢钱（M8：38）

双耳略低于杯口。外壁底部有压印文字款。高 3.2、口长径 10.5、短径 7、底长径 5.5、短径 2.8、台底高 0.15～0.2 厘米（图二二，7）。

钵　1 件。M8：25，轮制。方唇，侈口，弧腹，平底。口径 11.5、底径 4.5、高 3.3、唇厚 0.3、壁厚 0.3 厘米（图二二，10）。

俎　1 件。M8：5，模制。一端残缺，顶面有模印鱼图案，底面有 4 个方形足，均残。残长 12.7、宽 3.6、厚 0.9 厘米（图二二，11；图版一〇，3）。

瓢　1 件。M8：21，泥质红陶，施黑陶衣。模制。平面呈心形，方唇，弧腹，圜底。口径 4.2、高 2.5 厘米（图二二，12）。

乳钉纽　1 件。M8：22，泥质黑陶。模制。整体近圆锥状，底端压印沟纹。高 1.7、底径 2.5 厘米（图二二，13）。

盘　4 件。形制基本相同，均轮制（图版一〇，6）。M8：17，尖唇，敞口，折腹，台底。内壁通体施粗轮旋纹，口沿、折腹、底部各施 1 圈弦纹。口径 18.2、底径 9.2、通高 2.8、壁厚 0.3 厘米（图二三，1）。

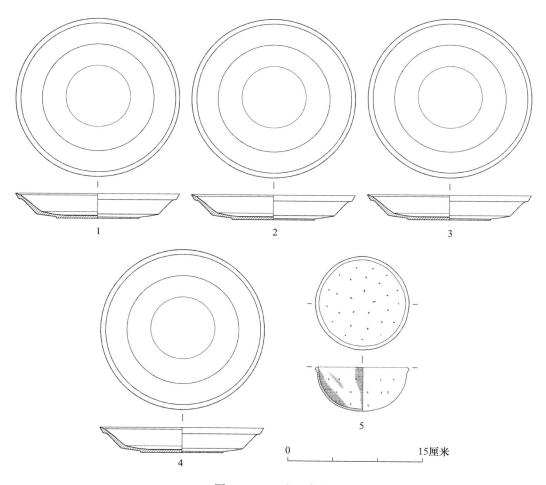

0　　　　　　　　15厘米

图二三　M8 出土陶器

1～4. 盘（M8：17～M8：20）　5. 甑（M8：6）

甑　1件。M8：6，轮制。圆唇，直口，弧腹，圜底。底部和腹部向心分布 3 圈圆形气孔，外壁有刮抹痕，内壁有轮旋纹。口径 9.4、高 5 厘米（图二三，5；图版一〇，4）。

（2）铜器

五铢钱　1串，已经锈蚀成块。仅 1 件字迹清楚。M8：38，"五"字瘦长，竖划弯曲。"铢"字金字旁顶端为三角形，下部有四竖点。"朱"字头方折，脚圆润。直径 2.6、穿边长 1.1、郭厚 0.1、肉厚 0.08 厘米（图二二，14）。

（五）M9

1. 位置和保存现状

位于青桩子城址内，距北城墙 100 米，距西城墙 150 米。开口于第 2 层下，打破第 3、4 层（城内文化层）。墓葬西部被施工破坏，残存墓室东半部分和东耳室。

2. 形制和结构

带耳室的砖室墓。因墓葬大部被破坏，墓葬形制，墓顶和墓道结构不清。墓向 355°。墓圹长 5.1、残宽 2.1 米。墓室残长 4.8、残宽 1.8 米，墓室东、北壁用长方形青砖"两顺一丁"砌筑。东耳室置于墓室南部，平面略呈方形，面阔 0.7、进深 0.9、残高 0.9 米。顶部已坍塌，结构不清，东、南、北三面砖壁与墓室一体砌筑，地面用 2 层长条形青砖横向错缝墁砌，高于墓室 1 层砖。明器台置于墓室北端，随葬品均出土于其上，整体高出墓底 0.5 米，台体为自然生土，顶面用单层长条形青砖横向错缝墁砌。墓室地面用单层长条形青砖横向错缝墁砌（图二四；图版五，4）。

墓壁、墓底所用长方形青砖通体素面，长 42、宽 20、厚 10 厘米。

3. 葬具和人骨

墓室大部分被毁，现存的墓室内不见葬具和人骨。

4. 随葬品

出土随葬陶器 17 件，多为泥质灰陶。以下按器类分别介绍。

器座　2件。分二型（图版一一，1）。

A 型　束腰形。1件。M9：5，轮制。整体略呈哑铃状，上部圆唇，敛口，斜肩，折腹，束腰，肩部施 1 圈瓦楞纹。下部略呈喇叭口状，尖唇，敛口。口径 11.1、腰径 5.1、底径 14、高 10.4、底高 1.1、唇厚 0.5、壁厚 0.5 厘米（图二五，1）。

B 型　圆筒形。1件。M9：7，轮制。整体近筒形，两端大小不等，无底，上下均方唇，直口，腰微束。高 4.4、口径 10～11、壁厚 0.7～0.9 厘米（图二五，2）。

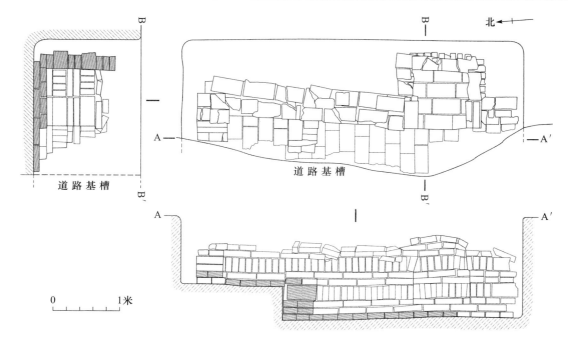

图二四　M9 平、剖面图

罐　2 件，均轮制，形制相同。M9：1，方唇，直口，溜肩，鼓腹，台底。颈部施 1 道凹弦纹，肩上部施 2 道凸弦纹，腹部施 2 道凹弦纹。外壁可见刮抹痕，内壁施轮旋纹。口径 10.7、最大腹径 17.3、底径 9.1、通高 12.7、唇厚 0.6、壁厚 0.6 厘米（图二五，3）。

圆器盖　1 件。M9：6，泥质黑灰陶。盖体轮制。覆钵形，敛口，圆唇，折腹，斜腹，平底。盖纽手制，柱状，中空，外壁布满指纹。通高 6.3、盖体高 4、底径 14.3、顶径 5.2 厘米，盖纽高 2.3、外径 1.5、内径 0.5 厘米（图二五，5）。

长颈瓶　2 件。M9：3，轮制。斜唇，侈口，长束颈，溜肩，鼓腹，台底。颈中部偏下刻划 2 道凹弦纹，肩中部施 2 道凸弦纹，鼓腹部等距分布 3 处圆形穿孔，底部正中有 1 处圆形穿孔。口径 6.1、腹径 14.5、底径 10.5、高 28.5、唇厚 1、壁厚 1、孔径 1～1.2 厘米（图二五，6；图版一一，2）。

灶　1 件。M9：17，模制。平面略呈方形，左、后壁大部分、前壁左下角残缺。顶面残存前端 2 孔灶眼。顶面中部施 2 组纵向刻划纹。灶门为矩形，置于前脸正中，其正上方近顶端处有矩形出檐，其顶面施刻划纹。高 14.7～15、顶端面阔 19.4、进深 20、灶门面阔 7.5、高 4.2 厘米，出檐长 13.2、宽 2.3～2.5、厚 0.5～1.1 厘米，灶眼直径 4.3～4.5、壁厚 1 厘米（图二五，7）。

樽　1 件。M9：8，轮制。整体近筒状，圆唇，敞口，弧腹，平底。外壁上、中、下部各施 1 圈凸弦纹。口径 19.4、底径 17.2、高 11.1、唇厚 0.8、厚 0.8 厘米（图二五，8；图版一一，3）。

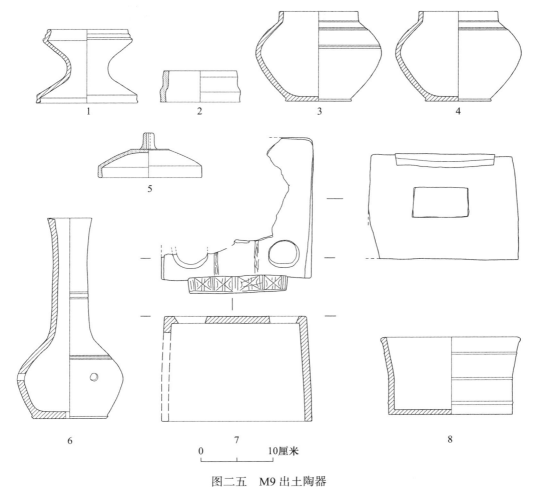

图二五　M9 出土陶器

1. A 型器座（M9：5）　2. B 型器座（M9：7）　3、4. 罐（M9：1、M9：2）　5. 圆器盖（M9：6）　6. 长颈瓶（M9：3）

7. 灶（M9：17）　8. 樽（M9：8）

瓢　4 件。均模制，形制略有不同（图版一一，4）。M9：12，平面略呈心形，流部双唇捏合。圆唇，弧腹、圈底。口径 3～4、高 2、壁厚 0.2～0.4 厘米（图二六，1）。M9：13，平面呈心形。圆唇，弧腹，圈底。口径 4～4.2、高 2.2、唇厚 0.4 厘米（图二六，2）。M9：14，平面呈心形。流部双唇捏合。圆唇，弧腹，圈底。口径 3.8～4.2、高 2.2、唇厚 0.4 厘米（图二六，3）。M9：15，平面呈心形。流部双唇捏合。圆唇，弧腹，圈底。口径 3.3～4、高 2、唇厚 0.4 厘米（图二六，4）。

㿻　1 件。M9：4，模制。平面呈束腰椭圆形。整体口大底小，圆唇，敛口，斜壁微弧，平底。高 5.8、口最长处 13.2、最宽处 4.6、底最长处 14.2、最宽处 5.8、唇厚 0.5～0.6、壁厚 0.5～0.6 厘米（图二六，5；图版一一，5）。

耳珰　1 件。M9：11，模制。束腰，上下部呈喇叭口状，两端中心下凹。高 1.9、顶径 2.3、腰径 1.3、底径 2.7 厘米（图二六，6）。

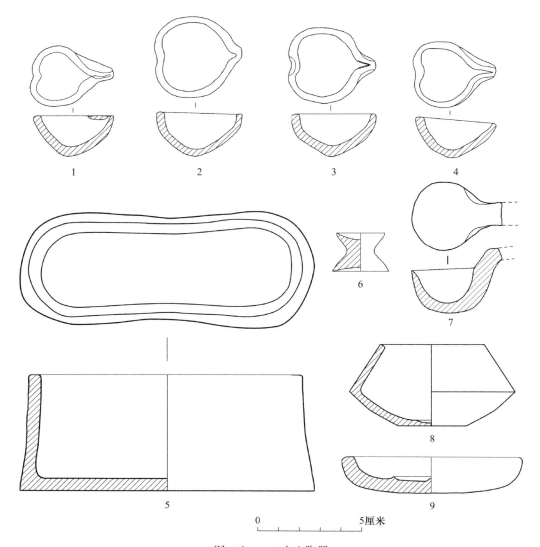

图二六　M9 出土陶器

1~4.瓢（M9：12~M9：15）　5.奁（M9：4）　6.耳珰（M9：11）　7.勺（M9：10）　8.釜（M9：16）
9.盏（M9：9）

勺　1 件。M9：10，模制。勺把残。勺身近杯状，尖唇、侈口、弧腹、圜底。勺把略呈曲尺状、横截面呈四棱形。通高 3.2 厘米，勺身口径 3.2~3.4、高 2.2 厘米（图二六，7）。

釜　1 件。M9：16，轮制。斜唇，敛口，斜肩，折腹，平底，内壁底部中心下凹。高 4、口径 5、腹径 8、底径 3.3、唇厚 0.4 厘米（图二六：8；图版一一，6）。可能与灶（M9：17）为组合模型明器。

盏　1 件。M9：9，轮制。圆唇，敞口，弧腹，圜底。内壁底部下凹，中心隆起。高 1.8、口径 8.7、唇厚 0.6 厘米（图二六，9）。

四、结　语

（一）墓葬年代

　　本次发掘的 13 座墓葬分布于道路基槽东西两侧的断壁上，均受到不同程度的破坏。故难以判明其准确的空间分布规律和完整的形制。从考古地层学上看，墓葬的开口层位相同，且无叠压和打破关系。分布在青桩子城址内的墓葬均打破城址文化层。据调查和试掘，青桩子城址的年代为战国至西汉。因此，城内墓葬的建造年代应在西汉以后。另外，从墓葬结构、随葬品及其组合上的不同，可以看出它们的存在年代上的差别。

　　M3 为长方形单室砖墓，铺底砖墁砌呈"人"字形。铺底砖结构与辽阳青年大街 M8、M11[8]，沈阳小东 M3、M10[9]，沈州路 M1、M2[10]，大南街 M1、M2[11]，抚顺小甲邦 M2、M3[12]，刘尔屯 M18[13] 等墓葬基本相同。墓葬形制与热闹路 M4[14] 基本相同。出土的陶釜与辽阳青年大街 M8 出土的陶釜（M8：3）形制相同。因此，M3 的时代与以上对比墓葬相近。且"人"字形铺底砖风格在中原地区流行于东汉中晚期[15]。鉴于边远地区的考古学文化与中原地区相比存在时间上的滞后性，故将 M3 的时代确定在东汉晚期。

　　M5 为长方形券顶单室砖墓。券顶用一侧厚一侧薄的楔形子母砖纵向起筑，墓室用长方形子母砖错缝平砌，墓底用单层子母砖横向连缝墁砌。与抚顺刘尔屯 M1[16] 基本相同。陶耳杯与沈阳沈州路 M1[17] 形制相同，其外底模印"田"字款与之如出一模。陶盒与刘尔屯 M21：16 形制相似。从随葬品组合看，M5 以长身壶、罐、瓮、盘、钵、灯、案等日用陶器为主，各有 1 件仿漆陶礼器（M5：8 圆盖盒）、模型明器（M5：7 仓）和小型铜器（M5：34 耳珰）。从出土的五铢钱铭文上看，其年代应在东汉早中期。综合以上因素判断，M5 的年代大体在东汉中期。

　　M7 亦为长方形券顶单室砖墓，其墓室和券顶结构与 M5 相近。墓底和砖棺壁有所不同，墓底用单层子母砖横向错缝墁砌，砖棺用大规格单层长方形子母砖错缝立砌。出土的盖罐组合的年代在邻近的沈阳、抚顺、辽阳地区尚无墓例可借鉴。从随葬品组合看，仍以罐、盘、耳杯等日用陶器为主，模型明器种类有所增加，不见陶礼器和铜器。陶罐与抚顺刘尔屯 M18：1 形制相同。因此，M7 的年代大致在东汉中期，较 M5 为晚。

　　M8 为券顶多室砖墓，墓壁结构与东汉中晚期的沈阳下伯官 2007M1[18]、大南街 M1、M2[19] 和热闹路 M7～M11[20] 相同。用一端大一端小的楔形砖横向起筑的券顶结构较为罕见。随葬品中椅、灶门上方出檐的方形灶、俎、长颈瓶等明器及其组合与以上墓葬中同类器物相同或相似。陶灯座的形制与沈阳小东 M14：8[21]、热闹路 M5[22]，普兰店姜屯 M49：5[23] 相近。鼎、盒、壶是战国以降墓葬中经常出现的组合，在辽宁锦州[24]、朝阳[25]、普兰店[26]早期汉墓中均有发现，以后的组合逐渐松散，大约在东汉中晚期，鼎和壶基本退出，常见的仅有盒，但 M8 中出土的三足圆盖鼎和三足壶的形制与早期大不相同。三足炉与辽阳壁画墓[27]中所出完全相同。综上，M8 继承了东汉晚期墓葬的文化因素，在券顶和随葬品上出现了新的风格，其时代应在汉末公孙氏割据时期。

M9 为带耳室的砖室墓，墓壁和墓底结构与 M8 相同。随葬品长颈瓶的形制与沈阳热闹路 M8：9、M8：9[28]相同，陶奁与沈阳热闹路 M8：5、瓦房店姜屯 M124：27[29]相似，陶樽与普兰店姜屯 M26：4、M133：5、M133：9、M142：26 相近。随葬品组合上，分为日用陶器和模型明器，不见陶礼器。综合考量，其年代大体在魏晋时期。

（二）与周邻相关遗存的关系

根据以往的考古工作，在青桩子城址和上伯官城址周围的浑河左岸区域内分布有大量的汉魏时期的墓葬，其大致范围东至抚顺刘尔屯、四方台，西至沈阳绕城高速公路（G1501），南至浑南东路（原沈抚高速公路）。此次在青桩子清理的只是其中一小部分。

青桩子城址始建于战国，沿用至西汉，相去这批墓葬的年代甚早。另外，分布在城内的墓葬打破了城内文化层，亦可证明墓葬的建造年代晚于城址。因此，这批墓葬的主人非青桩子城址的居民。在东面的抚顺刘尔屯等地发现的西汉墓葬可能与青桩子城址有关。

上伯官城址，学术界多认为上伯官城址是始置于西汉的玄菟郡后期的郡治。2010年，沈阳市文物考古研究所发掘了上伯官城址西南角[30]，从城墙和城内的地层堆积、出土遗物看，该城址始建于东汉，魏晋沿用。其年代与青桩子墓群相合，且距离相近。因此，这批墓葬当与上伯官城址有关。

附记：参加此次考古发掘的人员有付永平、刘明、刘卫民。出土器物由刘卫民清理、修复。遗物、遗迹线图分别由刘明、刘卫民绘制。现场和器物照片由刘明拍摄。

执 笔：刘 明

注 释

[1] 刘明：《沈阳青桩子战国至汉代城址调查与初步研究》，待刊。

[2] 沈阳市文物管理办公室：《沈阳市文物志》，沈阳出版社，1993 年，49、50 页。

[3] 沈阳市文物考古工作队：《沈阳上伯官汉墓清理报告》，《辽海文物学刊》1991 年 2 期；沈阳市文物考古研究所：《沈阳东陵上伯官新发现的晋墓》，《沈阳考古文集》（第 1 集），科学出版社，2007 年，62～66页；沈阳市文物考古研究所：《沈阳上伯官汉墓 2005 年发掘报告》，《沈阳考古文集》（第 2 集），科学

出版社，2009 年，75～81 页；佺俊岩：《沈阳上伯官城址和墓葬的调查及其研究》，《辽宁考古文集》（二），科学出版社，2010 年，193～197 页。

［4］沈阳市文物工作组：《沈阳伯官屯汉魏墓葬》，《考古》1964 年 11 期；沈阳市文物考古研究所：《沈阳下伯官屯汉墓 2007 年发掘报告》，《沈阳考古文集》（第 2 集），科学出版社，2009 年，70～74 页。

［5］抚顺市博物馆：《辽宁抚顺县刘尔屯西汉墓》，《考古》1983 年 11 期；萧景全、郭振安：《辽宁抚顺市刘尔屯村发现两座汉墓》，《考古》1991 年 2 期；辽宁省文物考古研究所、抚顺市博物馆：《辽宁抚顺市刘尔屯汉魏墓群的发掘》，《考古》2014 年 4 期。

［6］辽宁省文物考古研究所、抚顺市博物馆：《辽宁抚顺李石开发区四号路墓群发掘简报》，《北方文物》2013 年 4 期。

［7］陈山、吴炎亮、刘明：《辽东地区战国（燕）、秦、西汉早期长城调查与研究》，《中国考古学会第十六次年会论文集》，待刊；刘明、吴炎亮、陈山：《辽东地区汉长城调查与初步研究》，《中国考古学会第十六次年会论文集》，待刊；辽宁省文物局：《辽宁省燕秦汉长城资源调查报告》，文物出版社，待版。

［8］王来柱：《辽阳青年大街发现的两座汉墓》，《辽宁考古文集》，辽宁民族出版社，2003 年。

［9］刘焕民：《沈阳小东汉墓葬群勘探调查与发掘》，《辽宁考古文集》（二），科学出版社，2010 年。

［10］沈阳市文物考古研究所：《辽宁沈阳沈州路东汉墓发掘简报》，《北方文物》2004 年 3 期。

［11］沈阳市文物考古研究所：《沈阳大南街古代遗存发掘报告》，《沈阳考古文集》（第 2 集），科学出版社，2009 年，84～87 页。

［12］李继群、郑辰：《抚顺小甲邦东汉墓》，《辽海文物学刊》1992 年 1 期。

［13］辽宁省文物考古研究所、抚顺市博物馆：《辽宁抚顺市刘尔屯汉魏墓群的发掘》，《考古》2014 年 4 期。

［14］沈阳市文物考古研究所：《沈阳热闹路天主教修女院古代墓群 2006 年考古发掘报告》，《沈阳考古文集》（第 1 集），科学出版社，2007 年，47、48 页。

［15］洛阳考古发掘队：《洛阳烧沟汉墓》（中国田野考古报告集，考古学专刊丁种第六号），科学出版社，1959 年。

［16］辽宁省文物考古研究所、抚顺市博物馆：《辽宁抚顺市刘尔屯汉魏墓群的发掘》，《考古》2014 年 4 期。

［17］沈阳市文物考古研究所：《辽宁沈阳沈州路东汉墓发掘简报》，《北方文物》2004 年 3 期。

［18］沈阳市文物考古研究所：《沈阳下伯官屯汉墓 2007 年发掘报告》，《沈阳考古文集》（第 2 集），科学出版社，2009 年，70～74 页。

［19］沈阳市文物考古研究所：《沈阳大南街古代遗存发掘报告》，《沈阳考古文集》（第 2 集），科学出版社，2009 年，84～87 页。

［20］沈阳市文物考古研究所：《沈阳热闹路天主教修女院古代墓群 2007 年考古发掘报告》，《沈阳考古文集》（第 2 集），科学出版社，2009 年，92～120 页。

［21］刘焕民：《沈阳小东汉墓葬群勘探调查与发掘》，《辽宁考古文集》（二），科学出版社，2010 年。

［22］沈阳市文物考古研究所：《沈阳热闹路天主教修女院古代墓群 2006 年考古发掘报告》，《沈阳考古文集》（第 1 集），科学出版社，2007 年，47～50 页。

［23］辽宁省文物考古研究所：《姜屯汉墓》，文物出版社，2013 年。

［24］刘谦：《辽宁锦州汉代贝壳墓》，《考古》1990 年 8 期。

［25］辽宁省博物馆文物队：《辽宁朝阳袁台子西汉墓 1979 年发掘简报》，《文物》1990 年 2 期。

［26］辽宁省文物考古研究所：《姜屯汉墓》，文物出版社，2013 年。

［27］辽宁省文物考古研究所：《辽海记忆——辽宁考古六十年重要发现（1954～2014）》，辽宁人民出版社，
2014 年，229～232 页。

［28］沈阳市文物考古研究所：《沈阳热闹路天主教修女院古代墓群 2007 年考古发掘报告》，《沈阳考古文集》
（第 2 集），科学出版社，2009 年，92～120 页。

［29］辽宁省文物考古研究所：《姜屯汉墓》，文物出版社，2013 年。

［30］沈阳市文物考古研究所发掘资料。

沈抚公路二号线建设工程文物勘探及墓葬清理

沈阳市文物考古研究所

沈抚公路二号线建设工程起于浑南区杨官屯村 K0+0，止于上伯官屯村沈抚交界 K13+888。途经杨官屯、王家湾、刘付屯、石庙子、汪家、下伯官屯、上伯官屯村等，公路规划建设宽度 40 米（局部改道、修桥等扩宽除外），全长 13 888 米。沈阳市文物考古研究所与浑南区文物管理所组成联合考察组，于 2009 年 7 月 15 日～8 月 10 日对该项工程进行考古勘探，又于 2011 年 11 月 15～26 日对下伯官屯村（居民区动迁已完成）区域进行了补充勘探，并对发现的两座墓葬进行了清理。

一、沈抚公路二号线沿线自然概况

沈抚公路二号线工程划分为四个标段。

第一标段：K0+0 杨官屯村起至 K5+700 石庙子村止，全长 5700 米。沿线经有农田、沙场、苗圃，村庄、公路等，海拔 45～52 米。

第二标段：K5+700 石庙子村起至 K6+700 止，全长 1000 米。沿线经有村庄、绕城高速公路、东李公路、煤场、浑河等，海拔 52～53 米。

第三标段：K6+700 起至 K9+000 止，全长 2300 米。沿线经有农田、果园、暖棚、小沙河等，海拔 53～54.9 米。

第四标段：K9+000 起至 K13+888（终点），全长 4888 米。沿线经有农田、沙坑、暖棚、煤场、工厂、下伯官屯村居民区，灌渠、牤牛河等，海拔 53～62 米。

二、勘探调查及墓葬清理

根据以往大量考古调查与发掘所掌握的资料，沈抚公路二号线沿途中涉及"沈阳市青年苗圃辽、金时代遗址区""石庙子村汉魏时期墓葬区""上下伯官屯汉魏时期遗址和墓葬区"等重点区域，为避免公路建设过程中文物遗存遭到破坏现象发生，故在该工程施工前进行了考古勘探，旨在掌握沿线地下文物埋藏的情况，使其得到及时的清理与保护，亦为工程建设顺利进行提供保障。

本次的文物勘探工作本着有计划，有选择的方式进行，经勘探了解到该建设路段地层堆积及地下文物埋藏情况如下。

1. 第一标段

　　分别勘探了青年苗圃 K2+500～K3+000、刘付屯村东 K4+478～K4+620、石庙子村西 K5+050～K5+399 段，共长 1991、宽 40 米，勘探面积 79 640 平方米。青年苗圃段地表采集到极少的辽白瓷、灰瓦碎片，石庙子村西的农田地层中含少量的陶片和青砖碎块。但从总体上看，这一区间的地层简单，以石庙子村西 K5+050～K5+399 段勘探调查的地层为例（图一、图二）。

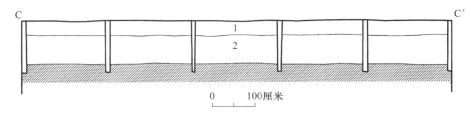

图一　石庙子村西 K5+050～K5+399 段地层剖面图

图二　M1 全景

　　第 1 层：为现代耕土层。灰色土。疏松。土层中含少量灰陶片和青砖碎块。厚 35厘米。

　　第 2 层：黄褐色土。较致密。不见包含物。厚 70 厘米。

　　第 2 层下见黄沙土。

2. 第二标段

公路沿线处在浑河、公路等区域内，无需勘探。

3. 第三标段

汪北村 K6+700～K8+140 段，长 1440、宽 40 米，勘探面积 57 600 平方米。此段地层耕土下即是黄色亚黏土层，土质纯净而致密，未发现任何可疑迹象。

4. 第四标段

上伯官屯村东 K13+388～K13+888 段，全长 502、宽 40 米，勘探面积 17 312 平方米。古代遗存最为丰富，共发现砖室墓 31 座、灰坑 3 个，疑是建筑夯土或路土迹象 2 处、鹅卵石堆积及其他可疑迹象等。墓葬分布较为分散，多为 2 座一组，呈南北方向排列，相间距离 2～3 米。厚 0.5～1 米的文化层中包含有泥质灰陶片、瓦片或夹砂红陶片等遗物。

位于该区域的沈阳煤炭交易中心后院 K9+740 至 K9+900 段，地层堆积可分为 3 层（图三、图四）：

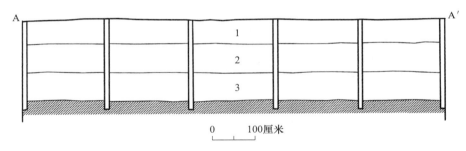

图三　沈阳煤炭交易中心后院 K9+740～K9+900 段地层剖面图

第 1 层：为柏油路。厚 60 厘米。

第 2 层：黄褐色土。土质疏松，内含极少石子。厚 70 厘米。

第 3 层：黄色亚黏土。土质较疏松，纯净。厚 70 厘米。

第 3 层下见黄沙土，纯净。

下伯官屯村北 K10+367～K10+880 和 K11+480～K11+540 两段，全长 529、宽 40 米，面积 15 705 平方米。其中，前段地层简单，土质纯净，未发现任何可疑迹象。后段发现墓葬 2 座、砖石坑 1 个。经发掘，情况如下。

（1）M1

位于路中轴线 K11+540 以西 2 米处。长方形单室墓，方向 355°。墓底距现地表 1.5 米。墓圹长方形，南北长 2.58、东西宽 1.26 米。墓室用长方形绳纹砖砌筑，其上单砖错缝砌 6 行直壁后起拱形顶，已坍塌，墓底部错缝横铺砖地。墓室内长 1.94、宽 0.64、残高 0.5 米，无墓道。墓室内骨殖腐朽无存，无随葬品（图五）。

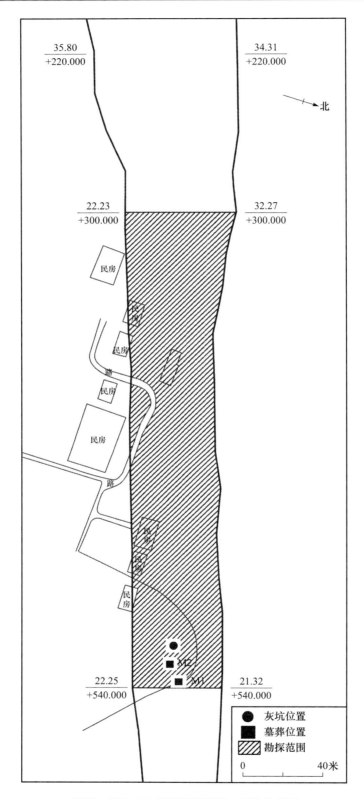

图四　K11+540 段勘探及墓葬、灰坑位置图

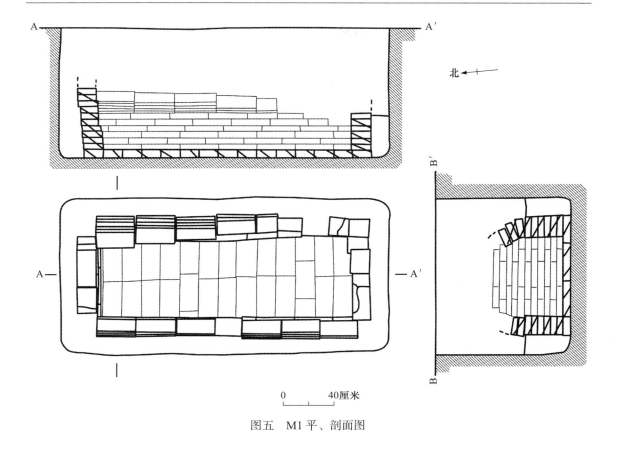

图五 M1平、剖面图

（2）M2

位于M1以西10米处。长方形砖室墓，方向355°。墓底距现地表1.5米。墓圹长方形，南北长2.3、东西宽1.3米。墓室为沙底，墓壁用长方形绳纹子母砖砌筑，墓室内长1.5、宽0.56～0.7、残高0.64米。骨殖腐朽无存，随葬陶器4件，置于墓内东北角，有罐、钵各2件（图六、图七）。

罐 2件。均完整，泥质灰陶，轮制。可分二型。

A型 敛口罐（M2：1）。器表素面，平沿，圆唇，矮领，肩部饰凹弦纹，圆鼓腹，平底。口径13.2、最大腹径20.6、底径10、高18、壁厚0.6厘米（图八，1；图九，1）。

B型 侈口罐（M2：2）。叠唇，束颈，溜肩，鼓腹，平底。口径10、最大腹径14.4、底径7.2、高14.4、壁厚0.5厘米（图八，2；图九，2）。

钵 2件，形制相同。泥质灰陶。轮制。皆完整。素面。敛口，平沿，圆唇，弧壁，平底。M2：3，口径22.6、底径8.4、高8.7、壁厚0.4厘米（图八，3；图九，3）。M2：4，口径22.2、底径7.8、高8、壁厚0.4厘米（图八，4；图九，4）。

（3）砖石坑

位于M2西5米处。圆形圜底。口径0.7、深0.6米，内填河卵石和汉代碎砖。

图六　M2 全景

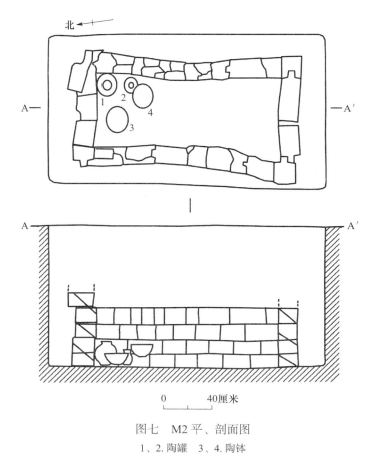

0 ————— 40厘米

图七　M2 平、剖面图

1、2.陶罐　3、4.陶钵

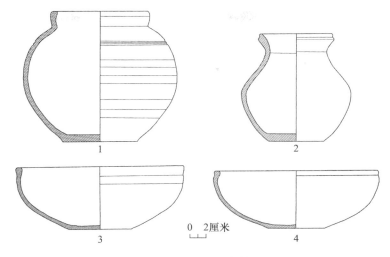

图八　M2 出土陶器
1、2.罐（M2：1、M2：2）　3、4.钵（M2：3、M2：4）

图九　M2 出土陶器
1.A 型罐（M2：1）　2.B 型罐（M2：2）　3、4.钵（M2：3、M2：4）

三、结　论

上伯官村以东的青桩子地块是汉代墓葬区和遗址区并存的区域。从勘探的总体情况看，沈抚公路二号线两市交界处 K13+888（东为抚顺，西为沈阳）至 K13+388 段（上伯官村青桩子区域），长 502、宽 40 米范围内，探明的 31 座砖室墓主要分布在东部约 300 延长米范围内。同时，在该区域中西部发现的文化堆积和遗迹表明这是一处秦汉时期的遗址，其时代应早于墓葬。

通过本次考古勘探，我们可以推定下伯官村北即是上下伯官屯汉魏墓群的北端边缘。从以往下伯官村区域发现的墓葬看多在沈抚公路两侧，但对墓葬区四至范围的界定较为笼统。本次在沈抚公路二号线下伯官屯村的 K9+740～K9+900 和 K11+480～K11+540 两段勘探中发现，K9+740～K9+900 段没有发现墓葬，而就是在此段南部 80 米的沈阳煤炭交易中心前院曾发现数座汉墓，说明本段沈抚公路二号线已超出墓葬区的范围。K11+480～K11+540 段内，仅发现 2 座墓葬，而且墓葬向北 10 米即是浑河南岸的断崖。依据上述两段勘探结果与以往发现，我们可以确定上下伯官屯汉魏墓群的北边缘就在下伯官村北。

此次发掘的两座墓葬均为小型长方形单室墓，是汉魏时期常见的墓葬形制。两座墓葬所用建筑材料均比较差，M1 用小薄砖，M2 多用半截残砖，且墓底不见铺地砖，均相对较为简陋。M2 所出罐钵的器物组合见于陈相屯魏晋石椁墓[1]和上伯官农贸市场院内发现的晋墓[2]，出土的侈口罐与钵也与上伯官晋墓所出者类似，因此该墓葬的时代应为魏晋时期。M1 与之相近，形制相同，推测亦应是魏晋时期的。

通过以往对上伯官城址和青桩子城址（也称上伯官东城址）的研究[3]，上伯官城址的时代为东汉至魏晋时期，青桩子城址的时代为战国至东汉时期，因此这两座墓葬应该归属于上伯官城址。

附记：参加调查工作人员有刘焕民、肖达顺、孙鹏飞、张洪涛、庞志辉、刘卫民。

绘　　图：庞志辉
照　　相：张天琦
执　　笔：刘焕民　张少文

注　释

［1］ 周阳生：《沈阳陈相屯魏晋石椁墓清理》，《辽海文物学刊》1993 年 1 期。

［2］ 沈阳市文物考古研究所：《沈阳东陵上伯官新发现的晋墓》，《沈阳考古文集》（第 2 集），科学出版社，2009 年，62～66 页。

［3］ 李晓钟：《沈阳地区战国秦汉考古初步研究》，《沈阳考古文集》（第 1 集），科学出版社，2007 年，226～249 页。

河北省元氏县殷村遗址考古发掘简报

沈阳市文物考古研究所

　　殷村遗址位于河北省石家庄市元氏县殷村镇殷村西约150米处的农田内，属河北省南水北调中线干线工程内的抢救性考古发掘项目，由沈阳市文物考古研究所负责进行考古发掘。据调查，整个遗址东西长800、南北宽500米，占地面积约40万平方米（图一）。殷村遗址南距故城（汉常山郡古城址）约1.5千米，北距南吴会遗址和墓地（汉至宋金时期）约2.5千米，遗址内存有汉至宋金时期的墓地。据当地居民介绍，在靠近遗址的农户建屋时曾发现大量陶片。

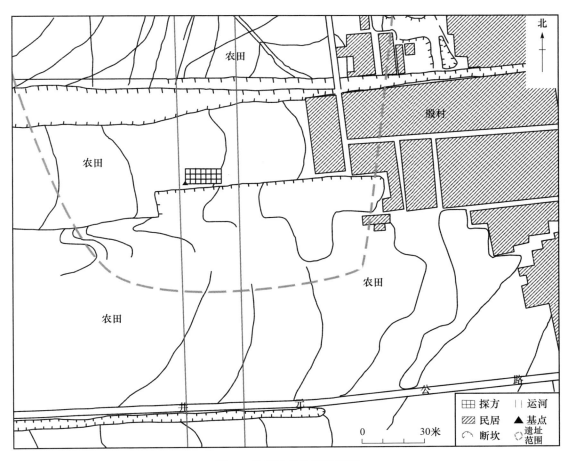

图一　发掘地点位置示意图

2009 年 7 月初，沈阳市文物考古研究所赴河北南水北调考古工作队进驻殷村遗址。7 月 12～22 日，根据河北省文物局提供的资料，我们经过详细的地面踏查，在遗址南部一处砖厂取土形成的断面上发现有灰坑等遗迹，灰坑内有大量泥质灰陶片和绳纹瓦片等。通过在该区域进行的勘探，勘探面积近万平方米，探明地下存在较为丰富的文化堆积。7 月 23 日在南水北调中线干线工程的渠线内确定基点，基点 GPS 卫星定位坐标为东经 114° 27′ 25.5″，北纬 37° 50′ 21.4″，高程 84 米，误差 5 米。在基点东北方向布正南北 10 米 ×10 米探方三排，一、二排各 7 个，三排 6 个，共计探方 20 个，编号采用坐标法。7 月 25 日正式开始发掘，至 9 月 24 日田野工作全部结束，发掘面积 2000 平方米（图二；图版一二，1），发现有汉代灰沟、田垄、道路、宋金墓葬、灰坑、清代水井等迹象，出土铜、铁、石、陶、瓷、骨器等 80 余件。参加此次发掘的人员有赵晓刚、付永平、韩玉岩、张宏涛、张天琦、王世业、沈彤岩等。现将此次考古发掘情况简报如下。

一、地层堆积

整个发掘区的地层比较统一，现以 TE06N02 南壁剖面为例（图三）。

第 1 层：为耕土层。黑褐土。土质较为松散，厚 0.15～0.27 米。

第 2 层：为现代扰土层。灰褐土。土质较疏松，内含少量小青砖、青花瓷片、白瓷片、黑釉瓷片、泥质灰陶片等，深 0.15～0.2、厚 0.08～0.15 米。

第 3 层：为清代地层。黄褐土。土质较硬。此层下开口有清代灰坑、水井和宋金墓葬等遗迹。内含青花瓷片、白瓷片、双色瓷片、泥质灰陶片、绳纹瓦片等，深 0.21～0.32、厚 0.3～0.35 米。

第 4 层：红褐土。土色发红，含沙量较小，土质较硬，发黏。推测该层年代为宋金时期。该层下开口有宋金墓葬和汉代道路、灰沟、灰坑等遗迹。内含少量白瓷片、双色瓷片、泥质灰陶片、布纹瓦等。深 0.42～0.49、厚 0.3～0.4 米。

第 5 层：深灰褐色土。土质较硬。内含少量泥质灰陶片、夹砂灰陶片、夹云母红陶片等，可辨器形有陶罐、盆、豆、甑等遗物。推测该层年代为汉代。深 0.68～0.76、厚 0.15～0.18 米。

第 5 层下为灰黑色生土，纯净，无遗物。

二、汉代遗存

（一）遗　　迹

发现有灰沟、道路、田垄等。

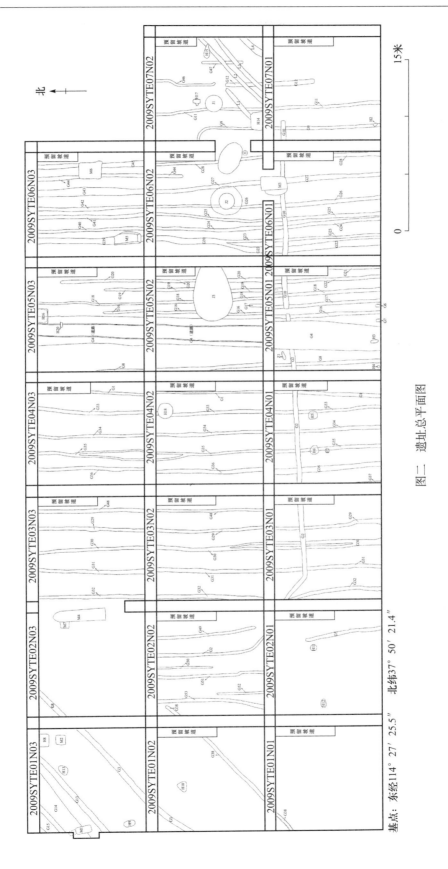

图二 遗址总平面图

基点：东经114°27′25.5″　北纬37°50′21.4″

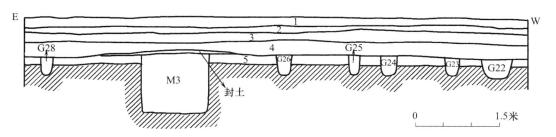

图三　TE06N02 南壁剖面图

灰沟共发现近 50 条，均开口于第 4 层下，纵横交错，以南北向者居多，此外还有少量东西向和东北—西南走向的，宽 0.4 米左右，均弧壁或斜直壁，平底，深 0.2～0.5 米，填土为黄褐色沙土或灰褐色沙土，不分层，内含少量泥质灰陶片、陶纺轮、"半两"铜钱等，推测其性质可能为田间的垄沟或排水沟。

G28 平面呈长条状，南北向，贯穿 TE06N01、TE06N02 和 TE06N03 三个探方，被 J4 和 M6 打破。开口距地表深 0.85 米，直壁，底略平，北面略高，南面略低，宽 0.32～0.35、深 0.35～0.45 米（图四）。

G4 为发掘区中的一条南北向道路，贯穿 TE05N01、TE05N02、TE05N03 三个探方，并继续向两端延伸，路面被 H20 和 H3 打破。道路呈长条状，宽度在 2.4～2.5 米，路土为深褐色，极其坚硬，堆积厚度约 0.4 米。路中间发现有车辙痕，车辙间宽度在 1.1～1.4 米（图五；图版一二，2）。

田垄发现 4 条，均东北—西南走向，开口于第 4 层下，浅黄褐色土，土质较硬，垄起于地表，压在南北向的灰沟之上，残高 0.12～0.14、宽 0.3～0.4 米。

（二）遗　　物

1. 陶器

出土陶片多破碎，不见完整器。多为夹砂灰陶和泥质灰陶，还有少量夹砂红陶，皆轮制，可辨器形有盆、罐、瓮、缸、釜、钵、甑、豆、纺轮、板瓦、筒瓦等。

盆　根据口沿形态，可分四型。

A 型　平折沿。TE07N02 ⑤：4，泥质灰陶，胎质细腻。直口，圆唇，弧壁。复原口径 22、残高 4.4 厘米（图六，1）。

B 型　平折沿略下垂。TE03N03 ⑤：2，泥质灰陶。直口，方唇（图六，2）。G10：3，泥质灰陶。直口，直壁。残高 3.4 厘米（图六，3）。TE04N03 ⑤：2，泥质灰陶。胎质细腻，敞口，圆唇。复原口径 22.4、残高 4.85 厘米（图六，4）。TE03N03 ⑤：3，泥质灰陶。敞口，方圆唇，唇上有一道凹槽（图六，5）。

C 型　侈口。TE02N01 ⑤：2，泥质灰陶。圆唇。复原口径 32、残高 4.65 厘米（图六，6）。

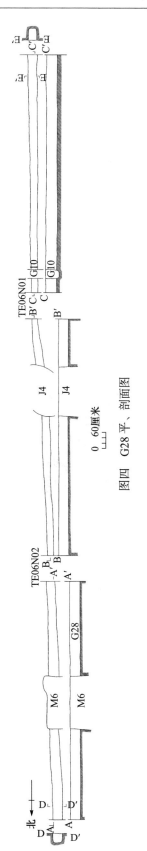

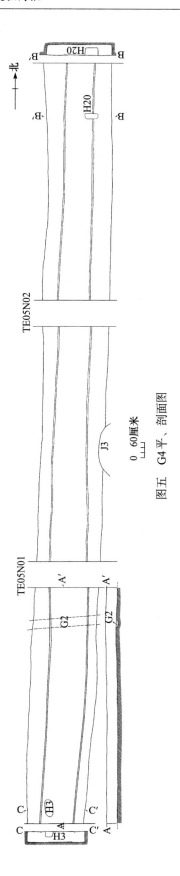

图四　G28 平、剖面图

图五　G4 平、剖面图

D 型　卷沿。TE07N02 ⑤：1，轮制。泥质灰陶。直口，圆唇，宽折沿，下垂，直壁。口径 47.6、残高 4.2 厘米（图六，7）。G15：1，泥质灰陶。敞口，圆唇，折沿，弧壁。复原口径 45、残高 5 厘米（图六，8）。

罐　根据口沿形态，可分三型。

A 型　直口。TE01N03 ⑤：2，夹砂灰陶。方唇，平折沿，短直颈，溜肩（图六，9）。TE06N02 ⑤：1，泥质灰陶。叠唇，平折沿，溜肩。复原口径 10、残高 4.5 厘米（图六，10）。

B 型　侈口。TE01N02 ⑤：1，泥质灰黄陶。圆唇。复原口径 22 厘米（图六，11）。

C 型　敞口。G28：1，泥质黄褐陶，胎质细腻。方圆唇。上腹部饰附加堆纹和戳点纹。复原口径 32.4、壁厚 0.9 厘米（图六，12）。

缸　TE07N01 ⑤：3，夹云母红褐陶。直口，圆唇，唇部有一道凹槽，直壁。壁上有轮制的弦纹。复原口径 32、残高 6 厘米（图六，13）。

釜　TE01N02 ④：1，夹云母红褐陶。圆唇，盘口，弧腹。复原口径 22、残高 5.5 厘米（图六，14）。

甑　TE07N02 ⑤：3，泥质灰陶。平底，可见穿孔 5 个，均单面穿孔。孔径 1.1、残高 1.6 厘米（图六，15）。

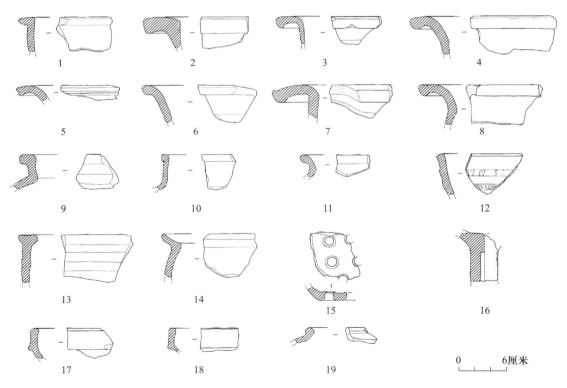

图六　汉代陶器

1. A 型盆（TE07N02 ⑤：4）　2~5. B 型盆（TE03N03 ⑤：2、G10：3、TE04N03 ⑤：2、TE03N03 ⑤：3）　6. C 型盆（TE02N01 ⑤：2）　7、8. D 型盆（TE07N02 ⑤：1、G15：1）　9、10. A 型罐（TE01N03 ⑤：2、TE06N02 ⑤：1）　11. B 型罐（TE01N02 ⑤：1）　12. C 型罐（G28：1）　13. 缸口沿（TE07N01 ⑤：3）　14. 釜口沿（TE01N02 ⑤：1）　15. 甑底（TE07N02 ⑤：3）　16. 豆柄（G33：2）　17、18. 钵（G44：1、G29：1）　19. 瓮口沿（G10：2）

豆 G33：2，泥质灰陶。表面有土沁。圆柱状，下呈喇叭状。残高6、孔径1厘米（图六，16）。

钵 皆折腹。G44：1，泥质灰陶。敛口，圆唇。复原口径15.6、残高3.8厘米（图六，17）。G29：1，泥质灰陶。方唇，直口。复原口径15厘米（图六，18）。

瓮 G10：2，泥质灰陶。敛口，圆唇，广肩（图六，19）。

纺轮 4件，皆圆饼状，中有对穿孔。G18：1，泥质黄褐陶。胎质细腻。残。边缘起棱。直径7.6、孔径1.2厘米（图八，7）。G45：1，泥质灰陶。残半。直径6.7、孔径1.1厘米（图八，8）。G34：1，泥质灰陶。残。表面有三道凸弦纹。直径5、孔径0.8、厚0.6～1.4厘米（图八，9）。G36：1，泥质灰陶。打制。直径4.1～4.5、厚1厘米（图八，10）。

圆陶片 13件，皆圆饼状。G33：1，泥质黄褐陶。直径2.1、厚1.1厘米（图八，12）。G32：1，泥质灰陶。用瓦片打制而成。表面有绳纹。直径3.4～3.6、厚0.8厘米（图八，13）。G1：1，泥质灰陶。表面有绳纹。直径4～4.3、厚1.4厘米（图八，14）。TE03N01⑤：3，泥质灰陶。素面，非常光滑。直径3.7、厚1.2厘米（图八，15）。TE02N01⑤：1，泥质灰陶。表面有绳纹。直径3、厚0.7厘米（图八，16）。TE05N01⑤：1，泥质灰陶。直径3.3、厚0.85厘米（图八，17）。G9：1，泥质灰陶。直径4.2～4.3、厚3.3厘米（图八，18）。

纹饰陶片 大多数为绳纹，有粗细之分，并有交错绳纹，此外还见有少量凹弦纹和戳点纹。

竖向粗绳纹 TE06N02⑤：4，泥质灰陶。板瓦残片。背素面。厚1.15厘米（图七，1）。

横向粗绳纹 G43：1，罐类口沿。表面饰横向绳纹。厚0.6～1.1厘米（图七，2）。

竖向细绳纹 TE05N01⑤：4，泥质灰陶。筒瓦残片。外壁饰竖向细绳纹，内壁有刮抹过的粗绳纹（图七，3）。

斜向细绳纹 TE05N03⑤：5，泥质灰陶，陶质细腻。厚0.6厘米（图七，4）。

交错绳纹 G36：2，泥质灰陶。罐类腹片。厚1.1厘米（图七，5）。G24：1，夹砂灰褐陶。罐类腹片。厚0.65厘米（图七，6）。G39：2，泥质灰陶。罐类腹片。厚0.8厘米（图七，7）。

弦断绳纹 TE04N03⑤：4，泥质灰陶。陶罐腹片。厚1.35厘米（图七，8）。

弦纹加交错绳纹 TE05N01⑤：5，泥质灰陶。陶罐腹片。内壁可见凹点纹。厚0.9厘米（图七，9）。

戳点纹 TE05N03⑤：4，泥质黄褐陶。表面饰两组戳点纹。厚1.2厘米（图七，10）。

外弦断绳纹内横条纹 TE07N02⑤：4，泥质红褐陶。陶罐腹片。厚1.3厘米（图七，11）。

外交错绳纹内网格纹 TE04N02⑤：2，泥质灰陶。陶罐腹片。厚1厘米（图七，12）。

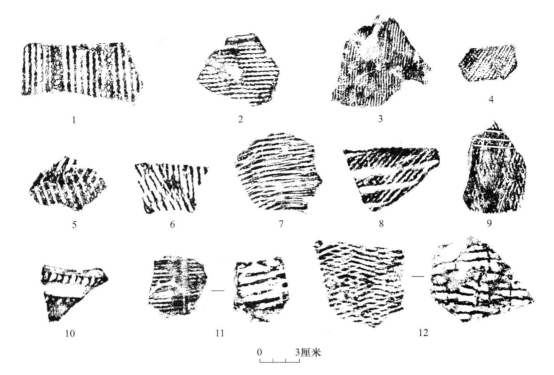

图七　汉代陶器纹饰拓片

1. 竖向粗绳纹（TE06N02 ⑤：4） 2. 横向粗绳纹（G43：1） 3. 竖向细绳纹（TE05N01 ⑤：4） 4. 斜向细绳纹（TE05N03 ⑤：5） 5～7. 交错绳纹（G36：2、G24：1、G39：2） 8. 弦断绳纹（TE04N03 ⑤：4） 9. 弦纹加交错绳纹（TE05N01 ⑤：5） 10. 戳点纹（TE05N03 ⑤：4） 11. 外弦断绳纹内横条纹（TE07N02 ⑤：4） 12. 外交错绳纹内网格纹（TE04N02 ⑤：2）

2. 铜器

发现有镞和铜钱。

镞　1 件。TE03N01 ⑤：2，锈蚀严重。三翼镞，中空，铤、翼残。残长 3.3 厘米（图八，6）。

铜钱　2 枚。1 枚为半两（G34：2），完整，背光。直径 2.1、穿边长 0.8、厚 0.1 厘米（图八，4；图版一五，1）。1 枚为五铢（TE03N02 ④：1），残半。仅"五"字可辨识。直径 2.1、穿边长 1 厘米（图八，5）。

3. 铁器

发现 3 件，均残，且通体锈蚀，器形难辨。TE04N03 ⑤：1，呈折角尖状，可能为犁尖。残长 4.4、厚 0.5 厘米（图八，1；图版一五，2）。G10：1，平面呈"L"形。长 6.6 厘米（图八，2）。G4：1，扁平片状，可能为铁刀。厚 0.3～0.6 厘米（图八，3）。

4. 石器

发现 1 件，可能为网坠。TE03N01 ⑤：1，砂岩。不规则形，有明显的切割痕迹，

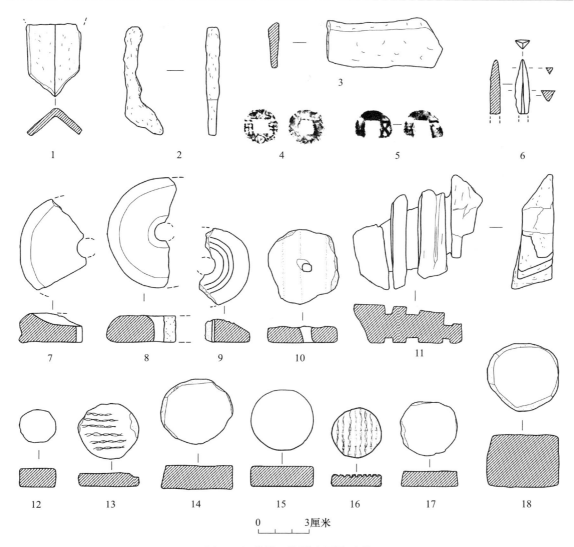

图八　汉代铁、铜器和圆陶片等

1～3. 铁器（TE04N03 ⑤：1、G10：1、G4：1）　4、5. 铜钱（G34：2、TE03N02 ④：1）　6. 青铜镞（TE03N01 ⑤：2）
7～10. 纺轮（G18：1、G45：1、G34：1、G36：1）　11. 石器（TE03N01 ⑤：1）　12～18. 圆陶片（G33：1、G32：1、
　　　G1：1、TE03N01 ⑤：3、TE02N01 ⑤：1、TE05N01 ⑤：1、G9：1）

中间有三道凹槽。长 7.7、厚 1.2～2.4 厘米（图八，11）。

三、宋金遗存

（一）遗　　迹

1. 墓葬

　　共发现 7 座。M1、M3、M4、M5、M6 均为小型长方形土洞墓，由长方形竖穴墓道和长方形拱顶洞室构成，墓内填土均为青灰色五花土。其中 M3 较特殊，为横洞室墓。M2 为一座小型方形砖椁火葬墓。M7 为土坑竖穴墓，被 M4 打破，仅残存一小部分。

M1 开口于第 4 层下，距地表深 0.8 米，方向 350°。墓道长 1.3、宽 0.6 米。洞室长 0.66、宽 0.45、最高 0.55 米。墓内葬一具女性尸骨，因洞室较短，仅头部和胸部位于洞室内，而下肢则位于墓道中。尸骨保存较为完好，仰身直肢，头向北，面向西，未见葬具。在头骨下发现 1 块酱釉缸口沿残片，残片下出土 1 枚"天禧通宝"铜钱。M1 填土中出土残破的青瓷碗和石夯头各 1 件（图九；图版一三，1）。

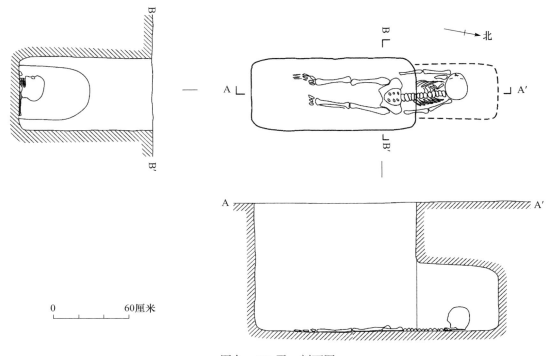

0 _____ 60厘米

图九　M1 平、剖面图

M2 开口于第 4 层下，距地表深 0.8 米，方向 0°。保存完好，墓框边长 0.85 米，框内偏东侧用长方形素面条砖砌成"井"字形墓室。"井"字形框内放置泥质灰陶双耳罐 1 件，内盛满骨灰，骨灰内发现铜环 2 枚。"井"字框南放置泥质灰陶小盖罐 1 件，罐内发现有黑色灰烬，可能为骨灰。砖椁顶部用四块青砖平铺二层封顶（图一〇；图版一三，2）。

M3 开口于第 4 层下，距地表深 0.75 米，方向 180°。墓道位于墓室东，长 2.3、宽 1.12 米，底部两端有宽约 0.32、高 0.1 米的熟土二层台。洞室顶部已塌，长 2.32、宽 0.66、最高 0.67 米。室内葬未成年男性尸骨一具，年龄 15～20 岁，仰身直肢，头向南，面向左上，未见葬具，仅在墓底见有黑色朽痕，推测可能是织物。未见随葬品（图一一；图版一三，3）。

M4 开口于第 3 层下，距地表深 0.5 米，方向 175°。墓道长 1.95、宽 1 米，在墓道东北角发现有部分兽骨。墓室略呈椭圆形，长 1.7、宽 1、最高 0.66 米。洞室略向下倾斜，

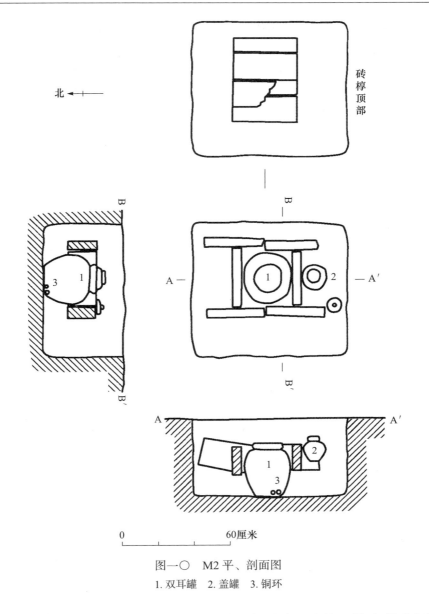

北 ←

砖椁顶部

图一〇 M2平、剖面图
1. 双耳罐 2. 盖罐 3. 铜环

室内放置木棺一具，仅余朽痕。木棺顶上堆放有大量砖石碎块，棺内葬成年男性尸骨一具，仰身直肢，在头骨东侧出土1块石头，此外还发现1枚铁棺钉（图一二）。

M5 开口于第3层下，距地表深0.5米，方向180°。墓道长2.1、宽0.64~1.05米。墓室较短，顶部呈斜坡状，长1.37、宽0.8~1、最高0.98米。墓室放置木棺，棺上放置白瓷碗1个，尸骨一具，保存较差，为一50~55岁的老年女性，仰身屈肢，头骨周围出土铜簪3枚、骨簪1枚。在墓葬填土中出有白瓷碗和石墩1件（图一三）。

M6 开口于第3层下，距地表深0.5米，方向180°。墓道长2.1、宽1.1~1.48米，墓室略呈椭圆形，向下倾斜，长2.1、宽0.9、最高0.93米。墓室内放置木棺一具，根据朽痕及棺钉摆放情况，我们推测木棺长1.9、宽0.5米。棺内葬成年尸骨一具，仰身直肢，头向南，面向上。在填土中出土白瓷残碗1件，在木棺外出土酱釉瓷钵1件（图一四；

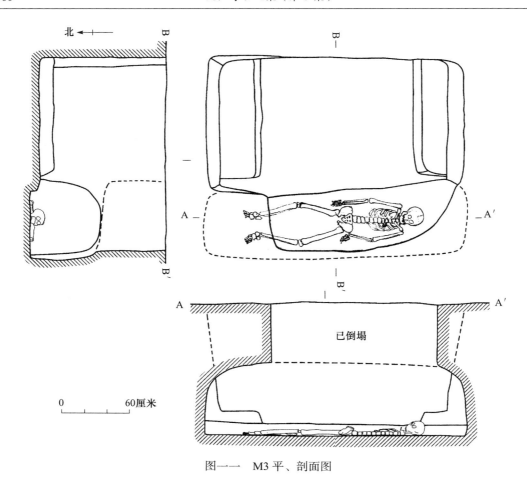

图一一　M3 平、剖面图

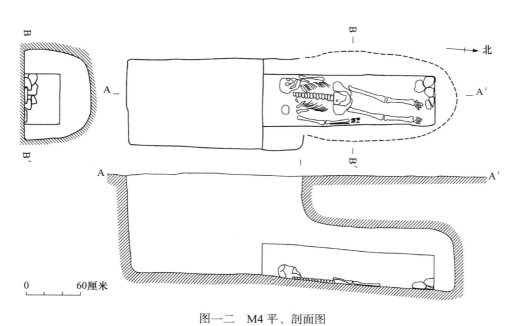

图一二　M4 平、剖面图

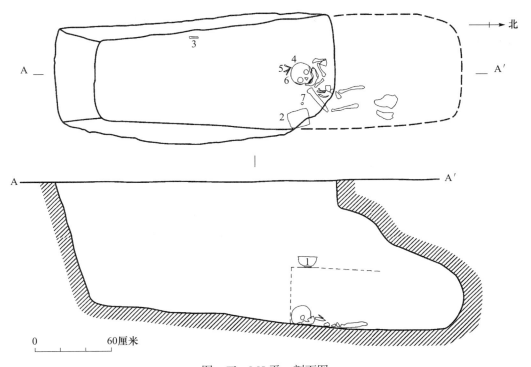

图一三　M5平、剖面图

1.白瓷碗　2.石墩　3～5.铜簪　6.骨簪　7.铜铆钉

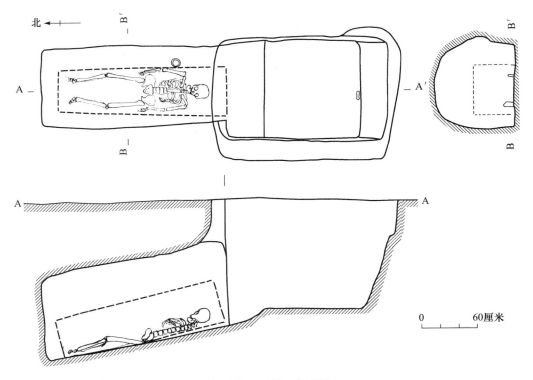

图一四　M6平、剖面图

图版一二，3）。

M7 开口于第 3 层下，距地表深 0.8 米，方向 275°。墓室残长 0.6、残宽 0.6 米。墓葬内仅发现幼儿头骨一具。

2. 灰坑

共 14 个，均开口于第 4 层下。有圆形、方形和不规则形三种，直径 0.2～0.6、深 0.2～0.4 米，填土多为黄褐色沙土，不分层，内含遗物较少，有白瓷片、布纹瓦、泥质灰陶片等。

H6 平面呈不规则圆形，斜直壁，近平底。距地表深 0.9 米，口径 0.76～0.8、底径 0.58～0.6、深 0.25 米。坑内出土少量灰陶片和一块白瓷片（图一五）。

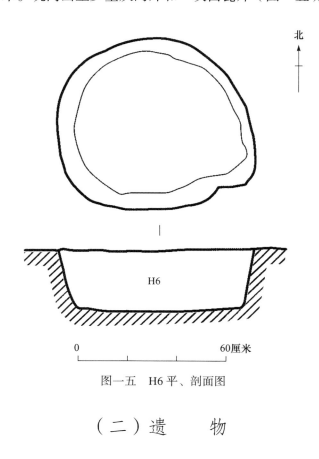

图一五　H6 平、剖面图

（二）遗　　物

1. 瓷器

遗址中出土者皆为碎片，墓葬中有数件可修复器。绝大多数为轮制，可辨器形有碗、盘、盆、器盖等。

碗　墓葬内出土可修复器 3 件，墓葬填土和遗址中出土者多为口沿和碗底。根据口沿形态不同，可分三型。

A 型　敞口碗。4 件。TE07N01 ④：2，黄褐色瓷胎，先施白色化妆土，后施青白釉。圆唇，弧壁，外施焦叶纹。复原口径 16、残高 2.9 厘米（图一七，1）。TE03N02 ④：5，青色瓷胎，内壁及外唇部施透明釉。尖圆唇，弧壁。复原口径 16.5 厘米（图一七，3）。M3 填土：1，青色瓷胎，外施透明釉。圆唇，斜直壁（图一六，5）。M6 填土：4，灰白色瓷胎，外施透明釉。圆唇，斜直壁。复原口径 22、残高 3.1 厘米（图一六，6）。

B 型　唇口碗。1 件。TE06N02 ④：2，灰白色瓷胎，先施白色化妆土后施透明釉，釉不及底，有流泪痕。斜壁，浅折腹。复原口径 17、残高 3 厘米（图一七，2）。

C 型　撇口碗。5 件。TE06N02 ④：1，白色瓷胎，胎质细腻，内壁及外口沿处施透明釉，有开片。圆唇，弧壁。复原口径 18、残高 1.3 厘米（图一七，4）。M1：1，残，可修复。白色瓷胎，外施青釉，施釉较薄，内壁及口沿内及碗底处可见褐色点彩。尖圆唇，唇部加厚，斜壁，圈足略外侈。口径 16.2、底径 6、高 6.2 厘米（图一六，1）。M5：1，开有一道裂纹。黄白色瓷胎，细腻，先施白色化妆土后施透明釉。口沿釉层有脱落。釉层薄，有流釉痕。圆唇，弧壁，圈足略外侈，内底有一道凸棱，外底可见 5 个支烧痕。口径 17.4、底径 5.4、高 6.4、壁厚 0.4～0.5 厘米（图一六，2；图版一四，1）。M6：1，残，可修复。灰白胎，外施青色化妆土后施透明釉，圈足不施化妆土及釉。内底涩圈。圆唇，弧腹，圈足略外侈。鸡心底，外壁轮制形成数道凹弦纹。口径 8、底径 6.6、高 5.6、壁厚 0.3～0.8 厘米（图一六，3）。M6 填土：3，白色瓷胎，细密，外施透明釉。圆唇，弧壁。残高 6.4 厘米（图一六，4）。

碗底　TE07N01 ④：4，褐色瓷胎，胎质致密，先施白色化装土后施透明釉，釉不及底。弧壁，圈足。复原底径 8、残高 3.7 厘米（图一七，7）。

盘底　TE06N03 ④：2，白色瓷胎，细腻，内外施透明釉。圈足，折腹。残高 2 厘米（图一七，8）。

钵　1 件。M6：2，粗瓷胎，灰绿色釉，釉不及底。圆唇，微敛，短颈，溜肩，鼓腹，圈足略外侈。口径 8.6、最大腹径 11.6、底径 6、高 8.8、壁厚 0.6～0.8 厘米（图一六，12；图版一四，2）。

盆　TE05N01 ④：3，白色瓷胎，先施白色化妆土后内外施酱釉，口沿无釉。口微敛，方唇，折沿略下垂，弧腹。复原口径 24、残高 3.8 厘米（图一七，5）。

青瓷花口盘　TE01N03 ④：1，青色胎，胎质细密。敞口，尖圆唇，唇呈花口状，平折沿，弧壁。口沿及内壁有印花纹饰。复原口径 16 厘米（图一七，10）。

器盖　2 件。1 件为子母口（M3 填土：2），白胎，外施透明釉。宽折沿，尖唇（图一六，7）。1 件为直口（TE01N01 ④：1），褐色瓷胎，外施酱釉。圆唇。直壁盖顶有两道凹弦纹。口径 16.4、残高 1.9 厘米（图一七，6）。

缸　2 件，均为口沿，形制相同，均为敛口，圆唇。M3：4，黄白色粗瓷胎，内外均施酱釉。弧壁。复原口径 48、残高 23.6 厘米（图一六，14）。M1：3，夹粗砂灰色缸胎，唇部不施釉，其余部位施酱釉。复原口径 31.5、壁厚 1～1.2 厘米（图一六，15）。

瓷人头像　1 件。TE07N01 ② : 1，灰白色瓷胎，用黑褐色釉绘画，外饰透明釉，有细碎开片。女性人头像。残。残高 3.25、厚 0.2 厘米（图一七，9）。

圆瓷片　1 件。TE02N01 ④ : 1，白瓷圆片，利用碗腹残片打制而成。径 1.9、厚 0.45 厘米。

2. 陶器

双系罐　1 件。M2 : 1，泥质灰陶。系残。圆唇，子母口，短束颈，溜肩，肩上饰双竖桥耳，耳系制作好后接与器壁上，鼓腹，下腹急收，平底。口径 13.8、底径 12.5、高 29.8、最大腹径 28.5、壁厚 0.4～0.5 厘米（图一六，8；图版一四，3）。

盖罐　1 件。M2 : 2，泥质灰陶，完整。盖为塔式盖，子母口。罐体圆唇，侈口，短直径，溜肩，鼓腹，下腹内收，平底。整体被泥浆包裹，形成土沁，腹部有轮制痕。器身口径 8.6、最大腹径 14.3、底径 6.8、通高 18.8、壁厚 0.5～0.7 厘米（图一六，9；图版一四，4）。

3. 石器

石夯　1 件。M1 : 2，淡绿色花岗岩。琢制而成，通体圆柱形，顶部略残，正中有一圆形未透孔，圜底。高 18.5、直径 16.2、孔径 4.2 厘米（图一六，11；图版一五，3）。

石墩　1 件。M5 : 2，磨制。残半。灰白色花岗岩。圆柱形，中间厚，四边薄，中有对穿孔。直径 30.4、孔径 8.4、厚 18 厘米（图一六，10）。

石块　1 件。M4 : 2，褐色砂岩。长方体，扁平状。边缘有砸击疤痕。长 8.6、宽 7.9、厚 3.2 厘米（图一六，16）。

4. 铜器

铜钱　5 枚。天禧通宝，1 枚（M1 : 4），楷书，旋读，完整。直径 2.4、穿边长 0.7、厚 0.15 厘米（图一六，13）。元祐通宝，2 枚，均残半。TE01N03 ③ : 2，行书，旋读。直径 2.3、穿边长 0.55、厚 0.1 厘米（图一七，12）。TE06N01 ③ : 2，篆书，旋读。直径 2.4、穿边长 0.6、厚 0.15 厘米（图一七，13）。皇宋通宝，2 枚，均残半。TE06N01 ③ : 1，篆书，直读。直径 2.5、穿边长 0.6、厚 0.1 厘米（图一七，14）。TE05N02 ③ : 2，楷书，直读。直径 2.4、穿边长 0.7、厚 0.1 厘米（图一七，15）。

铜环　2 枚（M2 : 3）。截面为圆形，完整。可能为耳环。外径 2.4、内径 1.8、肉径 0.3 厘米（图一六，18）。

铜簪　3 枚。均残，簪体呈扁平锥状。M5 : 3，顶残，残长 9.1、厚 0.1 厘米（图一六，19）。M5 : 4，簪头为花瓣状，簪体已不完整。簪头长 3.1、宽 2.7 厘米；簪体厚 0.1 厘米（图一六，20）。M5 : 5，略残，簪头为蝴蝶形。长 12.2、厚 0.1 厘米（图一六，21；图版一五，5）。

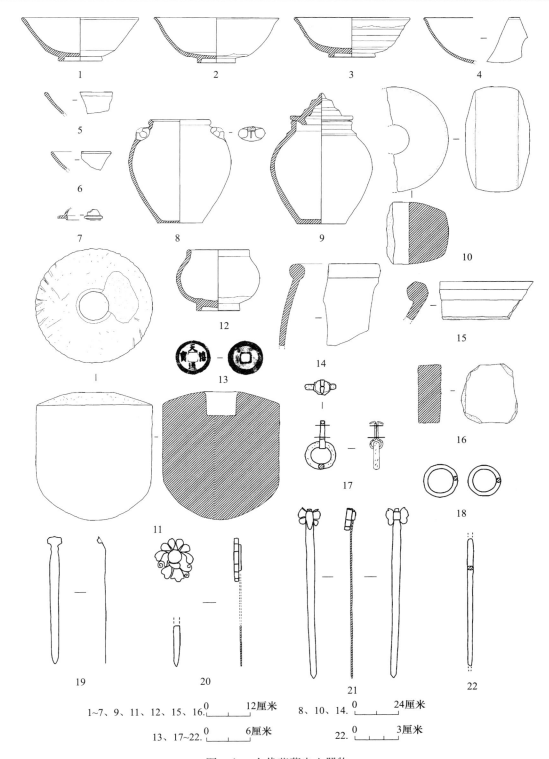

图一六　金代墓葬出土器物

1～4. C型碗（M1∶1、M5∶1、M6∶1、M6填土∶3）　5、6. A型碗（M3填土∶1、M6填土∶4）　7. 器盖（M3填
土∶2）　8. 双系罐（M2∶1）　9. 盖罐（M2∶2）　10. 石墩（M5∶2）　11. 石夯（M1∶2）　12. 瓷钵（M6∶2）　13. 铜钱
（M1∶4）　14、15. 瓷缸口沿（M3∶4、M1∶3）　16. 石块（M4∶2）　17. 铜铆钉（M5∶7）　18. 铜环（M2∶3）
19～21. 铜簪（M5∶3、M5∶4、M5∶5）　22. 骨簪（M5∶6）

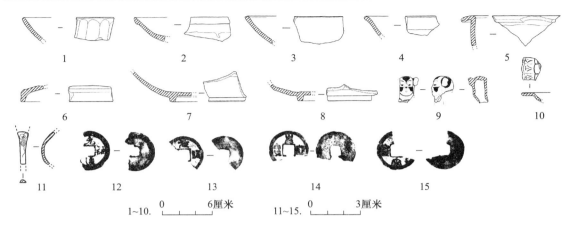

图一七　宋金时期陶瓷器

1、3. A 型碗口沿（TE07N01 ④：2、TE03N02 ④：5）　2. B 型碗口沿（TE06N02 ④：2）　4. C 型碗口沿
（TE06N02 ④：1）　5. 盆口沿（TE05N01 ④：3）　6. 器盖（TE01N01 ④：1）　7. 碗底（TE07N01 ④：4）　8. 盘底
（TE06N03 ④：2）　9. 瓷人头像（TE07N01 ②：1）　10. 盘口沿（TE01N03 ④：1）　11. 铜器（TE03N01 ④：1）
12～15. 铜钱（TE01N03 ③：2、TE06N01 ③：2、TE06N01 ③：1、TE05N02 ③：2）

　　铜铆钉　1 件。M5：7，内夹木块，下吊铁环。全长 3.5、铁环外径 2.1、内径 1.4、肉径 0.4 厘米（图一六，17）。

　　铜器　TE03N01 ④：1，可能为戒指的残件，表面印有花纹。残长 2.1、厚 2 厘米（图一七，11）。

5. 骨器

　　骨簪　1 枚。M5：6，磨制。残。截面为椭圆形。残长 9.2 厘米（图一六，22）。

6. 铁器

　　棺钉　M4：1，铁质，通体锈蚀，带有棺木。长 1.8、直径 0.8 厘米。

四、清代遗存

（一）遗　　　迹

　　发现有水井、灰坑等。此外，在发掘到第 2 层下时，曾发现有呈东西走向的农田耕作的田垄痕迹，因时代较晚未进行清理。

1. 水井

　　共发现 4 眼，均开口于第 3 层下。J1 和 J2 皆圆形，直径 1 米。J3、J4 为椭圆形，J3 长径 4.2、短径 3.2 米；J4 长径 2.8、短径 1.8 米。J1、J2 发掘至距地表 5 米深后用探铲

下探 2 米后仍未至井底，考虑到安全因素停止发掘。J1 在距井口约 4 米处发现有长条形的脚窝（图一八；图版一三，4）。J3 发掘一半，至 3 米深停止发掘。J4 发掘至距地表约 4 米后亦停止发掘，上口为椭圆形，至距井口约 2 米处变为方形，再下结构不详（图一九）。从井内填土中出土的遗物可知 4 眼水井的废弃年代均为清代，其建造年代因未能挖到井底尚不明确。

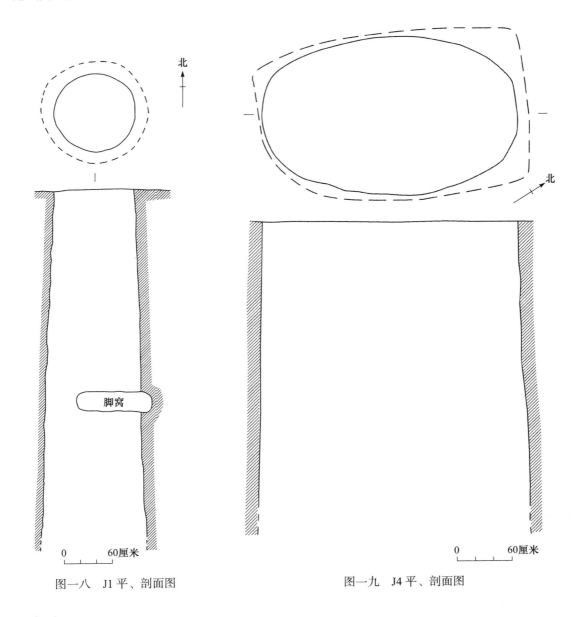

图一八　J1 平、剖面图　　　　　　　　图一九　J4 平、剖面图

2. 灰坑

发现 3 座，均开口于第 3 层下。

H16 平面近长方形，斜直壁，斜坡底。深 0.5、厚约 0.6 米。坑内填土为黄褐色沙土，土质较疏松，未见包含物。

H17 位于 J1 北部约 0.4 米处，平面近 "凸" 字形，坑口向下斜收，坑底较平，局部区域较浅。灰坑平面长 0.44、宽 0.25～0.4、深 0.1～0.17 米。坑内填土为浅黄褐色，土质较硬，系一次性堆积形成，局部区域有立柱痕迹。坑内未见遗物。灰坑距 J1 很近，且其结构特殊，我们推测其功能为 J1 旁为竖立石块和木柱用于固定辘轳所用的柱坑（图二〇；图版一三，5）。

H19 紧贴 J4 南壁，平面近圆形，坑口向下略弧，坑底略平，坑中部有一圆形区域应为立柱痕。直径 0.4、柱径 0.16、深 0.37 米（图二一）。坑内填土为浅黄褐色，立柱处略灰褐，其他区域较硬，系一次性推进形成，未见遗物。灰坑距 J4 较近，从结构来看，其功能应为 J4 旁固定辘轳的木柱的柱坑。

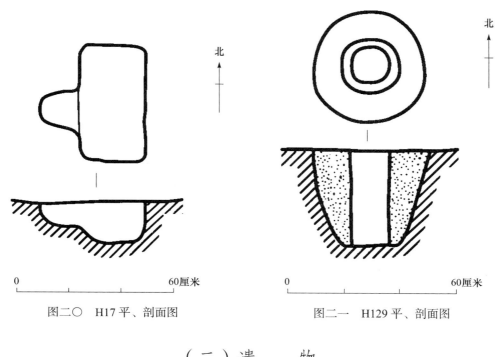

图二〇　H17 平、剖面图　　　　　图二一　H129 平、剖面图

（二）遗　物

1. 瓷器

有碗、杯、酒盅、盏、圆瓷片等。

青花碗　皆轮制，圆唇。根据口沿形态不同可分二型。

A 型　撇口。J1：1，青白色瓷胎，外施透明釉。弧壁。外壁绘蓝花。复原口径 15、残高 3.1 厘米（图二二，7）。

B 型　敞口。J4：6，青白色胎，外施透明釉。斜直壁。表面绘制有蓝色花。复原口径 15、残高 2.8 厘米（图二二，8）。

青花杯　J2：1，仅余口沿。青白色瓷胎，再施透明釉。敞口，圆唇，外撇，斜直壁。外壁绘蓝花。复原口径 9、残高 2.5 厘米（图二二，9）。

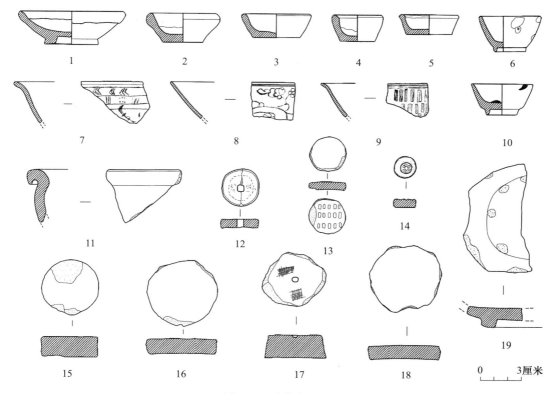

图二二   清代陶瓷器

1.A 型盏（TE01N02 ③：2） 2～5.B 型盏（TE05N01 ③：2、TE05N01 ③：3、TE06N01 ③：3、TE03N01 ③：4）

6、10.青花酒盅（TE01N01 ③：2、TE07N02 ③：1） 7.A 型碗（J1：1） 8.B 型碗（J4：6） 9.青花杯（J2：1）

11.罐口沿（J4：10） 12.陶纺轮（TE03N01 ③：3） 13、15、17.圆陶片（TE07N01 ③：1、TE07N01 ③：3、

TE06N01 ③：5） 14.陶棋子（TE01N03 ③：1） 16、18.圆瓷片（TE05N01 ③：1、TE03N01 ②：1） 19.器底（J1：5）

　　青花酒盅　皆残。白瓷胎。敞口，圆唇，斜直壁，圈足。TE01N01 ③：2，淡蓝色釉，釉层较厚，圈足内未施釉。内外釉下均饰青花斑点状纹饰。口径 4.4、底径 2.4、高 2.7、壁厚 0.4 厘米（图二二，6）。TE07N02 ③：1，内外均有青花斑点装饰。釉色发浅绿，花色污浊。口径 4.5、底径 2.2、高 2.3、壁厚 0.3～0.5 厘米（图二二，10）。

　　瓷盏　5 件，皆轮制。残。根据底部特征可分二型。

　　A 型　圈足，1 件。TE01N02 ③：2，泥质黄白胎。口沿内外施铁褐色釉，釉层较厚，混浊，流动性较差。尖圆唇，敞口，弧壁。口径 7.6、底径 4、高 2.5、壁厚 0.5～0.7 厘米（图二二，1；图版一五，4）。

　　B 型　平底，4 件。圆唇或尖圆唇，敞口。TE05N01 ③：2，褐色瓷胎，外施灰白色化妆土，内底未施化妆土，素烧，未上釉。弧壁。口径 4.8、底径 3、高 2.2、壁厚 0.5～0.6 厘米（图二二，2）。TE05N01 ③：3，夹砂灰白色胎。斜直壁。口径 4.8、底径 3.5、高 1.8、壁厚 0.4 厘米（图二二，3）。TE06N01 ③：3，斜壁。夹砂灰白胎，内壁上施一层褐釉。口径 3.5、底径 2.6、高 2、壁厚 0.4 厘米（图二二，4）。TE03N01 ③：4，灰白胎，斜直壁，内壁满施釉，外壁仅口沿处施酱釉。口沿 4.4、底径 3.4、高 1.5 厘米

（图二二，5）。

圆瓷片　2 件。皆打制。圆形，饼状。夹砂粗灰白瓷胎，内外均施酱釉。TE05N0-1③：1，直径 5～5.2、厚 1.1 厘米（图二二，16）。TE03N01②：1，直径 4.7～ 5.3、厚 1 厘米（图二二，18）。

器底　1 件。J1：5，轮制。圈足，内底见支钉痕。灰白色瓷胎，内壁饰白色化妆土后施透明釉。复原底径 6.4、残高 1.6 厘米（图二二，19）。

2. 陶器

有罐、纺轮、棋子、圆陶片等。

陶罐　J4：10，轮制。夹砂黄色粗瓷胎，内外均施酱釉。侈口，圆唇，卷沿，弧壁。复原口径 29.8 厘米（图二二，11）。

陶棋子　1 件。TE01N03③：1，泥质黄褐陶。完整。圆形，饼状。表面有模印的花瓣形花纹。直径 1.6、厚 0.6 厘米（图二二，14）。

陶纺轮　1 件。TE03N01③：3，泥质黄褐陶。残。圆形，边缘厚中间薄，饼状。表面饰钱纹。外径 2.7、内郭 0.5、厚 0.7 厘米（图二二，12）。

圆陶片　均为圆饼状。TE07N01③：1 泥质灰陶。略弧。打制。一面素面，一面有三排戳点弦纹。直径 2.6～2.7、厚 0.6 厘米（图二二，13）。TE07N01③：3，泥质灰陶。磨制。直径 4.2、厚 1.5 厘米（图二二，15）。TE06N01③：5，泥质灰褐陶。打制。一面施布纹，中间有一未钻透的孔。直径 4～4.5、厚 1.7 厘米（图二二，17）。

3. 铜器

铜钉　1 枚。J4：2，方形帽，钉身为圆锥体，通体绿锈。通长 10.2、帽边长 1.1、直径 0.2～0.4 厘米（图二三，7）。

顶针　1 件。TE02N01③：2，残。锈蚀。表面规则排列三排圆形针窝。宽 0.7、厚 0.1 厘米（图二三，5）。

铜钱　4 枚，有 2 枚锈蚀严重。康熙通宝，1 枚。TE01N01③：1，背光。直径 2、穿边长 0.5、厚 0.1 厘米（图二三，8）。崇祯通宝，1 枚。TE07N01③：4，已残。直径 2.5、穿边长 0.45、厚 0.15 厘米（图二三，9）。TE06N03②：1，可能为道光通宝。直径 1.7、穿边长 0.8、厚 0.1 厘米（图二三，10）。TE06N01②：1，钱文难辨识，可能是乾隆通宝。直径 1.45、穿边长 0.7、厚 0.1 厘米（图二三，11）。

4. 铁器

带钩　1 件。TE05N02③：1，残。锈蚀。呈琵琶形。残长 5、厚 0.15～0.3 厘米（图二三，6）。

镞　1 件。TE01N02③：1，锻制。铤及镞尖均残。矛形镞，通体锈蚀。残长 7.7、

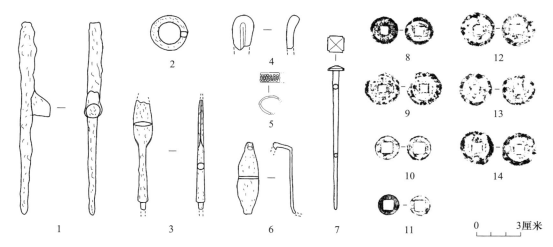

图二三　清代铜、铁、玉器

1. 铁器（J4：3）　2. 铁环（TE02N02②：2）　3 铁镞（TE01N02③：1）　4. 玉带钩（TE03N01③：5）　5. 铜顶针（TE02N01③：2）　6. 铁带钩（TE05N02③：1）　7. 铜钉（J4：2）　8～11. 铜钱（TE01N01③：1、TE07N01③：4、TE06N03②：1、TE06N01②：1）　12～14. 铁钱（TE07N02③：2、TE03N02②：1、TE02N02②：1）

铤径4～6、锋宽1.3厘米（图二三，3；图版一五，6）。

　　钉　1件。J4：3，铁质。通体锈蚀。长13.5、直径0.6～1.2厘米（图二三，1）。

　　环　1件。TE02N02②：2，圆形，环状，截面为矩形。外径2.6、内径1.5、肉厚0.4厘米（图二三，2）。

　　铁钱　3枚。均锈蚀严重，钱文极难辨识。TE07N02③：2，直径2.5、穿边长0.5、厚0.2厘米（图二三，12）。TE03N02②：1，可能为道光通宝。直径2.4、穿边长0.5、厚0.2厘米（图二三，13）。TE02N02②：1，可能是道光通宝。直径2.5、穿边长0.55、厚0.2厘米（图二三，14）。

5. 玉器

　　玉带钩　1件。TE03N01③：5，呈淡绿色，残。表面有刻画纹。残长2.4、宽1.2～1.5、厚0.5厘米（图二三，4）。

五、对遗址的初步认识

（一）年　　代

1. 地层年代

　　第3层中出土数量较多的铜钱，有元祐通宝、皇宋通宝、崇祯通宝和康熙通宝，最晚的为康熙通宝，因此第3层的年代当不早于清早期。

第 4 层中出土的钱币只见五铢钱，但其不能代表该层的年代。地层中出土的白瓷碗、盆、器盖等应为宋金时期的遗物。

第 5 层中出土的陶钵和陶豆柄与河北省石家庄市市庄村战国遗址出土陶碗口沿部（图三，4）和陶豆（图四，2）极其相似[1]，属战国中晚期；遗址出土 C 型盆与洛阳中州路出土洗（图一九，9、10）的口沿相似[2]。因此，第 5 层年代应相当于战国晚期至汉初。

2. 遗迹年代

（1）水井年代

从水井的开口层位和井内上层填土中出土的青花瓷来看，水井的废弃年代应为清代。然而因安全问题，四眼水井均未能发掘到底，因此水井的建造和使用年代不明。

（2）墓葬年代

该墓地长方形竖穴土洞墓的形制与涉县台村发掘的 17 座宋金墓[3]形制相类似，特别是 M4，长方形土墓道后接椭圆形洞室的形制还见于邢台市泽丰园小区出土 4 座宋墓[4]。此外，土洞墓是晋中、冀中南地区金代墓葬中较为常见的一种墓葬形制，是对该区唐以来文化传统的承继[5]。而 M2 土坑砖椁火葬墓的形制与内蒙古巴林左旗林东镇 M3 相近[6]。

从出土器物来看，M1 内出土的天禧通宝为北宋真宗天禧年间（1017～1021 年）铸，因此 M1 的年代应晚于宋代早期。M2 出土骨灰罐与河北静海东滩头出土陶罐（M4：1）形制相同，M1、M5、M6 出土白瓷碗与河北静海东滩头出土白瓷碗（M3：2）相似[7]。M6 出土陶钵与涉县台村墓群出土的无系罐（M16：1）[8]和石家庄市赵陵铺镇宋墓中所出罐（图二，10 右）相似[9]，M2 内出土的成对铜环在涉县台村墓群中亦有发现（M6：3）。

据此，这批墓葬的年代应在宋金时期。

（3）道路年代

G4 开口于第 4 层下，叠压在 G2 之上，被 H3 和 H20 打破，因此其年代应在宋金至汉代之间。此外，从 G4 解剖中出土遗物来看，路土中的包含物虽以带绳纹的陶片为多，但仍见到了数片布纹瓦片，因此道路的年代应始建于汉代，并一直沿用至宋金时期。

（4）土垄年代

土垄中未见出土遗物，但其开口于第 4 层下，且压在南北向分布的沟上，因此年代要晚于南北向的灰沟。

（5）灰沟年代

灰沟均开口于第 4 层下，南北向和东西向分布的灰沟之间虽有打破关系，但从发掘情况来看还应属同时期遗存。其中 G32 内出土的半两钱直径仅 2.1 厘米，无内外廓，方孔较大，与芒砀山西汉梁王墓地柿园汉墓出土的五铢钱Ⅱ型大小形制完全相同[10]。因此这些灰沟的年代应该不晚于汉初。东北—西南走向的数条灰沟根据当时的现场发掘情况来看，应是东北—西南向的灰沟打破南北向的灰沟，而且这些灰沟与土垄的方向相同，两者之间关系较为密切，因此这些灰沟应略晚于南北向的灰沟。

（二）遗址的形成和发展过程

1）灰沟的性质推断。

南北向灰沟之间的间距不一，近者 20 厘米左右，远者 2 米左右，较为常见的间距有 1、1.5 米两种。这种间距比现在当地麦田中田垄之间的间距略近些。与近年来河南内黄三杨庄遗址庭院周边发掘出的多呈南北向间距约 60 厘米的农田遗迹[11]相比，颇有相似之处。

东北—西南走向的土垄被破坏较严重，土垄之间间距 0.6～2 米，应是晚于南北向灰沟的农田遗迹。此外，在发掘至第 3 层下时，我们也曾发现了一些残断的东西向的田垄，但因时代较晚，当时未作记录。因此，我们推测殷村遗址发现的这些南北向和东西向的灰沟和第 5 层深灰褐色土应该是农田遗迹。

2）道路与车辙。

汉代的道路最早在辽阳三道壕遗址被发现过铺石大路，路面宽约 7 米，路面上留有显明的辙迹，一般都有两排并列的大车辙[12]。内黄三杨庄遗址第一处庭院遗存的"南部发现有古道路遗迹，宽约 4 米"[13]。"南良都遗址的道路发现于遗址西部，呈东北—西南走向，探明长度为 100 米左右，共清理了 3.7 米，路宽 2.65～2.75 米，路两侧有宽 0.86～1、深 0.5～0.6 米的路沟，路面坚硬，厚 0.02～0.03 米，路基厚 0.15～0.2 米，土质紧密，有杂花，筑路时似经过碾压或夯实。"[14]殷村遗址中发现的道路与南良都遗址的道路相似，笔直，呈正南北向，虽然稍窄，但路基较厚，从出土文物来看使用时间较长，应是一条较为重要的道路。

据《满城汉墓发掘报告》中注释："已发表的古代车轨宽度，安阳殷代车是 2.15～2.40 米，沣西西周车是 2.25 米，北京琉璃河西周车是 2.44 米，胶县西菴西周车是 2.24 米，虢国墓地春秋车是 1.55～2.15 米，洛阳战国车是 2.00 米左右，辉县战国车是 1.80～1.90 米，汉长安城霸城门车轨遗迹是 1.50 米，唐长安城车轨遗迹是 1.3～1.38 米。"[15]秦始皇兵马俑一号铜车马（立车）两轮间的轨距 95 厘米，二号铜车马（安车）两轮之间的轨距为 101.5 厘米[16]。按铜马的比例约为 1/2，因此车轨应在 190～203 厘米。芒砀山西汉梁王墓地柿园汉墓随葬的 24 辆车，两毂之间距离在 85～100 厘米，最长者 3 号车为 111 厘米。除 12 号和第 24 号车为实用车外，其余车马器均为明器，相当于实用车的 1/2，因此车轨应在 1.7～2.2 米[17]。洛阳北宋衙署庭园遗址衙署门址前的车道由两排平行的石条组成，石条的中线距离 1.55 米，即为当时车轴的宽度[18]。由此可见，从西周、西汉至唐宋，车轨有渐窄的趋势，殷村遗址道路中间的车辙痕间距 1.1～1.4 米，可能与其最终是宋金时期使用有关。

殷村遗址南距常山郡故城（殷村镇故城村）约 2 千米。常山郡城址始建于战国赵孝成王十一年（前 255 年）。汉刘邦三年，在此置恒山郡并治元氏县。文帝元年更名为常山郡。西晋初常山郡移治真定。此城仍治元氏县，属赵国。北齐天保五年（554 年），废除元氏县。因此，殷村遗址汉代遗存应是常山郡城北的道路和路旁的农田遗迹。

3）从遗址发现遗迹和出土遗物分析，遗址第 4 层可能为短期形成，并与水患有关，即宋金时期该地曾发生一次较大的水患，故而遗址中泥质陶片多有水冲刷的痕迹。也正是这场大规模的水患将农田掩盖，遗留下了这些不易保存的农田遗迹。从目前发掘情况分析，殷村遗址在汉至宋金时期主要的遗存为沟渠遗迹，性质是农田，其间有道路。在宋金时期该遗址部分区域作为墓地而存在，明清时期至今该区域仍以农田为主。遗址内发现的水井的废弃时代为清代，其建造和使用年代不明确。

4）通过观察，我们对殷村遗址不同时期的耕作方向有了初步的认识。在汉至宋金时期，耕作方向为南北向，遗址内发掘出的南北向灰沟和 G2、G10 等东西向灰沟均为此时期形成。其后，出现了 L1～L4（代表田垄）和 G3、G13、G14、G15、G38 等东北—西南走向的田垄或灰沟。第 3 层下发现的残断的东西向田垄痕迹应该是明清时期的耕作遗迹，这表明在明清时期该地的耕作方向已与现代地表耕作方向一致。

领　　队：赵晓刚

绘　　图：韩玉岩　张宏涛

照　　相：付永平　张天琦

执　　笔：赵晓刚

注　　释

［1］ 河北省文物管理委员会：《河北石家庄市市庄村战国遗址的发掘》，《考古学报》1957 年 1 期。

［2］ 中国科学院考古研究所：《洛阳中州路（西工段）》，科学出版社，1959 年，39 页。

［3］ 河北省文物研究所、邯郸市文物研究所、涉县文物保护管理所：《河北涉县台村宋金及清代墓葬发掘简报》，《河北省考古文集》（三），科学出版社，2007 年，211～228 页。

［4］ 李军、李恩玮：《河北邢台市泽丰园小区宋墓的发掘》，《考古》2007 年 5 期。

［5］ 赵永军：《金代墓葬研究》，吉林大学博士学位论文，2010 年。

［6］ 李逸友：《昭盟巴林左旗林东镇金墓》，《文物》1959 年 7 期。

［7］ 邸明：《河北静海东滩头发现宋金墓》，《考古》1995 年 1 期。

［8］ 河北省文物研究所、邯郸市文物研究所、涉县文物保护管理所：《河北涉县台村宋金及清代墓葬发掘简报》，《河北省考古文集》（三），科学出版社，2007 年，211～228 页。

［9］ 河北省文物管理委员会：《河北石家庄市赵陵铺镇古墓清理简报》，《考古》1959 年 7 期。

［10］ 阎根齐主编：《芒砀山西汉梁王墓地》，文物出版社，2001 年，224、225 页。

［11］ 河南省文物考古研究所、内黄县文物保护管理所：《河南内黄三杨庄汉代聚落遗址第二处庭院发掘简报》，《华夏考古》2010 年 3 期；陈苗：《唤醒沉睡千年古村落　领略汉代“庭院经济”走过“中国的庞

贝古城"》,《河南日报》2006 年 2 月 21 日。

[12] 东北博物馆:《辽阳三道壕西汉村落遗址》,《考古学报》1957 年 1 期。

[13] 河南省文物考古研究所、内黄县文物保护管理所:《河南内黄县三杨庄汉代庭院遗址》,《考古》2004 年 7 期。

[14] 河北省文物研究所石太考古队:《井陉南良都战国、汉代遗址及元明墓葬发掘报告》,载《河北省考古文集》,东方出版社,1998 年,202～204 页。

[15] 中国社会科学院考古研究所、河北省文物管理处:《满城汉墓发掘报告》,文物出版社,1980 年,320 页。

[16] 秦始皇兵马俑博物馆、陕西省考古研究所:《秦始皇陵铜车马发掘报告》,文物出版社,1998 年,16、143 页。

[17] 阎根齐主编:《芒砀山西汉梁王墓地》,文物出版社,2001 年,167 页。

[18] 王岩、李春林:《洛阳宋代衙署庭园遗址发掘简报》,《考古》1996 年 6 期;http://www.baike.com/wiki/洛阳北宋衙署庭园遗址。

沈阳市辽金城址调查

沈阳市文物考古研究所

2014～2015 年，沈阳市文物考古研究所对全市的古遗址、古墓葬等考古遗存开展了全面的复查。此次复查工作以沈阳市第三次全国文物普查成果和 1993 年出版的《沈阳市文物志》[1] 为基础，并结合以往的考古工作成果开展。从已发现、确认的考古学遗存的时代构成看，辽金时期所占的比重最大，其城址、遗址、墓葬等考古遗存的数量超过了其他时代的总和。

作为古代文明集中的载体，城址历来是各时期考古学研究的重要对象。基于此，本文拟将本次调查的辽金时期城址以现行的行政区划为单元介绍如下。

一、康 平 县

康平县位于沈阳市北端，东隔辽河与铁岭市昌图县相望，南接法库县，西邻阜新市彰武县，北与内蒙古自治区科尔沁左翼后旗毗邻。西南部为大兴安岭—医巫闾山余脉，北部为科尔沁沙地东南缘，东部为辽河冲积平原，整体地势西高东低，地貌以低山丘陵和冲积平原为主。在康平县境内调查了 6 座辽金时期的城址，其中 4 座保存较好。

1. 小塔子城址

位于郝官屯镇小塔子村东。小塔子村因村东有辽代八角十三级密檐式砖塔而名。城址所在地属辽河右岸台地，整体地势从西南向东北缓斜。西北距康平县城 20 千米，南距省道彰桓线（S303）3 千米，东、北、西三面距辽河 0.7、1.3、1 千米。西城墙外 50 米有宝塔寺遗址和宝塔寺塔。1988 年，小塔子城址及其城西的宝塔寺塔被辽宁省人民政府公布为省级文物保护单位。

小塔子城址，于 20 世纪 60 年代发现，并被确定为辽代祺州城。2008 年，康平县第三次全国文物普查做了复查。

该城址平面略呈长方形，朝向近正南。城墙为土筑，均已坍塌，坍宽 10～14、残高 1.5～5 米。东城墙全长 330 米，方向 275°；南城墙全长 240 米，方向 190°；西城墙全长 310 米，方向 275°；北城墙全长 230 米，方向 190°，墙体略向外弧。

发现 3 座城门，分别置于东、南、西城墙中段。城门建筑均已坍塌，残存豁口。面阔 12～15、进深 8～10 米。有东西向的乡间公路经东、西城门穿城而过，可能是城内东西向道路沿用至今。城门外均设瓮城，西城门瓮城被宝塔寺塔外围修建的围墙占据，迹象不明显。城墙外设护城河，口宽约 30 米，与城墙平行布局，多已淤平，特别是西面护城河（图一）。

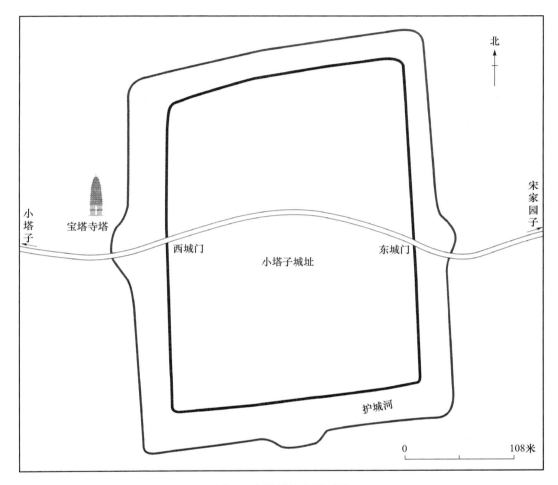

图一　小塔子城址平面图

城内地表被辟为耕地，表土为黄褐色沙土。地表遗物丰富，以泥质灰陶、釉陶、白瓷器皿为主，有少量泥质灰陶布纹瓦。陶器可辨器形有盆、罐、钵等，以平底、卷沿为主；釉陶均红胎绿釉，可辨器形仅有平底卷沿盆。白瓷器可辨器形有圈足碗，器壁厚重，釉色泛黄，外壁施釉不及底，内壁底部有支钉痕。瓦较厚，瓦面均素面，瓦里施粗布纹。

从遗物判断，该城址的始建时代为辽代。有学者考证小塔子城址是辽代祺州城[2]。

2. 岔海挠城址

位于二牛所口镇岔海挠村小城子自然村北的山冈上，东南临卧龙湖水库。东距康平县城 6 千米，北距省道彰桓线（S303）3 千米，东南距卧龙湖水库 0.3 千米。城址所在属卧龙湖水库西北岸台地，整体地势自西向东倾斜。2013 年，岔海挠城址被沈阳市人民政府公布为市级文物保护单位。

岔海挠城址，于 20 世纪 80 年代第二次全国文物普查时被发现，2009 年，康平县第三次全国文物普查时做了复查。

该城址平面略呈方形，朝向 240°。城墙为土筑，均已坍塌，坍宽 10～20、残高 1～5 米。东城墙全长 252 米，方向 240°，整体保存较差，整体近漫坡状，顶部被辟为田间道路，南段近转角处的墙体外侧被取土掘开约 50 米；南城墙全长 251 米，方向 160°，西段近转角处被取土破坏约 60 米；西城墙全长 253 米，方向 240°，整体保存较好；北城墙全长 251 米，方向 160°，整体保存较差，因地势较低，墙体顶部被辟为耕地，整体近漫坡状，东段近转角处被取土掘开约 40 米（图二）。

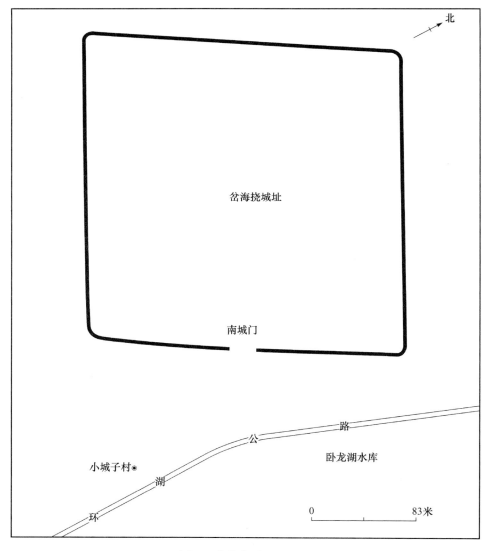

图二　岔海挠城址平面图

发现城门 1 座，置于东城墙中段，朝向东南。残存豁口状，面阔 20 米。城门外不见瓮城迹象。城墙外亦不见护城河迹象，从地形上考量，城址所处地势较高，当不设护城河。

城内地表被辟为耕地，表土为黄褐色沙土。地表遗物丰富，以泥质灰陶、白瓷、酱釉瓷器皿为主，有少量泥质灰陶布纹瓦。陶器可辨器形有盆、罐等，以平底、卷沿为主；白瓷器可辨器形有圈足碗，器壁厚重，釉色泛黄，外壁施釉不及底，内壁底部有支钉痕。

从遗物判断，该城址的建造和使用时代为辽代。

3. 泡子沿城址

位于东关屯镇泡子沿村小城子自然村北。西北距康平县城 5 千米，南距三台子水库 2.5 千米，东距国道明沈线（G203）2.6 千米，北距长深高速公路（G25）2.5 千米。城址所在地属卧龙湖水库和三台子水库之间的山冈台地，整体地势由西北向东南倾斜。1980 年，泡子沿城址被康平县人民政府公布为县级文物保护单位。

泡子沿城址，于 20 世纪 80 年代第二次全国文物普查时被发现。2008 年，康平县第三次全国文物普查时做了复查。

该城址平面略呈方形，朝向 270°。城墙为土筑，均已坍塌，坍宽 10~15、残高 1.5~2 米。东城墙全长 263 米，方向 270°，中段略向外弧，整体保存较差，呈漫坡状，顶部被辟为田间道路；南城墙全长 265 米，方向 170°，均被民宅占据，从城内外地势落差可判明其位置；西城墙全长 263 米，方向 270°，北段保存较好，最高处 6 米，南段近民宅处基本被夷平；北城墙全长 265 米，方向 150°，整体保存较好（图三）。

保存较好的北、西面城墙上不见城门迹象。南城墙被民宅覆盖，是否设城门难以判断。从东城墙中段外弧的迹象上判断，城址可能设东门，门外可能有瓮城。城外不见护城河迹象，从地形上考量，城址所处地势较高，当不设护城河。

城内地表多被辟为耕地，南端近城墙处被民宅覆盖，表土为黄褐色沙土。地表遗物丰富，以泥质灰陶、白瓷、酱釉、黑釉瓷器皿为主，有少量泥质灰陶布纹瓦，还有少量釉陶器皿残片。陶器可辨器形有盆、罐等，以平底、卷沿为主；瓷器可辨器形有圈足碗，白瓷器较厚重，釉色泛黄，外壁施釉不及底，内壁底部有支钉痕；釉陶器为红胎绿釉，可辨器形仅有盆。

从遗物判断，该城址的建造和使用时代为辽代，金代有可能被沿用。

4. 城子沟城址

位于张强镇盖顶窝堡村城子沟自然村北。东距康平县城 25 千米，西北距张强镇和省道彰桓线（S303）3 千米。遗址所在地属辽、蒙行政界南的低山冈丘，整体地势从西北向东南倾斜。1990 年，城子沟城址被康平县人民政府公布为县级文物保护单位。

城子沟城址，于 20 世纪 80 年代第二次全国文物普查时被发现。2008 年，康平县第

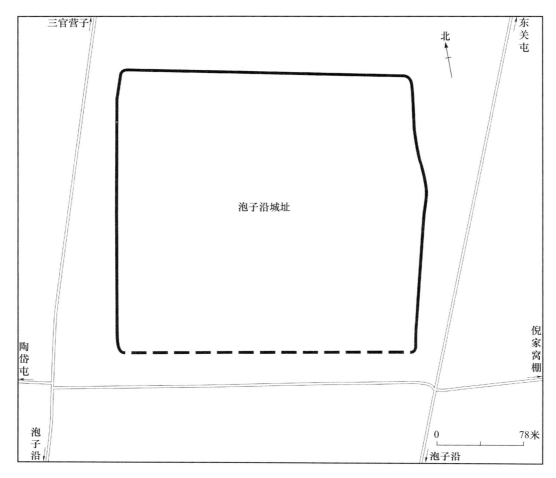

图三　泡子沿城址平面图

三次全国文物普查时做了复查。

　　该城址平面略呈方形，朝向 275°。城墙为土筑，均已坍塌，坍宽 9～15、残高
0.5～2 米。城东部有南北向村路穿城而过，切断北城墙约 10 米。东城墙全长 230 米，方
向 280°，北段保存较好，南段近民宅处基本被夷平；南城墙全长 267 米，方向 190°，被
民宅占据，从城内外地势落差可判明其位置；西城墙全长 220 米，方向 270°，保存较差，
墙体被辟为耕地，呈漫坡状；北城墙全长 235 米，方向 190°，整体保存较好（图四）。

　　保存较好的北、西城墙上不见城门迹象。南城墙被民宅覆盖，是否设城门难以判断。
从现在城内的道路布局推测，该城址可能设南、北门。城外不见护城河迹象，从地形上
考量，城址所处地势较高，当不设护城河。

　　城内西北角、东南角、南部被居民区覆盖，余为耕地，表土为黄褐色沙土。地表遗
物丰富，以泥质灰陶、白瓷、黑釉瓷器皿为主，有少量泥质灰陶布纹瓦。陶器可辨器形
有盆、罐等，以平底、卷沿为主；白瓷器可辨器形有圈足碗，较厚重，釉色泛黄，外壁
施釉不及底，内壁底部有支钉痕。

从遗物判断，该城址的建造和使用时代为辽代。

康平县境内辽金时期的城址除上述 4 座之外，还有位于小城子镇的北小城子城址和位于方家屯镇的三家子城址。这两座城址均为县级文物保护单位。经实地调查，北小城子城址原址地表虽有遗物但不见城墙迹象；三家子城址，在修建长深高速公路（G25）时大部分被破坏和覆盖，残存西南角，规模和布局已无从考证，从地表遗物的分布范围判断，该城址大致呈方形，边长约 400 米。

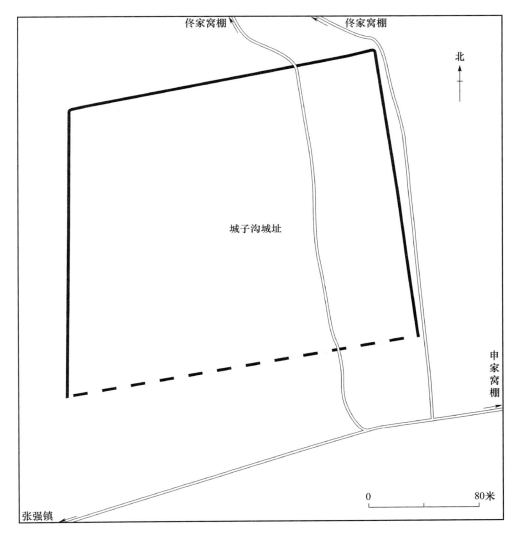

图四　城子沟城址平面图

二、法库县

法库县位于沈阳市北部，东与铁岭市昌图县、开原市、调兵山市、铁岭县为邻，南隔辽河与沈阳市区相望，西南与新民市毗邻，西与阜新市彰武县接壤，北接康平县。西部和西北部属大兴安岭—医巫闾山余脉，北部是波状岗丘，东南和南部为辽河冲积平原。整体地势从西北向东南倾斜。在法库县境内调查了15座辽金时期的城址，其中9座保存较好。

1. 马鞍山城址

位于叶茂台镇石桩子村西北2.2千米，马鞍山主峰南坡下。东北距法库县城45千米，南距国道京沈线（G101）7千米，东南距獾子洞水库6千米。城址地处马鞍山南坡下的东西向山谷间，群山屏围，北倚马鞍山，南面有石桩子北山，整体地势从西北向东南倾斜。城址及其周围古代人类活动频繁，北面有马鞍山山城址，西面有马鞍山遗址，东面有马鞍山东遗址，东南谷口有北沟遗址。1984年，马鞍山城址被法库县人民政府公布为县级文物保护单位。

马鞍山城址，于20世纪80年代第二次全国文物普查时被发现。2010年，法库县第三次全国文物普查时做了复查。

该城址平面略呈方形，朝向近正南。城墙为土筑，均已坍塌，坍宽10～15、残高2～3米；城墙四角体量较大，残高4～5米，当为角楼或角台建筑基址。东城墙全长85米，方向268°；南城墙全长107米，方向190°，墙体略向外弧；西城墙全长96米，方向268°；北城墙全长97米，方向190°（图五）。

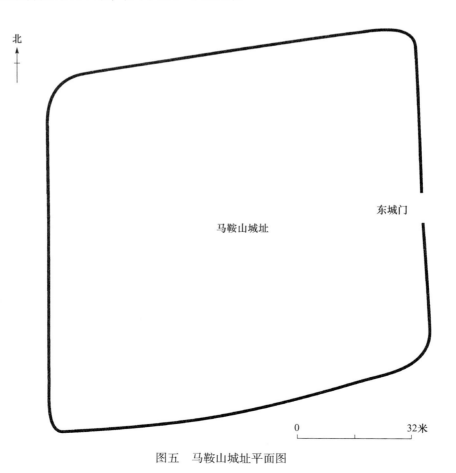

图五　马鞍山城址平面图

发现城门1座，置于南城墙中段，面阔5、进深8米，门外不见瓮城迹象。城外不见护城河迹象。城内中部偏北，近北城墙处，地面有隆起，其上散布大量的泥质灰陶布纹瓦和素面砖残块，当是城内的建筑基址。

城内被辟为耕地，表土为黄褐色沙土。地表遗物丰富，有泥质灰陶布纹瓦和素面砖残块，泥质灰陶器皿残片，白釉、黑釉、酱釉瓷器皿残片。陶器可辨器形有盆、罐等，以平底、卷沿为主；白瓷器可辨器形有圈足碗，较厚重，釉色泛黄，外壁施釉不及底，内壁底部有支钉痕。以往调查还采集到兽面纹瓦当、滴水板瓦等遗物。

从遗物判断，该城址的建造和使用时代为辽代。

2. 朱千堡子城址

位于三面船镇朱千堡子村西1千米。东北距法库县城25千米，北距牛其堡子水库2千米，西距国道京沈线（G101）和省道沈环线（S106）12千米，东距国道明沈线（G203）8千米，距沈康高速公路（S2）10千米。城址地处西窑山东坡台地上，整体地势由西北向东南倾斜。

朱千堡子城址，于20世纪80年代第二次全国文物普查时被发现。2009年，法库县第三次全国文物普查时做了复查。

该城址平面略呈方形，朝向250°。城墙为土筑，均已坍塌，被辟为耕地，东南角被季节性河流冲毁，坍宽10~15、残高2~3米。东城墙全长230米，方向250°，南端被冲毁约30米；南城墙全长270米，方向165°，略向外弧，东段被冲毁约40米；西城墙全长240米，方向250°，保存较好，最高处3米；北城墙全长230米，方向165°，中段略向外弧，西段约100米墙体低矮，呈缓坡状（图六）。

发现城门1座，置于南城墙中段，面阔8、进深10米。城门建筑已坍塌，东面台基尚存，残高2~4米。据以往调查资料，城墙四角各有1处角楼建筑址，宽10、残高3.8米，东、南城墙外各有马面1处，西城墙外有马面2处，宽8、突出墙外6米，现已湮没。

城内被辟为耕地，表土为黄褐色沙土。地表遗物丰富，有泥质灰陶布纹瓦和素面砖残块，泥质灰陶、釉陶器皿残片，白釉、黑釉、酱釉瓷器皿残片。陶器可辨器形有盆、罐等，以平底、卷沿为主；白瓷器可辨器形有圈足碗和玉璧底碗，较厚重，釉色泛黄，外壁施釉不及底，内壁底部有支钉痕。釉陶器为红胎绿釉，可辨器形仅有卷沿盆。

从遗物判断，该城址的始建年代为辽代，金代沿用。

3. 拉马桥城址

位于大孤家子镇拉马桥村西。北距法库县城21千米，东距沈康高速公路（S2）0.5千米，西距国道明沈线（G203）1.6千米，东北距冯贝堡城址6千米。城址所在地属法库县和调兵山市之间南北向山脉的南部余脉，整体地势从东北向西南倾斜。

拉马桥城址，于20世纪80年代第二次全国文物普查时被发现。2009年，法库县第

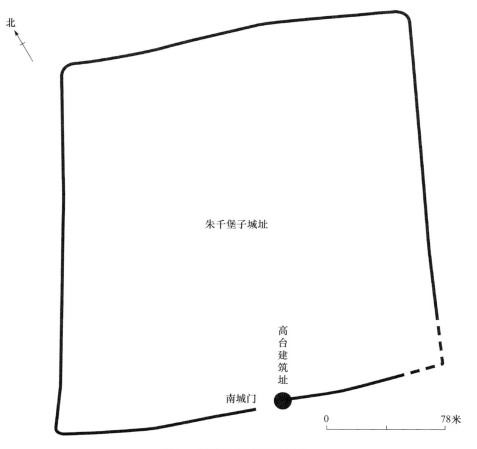

图六　朱千堡子城址平面图

三次全国文物普查时做了复查。

　　该城址平面略呈方形，朝向 250°。城墙为土筑，均已坍塌，坍宽 7～10、残高 0.8～2 米。东城墙全长 195 米，方向 250°，北段被辟为田间道路，南段保存较高，最高处 2 米；南城墙全长 265 米，方向 150°，整体保存较好；西城墙全长 220 米，方向 250°，基本被耕地夷平，呈漫坡状；北城墙全长 220 米，方向 150°，整体保存较好（图七）。

　　发现城门 1 座，置于南城墙中段，残存一处豁口，面阔 10、进深 7 米。城门外不见瓮城迹象。城外不见护城河迹象。

　　城内被辟为耕地，表土为黄褐色沙土。地表遗物丰富，有泥质灰陶布纹瓦和素面砖残块，泥质灰陶、釉陶器皿残片，白釉、黑釉、酱釉瓷器皿残片。陶器可辨器形有盆、罐等，以平底、卷沿为主；白瓷器可辨器形有圈足碗，较厚重，釉色泛黄，外壁施釉不及底，内壁底部有支钉痕。

　　从遗物判断，该城址的始建年代为辽代，金代沿用。

4. 和平城址

　　位于和平乡和平村东北 0.2 千米的辽河岸边。东距辽河 0.3 千米，西南距和平乡 0.6

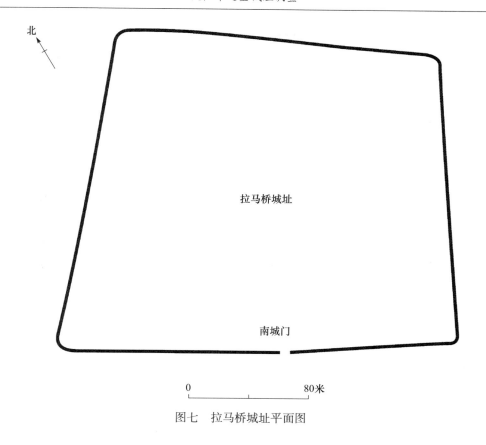

图七 拉马桥城址平面图

千米，距省道彰桓线（S303）1.5千米，距法库县城22千米。遗址所在地属辽河右岸台地，整体地势由西向东倾斜。

和平城址，于20世纪80年代第二次全国文物普查时被发现。2009年，法库县第三次全国文物普查时做了复查。

该城址平面略呈平行四边形，朝向262°。城墙为夯筑，多已坍塌，坍宽10～20、残高1～3米，夯层厚8～12厘米。东城墙全长163米，方向262°，保存较差，呈漫坡状，顶部被辟为耕地；南城墙全长151米，方向185°，西端40米保存较好，最高处3米，东段基本被夷平；西城墙全长162米，方向262°，保存较好，最高处3米；北城墙全长152米，方向185°，保存较好，最高处2米。现存的城墙西南、西北和东北角均突出于墙体外，当为角楼或角台基址。东南角因保存较差，情况不明，推测亦应有角楼或角台建筑（图八）。

发现城门2座，置于南、北城墙中段。南城门因南城墙被破坏殆尽，结构和尺寸不清；北城门残存豁口，面阔20、进深7米，城门外不见瓮城迹象。城外不见护城河迹象，从地形上考量，城址所处地势较高，当不设护城河。

城内被辟为耕地，表土为红褐色沙土。地表遗物丰富，有泥质灰陶布纹瓦和素面砖残块，泥质灰陶器皿残片，白釉、酱釉瓷器皿残片。陶器可辨器形有盆、罐等，以平底、卷沿为主；白瓷器可辨器形有圈足碗，较厚重，釉色泛黄，外壁施釉不及底，内壁底部

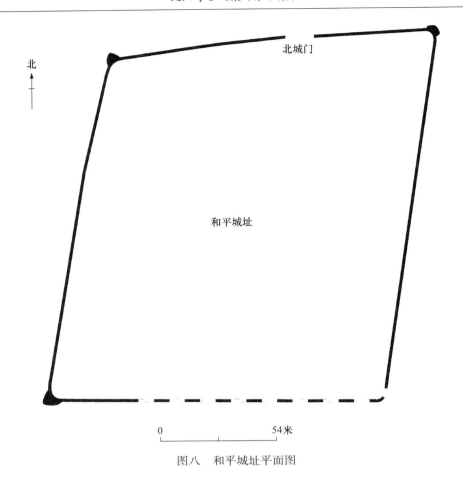

北城门

和平城址

北

0   54米

图八　和平城址平面图

有支钉痕。

从遗物判断，该城址建造和使用时代为辽代。

5. 徐三家子城址

位于孟家镇徐三家子村小徐三家子屯西北 1 千米。南距法库县城 4.5 千米，东距国道明沈线（G203）2.9 千米。城址所在为法库县北部平原地带，整体地势平坦。

徐三家子城址，于 20 世纪 80 年代第二次全国文物普查时被发现。2009 年，法库县第三次全国文物普查时做了复查。

该城址平面略呈长方形，朝向 253°。城墙为土筑，均已坍塌，坍宽 8～15、残高 0.7～2 米。东城墙被辟为田间道路，其余三面城墙辟被为耕地。东城墙全长 290 米，方向 252°；南城墙全长 246 米，方向 171°；西城墙全长 330 米，方向 255°；北城墙 294 米，方向 162°（图九）。

从现存的城墙难以判断城门位置，城外不见护城河迹象。

城内被辟为耕地，表土为灰褐色沙土。地表遗物丰富，有泥质灰陶器皿残片，白釉、黑釉、酱釉瓷器皿残片等。陶器可辨器形有盆、罐等，以平底、卷沿为主；白瓷器可辨

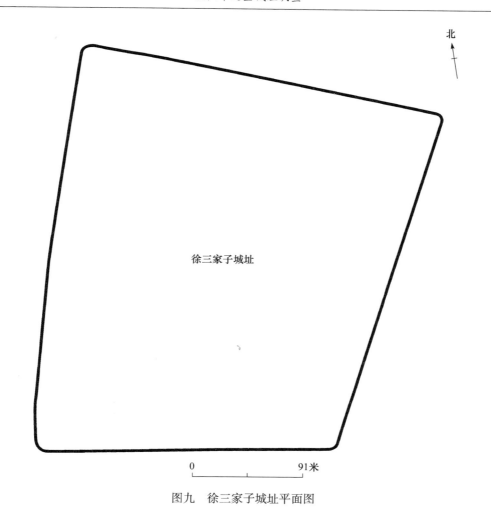

北

徐三家子城址

0   91米

图九　徐三家子城址平面图

器形有圈足碗，较厚重，釉色泛黄，外壁施釉不及底，内壁底部有支钉痕。

从遗物判断，该城址始建于辽代，金代沿用。

6. 西二台子城址

位于叶茂台镇二台子村西二台子自然村西1千米。西北距叶茂台镇9千米，距法库县城55千米，北距国道京沈线（G101）8.3千米，西南距养息牧河4.8千米，距新鲁高速公路（G2511）8千米，距国道丹霍线（G304）9千米，东临县道叶（茂台）西（二台子）线。城址所在地属大兴安岭—医巫间山之黑山支脉，整体地势由西北向东南倾斜。

西二台子城址，于20世纪80年代第二次全国文物普查时被发现。2010年，法库县第三次全国文物普查时做了复查。

该城址平面略呈方形，朝向250°。城墙为土筑，均已坍塌，坍宽7~12、残高0.5~1.2米。东、南城墙保存较好，北城墙西段被风电公司修建的简易公路覆盖，西城墙被辟为耕地。风电公司在城址西北角修建了风电机组，对城墙本体和遗址的环境风貌造成破坏。东城墙全长370米，方向250°；南城墙全长340米，方向160°，略向内弧；

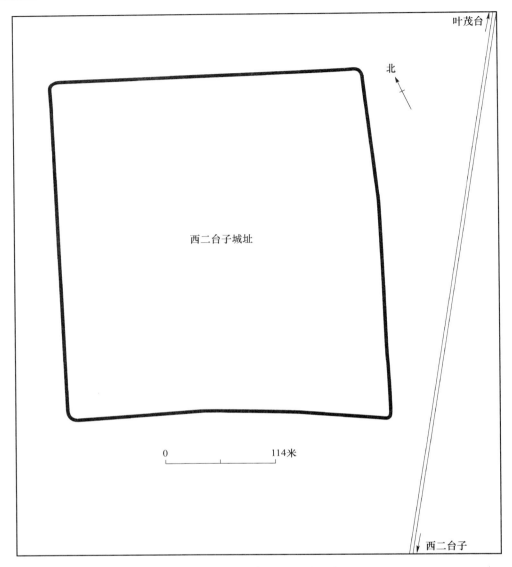

图一〇　西二台子城址平面图

西城墙全长 360 米，方向 250°；北城墙全长 342 米，方向 160°（图一〇）。

　　从现存的城墙难以判断城门位置，城外不见护城河迹象。从地形上考量，城址所处地势较高，当不设护城河。

　　城内被辟为耕地，表土为灰褐色沙土，含沙量较大。地表遗物丰富，有泥质灰陶、釉陶器皿残片，白釉、酱釉瓷器皿残片等。陶器可辨器形有盆、罐等，以平底、卷沿为主；釉陶均红胎绿釉，可辨器形仅有盆；白瓷器可辨器形有圈足碗，较厚重，釉色泛黄，外壁施釉不及底，内壁底部有支钉痕。

　　从遗物判断，该城址建造和使用时代为辽代。据以往调查资料记载，该城址的城门位置清楚，城墙上可见马面和角台。但此次调查均未发现，推测是由于当地风沙较大，城墙及其附属建筑被流沙掩埋。有学者考证西二台子城址为辽代渭州城[3]。

7. 冯贝堡城址

又名冯贝堡东山岗城址。位于冯贝堡镇冯贝堡村东 0.3 千米的山冈上。西北距法库县城 20 千米，东距省道新梨线（S105）1.6 千米，西距国道明沈线（G203）4.5 千米，东南距辽河 10 千米，西南距拉马桥城址 6 千米。城址所在地属法库县和调兵山市之间山脉的南部余脉，整体地势从东北向西南倾斜。

冯贝堡城址，于 20 世纪 80 年代第二次全国文物普查时被发现。2009 年，法库县第三次全国文物普查时做了复查。

该城址平面呈方形，朝向正南。城墙为土筑，均已坍塌，坍宽 8～15、残高 1.5～2 米。东城墙全长 270 米，方向 269°，略向外弧，北段 120 米保存较好，南段保存较差，呈漫坡状，被辟为耕地；南城墙全长 256 米，方向 184°，西段 125 米保存较好，东段被辟为耕地，呈漫坡状；西城墙全长 270 米，方向 270°，墙体坍塌堆积两侧被辟为耕地；北城墙全长 255 米，方向 184°，西端 30 米墙体外侧被取土破坏，余保存较好，保存最高处 2 米。

发现城门 3 座，分别置于东、南城墙中段和西城墙北段，残存豁口，结构和尺寸不清。城外有护城河迹象，与城墙平行布局，口宽 30～40 米，多已淤平（图一一）。

城内被辟为耕地，表土为黄褐色沙土。地表遗物丰富，有泥质灰陶、釉陶器皿残片，白釉、酱釉瓷器皿残片等。陶器可辨器形有盆、罐等，以平底、卷沿为主；釉陶均红胎绿釉，可辨器形仅有盆；白瓷器可辨器形有圈足碗，较厚重，釉色泛黄，外壁施釉不及底，内壁底部有支钉痕。

从遗物判断，该城址建造和使用时代为辽代。

8. 云盘山城址

位于三面船镇小造化屯村北 0.8 千米的云盘山上。东北距法库县城 27 千米，东距国道明沈线（G203）10 千米，距沈康高速公路（S2）12 千米，西距国道京沈线（G101）和省道沈环线（S106）11 千米，南距辽中环线高速公路（G91）8 千米，距辽河 10 千米。城址所在地属登仕堡子镇和大孤家子镇之间的山脉南麓，整体地势由北向南倾斜。

云盘山城址，于 20 世纪 80 年代第二次全国文物普查时被发现。2009 年，法库县第三次全国文物普查时做了复查。

该城址平面略呈长方形，朝向近正南。城墙为土筑，均已坍塌，坍宽 5～8、残高 1～2 米。东城墙全长 92 米，方向 267°，北段 50 米保存较好，南段几乎被夷平，辟为耕地；南城墙全长 60 米，方向 160°，西段略向内弧；西城墙全长 87 米，方向 262°，整体略向外弧；北城墙全长 50 米，方向 167°，整体保存较好（图一二）。

保存较好的南、西、北三面不见城门迹象，推测该城址设 1 座城门，即东城门，其

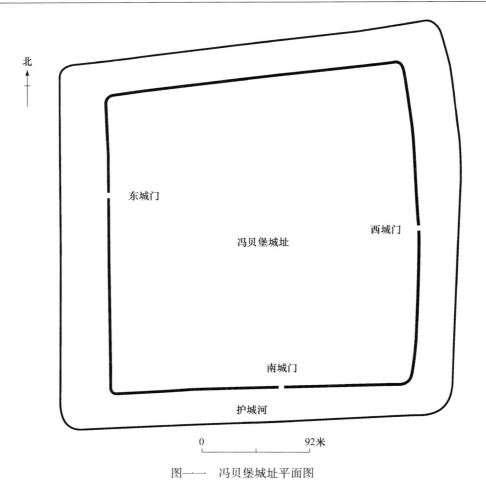

图一一　冯贝堡城址平面图

位置当在东城墙中段。城外不见护城河迹象，从地形上考量，城址所处地势较高，当不设护城河。

城内被辟为耕地，表土为黄褐色沙土。地表遗物丰富，有泥质灰陶和白釉瓷器皿残片等。陶器可辨器形有盆、罐等，以平底、卷沿为主；白瓷器可辨器形有圈足碗，较厚重，釉色泛黄，外壁施釉不及底，内壁底部有支钉痕。

从遗物判断，该城址建造和使用时代为辽代。

9. 四家子城址

位于四家子蒙古族乡四家子村北。东北距法库县城 18 千米，西北距长深高速公路（G25）12 千米，东南距省道沈环线（S106）10 千米，西南距国道京沈线（G101）18 千米。城址所在地属北八虎山西南坡余脉，整体地势自东北向西南倾斜。1984 年，四家子城址被法库县人民政府公布为县级文物保护单位。

四家子城址，于 20 世纪 80 年代第二次全国文物普查时被发现。2010 年，法库县第三次全国文物普查时做了复查。

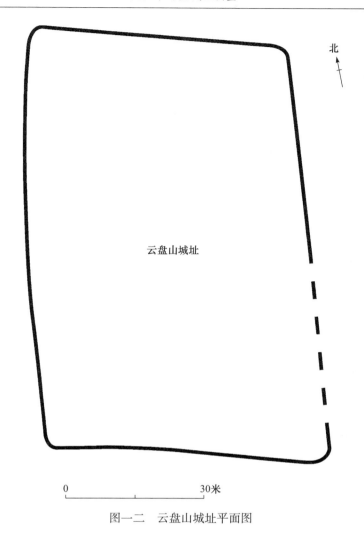

北

图一二 云盘山城址平面图

　　该城址平面呈长方形，朝向近正南。城墙为土筑，均已坍塌，现存城墙坍宽 7～15、残高 1～2 米。城址整体保存差，南部被民宅占据，县道东（关屯）五（台子）线从城址西南角穿过。除北城墙保存完整外，其他城墙受到程度不同的破坏。东城墙全长 227 米，方向 270°，北段 30 米保存较好，南段被民宅覆盖；南城墙全长 195 米，方向 180°，除西南角外均被民宅和公路覆盖；西城墙全长 227 米，方向 270°，西城墙北段现存 165 米，南段被民宅和公路覆盖；北城墙全长 194 米，方向 180°，整体保存较好。

　　现存的北城墙上不见城门迹象，能判明的仅有西城门，位于西城墙中段，结构不清，残存豁口，面阔 10、进深 12 米。门外不见瓮城迹象，城外不见护城河迹象。城内中部偏西北有 1 处土丘状高台基址，底径约 18、残高约 3 米（图一三）。

　　城内南部被民宅占据，北部被辟为耕地，表土为黄褐色沙土。地表遗物丰富，有泥质灰陶和白釉瓷器皿残片，还有泥质灰陶青砖和布纹瓦残块。陶器可辨器形有盆、罐等，以平底、卷沿为主；白瓷器可辨器形有圈足碗，较厚重，釉色泛黄，外壁施釉不及底，内壁底部有支钉痕。

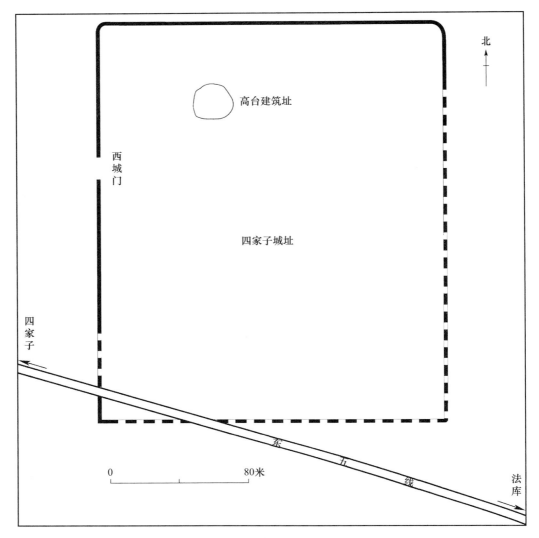

图一三　四家子城址平面图

从遗物判断，该城址建造和使用时代为辽代。有学者考证该城址为辽代横州城[4]，亦有学者考证为宗州城[5]。

除上述9座之外，法库县境内还有6座辽金时期的城址，将调查结果列表如下：

表一　法库县境内其他辽金时期城址列表

名称	地理位置	调查结果
五城店城址	卧牛石乡刘丙堡村五城店屯西南	东、北面城墙迹象不清
古城子城址	登仕堡子镇石碰子村古城子屯	不见城墙迹象
古城堡城址	五台子镇古井子村古城堡南	不见城墙迹象
平顶山山城址	三面船镇李家房身村东	不见城墙迹象
大古城子山城址	大孤家子镇方石碰子村南	城墙迹象不清
南山头城址	大孤家子镇李贝堡村西南	城墙迹象不清

三、新 民 市

新民市位于沈阳市西部，东连沈阳市区，南邻辽中县，西北接法库县，西与锦州市黑山县接壤，北与阜新市彰武县、阜新蒙古族自治县为邻。地属下辽河平原，地势由西北向东南缓斜。境内河流众多，有辽河、柳河、绕阳河、养息牧河、秀水河、蒲河等，均属辽河水系。在新民市境内调查辽金时期的城址 12 座，其中 4 座保存较好。

1. 辽滨塔城址

位于公主屯镇辽滨塔村东塔自然村内，城东有始建于辽代、现代复建的辽滨塔，为八角十三层密檐式砖塔。西南距新民市区 28 千米，南距辽河 2.5 千米，西距辽河支流秀水河 0.6 千米，西北距辽中环线高速公路（G91）1.6 千米，距省道沈环线（S106）5 千米。城址地处秀水河和辽河汇流的三角形台地上，地属辽河平原，整体地势从由北向南缓斜。

辽滨塔城址，于 20 世纪 60 年代被发现，并被确定为辽代辽州城。2008 年，新民市第三次全国文物普查时做了复查。

该城址平面略呈方形，朝向约 250°。城墙为土筑，多已被村落覆盖，残存西北角台（楼）基址，整体呈土丘状，夯土构筑，底径约 21、残高约 5 米。从城内外地势高差可判明其城墙大概位置。东、西城墙长约 310 米，方向约 250°；南、北城墙长约 300 米，方向约 160°（图一四）。

从现有的城墙迹象已难以判断城门位置。从城内的道路布局看，辽滨塔城址设南、北城门。据《沈阳市文物志》记载，以往发现有南、北城门遗址，今已无迹可寻。城外亦不见护城河迹象。

城内遗物丰富，有大量泥质灰陶沟纹砖和布纹瓦残块，还有泥质灰陶、白瓷器皿残片。在城内还发现泥质红陶绳纹板瓦和绳纹砖残块。

从发现的泥质红陶绳纹板瓦和绳纹砖残块判断，该城址的始建年代要早于辽代。从遗物的时代构成看，该城址的主要使用时间应在辽金时期。有学者认为辽滨塔城址是高句丽窃据辽东时于辽河右岸修筑的武厉逻城。隋军东征克之，在此置通定镇和辽东郡。有学者考证辽滨塔城址为辽代辽州城[6]。

2. 穿心堡城址

位于大红旗镇营防村，东南临沈山铁路。东北距新民市区 18 千米，距柳河 15 千米，西北距国道京哈线（G102）3 千米，西南距绕阳河 4 千米，东南距省道沈环线（S106）9.5 千米，距辽中环线高速公路（G91）10 千米，距辽河 14 千米。城址地处柳河左岸台地，整体地势由东北向西南缓斜。

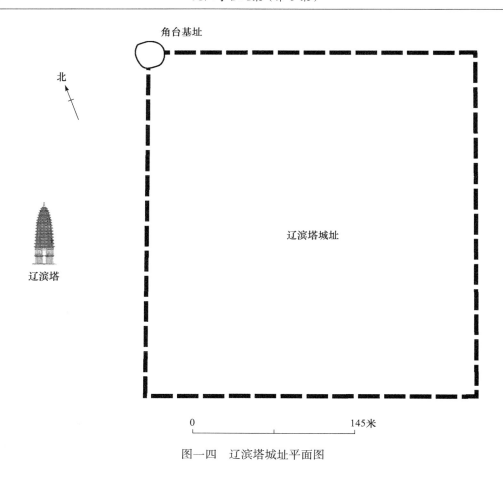

图一四　辽滨塔城址平面图

　　穿心堡城址，于 20 世纪 80 年代第二次全国文物普查时被发现。2009 年，新民市第三次全国文物普查时做了复查。

　　该城址平面略呈方形，朝向近正南。城墙为土筑，均已坍塌，坍宽 3～5、残高 1～1.5 米。东城墙全长 138 米，方向 266°，北端 90 米保存较好，南端被厂房占据；南城墙全长 140 米，方向 170°，西段保存较好，东端 50 米被夷平；西城墙全长 137 米，方向 267°，整体保存较好，最高处 2 米；北城墙全长 145 米，方向 170°，东西两端近转角处残存少许墙体，其他尽被民宅覆盖（图一五）。

　　南城墙中段有 1 处豁口，面阔 7 米，可能是城门遗址。其他三面城墙是否开城门，尚难确定。城外不见护城河迹象。

　　城内北部和南部被民宅覆盖，中部被辟为耕地，表土为黄褐色沙土，含沙量较大。地表遗物较丰富，以泥质灰陶布纹瓦和器皿残片为主，有少量白瓷器皿残片。陶器可辨器形以卷沿罐为主，瓷器有圈足碗等。

　　从遗物判断，该城址建造和使用时代为辽代。

3. 高荒地城址

　　位于新农乡高荒地村东北 1 千米。南距新民市区 18 千米，北距法库县叶茂台镇和国

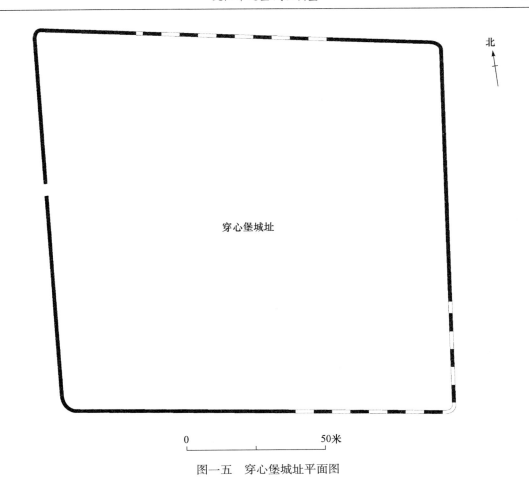

北

穿心堡城址

0 ————————— 50米

图一五　穿心堡城址平面图

道京沈线（G101）8 千米，东南距省道沈环线（S106）12 千米，距辽中环线高速公路
（G91）16 千米，距辽河 19 千米，西南距新鲁高速公路（G2511）16 千米，距国道丹霍线
（G304）18 千米，距柳河 23 千米。城址所在地属大兴安岭—医巫闾山脉之黑山支脉，整体
地势从北向南倾斜。2013 年，高荒地城址被沈阳市人民政府公布为市级文物保护单位。

　　高荒地城址，于 2009 年新民市第三次全国文物普查时被发现。

　　该城址平面略呈方形，朝向 246°。城墙为土筑，均已坍塌，坍宽 10～30、残高
1～2 米。东城墙全长 310 米，方向 245°；南城墙全长 330 米，方向 141°，最高处 2 米；
西城墙全长 260 米，方向 246°；北城墙全长 310 米，方向 150°（图一六）。

　　发现城门 1 座，置于南城墙中段，残存豁口，面阔 20、进深 8 米。城门外不见瓮城
迹象。城外不见护城河迹象，从地形考量，城址所在地势较高，当不设护城河。

　　城内地表被辟为耕地，表土为黄褐色沙土，含沙量较大。地表遗物较丰富，有泥质
灰陶和白釉瓷器皿残片，还有泥质灰陶青砖和布纹瓦残块。陶器可辨器形有盆、罐等，
以平底、卷沿为主；白瓷器可辨器形有圈足碗，较厚重，釉色泛黄，外壁施釉不及底，
内壁底部有支钉痕。

　　从遗物判断，该城址建造和使用时代为辽代。

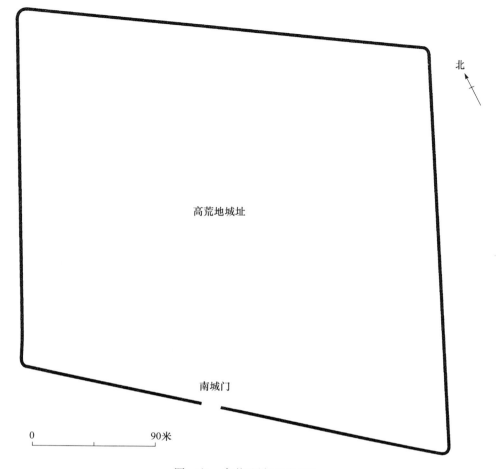

图一六　高荒地城址平面图

4. 小梁山城址

又名北荒四方城城址、西梁山山城址，位于梁山镇北荒村小梁山自然村西 170 米。东南距新民市区 17 千米，东距柳河 7 千米，西距绕阳河 14 千米，南距省道新阜线（S314）1.6 千米。城址地处小梁山南坡台地上，属柳河和绕阳河冲积平原，整体地势由北向南倾斜。

小梁山城址，于 20 世纪 80 年代第二次全国文物普查中被发现。2009 年，新民市第三次全国文物普查时做了复查。

该城址平面略呈梯形，朝向 255°。城墙为土筑，均已坍塌，坍宽 10～30、残高 1～2 米。东城墙全长 230 米，方向 250°；南城墙全长 170 米，朝向 152°；西城墙全长 240 米，朝向 265°；北城墙全长 225 米，朝向 152°，略向内弧（图一七）。

发现城门 1 座，置于南城墙中段，残存豁口，面阔 20、进深 8 米。城门外不见瓮城迹象。城外不见护城河迹象。

城内地表被辟为耕地，表土为黄褐色沙土，含沙量较大。地表遗物丰富，有泥质灰陶、

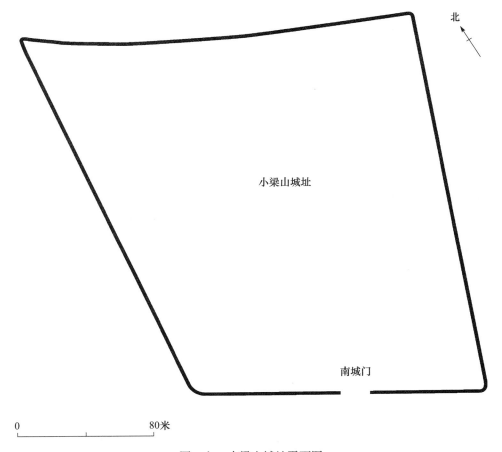

图一七 小梁山城址平面图

釉陶器皿残片，白釉、酱釉瓷器皿残片等。陶器可辨器形有盆、罐等，以平底、卷沿为主；釉陶均红胎绿釉，可辨器形仅有盆；白瓷器可辨器形有圈足碗，较厚重，釉色泛黄，外壁施釉不及底，内壁底部有支钉痕。

从遗物判断，该城址建造和使用时代为辽代。

附：小梁山城址的环境风貌被当地采石场破坏，文物本体的安全亦存在隐患。城址北面300米有大型采石场，在城内东北角修建了办公和生活用房2间，占地600余平方米。小梁山主峰已被采挖殆尽，形成东西长约500、南北宽约400、深约30米的深坑，中心残存一个高约50米的石柱，矿坑的南缘距城址北城墙不足100米。截至调查时，采石作业仍在进行。

新民市境内辽金时期的城址除上述4座外，还有8座，将此次的调查结果列表如下：

表二　新民市境内其他辽金时期城址

名称	地理位置	调查结果
庄家屯城址	大红旗镇庄家屯村	不见城墙迹象
白家屯城址	新农乡白家屯村	不见城墙迹象
中古城子城址	前当堡镇中古城子村	不见城墙迹象
红西城址	大红旗镇红西村	不见城墙迹象

名称	地理位置	调查结果
流泉地城址	大红旗镇流泉地村	不见城墙迹象
庄家屯城址	大红旗镇庄家屯村	不见城墙迹象
东高山城址	高台子镇东高台山村	不见城墙迹象
巨流河山城址	东城街道巨流河村东	遗址被采石场破坏

四、辽 中 县

辽中县位于沈阳市西南部，东北与沈阳市区相接，东与辽阳市辽阳县、灯塔市为邻，南与鞍山市台安县毗邻，西与锦州市黑山县接壤，北与新民市相连。地貌以平原为主，属下辽河平原。境内的主要河流有辽河、浑河、蒲河等。

据《沈阳市文物志》记载，辽中县境内有辽金时期城址 1 座，即石碑岗子城址，位于满都户镇古城子村。经实地调查，在古城子村及其附近未发现城墙迹象。

五、沈阳市辖区

沈阳市辖区包括和平、沈河、大东、皇姑、铁西、苏家屯、浑南、于洪区和沈北新区，位于沈阳市东南部，东与抚顺市望花区、抚顺县接壤，南与辽阳市辽阳县和灯塔市、本溪市溪湖区毗邻，西与新民市、辽中县相连，北与法库县、铁岭市铁岭县为邻。东北部和东南部地貌以山地为主，属长白山—千山山系西端余脉；东部地貌以波状丘陵为主，属辽东山地向辽河平原的过渡地带；其他区域地貌以平原为主，属辽河平原。境内的主要河流有辽河、蒲河、北运河、南运河、浑河、北沙河等。在沈阳市辖区调查了 14 座辽金时期城，保存较好的有 3 座。

1. 高花城址

位于铁西区高花街道大高花堡村西 370 米。东北距沈阳主城区 20 千米，西北距京哈高速公路（G1）1.6 千米，县道潘（大潘）乌（乌伯牛）线公路从城址中部横向穿过，沈西开发大道东北—西南向切过城址东南角。城址所在地处蒲河左岸台地上，地属辽河平原，整体地势由东北向西南缓斜。1989 年，高花城址被于洪区人民政府公布为区级文物保护单位（高花城址时属于洪区管辖）；2008 年，被沈阳市人民政府公布为市级文物保护单位。

高花城址平面略呈矩形，方向 264°。城址东南角在修建沈西开发大道时被破坏。城墙为夯土构筑，多已坍塌，坍宽 10～20、残高 1～3 米，夯层厚 10～12 厘米。东城墙全长 650 米，方向 363°，北段 380 米保存较好，南段已湮没，推测是在修建潘乌公路和沈西开发大道时被破坏；南城墙全长 480 米，方向 176°，多处被取土破坏，东端被公路切断；西城墙全长 615 米，方向 264°，北段保存较好，南段基本被夷平；北城墙全长 540 米，方向 183°，多处被取土破坏，中段墙体被切出断壁，用于修建温棚。

　　发现城门 4 座，分别置于四面城墙中段。潘乌线公路经东、西城门穿城而过。城门遗址残存豁口，结构不清，面阔 16～20 米。城门外不见瓮城迹象，城外亦不见护城河迹象（图一八）。

　　城内地表被辟为温棚和耕地，表土为黄褐色沙土。地表遗物丰富，有泥质灰陶、黑釉、酱釉和白瓷器皿残片，有泥质灰陶青砖和布纹瓦残块，还有瓷俑残件。陶器可辨器

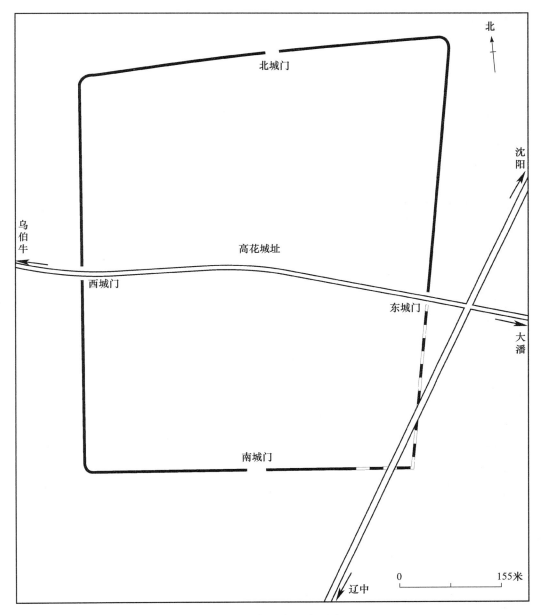

图一八　高花城址平面图

形有盆、罐等，以平底、卷沿为主；白瓷器可辨器形有圈足碗，较厚重，釉色泛黄，外壁施釉不及底，内壁底部有支钉痕；黑釉和酱釉瓷器形多不可辨。

有学者考证高花城址是始建于辽代广州城[7]，金代短暂沿用后废弃。

2. 石佛寺城址

位于沈北新区石佛寺街道石佛寺一村东 0.2 千米的山冈上。南距沈阳主城区 26 千米，北距辽河 1.5 千米，西南距省道十大线（S107）3.3 千米。城址西北 1 千米的七星山上有辽代石佛寺塔，为八角密檐砖塔，现存底座。1985 年，石佛寺城址被沈阳市人民政府公布为市级文物保护单位；2008 年，被辽宁省人民政府公布为省级文物保护单位。

石佛寺城址平面呈矩形，朝向 259°。城墙为夯土构筑，墙体残高 2~4、残宽 7~12 米，夯层厚 10~15 厘米。城墙西南角被水冲毁，西城墙多处被切出豁口。城址东北、西北角、北门外各有 1 处内战时期修建的钢筋混凝土结构碉堡，其内外有 2 道堆土构筑的掩体。东城墙全长 347 米，方向 259°，略向外弧，北端被碉堡破坏 15 米；南城墙全长 180 米，方向 165°，西端被水冲毁 30 米；西城墙全长 347 米，方向 259°，被切开 3 处豁口，南端被水冲毁 30 米，北端被碉堡破坏 10 米；北城墙全长 185 米，方向 165°，东、西端被切掉 10、20 米。

发现城门 4 座，分别置于四面城墙中段，均残存豁口，结构不清。东城门面阔 15、进深 12 米，门外不见瓮城迹象；南城门面阔 15、进深 12 米，城门外置环形瓮城，门朝西开，面阔 5、进深 6 米；西城门现存豁口，面阔 16、进深 12 米，门外不见瓮城迹象；北城门面阔 14、进深 8 米，门外有不规则的高台基址，推测是被修建碉堡和掩体时被破坏的瓮城遗址（图一九）。

城内地表被辟为耕地，表土为黄褐色沙土。城内遗物较丰富，有泥质灰陶、白釉瓷、酱釉、黑釉瓷器皿残片，器形多不可辨；也有少量泥质灰陶布纹瓦残片，还有青铜时代的夹砂红褐陶三足器残片，有器足、桥耳、鋬耳和口沿等。从城内地表时代构成看，青铜时代的遗物最多，其次是辽金时期，还有少量明代遗物。

有学者七星山辽塔地宫出土石碑铭文考证石佛寺城址为辽代双州城址[8]，金代沿用为双城县城。

3. 高八寨城址

位于浑南区李相街道高八寨村西南 200 米，西北—东南走向的沈李线公路从城址东北角穿过。西北距沈阳四环路 2.7 千米，距沈阳主城区 9 千米，西距丹阜高速公路（G1113）6 千米，距国道丹霍线（G304）6.5 千米，东距省道十大线（S107）7 千米。城址地处辽东山地向辽河平原的过渡地带，地貌以波状岗丘地带为主，整体地势由东向西倾斜。

高八寨城址，于 20 世纪 80 年代第二次全国文物普查中被发现，被确定为遗址。2009 年，东陵区第三次全国文物普查推测并登记为城址。本次调查确定其为辽金时期的城址。

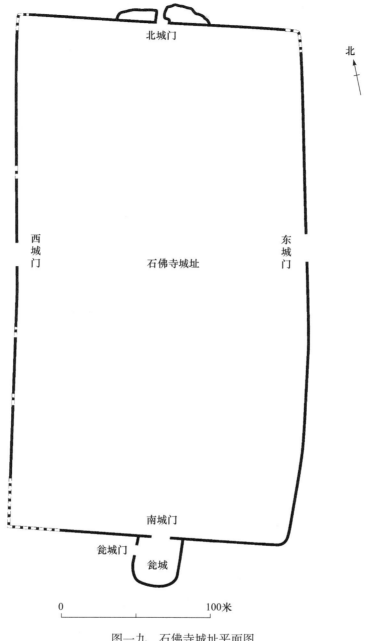

图一九　石佛寺城址平面图

该城址平面略呈方形，朝向276°。城墙为土筑，均已坍塌，坍宽8～15、残高1～3米。东城墙全长320米，方向275°，北端90米保存较好，中段偏北被公路切断70米；南城墙全长275米，方向187°；西城墙全长335米，方向278°，整体保存较好，南端最高处3米；北城墙全长320米，方向183°，中段被公路切断60米（图二〇）。

现存的城墙上不见城门迹象，推测该城址置北门或东门，其位置应在北、东城墙中段，其位置已被公路覆盖。城外不见护城河迹象。

城内被辟为耕地，表土为黄褐色沙土。地表遗物丰富，有泥质灰陶器皿残片和布纹

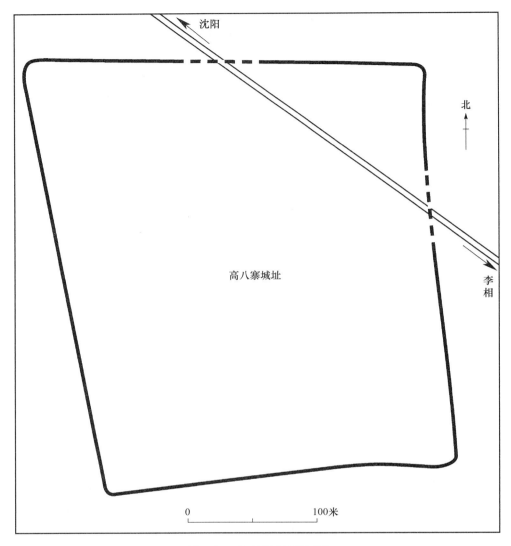

图二〇　高八寨城址平面图

瓦、青砖残块，还有白釉瓷、黑釉瓷器皿残片。陶器可辨器形有罐、盆等，以方唇、平底、卷沿为主。瓷器可辨器形均为圈足碗，白瓷碗器形较厚重，外壁施釉不及底，内壁底部有支钉痕，多有冰裂纹；黑瓷碗器形轻薄，内外壁施釉均不及底。

　　从遗物判断，该城址始建于辽代，金代沿用。

　　沈阳市区境内辽金时期的城址除上述 3 座外，还有以下 11 座：

　　沈阳老城区城址，位于沈河区沈阳老城区地下。学术界比较一致地认为今沈阳老城区是辽金时期沈州城所在，但迄今尚未发现辽金时期的城墙迹象。

　　彰驿城址，位于铁西区彰驿街道彰驿站村。有学者考证该城址为金代章义县城[9]。2007 年，辽宁省长城资源调查工作确认该城址为明代长城沿线的长勇堡城[10]。

　　大夫城址，位于浑南区高坎街道大夫村。经调查未发现城墙迹象。

　　下伯官城址，位于浑南区汪家街道下伯官村。经调查未发现城墙迹象。

静安城址，位于于洪区马三家街道靖安堡村。2007年，辽宁省长城资源调查工作确认该城址为明代长城沿线的静远堡城[11]。

道义城址，位于沈北新区道义街道道义一社区。经调查未发现城墙迹象。

董楼子山城址，位于沈北新区马刚街道董楼子村石头山上。有学者考证该城址为高句丽山城[12]。2013年，沈阳市人民政府将该城址作为高句丽山城公布为市级文物保护单位。

长岭山城址，位于沈北新区马刚街道苇塘沟村，被沈北新区第三次全国文物普查确认并登记为遗迹消失。经调查未发现城墙迹象。

石佛寺一村城址，位于沈北新区石佛寺街道石佛寺一村西。2007年，辽宁省长城资源调查工作确认该城址为明代长城沿线的十方寺堡城[13]。沈北新区第三次全国文物普查确认该城址为辽代双州城、金代双城县城，将该城址东面的石佛寺城址确定为明代十方寺堡城。从其地表遗物的数量和时代构成看，石佛寺一村城址应为明代十方寺堡城，但是否始建于辽代，为明代沿用，则需考古发掘工作来确定。2013年，沈北新区人民政府将该城址公布为区级文物保护单位。

挹娄城址，位于沈北新区清水台街道依路村（原名懿路，后改依路），当地人称南懿（依）路；北隔万泉河与铁岭市铁岭县新台子镇懿路村（当地人称北懿路）相望。两村原系一个自然村，后因行政区划分属两市。据有关史料记载，懿路原为肃慎族系挹娄族故地，辽代为兴州兴中军常安县，曾置定理府刺史于此，金代为沈州挹楼县，元代废弃，明代废城之城基尚存，在此置懿路千户所城。此次调查，在万泉河南的依路村及其附近未发现城墙迹象。从明代懿路千户所城位于万泉河北的懿路村中这一情况看，挹娄城址应在铁岭县境内。

奉集堡城址，位于苏家屯区陈相街道奉集堡村。有学者考证该城址为辽代集州城，金代奉集县城。2011年，辽宁省长城资源调查工作确认该城址为明代奉集堡城[14]。2013年，沈阳市人民政府将奉集堡城址作为辽金、明代城址公布为市级文物保护单位。

六、结　语

据《沈阳市文物志》记载，在沈阳市辖区、新民市、辽中县境内发现、确认的辽金时期城址有22座[15]；据《法库县文物志》记载，在法库县境内发现、确认的辽金时期城址有22座[16]；据《康平文史资料》记载，在康平县境内发现、确认的辽金时期城址有6座[17]。综上数据，沈阳市见诸记载的辽金时期城址共50座。以上文献中的统计数据多是基于20世纪80年代的第二次全国文物普查资料。据2008～2010年开展的沈阳市第三次全国文物普查资料，全市现存辽金时期城址35座，被确认并登记为消失的有6座。

此次，我们对见诸记录的辽金时期城址做了全面复查。以上的20座城址是其中保存较好的一部分，其他的因保存较差，未做详报。关于"三普"确认消失的6座城址，笔者认为其结论有待商榷。首先，我们在"消失"城址原址地表多发现有辽金时期的遗物，个别的尚有城墙迹象，如法库县五城店城址等；其次，文物普查的工作手段限于地面踏查，即便是地表无城墙迹象可循的，也不能排除地下存在城墙的可能；最后，"消失"对不可移动文物来说属终极性的结论，不慎重的定性将使今后相关的文物保护和考古工作陷于被动。因此，这些"消失"的城址，是否可改为"地表遗迹消失"或"地表不见遗迹"等阶段性的结论？

通过此次调查，我们对沈阳地区辽金时期的城址有以下粗浅的认识：

1）从宏观考量，沈阳市境内辽金时期的城址有以下特点：

发现的数量多。辽金时期的城址数量超过了前代（战国至隋唐时期）的总和。迄今在沈阳地区发现的前代城址包括高句丽山城不过 10 余座，后世的元、明、清三代大一统帝国时期的城址数量也莫可比肩。

分布的地域广。从始创城郭的战国时代起，历燕封国和秦、汉帝国，沈阳地区的城址多分布在长城以内。高句丽窃据辽东时期，其城址的分布亦未逾前代。而辽金时期城址分布地域之广远迈前代，完全突破长城的封障和辽河的阻隔，北至草原朔漠地带，南达辽河平原农耕区。

文化面貌趋同。沈阳地区辽金城址的布局和城垣构造、遗物的文化面貌基本相同。一改以往史前时期考古学文化面貌辽河左右各异，历史时期长城内外有别的格局。

影响深远。沈阳地区的辽金城址多始建于辽代，辽代是东北地区特别是辽沈地区历史上重要的发展期，广建城郭、设置州县、徙民以实，使唐武后以后"殆同瓯脱"[18]的辽东地区"城郭相望，田野益辟"，经济、文化得到了空前发展，为以后辽沈地区的城市地缘格局奠定了基础。

2）从微观上考量，沈阳市境内辽金时期的城址有以下特点：

城址布局中规中矩，墙垣均用土筑，一些有暴露断面的城墙均可确定为夯筑。这些都承袭了汉民族传统的城垣文化因素。

以小型城址居多，且多分布于今沈阳市的北部和西北部的法库、康平和新民境内。规模较大的州城，如祺州城（小塔子城址）、渭州城（西二台子城址）、横州或宗州城（四家子城址）、辽州城（辽滨塔城址）、广州城（高花城址）、双州城（石佛寺城址），还有被明代沿用为奉集堡的集州城，其边长多不超过 600 米。其规模远比东北其他地区的辽金时期的州城址小，如长春州（城四家子城址，周长 5748 米[19]）。其他规模更小的城址，多不属于国家行政州、县。据《辽史》记载："其间宗室、外戚、大臣之家筑城赐额，谓之'头下州军'；唯节度使朝廷命之，后往往皆归王府。不能州者谓之军，不能县者谓之城，不能城者谓之堡。"[20]据此推测，这些规模较小的辽代城址应是契丹贵族建立的城堡。

一些城址在城西建有密檐砖塔，如小塔子城址、辽滨塔城址、石佛寺城址，是否与城本身的等级或者城内居民的族属、宗教信仰等文化因素有关，值得关注。辽河沿岸一些滨河的城址，如小塔子城址、和平城址、辽滨塔城址、石佛寺城址是否与古渡口有关，也值得关注。

执　笔：刘　明

注　释

［1］ 沈阳市文物管理办公室编纂：《沈阳市文物志》，沈阳出版社，1993 年。

［2］ 辽宁省博物馆：《康平齐家屯古城（辽祺州州治）遗址》，辽宁省博物馆编：《辽宁史迹资料》（初稿），1962 年内部印刷，64 页。

［3］ 冯永谦：《辽志十六头下州地理考》，《辽海文物学刊》1988 年 1 期。

［4］ 王绵厚：《辽代横州及横山的地理考察》，《博物馆研究》1985 年 2 期。

［5］ 冯永谦：《辽宁地区辽代建置考述》（上），《东北地方史研究》1986 年 2 期；冯永谦：《辽宁地区辽代建置考述》（下），《辽海文物学刊》1987 年 1 期。

［6］ 金毓黻：《东北通史》，五十年代出版社，1981 年，313 页。

［7］ 姜念思：《沈阳史话》，沈阳出版社，2008 年，69 页。

［8］ 李仲元：《辽双州城考》，《辽金史论集》（第 2 辑），书目文献出版社，1987 年，96～104 页。

［9］ 冯永谦：《辽宁地区辽代建置考述》（上），《东北地方史研究》1986 年 2 期；冯永谦：《辽宁地区辽代建置考述》（下），《辽海文物学刊》1987 年 1 期。

［10］ 辽宁省文物局：《辽宁省明长城资源调查报告》，文物出版社，2011 年，290 页。

［11］ 辽宁省文物局：《辽宁省明长城资源调查报告》，文物出版社，2011 年，289～290 页。

［12］ 赵晓刚：《沈阳营盘山山城和董楼子山城考古调查》，《东北史地》2013 年 2 期。

［13］ 辽宁省文物局：《辽宁省明长城资源调查报告》，文物出版社，2011 年，289 页。

［14］ 吴炎亮、刘明：《沈阳、抚顺地区明代城址调查与研究》，《中国文物科学研究》2013 年 1 期。

［15］ 沈阳市文物管理办公室：《沈阳市文物志》，沈阳出版社，1993 年，61 页。

［16］ 冯永谦、温丽和：《法库县文物志》，辽宁民族出版社，1996 年，347～349 页。

［17］《康品文史资料》（第三辑·后记），1990 年内部刊印，143 页。

［18］ 金毓黻：《东北通史》，五十年代出版社，1981 年，314 页。

［19］ 宋德辉：《城四家子古城为辽代长春州金代新泰州》，《北方文物》2009 年 2 期。

［20］（元）脱脱：《辽史》卷四十八《百官志四·南面方州官》，中华书局，1974 年，812 页。

沈阳市惠工街辽代墓葬考古发掘报告

沈阳市文物考古研究所

2008 年 5～6 月，为配合辽宁省烟草专卖局开发建设的沈阳市"综合业务用房（烟草大厦）"项目工程，沈阳市文物考古研究所在该工程范围内进行了文物勘探工作。通过勘探，发现古代遗存 1 处。6 月 12～13 日，对发现的古代遗存进行布方发掘，布探方1 个，发掘面积 25 平方米，清理辽代墓葬 1 座（M1）。参加发掘的人员有沈彤林、刘德才、韩玉岩、张洪涛等。现将此次考古发掘情况报告如下。

一、地理位置及地层堆积情况

沈阳市"综合业务用房（烟草大厦）"项目用地位于沈阳市沈河区惠工街泽工南巷62 号，其东接奉天街，南邻格林自由城，西靠烟草专卖局住宅楼（金叶家园），北为东西快速干道，平面近长方形，占地面积 12 820 平方米（图一）。

该工地内地层堆积可分 3 层。

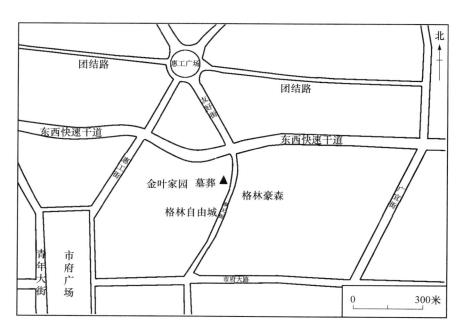

图一　墓葬地理位置图

第1层：为回填土层。黑褐色土。此层包含有大量混凝土基础、建筑垃圾、生活垃圾、炉灰、煤渣等，另工地东北部分地区以前被扰动过，基本全部为建筑垃圾，年代应为现代层。厚1.5～2米。

第2层：灰褐色土。土质较黏，可见青砖、瓦片等，应为明、清代层。深1.5～2、厚0.6～0.7米。

第3层：黄褐色沙土。土质较疏松，土中含大量沙子。深2.1～2.7、厚0.1～0.3米。

第3层以下为生土层。

二、遗迹和遗物

M1开口于第2层下，为一长方形土圹砖筑单室墓，墓葬方向200°。墓底距地表深2.6、墓圹长3.6、残宽1.4米（图二）。墓葬用砖为青灰色细沟纹砖，长34、宽20、厚6厘米（图三）。墓室西部、南部基本都已被水泥基础破坏，只留有北部部分及东部一侧墓壁。

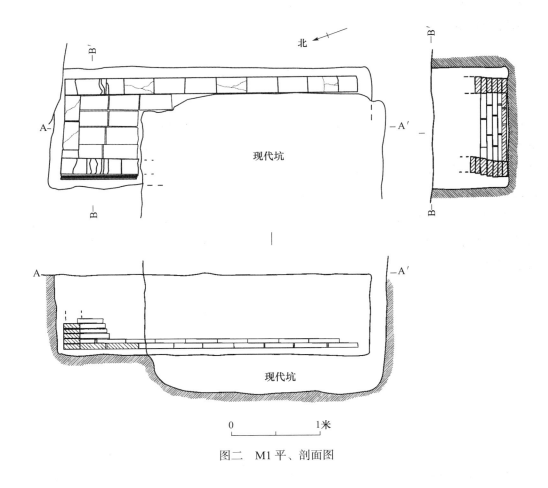

图二　M1平、剖面图

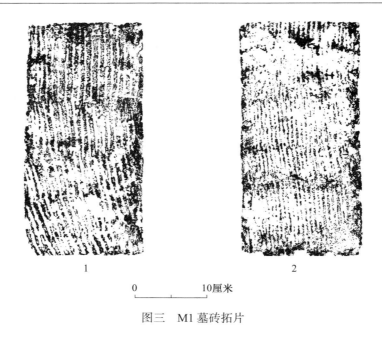

　　　　　　　1　　　　　　　　　　　　　2

　　　　　　0　　　　　10厘米

图三　M1 墓砖拓片

　　墓壁为顺砖平砌错缝。墓室残长 3.32、残宽 1.1、残高 0.38 米。墓底用细沟纹砖直铺，墓内未发现任何葬具及随葬品。

三、结　　语

　　长方形单室墓，在沈阳地区以前曾多有发现，如昭陵石棺墓[1]、广宜街辽代墓群[2]、八王寺辽代墓群等[3]。墓葬用砖与热闹路天主教修女院内发现的辽墓[4]所用墓砖相同。此外，早年曾在惠工广场附近的防爆灯厂发现过一座辽中期墓葬[5]，或与该墓葬为一墓群亦未可知。由此我们推测，该墓葬的年代大致在辽代中期。

　　据史料记载，辽代沈州城中心位置在今沈阳方城中心故宫左右，而此墓位于沈阳方城的西北，距沈阳故宫约 2 千米，墓葬虽然规模不大，为小型墓葬，但在此位置发现，证明了应是与辽沈州城有关的墓葬。

　　　　　发　　掘：沈彤林　刘德才　韩玉岩
　　　　　绘　　图：张洪涛　沈彤林　韩玉岩　庞志辉
　　　　　照　　相：沈彤林
　　　　　执　　笔：沈彤林

注　　释

［1］　李文信：《奉天昭陵附近出土之石棺》,《李文信考古文集（增订本）》, 辽宁人民出版社，2009 年。

［2］ 沈阳市文物考古研究所：《沈阳广宜街辽代石棺墓发掘报告》，《沈阳考古文集》（第2集），科学出版社，2009年。

［3］ 沈阳市文物考古研究所：《沈阳八王寺地区考古发掘报告》，辽海出版社，2011年。

［4］ 沈阳市文物考古研究所：《沈阳热闹路天主教修女院古代墓群2006年考古发掘报告》，《沈阳考古文集》（第1集），科学出版社，2007年。

［5］ 赵晓刚：《沈阳城区辽代墓葬拾遗》，《辽金历史与考古》（第四辑），辽宁教育出版社，2013年。

沈阳康平县大付家窝堡辽墓的发掘

沈阳市文物考古研究所

2014年4月月初，在沈阳市康平县胜利乡朝阳堡村大付家窝堡自然屯有一座辽代墓葬被盗掘，法库县文物管理办公室随即上报沈阳市文物局，市文物局指派市文物考古研究所立即对该墓进行抢救性考古发掘。4月18日，沈阳市文物考古研究所派人前往调查确认为墓葬无疑。4月24日，考古队进驻康平县，开始对墓葬进行抢救性考古发掘。该墓为砖筑单室墓，编号为2014KDM1。墓葬被盗扰严重，仅在扰土发现有残白瓷碟、铁削刀、铁镞、棺钉等遗物。4月30日发掘工作全部结束。现将此次考古发掘的情况介绍如下。

一、地 理 位 置

墓葬位于大付家窝堡自然屯西，卧龙湖东北约2千米处。墓葬所在位置是一户农家的后院，北距前院的房子约7米，西距康平至小城子的公路（康小线）约10米，东面是一片果园。墓葬所在地表较为平坦（图一）。

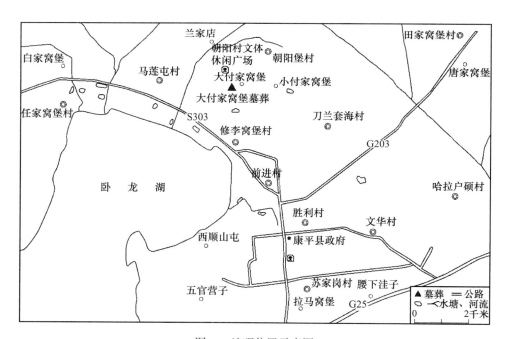

图一　地理位置示意图

经发掘并结合勘探情况，可基本确定该处地层堆积和墓葬分布情况。地层仅见表土层，即耕土层，灰褐色黏土，土质疏松，厚约20厘米。墓葬开口在该层下。此层下为黑褐色黏土，为生土。

墓葬东南向，墓圹长度超过5、宽4.4、深2.9米。圹线内填土为五花土，以红色为主，十分松软。墓道内填土同样为花土，但颜色有所不同，并且经过夯打，比较坚硬。

根据以往发掘经验，初步判断该墓葬为一座带墓道的单室砖墓，时代大体在辽代。

二、墓葬结构

从发掘情况看墓葬在20世纪七八十年代已经被盗，近1米直径的盗洞紧贴墓室框线打破甬道进入墓室，将墓室内的随葬品盗窃一空。盗贼为了保障自身安全还将墓底砖拆除一部分，在墓室中间垒起砖垛支撑。

2014KDM1为砖筑单室墓，方向南偏东20°（图二）。墓砖为青灰色，火候不高，制作粗糙，不太规则，一面素面，一面有稻草痕。墓砖可分两种，一种为长方形砖，长26～27.5、宽13.5、厚4.5厘米（图三，2）；一种横截面呈楔形，长28、宽13.5、厚3～5厘米（图三，1）。

墓圹　呈"凸"字形，前为长方形墓道，中有过洞，后为矩形墓圹。

墓道　斜坡式。因农田主人不同意，故未发掘完整。开口宽1.2、底宽约1米，揭露长度2.3米。墓道底部见有几层台阶，台阶至墓门间约2米长的墓道略呈斜坡状，坡度约9°。墓道尽头接土坑过洞。

过洞　拱形，上下皆斜坡状。过洞门宽0.85、高1.3、进深1米。过洞后接墓门。

墓门　拱形，宽0.6、高0.9米。墓门用青砖封堵，已被毁坏，仅存底部3行，残高0.15米。墓门后为砖筑甬道。

甬道　拱券顶，进深0.75米。甬道被盗洞打破。甬道后为墓室。

墓室　方形，边长2米。墓底从甬道至墓室均见竖向铺地砖，墓壁用青砖错缝平砌，从底部即开始倾斜内收，四壁斜收至约1.1米处开始起券，墓顶呈穹隆状，顶部用一块大石块（已碎为3块）封堵，墓室内高1.5米。墓室内紧靠西壁见有砖铺棺床，仅1行，由青砖横铺而成。因棺床已被破坏，我们推测为棺床应为南北向，紧贴西壁，通室长，宽1.12米，由四排青砖铺成。墓室内被盗扰严重，墓主人的骨殖及残砖块被扔得到处皆是。

三、出土遗物

此次发掘，墓室内已无遗物，我们仅在墓室扰土和墓葬填土中采集到了白瓷碗残片、铁锹、铁削刀、铁棺钉和一些泥质灰陶片等遗物。

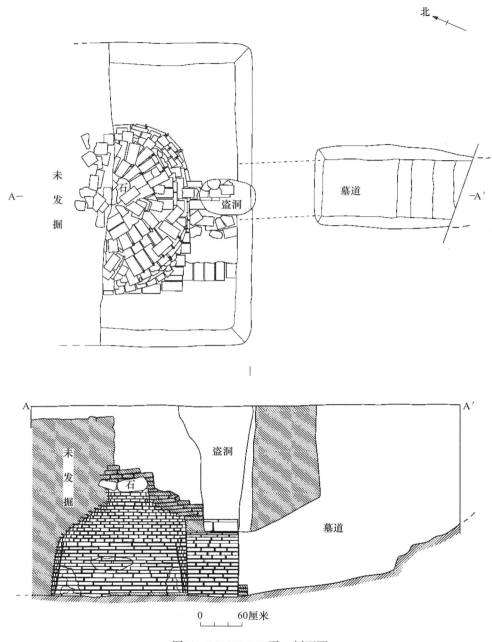

图二　2014KDM1 平、剖面图

1. 陶瓷器

白瓷碗　2014KDM1 : 1，轮制。残。尖圆唇，敞口，斜直壁，圈足。内底见有支钉痕。夹砂白瓷胎，胎质较粗，内外均先施白色化妆土后施透明釉，釉不及底。口径 19.2、底径 8、高 4 厘米（图四，1）。

罐口沿　2014KDM1 填土 : 1，泥质灰陶。轮制。圆唇，卷沿，侈口。残高 5.2 厘米（图四，5）。

盆口沿 2014KDM1 填土：2，泥质灰陶。轮制。圆唇，沿下卷，敛口，弧腹（图四，7）。

壶口沿 2014KDM1 填土：3，泥质灰陶。轮制。方圆唇，侈口，直颈微束。口径 17、残高 4.5 厘米（图四，6）。

器盖 2014KDM1 填土：4，泥质灰陶。圆形，盖顶有车轮状纹样。底部有轮制的拉坯痕（图四，8）。

器底 2014KDM1 填土：5，泥质灰陶。轮制。平底。复原底径 22、高 2.2 厘米（图四，9）。

纹饰陶片 2014KDM1 填土：6、2014KDM1 填土：7，泥质灰陶片，上施篦齿纹（图三，3、4）。

2. 铁器

削刀 2014KDM1：2，遍体铁锈。分刀柄和刀身两部分，刀把已残，上有朽木痕，刀身直背斜直刃。残长 14.4、背厚 0.45 厘米（图四，2）。

镞 2014KDM1：3，通体锈蚀，矛形镞，分镞身和铤两部分。铤为圆柱状，上有朽木痕；镞身为矛形，刃部锋利，锋两面各有一道血槽。长 14、铤长 5.2 厘米（图四，3）。

棺钉 2014KDM1：4，残。整体锈蚀。圆形帽顶，方柱状钉身。残高 3.3 厘米（图四，4）。

图三 墓砖及出土器物纹饰拓片
1、2. 墓砖 3、4. 纹饰陶片（2014KDM1 填土：6、2014KDM1 填土：7）

四、结　语

1. 墓葬年代

墓葬为带长方形墓道和过洞的方形砖筑单室墓，与建平古山子 2 号辽墓[1]的大小、形制极其相似。这种方形单室墓在康平发现较多，如后刘东屯二号辽墓[2]、赵家店村辽墓、张家窑林场辽墓、上金沙辽墓[3]等。此外，墓内出土的铁镞和铁刀与康平张家窑 1 号辽墓[4]所出者基本相同，类似的铁镞也见于李贝堡辽墓[5]。

因此，我们初步推测该墓葬的年代应为辽代早期。

2. 墓主人身份

经辽宁大学历史系陈山教授鉴定，该墓内骨殖应为一中年女性，年龄在 35～40 岁，其头骨上发现有骨瘤，头骨顶面发现有数道伤痕，有龋齿，并患有牙周病。

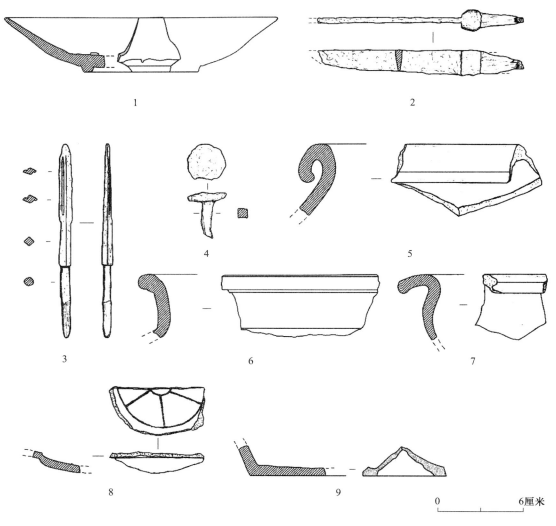

图四　墓葬出土器物

1. 白瓷碗（2014KDM1∶1）　2. 铁削刀（2014KDM1∶2）　3. 铁镞（2014KDM1∶3）　4. 铁棺钉（2014KDM1∶4）

5. 陶罐口沿（2014KDM1 填土∶1）　6. 陶壶口沿（2014KDM1 填土∶3）　7. 陶盆口沿（2014KDM1 填土∶2）

8. 陶器盖（2014KDM1 填土∶4）　9. 陶器底（2014KDM1 填土∶5）

3. 墓葬与周边遗址关系

　　该墓葬周边据知情者说还曾发现过石筑墓葬，因此，该区域应为一辽代墓群。而且，在发掘期间，我们曾对墓群附近的朝阳堡辽金遗址进行了调查。遗址位于墓群东约 300 米的高台地上。因此，我们推测该墓群与朝阳堡遗址有着密切的关系！

　　附记：发掘期间，康平县文广新局、康平县文物管理所等给予了很大帮助，在此表示诚挚的谢意！

领　队：赵晓刚

绘　图：韩玉岩

照　相：林　栋　赵晓刚

执　笔：赵晓刚　林　栋　刘树宇

注　释

［1］　杨东昕：《辽宁建平县古山子辽墓》，《考古》2001 年 5 期。

［2］　铁岭市文物办公室、康平县文物管理所：《辽宁康平县后刘东屯二号辽墓》，《考古》1988 年 9 期。

［3］　王允军：《辽宁省康平县辽墓发掘简报》，《博物馆研究》2010 年 4 期。

［4］　裴耀军：《康平张家窑 1 号辽墓》，《辽海文物学刊》1996 年 1 期。

［5］　林茂雨、佡峻岩：《法库李贝堡辽墓》，《北方文物》2001 年 3 期。

沈阳市北四台子辽金遗址 2012 年发掘简报

沈阳市文物考古研究所

北四台子遗址位于沈阳市皇姑区北四台子村西北约 500 米，东至京沈西三街以东 20 米，西至"恒大雅苑一期"用地的中部，南至蒲河支流南沟河的北岸，北至文大公路北侧 10 米，遗址南北长约 150、东西宽约 150 米，面积约 2.2 万平方米（图一、图二）。北四台子遗址是一处辽金时期的遗址，发现于 2012 年 9 月对"恒大雅苑"住宅小区用地的勘探过程中。为了更好地了解北四台子遗址的文化内涵，沈阳市文物考古研究所于 2012 年 9 月月底至 2012 年 10 月下旬对该遗址进行了考古发掘，按正方向布置了 16 个探方，实际发掘面积近 300 平方米，共发现了 1 个室外灶址、3 处窖穴、38 个灰坑及 7 条灰沟（图三；图版一六，1），出土了大量的陶瓷片，可辨器形有白瓷碗、瓷灯、瓷罐、瓷马、陶盆、陶罐、布纹瓦、铜钱、铁器及骨器等。

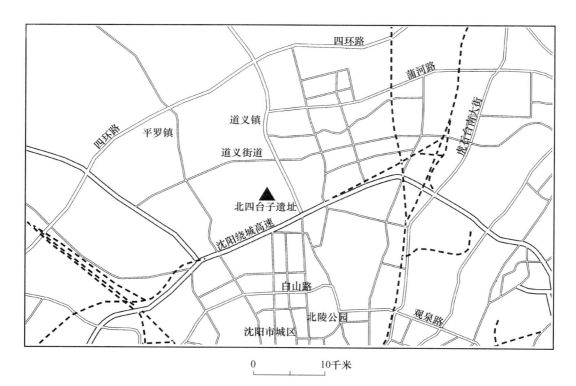

图一 北四台子遗址地理位置示意图

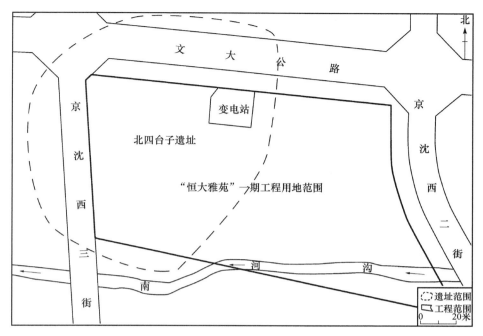

图二　北四台子遗址范围示意图

一、地 层 堆 积

遗址的地层堆积比较简单，以 T2 的西壁剖面为例介绍（图四）。

第 1 层：灰褐色黏土。土质致密，普遍分布。包含碎砖块、沥青路面、煤渣等，是工地本次施工过程中形成的垫土层。厚 14～30 厘米。

第 2 层：黄褐色黏土。土质致密，普遍分布。包含少量青花瓷片、泥质灰陶片、砖块、煤渣等，是原地表表土层。深 14～30、厚 18～35 厘米。

第 3 层：黑褐色黏土。土质疏松，普遍分布。灰坑 H6、H7 开口于该层下。该层包含有木炭灰、青砖块、布纹瓦片、泥质灰陶片、白瓷片等，是辽金时期文化层。深 45～52、厚 30～44 厘米。

以下为黄色黏土层，纯净，为生土。

二、遗　　迹

此次发掘发现了 1 个室外灶、3 处窖穴、38 个灰坑及 7 条灰沟，介绍如下。

（一）室 外 灶

Z1 位于 T6 的西北及 T7 的东隔梁，开口于第 3 层下。Z1 是一个室外灶，形状略呈

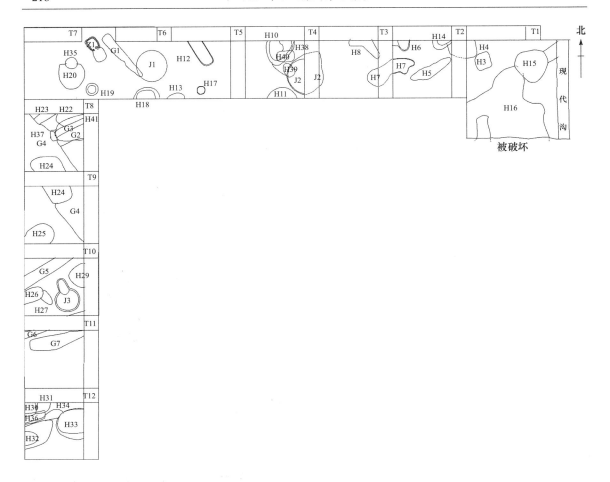

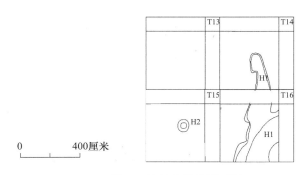

图三　遗址发掘总平面图

圆角长方形，西北—东南走向，包括火塘及工作间两部分。火塘的四周红烧土厚4~8厘米，底部的烧烤面残留黑色的灰烬。在火塘与工作间连接处现存用于隔离空间的4块石头。工作间及火塘填土为黑褐色黏土，土质疏松，出土了少量的泥质灰陶片、石块等遗物（图五；图版一六，2）。

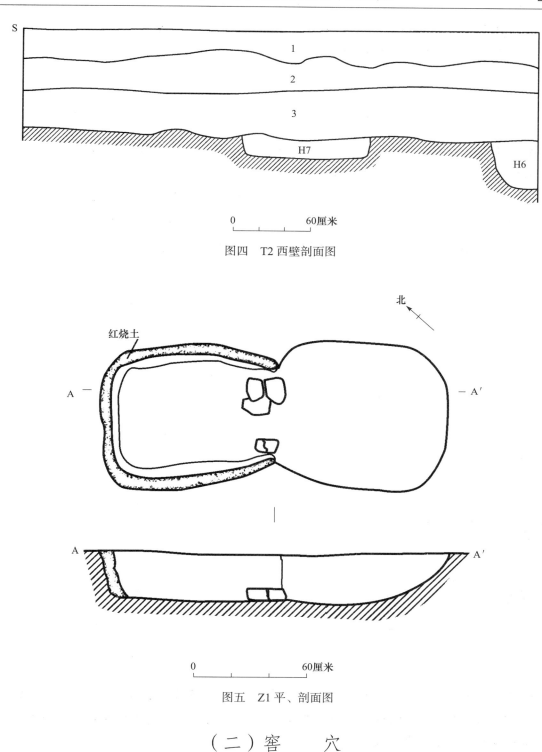

图四　T2 西壁剖面图

图五　Z1 平、剖面图

（二）窖　穴

发现的 3 处窖穴，呈圆形或椭圆形，直壁、近平底。壁面有人工修正的痕迹，壁面十分规整。窖穴堆积的出土物较少，估计是窖穴使用后物品已经取走的原因。以 J1 为例介绍。

J1 位于 T6 的中部偏西，开口于第 3 层下，被 G1 打破。J1 平面近呈圆形，直壁，近平底。壁面十分规整。J1 直径约 2.14、深约 0.78 米。J1 的堆积为灰褐色黏土，土质疏松，出土了少量的泥质灰陶片等，可辨器形主要有盆等（图六）。

（三）灰 坑

发现的灰坑数量较多，存在一些打破或叠压关系。灰坑的平面形状有近圆形、椭圆形、圆角长方形、不规则形等。

H7 位于 T2 的西部及 T3 的东部，开口于第 3 层下。平面为不规则形，弧壁、近平底。东西长约 3.21、南北宽约 1.96、深 0.14～0.2 米。H7 的堆积为灰褐色黏土，土质疏松，出土了少量的泥质灰陶片等，可辨器形有陶盆、陶饼等（图七）。

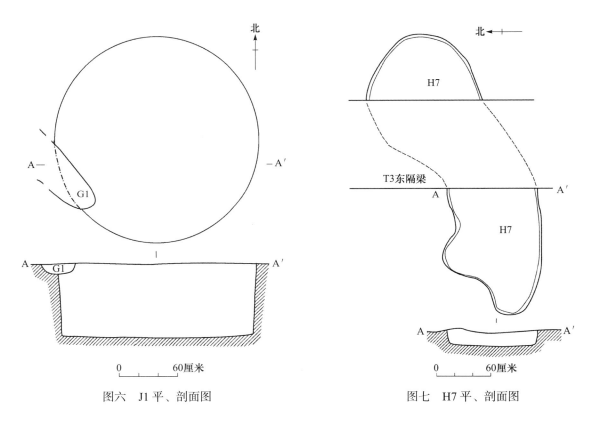

图六　J1 平、剖面图　　　　　　　图七　H7 平、剖面图

H19 位于 T7 的东南部，开口于第 3 层下。平面近圆形，斜壁，近平底。直径约 0.86、深约 0.26 米。H19 的堆积为灰褐色黏土，土质疏松，出土了少量的泥质灰陶片，可辨器形有陶盆、陶罐等（图八）。

H24 位于 T8 的南部和 T9 的北部，开口于第 3 层下。平面呈近圆角长方形，为一个锅底形灰坑。南北长 3.29、东西宽 2.82、深 0.42 米。H24 的堆积为灰褐色黏土，土质疏松，出土了少量的泥质灰陶片和白瓷片，可辨器形有陶瓮、陶罐、瓷碗等（图九）。

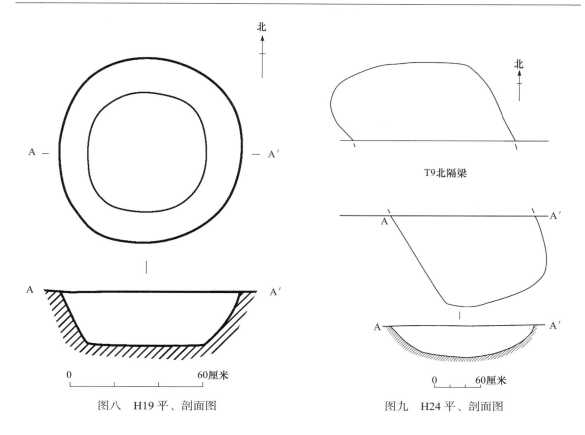

图八　H19 平、剖面图　　　　　　　图九　H24 平、剖面图

　　H33 位于 T12 的东部，开口于第 3 层下。未完全发掘完，平面近椭圆形，近弧壁、圜底。发掘部分南北长 2.18、东西宽 1.9、深约 0.78 米。H33 的堆积为灰褐色黏土，土质疏松，出土了少量的泥质灰陶片和白瓷片等，可辨器形有陶盆、陶瓮、瓷碗等（图一〇）。

（四）灰　　　沟

　　发现了 7 条灰沟，以 G1 为例介绍。
　　G1 位于 T6 的西部及 T7 的东北部，开口于第 3 层下。平面长条形，东北—西南走向，弧壁，近平底。南北长 3.85、东西宽 0.72、深 0.15 米。G1 堆积为黑褐色黏土，土质疏松，出土了大量的泥质灰陶片及白瓷片等，可辨器形有陶盆、瓷碗等（图一一）。

三、遗　　　物

　　遗址出土了大量的遗物，以泥质灰陶为主，器形有陶盆、陶罐、陶瓮、陶甑等，有少量的白瓷、酱釉瓷，器形有瓷碗、瓷盘、瓷罐等，并有少量的铁器、石器、骨器等出土。

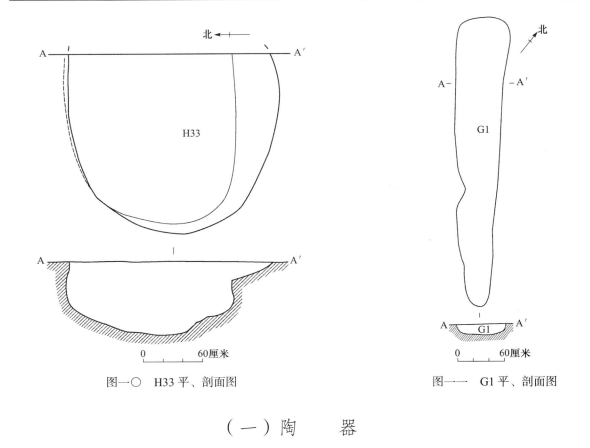

图一〇　H33 平、剖面图　　　　　图一一　G1 平、剖面图

（一）陶　　器

　　此次发掘的陶器可复原的较少，多为口沿、腹部或底部的残片。陶器均为轮制，烧制火候较高，陶质较硬。器表绝大部分为素面，少量器表有附加堆纹、弦纹、网格纹，波纹等。陶器的器形主要有陶盆、陶罐、陶甑、陶瓮、纺轮、陶饼、板瓦等。

　　陶盆　44 件。出土的多数是陶盆的口沿，有少量的器底。根据口沿形制的差异，可以分为二型。

　　A 型　31 件。卷沿，根据沿的卷曲程度的差异，可以分为二亚型。

　　Aa 型　7 件。卷沿外翻，近平沿或微下垂。H6 ①：3，残，泥质灰陶。方唇，近平沿，鼓肩，弧腹。素面。复原口径 38、残高 6.1 厘米（图一二，1）。H25 ①：3，残，泥质灰陶。圆唇，卷沿，微下垂，弧腹。素面。残高 2.1 厘米（图一二，3）。

　　Ab 型　24 件。卷沿外翻，下垂明显。T8 ③：3，残，泥质灰陶。圆唇，卷沿，下垂明显。弧腹。陶盆外壁素面，内壁下部饰刻划网格纹。复原口径 48、残高 8.7 厘米（图一二，2）。T4 ③：4，残，泥质灰陶。圆唇，卷沿，下垂明显，弧腹。陶盆外壁素面，内壁的上部饰曲线几何纹，下部饰刻划弦纹。复原口径 44、残高 5.8 厘米（图一二，4）。H33 ②：4，泥质灰陶。残。圆唇，卷沿，下垂明显，弧腹。上腹部有一周附加压印纹。复原口径 50、残高 10.5 厘米（图一二，5）。H25 ②：1，残，泥质灰陶。圆唇，卷沿，下垂明显，弧腹。素面。复原口径 37、残高 5.2 厘米（图一二，6）。

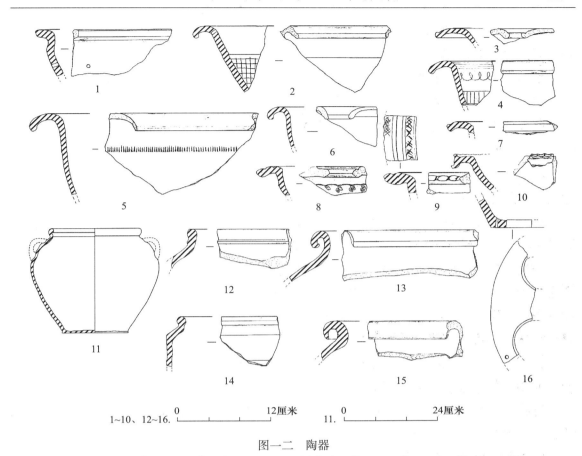

图一二　陶器

1、3.Aa 型陶盆（H6①：3、H25①：3）　2、4~6.Ab 型陶盆（T8③：3、T4③：4、H33②：4、H25②：1）

7、9、10.Ba 型陶盆（H1③：4、T7③：10、T8③：10）　8.Bb 型陶盆（H9①：7）　11、12.Aa 型陶罐（H15①：1、T5③：6）　13.Ab 型陶罐（H24①：1）　14.B 型陶罐（T7③：7）　15.陶瓷（G4①：2）　16.陶甑（T4③：6）

B 型　13 件。折沿，根据沿的翻折程度的差异，可以分为二亚型。

Ba 型　11 件。转折明显，近平沿或微下垂。H1③：4，残，泥质灰陶。方唇，折沿，近平沿，沿上部有 3 道沟槽。口径 46、残高 1.5 厘米（图一二，7）。T7③：10，残，泥质灰陶。近圆唇，折沿，近平沿。唇部有花边纹，沿部上面饰弦纹、网格纹等。残高 2.8 厘米（图一二，9）。T8③：10，残，泥质灰陶。方唇，折沿，近平沿，弧腹。唇部饰花边纹。口径 34、残高 4.7 厘米（图一二，10）。

Bb 型　2 件。转折明显，沿部下垂明显。H9①：7，残，泥质灰陶。圆唇，折沿，下垂明显，沿上部有 2 道沟槽。口径 38、残高 3.8 厘米（图一二，8）。

陶罐　40 件。按照肩部的特征，可以分为二型。

A 型　溜肩罐。36 件。根据沿部的特征，可以分为二亚型。

Aa 型　矮领。29 件。H15①：1，可修复，泥质灰陶。圆唇，侈口，矮领，溜肩，弧腹，平底。素面。上腹部对称装饰 2 个竖桥耳。口径 22、底径 16.8、通高 27.5 厘米（图一二，11）。T5③：6，残，泥质灰陶。方唇，敛口，矮领，溜肩。肩部有一道凸弦纹。口径 31、残高 5.2 厘米（图一二，12）。

Ab 型　卷沿。7 件。H24①：1，残，泥质灰陶。圆唇，卷沿，溜肩。素面。口径 34、残高 6.6 厘米（图一二，13）。

B 型　折肩罐。4 件。T7③：7，残，泥质灰陶。圆唇，近直口，矮领，折肩，直腹。素面。口径 24、残高 6.4 厘米（图一二，14）。

陶瓮　3 件。G4①：2，残，泥质灰陶。尖唇，卷沿，溜肩。素面。残高 5.2 厘米（图一二，15）。

陶甑　4 件。T4③：6，残，泥质灰陶。弧腹，平底。素面。底部可见 2 个甑孔及 1 个焗孔。甑孔孔径 5.9、甑底径 31、残高 3.9 厘米（图一二，16）。

纺轮　3 件。H14：1，泥质红陶。基本完整。近圆形，中间有一个椭圆形孔。直径 2～2.1、高 0.8～1.3、孔径 0.4～0.7 厘米（图一三，1）。

陶饼　2 件。T6③：1，泥质灰陶，是利用陶瓦的残片打制而成。基本完整。椭圆形，中部有一个对钻的圆孔。纺轮一面为绳纹，另一面为布纹。孔径 1.4、陶饼直径 9.6～10.5、厚 2.4 厘米（图一三，3）。H7①：1，泥质灰陶，是利用陶器腹片打制而成。基本完整。椭圆形。直径 3.2～3.3、厚 0.7 厘米（图一三，2）。

板瓦　9 件。发现的多是残断的板瓦。正面多素面，背面一般饰布纹。G5①：3，残，泥质灰陶。正面素面，背面装饰细布纹。残长 11.7、厚 1.7 厘米（图一三，4）。

青砖　1 件。T8②：2，残，泥质灰陶。表面有沟纹。残长 21.7、宽 14.5、厚 4 厘米（图一三，5）。

出土的陶器中，有些是带有纹饰的，如附加堆纹、弦纹、网格纹、波纹、戳刺纹等（图一四）。

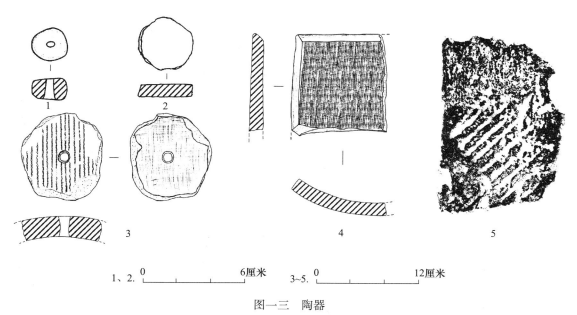

图一三　陶器

1.纺轮（H14：1）　2、3.陶饼（H7①：1、T6③：1）　4.板瓦（G5①：3）　5.青砖拓片（T8②：2）

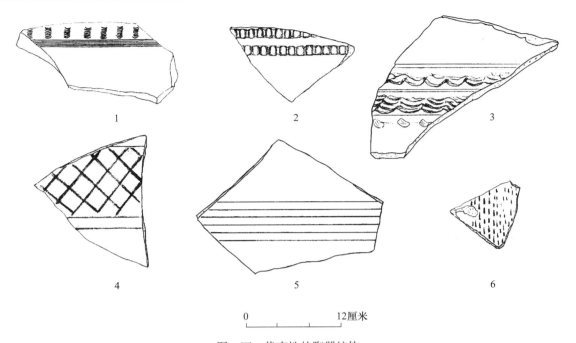

图一四 代表性的陶器纹饰

1. 弦纹与戳刺纹（G2①：3） 2. 附加堆纹（H19①：3） 3. 波纹（H9②：3） 4. 网格纹（G2①：4）
5. 弦纹（T5③：14） 6. 戳刺纹（H23①：1）

（二）瓷　　器

瓷器完整者较少，以白瓷为主，有少量酱釉瓷，瓷器器形有瓷碗、瓷盘、瓷罐等，也有瓷羊、灯盏等小件。

瓷碗　59 件，其中碗底 28 件。依据口部特征，可分为二型。

A 型　敞口。29 件。依据腹部特征，可分三亚型。

Aa 型　弧腹。24 件。H6：1，可修复。灰白瓷。圆唇，敞口，弧腹，圈足。内外施釉。内壁底部有支烧点。口径 14.4、底径 5、通高 5.8 厘米（图一五，1）。H16：3，可修复。灰白瓷。圆唇，敞口，弧腹，圈足。外壁釉不及底。口径 18.9、底径 6.4、高 4.6 厘米（图一五，2）。

Ab 型　折腹。2 件。T6③：4，残。白瓷。圆唇，敞口，折腹。内外施釉，釉不及底。复原口径 14、残高 3.5 厘米（图一五，3）。

Ac 型　斜直腹。3 件。T6③：3，残。白瓷。尖唇，叠唇，敞口，斜直腹，内外施釉，釉不及底。复原口径 24、残高 5.1 厘米（图一五，4）。

B 型　近直口。2 件。H32③：1，残。青白釉瓷。方唇，近直口，弧腹。残高 5.2 厘米（图一五，5）。

瓷碗底　28 件。T5③：8，残。圈足，外壁残部分不见釉，内壁黄褐色釉，内壁底可见 4 个支烧点。底径 9.1、残高 3.7 厘米（图一五，6）。

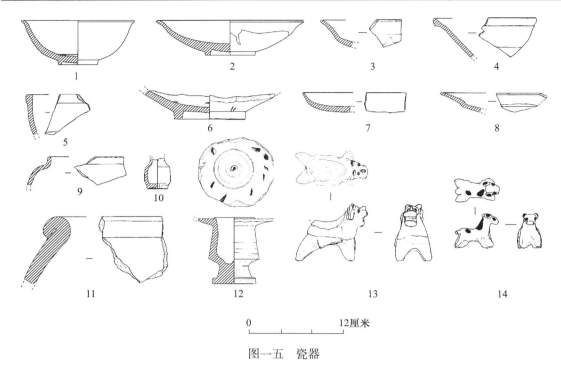

0　　　　　　　　12厘米

图一五　瓷器

1、2.Aa 型瓷碗（H6：1、H16：3）3.Ab 型瓷碗（T6③：4）4.Ac 型瓷碗（T6③：3）5.B 型碗（H32③：1）6.瓷
碗底（T5③：8）7、8.瓷盘（T2③：4、H6①：4）9、10.瓷罐（T8③：9、T7③：4）11.瓷瓮（G7①：2）12.瓷
灯盏（T7③：2）13、14.瓷马（H33①：3、T7③：5）

瓷盘　6件。T2③：4，残。白瓷。尖唇，敞口，弧腹。复原口径 16、残高 2.5 厘米
（图一五，7）。H6①：4，残。白瓷。尖唇，敞口，折腹。釉不及底。复原口径 18、残高
2.5 厘米（图一五，8）。

瓷罐　8件。T8③：9，残。内外饰黑釉。圆唇，直口，鼓肩。复原口径 10、残高
3.6 厘米（图一五，9）。T7③：4，残。灰白釉，釉不及底。近直口，折肩，直腹，底稍
内凹。底径 2.6、残高 3.9 厘米（图一五，10）。

瓷瓮　3件。G7①：2，残。酱釉粗瓷。侈口，卷沿，沿部与肩部相连，溜肩。残
高 8.6 厘米（图一五，11）。

瓷灯盏　1件。T7③：2，残。白釉黑花瓷。平底。盏上部有铁绣花。釉不及底。底
径 5.6、残高 8.6 厘米（图一五，12；图版一六，3）。

瓷马　2件。H33①：3，残。酱釉瓷。形态逼真。长 9.2、宽 4.5、高 7.3 厘米（图
一五，13；图版一六，4）。T7③：5，基本完整，白釉黑花瓷。形态逼真。长 5.5、宽
2.9、高 4.4 厘米（图一五，14；图版一六，5）。

（三）铁　　器

铁器出土的数量不多，表面锈蚀严重。可辨的器形有铁钉、铁钩、铁镰等。

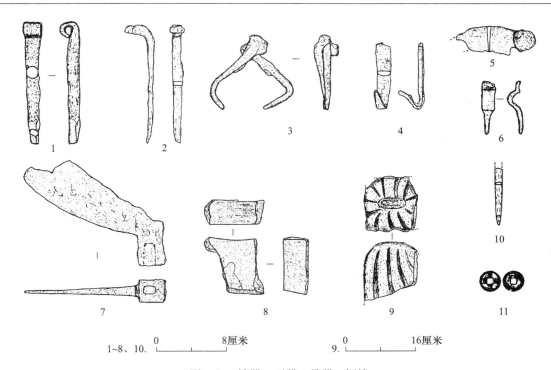

图一六　铁器、石器、骨器、铜钱

1、2.铁钉（G4：1、T9③：1）　3、4.铁钩（T8③：2、T10③：2）　5.铁镰（H25①：1）　6、7.铁工具（H9：4、T7③：1）　8.磨石（T5③：3）　9.建筑构件（T7③：6）　10.骨簪（H9：3）　11.铜钱（J1：1）

　　铁钉　9件。G4：1，锈蚀严重。长条柱形，一端弯卷。长15.2、宽1～2.4、厚1～2.5厘米（图一六，1）。T9③：1，锈蚀严重。长条形，一端弯曲，一端尖状。长14.7、宽3.6、厚1.8厘米（图一六，2）。

　　铁钩　2件。T8③：2，锈蚀严重。有2个弯钩。残长9.2、宽10、厚3厘米（图一六，3）。T10③：2，锈蚀严重。扁平长条形，尾端有1个弯钩。残长8.3、宽1.9、厚0.7厘米（图一六，4）。

　　铁镰　1件。H25①：1，锈蚀严重。残长9.6、宽3.6、厚0.1～0.5厘米（图一六，5）。

　　铁工具　8件。H9：4，锈蚀严重。片状，中间部分弯曲。残长6.6、最宽处宽1.7、厚0.5厘米（图一六，6）。T7③：1，锈蚀严重。可装柄。长17.2、宽13.3、厚0.3～2.8厘米（图一六，7）。

（四）石　　器

　　磨石　2件。T5③：3，残。块状。中间部分使用痕迹明显。残长7.2、宽7.1、高3.1厘米（图一六，8）。

　　建筑构件　1件。T7③：6，琢制。残。剖面呈半椭圆形。底部平，表面圆滑，上面有琢制的11条沟槽。残长13、宽14、高14.5厘米（图一六，9）。

（五）骨　　器

骨簪　2 件。H9 ∶ 3，磨制。残。簪首缺失，簪身柱形，光滑，簪尾呈锥状。残长 7.1、厚 0.9 厘米（图一六，10）。

（六）铜　　钱

出土 1 枚，J1 ∶ 1，景祐元宝，基本完整，圆郭方穿，钱文较清晰，篆书。直径 2.5、厚 0.1、孔径 0.6 厘米（图一六，11）。

四、结　　语

（一）年　　代

北四台子遗址堆积比较简单，有一定的叠压打破关系，出土遗物的数量也挺丰富。从遗物的整体面貌来看，呈现出较多的一致性。

陶质遗物以灰陶盆、灰陶罐、陶瓮等生活用品为主。陶盆中以 A 型卷沿陶盆的数量为多。Ab 型陶盆 H33 ② ∶ 4 与大二台子遗址[1]出土的 Aa 型陶盆 H12 ∶ 1 形态一致，与新民偏堡子遗址[2]出土的 A Ⅱ 式盆 H38 ∶ 2 风格相近。北四台子遗址 Aa 型溜肩罐与岫岩长兴遗址[3]出土的 A Ⅰ 式罐、朝阳西三家遗址[4]出土的陶罐 H16 ∶ 1 的风格相近。

瓷器以瓷碗、瓷盘等生活用品为主，有及少量的瓷工艺品。Aa 型瓷碗 H16 ∶ 3 与大二台子遗址出土的 C 型碗 H5 ∶ 1 形态相近。出土的白釉黑花瓷马 T7 ③ ∶ 5 与大二台子遗址出土的瓷羊 H9 ∶ 1 装饰风格一致。

窖穴中出土了一枚景祐元宝，此钱铸造于北宋仁宗皇帝景祐元年（1034 年），相当于辽兴宗的重熙年间，属于辽代中期。这也说明北四台子遗址的年代最早到辽代中期。

结合出土遗物中对比的同时期遗址的年代认识，推断北四台子遗址的年代在辽代中期至金代。

（二）文 化 性 质

北四台子遗址出土的遗物多是生产、生活用品，出土了陶瓦等建筑构件，即使本次发掘并未发现房址等居住址，这与发掘面积较少有关系，可认为北四台子遗址是一处辽金时期的村落址。北四台子遗址的发掘，对于了解辽金时期沈阳地区的村落布局、生产生活方式等提供了新的资料。

　　附记：本次发掘的发掘领队是赵晓刚，参加发掘的人员有李树义、韩玉岩，本文线图有韩玉岩绘制，现场照片由李树义拍摄，器物照片由张天琦拍摄。

执　笔：李树义　赵晓刚

注　释

[1] 沈阳市文物考古研究所：《沈阳市大二台子辽金遗址发掘简报》，《辽金历史与考古》（第五辑），辽宁教育出版社，2014 年。

[2] 沈阳市文物考古研究所、吉林大学边疆考古研究中心等：《沈阳市新民偏堡子遗址辽金时期遗存发掘简报》，《边疆考古研究》（第 10 辑），科学出版社，2011 年。

[3] 辽宁省文物考古研究所、岫岩满族博物馆：《辽宁岫岩县长兴辽金遗址发掘简报》，《考古》1999 年 6 期。

[4] 辽宁省文物考古研究所：《辽宁朝阳西三家辽代遗址发掘简报》，《北方文物》2009 年 1 期。

康平官宝窝堡遗址的考古调查

沈阳市文物考古研究所
康平县文物管理所

  官宝窝堡遗址位于沈阳市康平县张强镇官宝窝堡村西北 500 米的耕地和树林里。遗址地处辽宁省与内蒙古自治区两省交界，周围多有沙丘。遗址中心地理坐标为东经 123° 00′ 00.0″，北纬 42° 46′ 16.0″，海拔 127.1 米。遗址南距张强镇 7.5 千米，北至马莲河与内蒙古哲里木盟毗邻，东邻官元线，西为沙丘（图一）。"遗址东西长 300 米，南北宽 150 米，分布面积 45 000 平方米。遗址于 1993 年发现，1993 年和 1997 年先后两次对该遗址进行调查。遗址坐落在地势较高的沙丘之上，东侧较低处曾出土过柱础石，地表暴露遗物较丰富集中，征集、采集遗物有龙纹建筑饰件、凤纹建筑饰件、跑兽、青砖、筒瓦、板瓦、瓦当、瓦滴水，上述除板瓦、筒瓦、瓦滴水、青砖属灰色陶质之处，其余

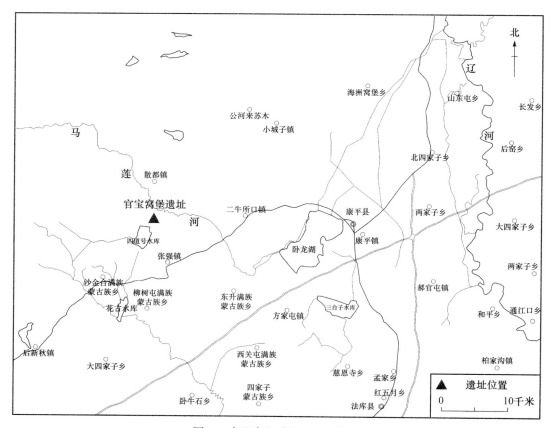

图一　官宝窝堡遗址地理位置图

均为琉璃饰件。据此分析，该遗址应为元代遗址。"[1]

　　康平县文管所的调查人员认为官宝窝堡遗址为一个整体，西部高台之上出土装饰有龙纹和凤纹的绿釉建筑构件，推断该处为正殿，正殿西侧有附属建筑。正殿南 280 米的东部林带内则出土有大型柱础石，且 8 块柱础石有一定的排列规律，应为"亭""榭"一类的建筑遗址，是正殿的附属建筑物。调查人员认定该遗址不是庙宇遗存，而可能是高官府邸的遗迹[2]。

　　为了全面了解遗址的现状、分布范围、建筑规模、结构、性质、时代及相关同时代周边遗存，并对将来的文物保护工作做出一个较为全面、科学的评估，2013 年 4 月 22日～5 月 3 日，沈阳市文物考古研究所组织人员对该遗址进行了详细的考古调查。参加调查的人员有赵晓刚、林栋、王允军、刘树宇、韩玉岩等。现将本次调查情况汇报如下。

一、遗址范围的确定

　　根据实地调查和走访，我们发现官宝窝堡遗址的分布范围不仅限于以往的认识，而且在原来认为是遗址分布范围内的区域内也不是普遍都有遗物发现，而是集中在一南一北两个区域（以往认为是一东一西），而且南面的区域多发现琉璃建筑构件，北面的区域则仅见灰陶建筑构件，两者之间的区域则很少发现遗物。因此，我们将南面的区域确定为 1 号遗迹点，北面的区域确定为 2 号遗迹点。此外，我们还在以往认为的遗址区域之外发现了其他遗迹点，有的是墓葬，有的是房址。另外，根据村民提供的线索，我们还找到一些遗迹点，可能是房址，现场可采集到少量石块、瓷片等遗物。根据调查发现的这些遗迹点，我们大致可以推断官宝窝堡遗址的分布范围。遗址大体呈条带状，西南至东北走向，长度近 1000、宽度约 600 米（图二）。

二、遗址详情

（一）1 号遗迹点

　　1 号遗迹点也就是官宝窝堡遗址最早发现，且采集有绿釉建筑饰件的位置，在 1993年由康平县文管所进行过试掘。现状为两个南北相连的大沙包，相对高度约 3 米，现均已被开垦为农田。沙包顶部地表散落大量泥质灰陶布纹瓦残片、绿釉建筑构件残块和少量青砖块、泥质灰陶片、铁锈花瓷片等（图版一七，1）。

　　根据调查和勘探情况，我们可以确定 1 号遗迹点分南、北两部分，大体呈西南—东北方向。南部沙包稍小，较北部沙包略低，约 15 米 × 18 米；北部沙包较大，约 18 米 × 25 米。

　　为确定遗迹的范围和性质，我们对其进行了详细的勘探，然而由于现代扰乱严重，勘

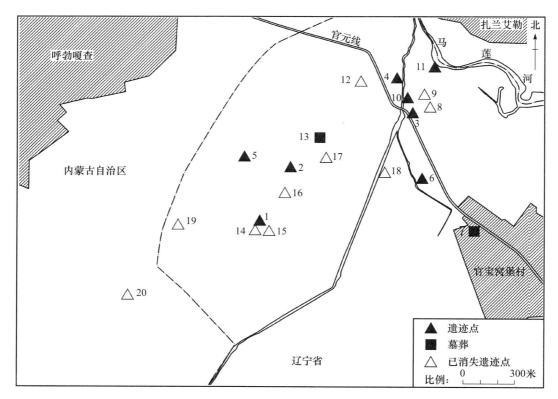

图二　遗迹分布示意图

探情况并不理想，未能发现遗迹的建筑基础。据官宝窝堡村朱村长介绍，这个地方已被人盗掘过多次。为检验勘探的情况，我们在遗迹点北部沙包上挖了一条 1 米 ×3 米的正方向探沟，确认地层确实已被破坏殆尽。

结合 1993 年康平县试掘的情况，我们可以确定 1 号遗迹点已遭到了很严重的人为破坏，目前保存状况已不能反映遗存的本来面貌。参考 1993 年试掘情况，可以认定 1 号遗迹点由南北两个单体建筑构成。南侧建筑稍小，可能是门址。北侧建筑为主体建筑，建筑表面多装饰有龙纹、凤纹、海马纹等琉璃建筑构件，屋顶用灰陶瓦，当面为兽面纹，滴水为凤鸟纹。屋内铺砌有方砖地面。

1 号遗迹点以往采集遗物有凤纹琉璃建筑构件（图三，1；图版一八，1）、龙纹琉璃建筑构件（图三，5；图版一八，2）、兽面纹瓦当（图三，3；图版一八，3）、凤纹滴水（图三，4；图版一八，4）、跑兽（图版一七，2）、海马纹琉璃建筑构件、筒瓦等。本次调查现场采集遗物均为残件，器形难辨。仅在一村民家中见到 1 件龙纹和 1 件云纹琉璃建筑构件较大。以往采集遗物在 1993 年的试掘报告中大多有描述，此不赘述，仅将未描述者介绍如下。

海马纹琉璃饰件　1 件。泥质红褐陶胎。质地坚硬。残缺。长方形。表面贴塑凸起的海马纹，海马作回头蹲伏状，表面施白釉，顶端鬃毛处施有绿釉，釉层多已脱落。残长 15.5、高 23 厘米（图版一七，3）。

筒瓦　3件。泥质灰陶。均完整。表面光素，内施布纹。长28、宽13.5、厚2.5厘米（图版一八，5）。

龙纹琉璃建筑构件　1件。泥质红褐陶胎。质地坚硬。残半。长方形。表面贴塑云纹和龙纹，龙目圆睁，身体蜷曲。残长29.1、宽22.5、厚2.8厘米（图三，6）。

云纹琉璃建筑构件　1件。泥质红褐陶胎。残缺。长方形。表面贴塑云纹。残长18.6、宽17.5、厚2.5厘米（图三，2）。

图三　1号遗迹点采集遗物
1.凤纹琉璃建筑构件　2.云纹琉璃建筑构件　3.兽面纹瓦当　4.凤纹滴水　5、6.龙纹琉璃建筑构件

（二）2号遗迹点

2号遗迹即以往发现柱础石的位置，南距1号遗迹约300米。经调查和勘探，遗迹由北、南、东三部分组成。从遗物和文化层分布范围来看，北侧建筑最大，东西长约

40、南北宽约 24 米；南侧建筑次之，东西长约 22、南北宽约 16 米；东侧建筑稍小，与北侧建筑相距较近，南北长约 28、东西宽约 10 米。根据 1993 年参与试掘的康平县文管所副所长王允军的确认，当年发掘的地点应该是北侧建筑。

　　为确定 2 号遗迹的地层堆积情况，我们分别在北、南、东各开挖了一条探沟。东侧的探沟 3 在 20 厘米下发现圆形柱础石一块，直接落在生土上，推测应为原位，旁边发现一条浅沟，沟内填土含少量碎砖末，可能是墙基槽。柱础石为红色砂岩，圆柱体，直径 52、厚 15～22 厘米（图四，4）。随后我们对探沟周边进行了细密的勘探，未再能找到另外的柱础石。而在北侧和南侧的探沟内均发现了深达 50～80 厘米的现代扰乱层，土中含大块的砖、布纹瓦、白灰块（墙皮）等，扰乱层下即为生土。由此可见，遗迹已遭到了严重破坏。根据 1993 年村民提供的信息，我们在村内发现了出自 2 号遗迹的 6 块柱础石。这些柱础石均为花岗石材质，素面，只是底座形状不一，有八角形的、圆形的、方形的，但圆形鼓镜的直径大体相同，在 46～50 厘米。柱础 1，八角形础石，底座呈八角形，每边边长 28、柱径 50、厚 20 厘米（图四，1；图版一七，4）。柱础 2，方形础石，底座边长 68、柱径 46、厚 25 厘米（图四，2）；柱础石 3，圆形础石，底座直径 67、柱径 47、厚 20 厘米（图四，3）。此外，我们在 2 号遗迹现场还采集到两块残破圆柱体状的柱础石。其中一件残半，为青色砂岩，圆形。柱径约 53、厚 17 厘米（图四，6）。另一块已残碎为数块，青灰色砂岩。直径 70、厚 7 厘米（图四，5）。

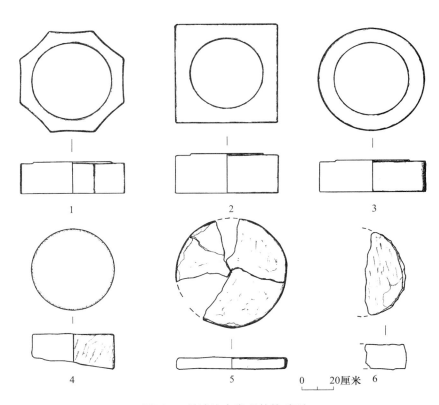

图四　2 号遗迹点发现的柱础石

在 2 号遗迹点现场采集到的遗物大多为灰陶砖、瓦和建筑构件的残块，现择数件能辨识形状者介绍如下。

磨砖　1 件。整体呈长方形，一角已残。夹砂灰黑陶，一面被磨成两个等腰梯形，一面平整。侧面刻有花纹。长 18.4、宽 16.9、厚 5 厘米（图五，3）。

莲花纹瓦当　1 件。泥质灰陶。残半。圆形，有边棱。表面有白灰痕迹。当面高浮雕莲花纹。直径 13.5、厚 4 厘米（图五，2）。

鸱吻　1 件。泥质灰陶。残缺较甚。略呈三角形。表面刻有曲线花纹。残长 16.2、残宽 11、厚 6.1 厘米（图五，1）。

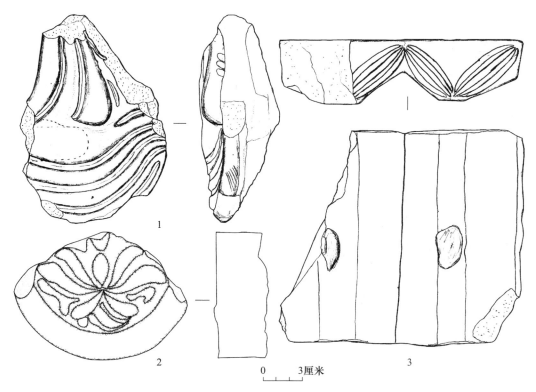

0 ____ 3厘米

图五　2 号遗迹点采集遗物
1. 残鸱吻　2. 莲花纹瓦当　3. 磨砖

（三）3 号遗迹点

3 号遗迹位于官元线路东，当地人俗称为"黑沙包"的位置。我们在紧临路旁的大沙包下，只切出了一个剖面（图六）。在剖面上可以看出夯土墙和室内被风沙淤积的现象。在切剖面时采集到少量遗物，通过出土遗物初步判断，这应为一座清代房址。

青瓷莲瓣碗　1 件。仅余约 1/4。灰白色瓷胎，表面施青釉，底不施釉。圆唇，敞口，弧壁，壁上模印莲瓣纹，圈足。复原口径 20、底径 12.4、高 4.8 厘米（图七，4；图版一八，6）。

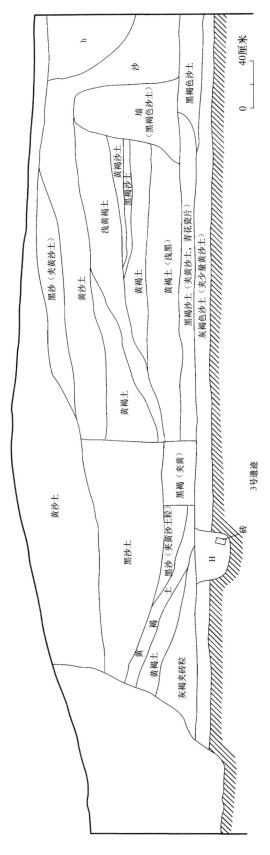

图六　3 号遗迹点遗迹剖面图

碗底　1件。圈足，内底施天青釉。底径6.4、残高2.2厘米（图七，3）。

青花碗　1件。仅余一小片口沿。圆唇，敞口，弧壁。白色瓷胎，外壁绘有深蓝褐色花纹（图七，2）。

青花盘　1件。仅余一小片口沿。圆唇，敞口，斜壁。白色瓷胎，外壁绘有浅蓝色的三角纹（图七，1）。

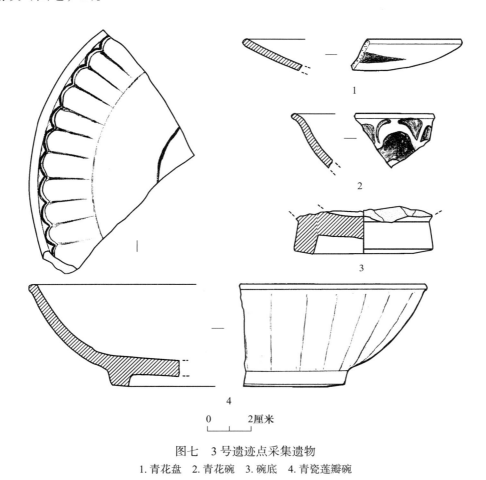

图七　3号遗迹点采集遗物
1.青花盘　2.青花碗　3.碗底　4.青瓷莲瓣碗

（四）4号遗迹点

4号遗迹位于官元线东，从马莲河向四道号水库的引水渠西，地势略高，地表散落一些泥质灰陶布纹瓦片和少量白釉铁锈花瓷片等。勘探表明遗迹分布面积约40平方米。推测应为一座元代的房址。

（五）5号遗迹点

5号遗迹位于2号遗迹西北约100米处，地表可见数块石片和一个破碎的石臼。据当地村民讲，房址内曾出土过碎瓷片和石杵（后根据村民提供线索，从河滩地中找到石杵，并入藏康平县文管所）。根据出土遗物初步判断，这是一座元代房址。

石臼　1件。灰色砂岩，截面呈半圆形，残破为数块。高44、顶面直径约69、臼径30、深30厘米（图八）。

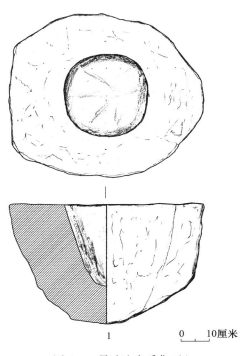

图八　5号遗迹点采集石臼

（六）6号遗迹点

6号遗迹位于官元线路旁的小树林中，地表可见少量青花瓷片、泥质灰陶片等，遗物分布面积约40平方米。根据采集遗物初步判断该处应为一座清代房址。

陶盆　1件。仅发现小块口沿残片。泥质灰陶。圆唇，直口，直壁（图九，1）。

刻花瓷片　1件。腹片。白色瓷胎，表面施白釉。有刻划的线条及褐色花纹（图九，2）。

器底　1件。粗瓷，青白胎，内壁施黑釉。底径7.6厘米（图九，3）。

青花碗底　1件。圈足。下腹部绘青花图案（图九，4）。

（七）7号遗迹点和13号遗迹点

两个地点均可采集到大量青砖碎块。据村民介绍，早年曾在此发现过砖砌的墓葬。采集到的完整墓砖为青灰色长条砖，尺寸与在2号遗迹中发现者相同，均长33.5、宽16.5、厚5厘米。

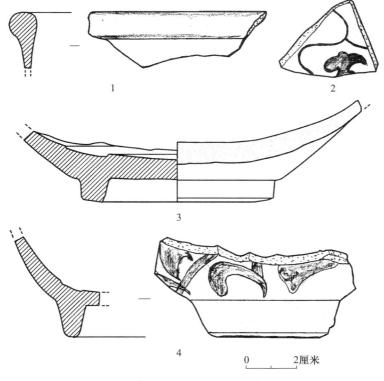

图九　6号遗迹点采集遗物
1.陶盆　2.刻花瓷片　3.瓷器底　4.青花碗底

（八）村民在遗址分布范围内采集的部分遗物

黑釉双系壶　1件。灰白色瓷胎，釉不及底。口沿已残，溜肩，肩上有两竖桥耳，鼓腹，中腹部施三道凹弦纹，圈足。最大腹径8、底径5、残高11厘米（图一〇，1）。

三彩碟　1件。灰白色胎质，内施黄绿白三彩，刻花，外无釉。圆唇，敞口，斜腹，圈足。口径15.2、底径7.5、高2.2厘米（图一〇，2）。

铁锈花瓷碟　灰白色瓷胎，内壁及底用酱釉绘有花纹，外施白釉，釉不及底。尖唇，敞口，弧壁，圈足。口径14.6、底径6.6、高3.2厘米（图一〇，3）。

黑釉大碗　1件。灰白色胎质，圆唇，斜弧壁，施黑釉，涩圈，釉不及底。圆唇，敞口，弧腹，圈足。口径20.6、底径8、高7厘米（图一〇，4）。

铁锈花小瓷罐　1件。灰白色胎质，施灰白釉。外施铁锈花图案。圆唇，直口，鼓腹（图一〇，5）。

三、初 步 推 论

根据十多天的调查、走访、勘探，并结合村民提供的信息及在村民家中见到的采集

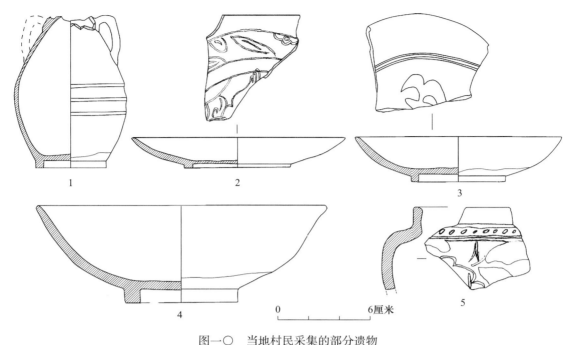

图一〇　当地村民采集的部分遗物

1.黑釉双系壶　2.三彩碟　3.铁锈花瓷碟　4.黑釉大碗　5.铁锈花小瓷罐

的元代至清代的大量遗物，我们有以下推论：

1）由于多年的耕作及人为盗扰，官宝窝堡遗址被破坏极为严重。1 号遗迹点曾多次被盗掘，已很难找到原始地层堆积；2 号遗迹点则因为农田改造，不仅把原先种植数十年的大树给挖走，而且整个区域都用推土机进行了平整。从探沟发掘情况来看，遗迹埋藏并不深，因此 2 号遗迹点亦大面积地遭到了破坏。据村民介绍，我们前往确认的一些遗迹点，如 8、9、12、14～20 等遗迹点，更是被常年的取土等作业破坏殆尽，现场仅能发现一些碎石块和少量泥质灰陶片、白釉铁锈花瓷片等遗物。7 号和 13 号遗迹点的性质为墓葬（群），据当地居民讲已遭到了盗掘，现场发现的大量青砖就是直接的证据。

2）官宝窝堡遗址是由多个不同时期的单体建筑物共同组成的一个大体呈东北—西南走向的条带状分布的遗址。其中，1、2、4、5、7、13 号等遗迹点是遗址的主要组成部分，现场采集到的遗物相近，主要是白釉铁锈花瓷片、泥质灰陶瓦等。这些遗存不仅包括较大规模和较高等级的房址建筑，也有较为寒酸的房址建筑，甚至还有两处墓葬（群）。建筑址是以 1 号遗迹点和 2 号遗迹点为中心进行的布局，在这两处遗迹之间和周边均存在一些较为简陋的房址，个别房址用青砖灰瓦砌筑（4 号遗迹点），大多则仅用石片加夯土砌筑，其功能应该是民房。因此，从遗迹点的分布和性质看，这一时期的官宝窝堡可能是一处人口众多的集镇。

3）因调查时采集的遗物大多比较细碎，难以挑作标本，但其时代大多还是比较明确的，特别是白釉铁锈花瓷片在多处遗迹点均有发现。村民在遗址范围内采集到的遗物中有大量白釉铁锈花瓷碗和瓷罐等瓷片，如铁锈花小瓷罐与辽宁三道岗元代沉船所采集的磁州窑花卉纹小罐[3]如出一辙；而黑釉双系罐与沈阳砂山 M1 元墓出土的黑釉四系壶（M1：4）形体非常接近，应为元代磁州窑的产品。1 号遗迹点出土的琉璃建筑构件残块与元中都宫城西南角台和一号殿址[4]中所出土的琉璃附板龙、变体龙和圆雕龙上所见鬃毛、流云和鳞片等的残块形象极其相似。由此，我们可以初步判断该遗址主体的年代应该在元代。此后，清代晚期这里又迎来了新的居民。

4）1 号遗迹点中出土龙、海马等琉璃建筑构件不仅见于元中都的宫城，而且凤纹建筑构件中凤的形象与山西夏县文庙琉璃山花中凤的形象极其相似，滴水中凤鸟纹的形象与明初凤阳中都琉璃勾头上的凤纹形象亦有相似之处。龙纹建筑构件则与山西洪洞广胜上寺飞虹塔城的回首龙纹有相近之处，唯两足化作了双翼[5]。由此可见，1 号遗迹点出土的龙纹和凤纹建筑饰件确实表明了该建筑有着较高的等级，可能是宫室建筑，也可能是庙宇。

康平县张强镇一带地处科尔沁草原边缘，据张少青先生考证其在元代应属哈赤温家族管辖[6]。东道诸王在辽阳行省的封地上均设有王府，如札剌亦儿部速浑察国王置王府于昌州（阿儿查秃）；……各王王府规模不尽一致，如弘吉剌部当为一个中等规模的王府，设有王傅六人，其下属有钱粮、人匠、鹰坊、军民、军站、营田、稻田、烟粉、千户、总管、提举等官，以署计者四十余，以员计者七百余[7]。据考证，哈赤温家族的王府设于今东乌珠穆沁旗的乌拉盖附近[8]。因此，该处遗迹与哈赤温家族的王府当无关联。

据《中国历史地图集》可知，康平县东部归咸平府下庆云站管辖，而西部则归属于宁昌路管辖[9]。笔者认同这一观点，张强镇位于康平县西，当时应归属宁昌路。宁昌路路址据考证位于赤峰市敖汉旗玛尼罕乡五十家子村西侧的五十家古城，城内曾出土元宁昌路加封孔子制诏碑 1 通[10]。因此，官宝窝堡遗址与宁昌路的府衙等当无关联。2 号遗迹与 1 号遗迹相距约 300 米，且中间有小型房址存在，其与 1 号遗迹不可能是一组建筑应当可以确定。根据 1993 发掘情况，结合勘探所发现的建筑布局情况和出土的柱础石、鸱吻、莲花纹瓦当等推测，该建筑有可能是衙署一类建筑，或与宁昌路在此设置的管理机构有关。

照　　相：张天琦　林　栋

绘　　图：韩玉岩　刘树宇

执　　笔：赵晓刚　王允军

注　　释

［1］　沈阳市文物局：《沈阳市文物普查名录汇编》康平县下 "官宝窝堡遗址"，沈阳出版社，2014 年，114、115 页。

［2］　张少青、王允军：《官宝窝堡遗址》，《康平文史资料》（第十三辑），2001 年，90～93 页，内部发行

（因《康平文史资料》发行量较小，且为内部发行，学界知道者较少，故在本文附录将其原文全部进行收录）。

[3] 辽宁省博物馆、辽宁省文物考古研究所：《辽海遗珍——辽宁考古六十年展（1954～2014）》，文物出版社，2014 年，280 页。

[4] 河北省文物研究所：《元中都》（上），文物出版社，2012 年，131～140、237～239 页。

[5] 潘从西主编：《中国古代建筑史》第四卷《元明建筑》，中国建筑工业出版社，2001 年，497、498 页。

[6] 张少青：《蒙古科尔沁部的"三王"》，《康平文史资料》（第八辑），1994 年，73 页，内部发行。

[7] 丛佩远：《中国东北史》（第三卷），吉林文史出版社，2006 年，54 页。

[8] 孛儿只斤·苏和：《翁牛特部：成吉思汗三弟后裔部落》（上），《北方新报》2013 年 11 月 13 日第 27 版。

[9] 谭其骧主编：《中国历史地图集》（第七册），中国地图出版社，1982 年，13、14 页。

[10] 国家文物局主编：《中国文物地图集·内蒙古自治区分册》（下），西安地图出版社，2003 年，418 页。

附录：

官宝窝堡遗址

张少青　王允军

张强镇在县城西 35 公里，官宝窝堡村在张强镇北 7 公里。村北 2.5 公里处，有道偏西南东北向隆起的黑沙坨岗，高出四周地面，即是遗址。

遗址南侧是西马莲河上游，溪水潺潺，蜿蜒向东流去。西南约 2.5 公里处，有天然形成的四道号水库。北过洼地，是起伏连绵不断的白沙坨岗。东侧洼地，满生柳条蒿草，过后便是沙岗相延与无边际的草甸。

1993 年 3 月，张强镇文化站站长毛林杰来文管所报告："官宝窝堡村民王百顺挖土时，发现文物……"之后，他画了一张草图，像屋脊上的跑兽。是以往未曾发现的文物，当时引起我们的高度重视。

1993 年 7 月 23 日，我们去张强镇，协同文化站站长，对遗址进行了调查，在遗址地面上，采集一些瓷片、瓦滴水、琉璃饰件等残碎的标本，特征与已往所见的文物不同，缺少断代的遗物，未有尽兴。

为弄清遗址的文化性质，1993 年 10 月 11 日，对遗址做了打探工作。遗址坐落在黑沙坨岗上，南邻小溪流水，北依起伏的白沙坨岗，景色很是美丽。黑沙坨岗南北长约百余米，东西宽约三百余米。在黑沙坨岗上，到处可见破瓦等建筑物遗存。坨岗西部，人们挖宝已掘成深坑，就在这个深坑部位挖一条探沟，南北长 12 米，宽 1.5 米，在其周围打 6 个探眼，深 60～150 厘米。打探未见遗物残存，均是白沙土。

探沟中部偏北，挖 20 厘米深时，发现红烧土，面长 1 米余，深 20 厘米。红烧土上有方砖，均已残碎。青灰色方砖长宽均 33 厘米，厚 4 厘米。所见红烧土范围有限，仅是局部，很难说清这一现象的原因。但青灰色方砖是铺地面用砖，尚可肯定，我们所发现的是地面的局部。在探沟北端挖至 30～50 厘米深时，均是瓦珰【应为当，下同】、滴水、琉璃瓦与琉璃饰件等堆积，据此向南 3 米处，地下亦如此现象，可以肯定，这是建筑废弃以后，南、北屋檐坍塌堆积的现象。初步了解，该建筑遗址为正殿，东西长 34 米，南北宽 3 米。在正殿前偏西，亦有处建筑遗址，南北长 20 米，东西宽 2.2 米，当是该建筑物的附属建筑。在正殿东侧 280 米处，在柳条蒿草中，发现柱础石，为六棱 8 面，青灰色岩石，柱础石下垫碎瓦片。群众反映：在这儿发现六块，都用车拉至街内各户。据此反映，进行了清理。柱础石距地面 10～20 厘米，清出八个柱础石坑，均在一个水平面上。把 8 个柱础石连接起来看，正好是个正方形，每边长 3.4 米，均有三个柱础石坑，四面恰是八块。这个遗迹是正殿的附属建筑物，当是"亭""榭"一类的建筑遗址。

出土文物：

圆形兽面瓦珰，出土多件，有两件完整。圆形瓦珰，面饰凸起兽面，刻划线条简括，形象逼真。背连接筒瓦。瓦珰直径 11.5 厘米，厚 1.4 厘米，瓦筒长 27.5 厘米【直径 12、厚 1.5 厘米】【图三，3；图版一八，3】。

三角形连弧边缘瓦滴水：出土多件，均残缺，修复 1 件。瓦滴水呈三角形，边缘凸起，内饰凸起回首凤纹。两侧边缘做三个内弧形，下连出顶。瓦面较大，与板瓦连接。面长 22 厘米，宽 12 厘米，厚 2 厘米，板瓦长 30 厘米【滴水面长 21.3、宽 15.8、厚 2.4 厘米，板瓦通长 32.1 厘米】【图三，图版一八，4】。

琉璃质地饰件 4 件：均残缺，整个花纹面貌难以辨认。红褐色泥质陶胎，质地坚硬，施凸起花纹，可见施白釉、绿釉。是房屋装饰件，比较大。由于不完整，很难知其何种用件。

征集琉璃质地饰件：

跑兽 1 件：残缺复原。屋脊上的跑兽，呈坐状，一前足举起与嘴相接触摸，一足触地，形象逼真，比例适中，全身施黄、绿釉，已斑驳脱落。高 31 厘米，略呈圆形，径 9～13 厘米【图版一七，2】。

饰凸起龙、凤纹饰件各 1 件：均残缺碎裂，已粘合复原，残缺部分未进行修补。施黄、绿釉，已斑驳落。长方形，一件饰凸起龙纹【图三，5；图版一八，2】，残长 59.1 厘米，一件饰凸起凤纹【图三，1；图版一八，1】，长 62.4 厘米，宽均 30.9 厘米，厚均 2.3 厘米【凤纹饰件残长 61.4、宽 31、厚 2.2 厘米，龙纹饰件残长 59、宽 30.6、厚 2.4 厘米】。

除上述文物外，还采集到很多陶瓷残片及釉陶片，未来得及整理，我便退休了，深感遗憾！

该遗址出土的兽面瓦珰，三角形瓦滴水较大，其上面兽面图案简括，回首凤纹图案，不同于辽金时期的瓦珰与瓦滴水，区别十分明显。而且三角形瓦滴水，在辽金时期遗址中未曾发现，清代的瓦滴水，虽呈三角形，但体小，而纹饰未有凤纹。这类文物在康平发现，目前仅此一处，亦很独特。我曾参加朝阳与铁岭地区文物普查工作，相继十余载，未见过如此遗物的遗址。因此感到十分重要！

目前，了解这处遗址情况，可以说不是庙宇的建筑。据此，遗址中发现的龙、凤纹瓦珰与瓦滴水等建筑饰件看，该遗址当是高官府邸的遗迹。出土文物特征表明，遗址的文化性质不属辽金时代，更不是辽金时代以前的文化遗存。调查当地居民时，都说未曾见过该处有什么建筑物，故不是近代的建筑遗址。明代与清代初期，康平地方为蒙古科尔沁部的游牧之地，人烟亦很稀少，不可能有此建筑物。由上述情况看，该遗址当是元代时期的遗迹。

在上述观念的指导下，我查阅了《元史》《明史》《开源图说（抄写本）》，均无明确的记述。《开源图说·庆云堡》图后说明："是堡边外，辽河西岸有旧庆云县，西虏煖兔……二十四营市偿之处。"该条记的"旧庆云县"，即今郝官屯乡小塔子村城址。所说"西虏"是指当时活动在康平境域内的蒙古族。这可以说在明朝时，康平地方为蒙古族聚居活动的地区。《清史稿》记科尔沁蒙古族枝派中："哈布图哈萨尔十四传奎蒙克塔斯哈喇，有二子……"《哲里木盟文史资料》第一辑中《达尔罕王世家》记述："哈布图哈萨尔是成吉思汗二弟，传十三世孙奎蒙克塔斯哈喇，世居科尔沁部。"此记与《清史稿》记载一致。《东北历代疆域史》中记："成吉思汗二弟哈赤温（亦称哈准），为元太祖二弟，蒙古科尔沁部始祖。"该记所记"哈赤温"与哈布图萨尔是一人，元太祖二弟，是科尔沁部始祖。康平地方于元朝时，属蒙古科尔沁部，就此而言，官宝窝堡遗址与这支蒙古族有着密切的关系，现未查得足够的证据，荣当以后论述。

该遗址的遗存，是文物普查所未见。这个发现丰富了康平地方的历史文化内涵，增添了研究康平史的新资料，而且极为重要。由于笔者水平所限，记述难免谬误百出，请专家、读者赐教是幸！

原载《康平县文史资料》，【 】内文字为笔者后加，图号对应正文报告

沈阳盛京城内北通天街南段考古调查报告 *

沈阳市文物考古研究所

沈阳盛京城内北通天街[1]南段考古调查起因于地下人防工程建设，沈阳市文物考古研究所于 2011 年 2 月 26 日～6 月 26 日对其进行考古调查。由于这项工程具有 3 米以上开槽施工的特点，本次在考古勘探调查的基础上随工程取土进展，进行重点遗迹清理，遗物采集，以便更多地掌握该区域地下文物资料之目的。

一、地理位置及区域概况

沈阳盛京城内北通天街南段，位于沈阳市沈河区方城内，南至南顺城路，北至盛京路，东至省文化厅及居民住宅区，西至市工商行政管理局沈河分局及居民住宅区，南北长 259、东西宽 85～42.5 米，占地面积约 15 938 平方米。

该工程用地可划分为东西两部分：西部为南北走向、宽 16 米的北通天街南段柏油路；东部是居民区动迁后的空地，空地中部有东西向的帅府后巷柏油路，将其分隔成南北二区（图一；图版一九，1）。

二、考古调查

1. 考古勘探

根据本地区施工由北向南推进的特点，常规考古勘探主要在动迁区域的南区，北区和道路因施工工期原因，决定在工程取土 3 米后再对以下部分进行全面勘探。

南区勘探南北长 100、东西宽 20 米，面积 2000 平方米。勘探深度 5.3 米。地层堆积大体可划分为 5 层。

第 1 层：建筑拆迁遗留堆积。厚 0.5～0.8 米。

第 2 层：深灰褐色黏土。较疏松。内含有红砖、青砖墙基础，水泥地面，青砖地面，砖瓦块等杂物，为近现代堆积。厚 1.2～1.5 米。

第 3 层：灰色土。疏松。内含青花瓷片、陶片，青砖、瓦块等，为清代堆积。厚

* 本文为国家社科基金重大项目"盛京城考古与清代历史文化研究"阶段成果，项目编号：14ZDB038。

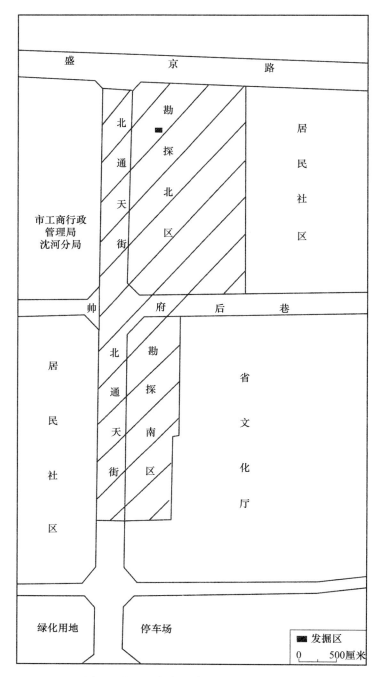

图一 北通天街南段建设用地位置示意图

0.7～1.2米。

第4层：灰褐色土。疏松。内含青花瓷片，褐釉瓷片、陶片等，为元、明时期堆积。厚0.9～1.3米。

第5层：深褐色土。较疏松。主要包含物为白釉瓷片、白釉褐彩片、酱釉瓷片、泥质灰陶片、布纹瓦等，为辽金时期堆积。厚0.8～1.2米。

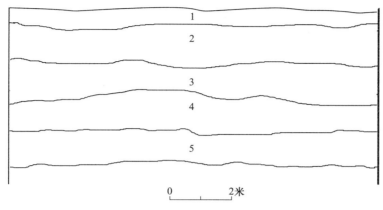

图二　南区地层堆积剖面图

该层下为黄土层，不见包含物。

2. 北通天街南段道路解剖

现北通天街南段道路为南北走向，南至南顺城路，北至盛京路长259、宽16米，形成时段从元至现代，地层堆积厚达4.17米，自上而下分为6层（图三；图版一九，2）。

第1层：为现代柏油路和近现代土路。厚度2.45米。

第2层：灰褐色夹沙土。经夯致密，推测为清代形成。距地表深约2.95米，厚0.34～0.5米。

第3层：灰褐色土。夹少量沙，经夯致密。内含少量青花瓷碎片，推测为明代形成。距地表深约3.15、厚0.25～0.45米。

第4层：浅褐色土。含少量沙及小石子，致密。推测为明代形成。距地表深约3.35、

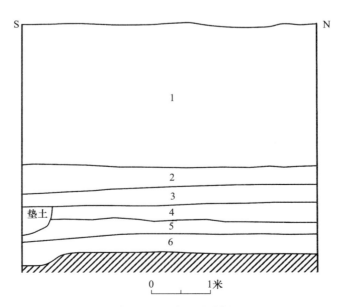

图三　北通天街南段道路剖面图

厚 0.22～0.35 米。

　　第 5 层：深褐色土。含少量沙，致密。推测为元代形成。距地表深约 3.77、厚 0.22～0.42 米。

　　第 6 层：褐色土。致密。推测为元代形成。距地表深约 4.17、厚 0.33～0.4 米。

　　该层下未发掘。

3. 遗址发掘

　　位于北区中部，发掘区域东西长 30、南北宽 20 米、面积 600 平方米。内设探方 6 个，编号为 T0101～T0103、T0201～T0203，地理坐标：T0101 西南角北纬 41° 47′ 604″，东经 123° 27′ 033″（图四）。发掘深度 2.9～3.4 米。

　　（1）地层

　　堆积分为 7 层，以 T0101 南壁为例（图五）。

　　第 1 层：拆迁残留堆积物。厚 0.63 米。

　　第 2 层：灰褐色土。较疏松。内含青砖、瓦、墙基、炉灰等，为现代堆积层。厚 0.98 米。

　　第 3 层：黄褐色土。较疏松。内含青砖墙基础、瓦砾、灰坑、少量青花瓷片等，为近代堆积层。厚 0.47 米。

　　第 4 层：灰褐色土。较疏松。内含青花瓷片、泥质灰陶片、青砖、瓦砾等，为清代晚期堆积层。厚 0.47～0.58 米。

　　第 5 层：深灰褐色土。较疏松。内含青花瓷片、泥质灰陶片、绿釉陶片、钱币等，为清代早中期堆积层。厚 0.54～0.66 米（图版二一，1）。

　　第 6 层：灰褐色土。较疏松。内含青花瓷片、泥质灰陶片、酱釉瓷片、白釉褐彩瓷片等，为元明时期堆积层。厚 0.43～0.47 米（图版二一，2）。

　　第 7 层：黄褐色土。较致密。内含白釉瓷片、白釉褐彩瓷片、泥质灰陶片等，为辽金元时期堆积层。厚 0.41～0.54 米（图版二一，3）。

　　因受时间所限，第 7 层以下未发掘。

　　从地层堆积的整体情况看，打破现象严重，完整遗存较少，主要在第 5～7 层之间，有明、清时期青砖墙基础、灶址，以及辽、明、清不同时期的灰坑等。

　　出土遗物有清代青花瓷碗、盘、碟；明代青花瓷盘、褐釉印花双系扁壶、青瓷碗；元代白褐釉画花盘；辽金白瓷褐彩碗、盘、泥质灰陶盆、罐等。

　　（2）遗迹

　　F1　位于 T0203 西南部，开口于第 2 层下。房址仅剩南墙残段和西墙残段 2 层基础，为青砖砌筑。南墙残长 1.88、西墙残长 1.6、墙体厚 0.3、残高 0.06 米。正方向。为近代建筑（图六）。

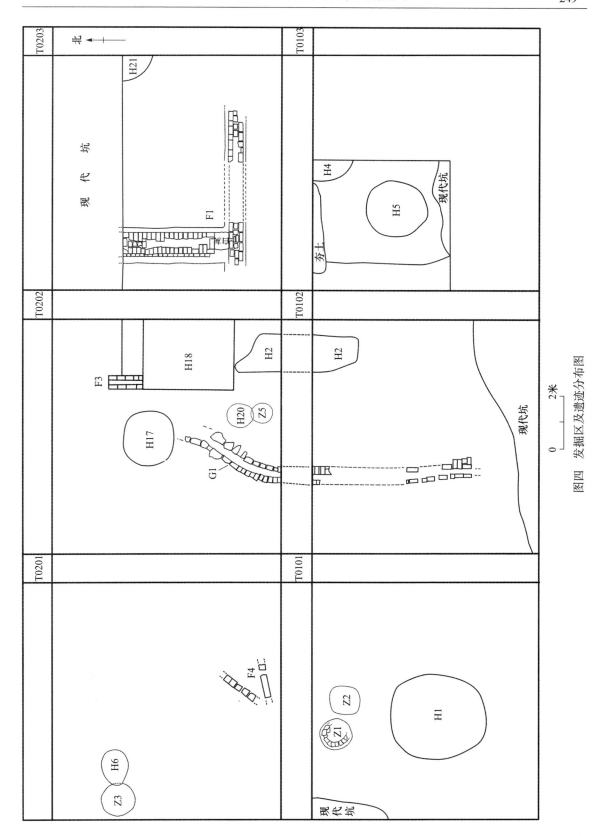

图四 发掘区及遗迹分布图

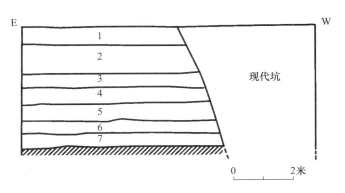

图五　T0101南壁平面图

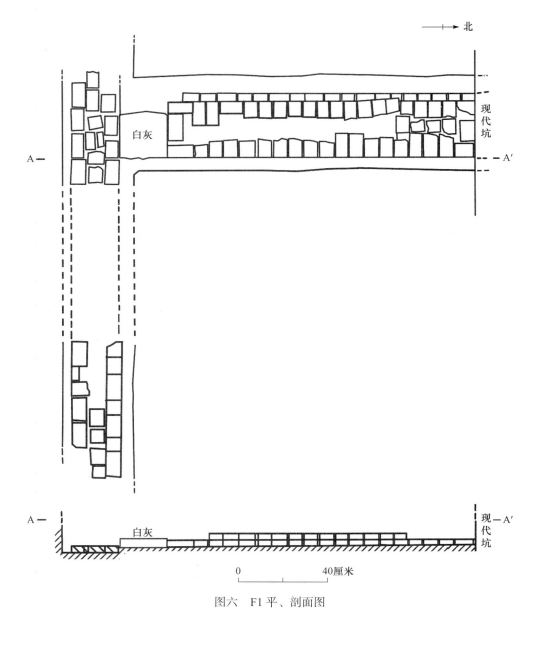

图六　F1平、剖面图

F2 位于 T0201 内，开口于第 4 层下。房址仅剩青砖砌筑的一段第 4 层墙基础。残长 1.29、墙体厚 0.36、残高 0.18 米。为清代中期建筑（图七）。

H1 位于 T0101 中部，开口于第 4 层下，打破第 5～7 层。坑口近圆形，直径 1.22～1.28、深 0.88 米。直壁，平底。坑内堆积为黑灰土，土质疏松。内含有青花瓷片、铁器、砖瓦块等（图八）。

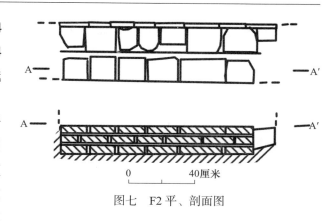

图七 F2 平、剖面图

Z1 位于 T0101 北部，开口于第 4 层下。平面圆形，内用青砖砌筑圆形灶膛，仅存 3 层灶壁，灶坑直径 1.06 米，内径 0.6 米，灶膛内存有红烧土。残高 0.19 米。为清代中期遗存（图九，Z1）。

Z2 位于 Z1 右侧 0.12 米，同一层位。平面圆形，弧壁，平底，土灶。直径 0.88、深 0.2 米。为清代中期遗存（图九，Z2）。

Z3 位于 T0201 西部，开口于第 4 层下。弧壁，平底，土灶。直径 0.8、深 0.2 米。被 H6 打破。为清代中期遗存（图一〇，Z3）。

H6 与 Z3 同层位，并将 Z3 打破。平面椭圆形，弧壁圜底。长径 0.88、短径 0.65、深 0.24 米。坑内堆积黑灰土，疏松。为清晚期遗存（图一〇，H6）。

Z5 位于 T0202 西部，开口于第 4 层下。弧壁圜底，土灶。直径 0.84、深 0.17 米。被 H20 打破。为清代中期遗存（图一一，Z5）。

H20 与 Z5 同层位，并将 Z5 打破。平面圆形，弧壁圜底。直径 1.03、深 0.16 米。坑内堆积黑灰土，疏松。清代晚期遗存（图一一，H20）。

G1 位于 T0102 和 T0202 中部，开口于第 4 层下。呈南北向，沟两壁砖石砌筑，北部偏高。外宽 0.7、沟槽宽 0.4、残长 11 米。应为清代中期排水沟。

（3）遗物

三眼铳 1 件（T0101H1：1）。残。铁制。通长 98 厘米。铳身用 3 根直径 3.8、长 26 厘米铸铁管焊接而成。铳口直径 0.5 厘米，镗深 22.2 厘米；铳尾焊接铁制扁方长柄 72、宽 2.4～2.6、厚 1 厘米，柄身有 2 个铆孔，仍有 1 个铆钉留在铆孔中，说明长柄外有木制包皮，已朽蚀脱落（图一二）。

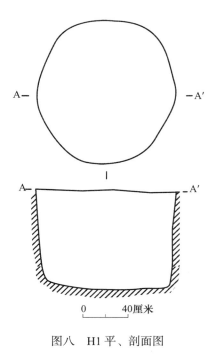

图八 H1 平、剖面图

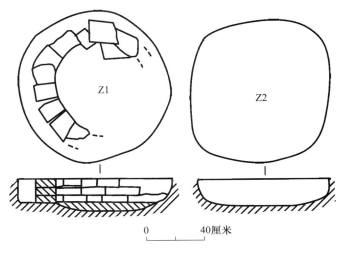

图九　Z1、Z2 平、剖面图

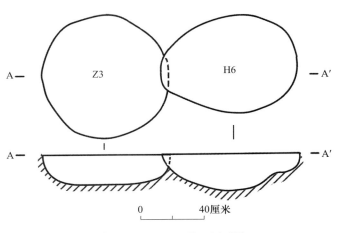

图一〇　Z3、H6 平、剖面图

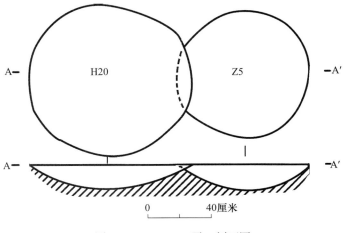

图一一　Z5、H20 平、剖面图

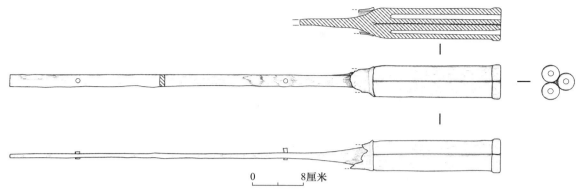

图一二　H1 出土的三眼铳（T0101H1：1）

白釉青花瓷大碗　1件。T0101⑤：9，残。大敞口、深腹、圈足。内外施白釉，器表绘青花，内唇部涂蓝彩，内底划双圈，心点青花。口径16、底径6.6、高6.8厘米（图一三，1）。

白釉青花瓷盘　1件。T0101⑤：11，残。宽平沿、深腹、圈足。内外施白釉，器表绘青花，内唇部涂蓝彩，内底划单圈，满饰青花。口径13.4、底径8.6、高2.5厘米（图一三，2）。

白釉青花瓷小碗　1件。T0101⑤：12，残。敞口、深腹、圈足。内外施白釉，内底绘青花。口径9、底径3.4、高4.2厘米（图一三，3）。

白釉青花瓷大碗　1件。T0102⑤：1，残。敞口、深腹、圈足。内外施白釉，器表绘青花，内唇部涂蓝彩，内底划双圈，满饰青花。口径18.4、底径6.6、高8.4厘米（图一三，4）。

白釉青花瓷碗　1件。T0201⑤：1，残。敞口、深腹、圈足。内外施白釉，器表绘青花。口径10.5、底径5.3、高5.5厘米（图一三，5）。

白釉青花瓷碗　1件。T0202⑤：4，残。敞口、浅腹、圈足。内外施白釉，器表绘青花。口径15.5、底径6.8、高5.4厘米（图一三，6）。

大明万历款白釉青花瓷碗底　1件。T0202⑤：5，残。碗底圈足。竖排两列"大明万历××"字样。底径5.2厘米（图一三，7）。

白釉青花瓷碗　1件。T0203⑤：1，残。敞口、深腹、圈足。内外施白釉，器表划青花，内唇部绘青花，内底划双圈，满饰青花。口径14、底径6、高5.5厘米（图一三，8）。

白釉青花瓷盘　1件。T0203⑤：2，残。敞口、深腹、圈足。内外施白釉，器表素白，内唇部涂蓝彩，内底绘青花。口径13.6、底径8.7、高2.8厘米（图一三，9）。

酱釉双系扁鼓腹瓷壶　1件。T0102⑤：1，残。折沿，小平口，扁圆鼓腹，表面印花，肩部黏贴2系，壶底部接椭圆形高圈足。器表满施酱釉，内壁素胎。口径6.5、腹径16.6、通高18.2、圈足长径8.4、短径6.6、厚7.2厘米（图一三，10）。

酱釉瓷碗　1件。T0101⑥：1，残。敞口，圆唇，斜壁，圈足。器表施半釉，内为

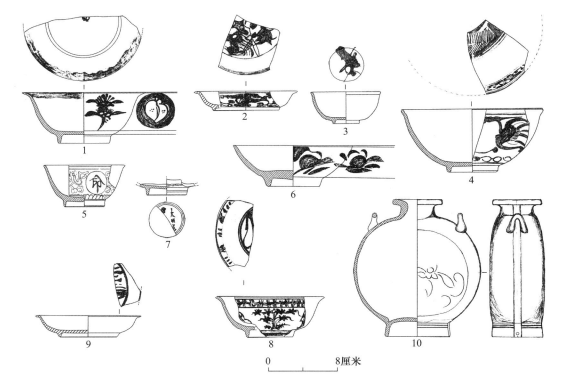

图一三　第 5 层遗物标本

1、4.白釉青花瓷大碗（T0101⑤：9、T0102⑤：1）　2、9.白釉青花瓷盘（T0101⑤：11、T0203⑤：2）　3.白釉青花瓷
小碗（T0101⑤：12）　5、6、8.白釉青花瓷碗（T0201⑤：1、T0202⑤：4、T0203⑤：1）　7.大明万历款白釉青花瓷碗
底（T0202⑤：5）　10.酱釉双系扁鼓腹瓷壶（T0102⑤：1）

全釉。口径 16、底径 6.4、高 6.1 厘米（图一四，1）。

　　酱釉瓷碗　1 件。T0101⑥：2，残。敞口，尖唇，斜壁，圈足。器表施半釉，内为
全釉。口径 16.6、底径 6.6、高 5.6 厘米（图一四，2）。

　　绿釉陶盆　1 件。T0101⑥：7，残。口微敛，圆唇，深腹，凹底。器表施大半釉，
内为全釉。口径 26.4、底径 17、高 11 厘米（图一四，3）。

　　白釉瓷盘　1 件。T0101⑥：8，残。敞口，尖唇，斜壁，圈足。器表施半釉，内为
全釉。口径 14、底径 4.6、高 2.6 厘米（图一四，4）。

　　白釉瓷碗　1 件。T0201⑥：1，上半部残缺，深腹微鼓，圈足。全釉，内底划三点
褐彩。残高 7.1、底径 6.6 厘米（图一四，5）。

　　“任”字款瓷碗底　1 件。T0101⑥：2，残。应为青瓷碗的圈足底，底无釉，中心书
一“任”字。直径 7 厘米（图一四，6）。

　　“陆”字款瓷碗底　1 件。T0101⑥：3，残。应为青瓷碗的圈足底，底无釉。底中心
书一“陆”字。直径 5.8 厘米（图一四，7）。

　　酱釉瓷瓶　1 件。T0201⑥：6，残。敞口，圆唇，短颈圆广肩斜收至平底。器表施
大半釉，内为全釉。口径 5.2、最大腹径 14.6、底径 8.4、高 21 厘米（图一四，8）。

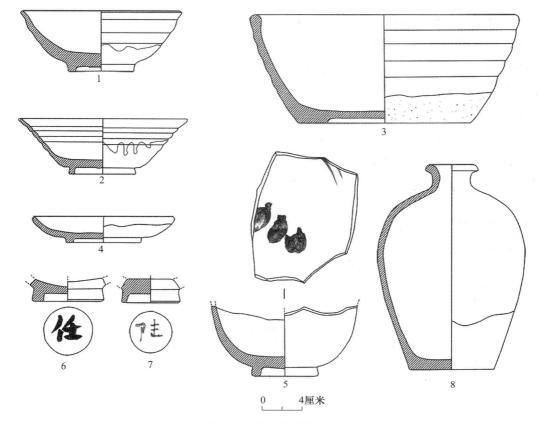

图一四　第 6 层遗物标本

1.酱釉瓷碗（T0101⑥：1）　2.酱釉瓷碗（T0101⑥：2）　3.绿釉陶盆（T0101⑥：7）　4.白釉瓷盘（T0101⑥：8）

5.白釉瓷碗（T0201⑥：1）　6."任"字款瓷碗底（T0101⑥：2）　7."陆"字款瓷碗底（T0101⑥：3）

8.酱釉瓷瓶（T0201⑥：6）

4. 文物采集

此次的文物采集工作随着工程取土的推进展开，采集重点是距地表 2.7～3.5 米地层中的出土遗物标本。从采集瓷器残片中，可见明清时期的青花瓷、青瓷、钧瓷；金元时期的白瓷、白釉褐彩瓷、酱釉瓷、高丽青瓷等。主要器形以碗、盘为主，可复原者达 300 余件。因同类器较多，此不赘述，仅择金元时期白釉褐彩碗（图版二〇，2）、白釉褐彩盘（图版二〇，1）、黑釉碗（图版二二，1）、青瓷碗（图版二二，2）等照片，以飨读者。陶器类多为辽金时期时泥质灰陶器皿，可辨器形有瓮、罐、甑、盆等，现以编号 2011SSTH1 出土遗物给予介绍。

H1 在挖承重柱基础坑时发现。平面呈圆形，直壁，平底。开口距地表 3.4、直径 1.2、深约 1 米。坑内堆积灰褐色土，较疏松。内含遗物皆为陶器残片，可复原器皿 5 件。

甑　1 件。2011SSTH1：1，泥质灰陶。轮制。敞口，外折沿，圆唇，深腹，斜壁，平底。沿下附加一周捏压纹带，底部有 5 穿孔。口径 64、底径 31、高 25.5、小孔径 5、大孔径 7 厘米（图一五，1；图版一九，4）。

　　　　　　　　　　沈阳考古文集（第 5 集）

　　盆　2 件。2011SSTH1：2，泥质灰陶。轮制，磨光。敞口，外折沿，圆唇，浅腹，弧壁，平底。口径 45、底径 25、高 8.6 厘米（图一五，2；图版二〇，4）。2011SSTH1：3。泥质深灰陶。轮制。敞口，外折沿，圆唇，浅腹，弧壁，平底。口径 46、底径 26、高8.5 厘米（图一五，3）。

　　钵　1 件。2011SSTH1：4，泥质深灰陶。轮制。敛口，圆唇，浅腹，折腹斜壁，平底。口径 36.4、底径 21、高 16.5 厘米（图一五，4；图版二〇，3）。

　　罐　1 件。2011SSTH1：5，泥质深灰陶。轮制。敞口，束径，圆唇，深鼓腹，平底。口径 11.8、最大腹径 20、底径 13.6、高 23.1 厘米（图一五，5；图版一九，3）。

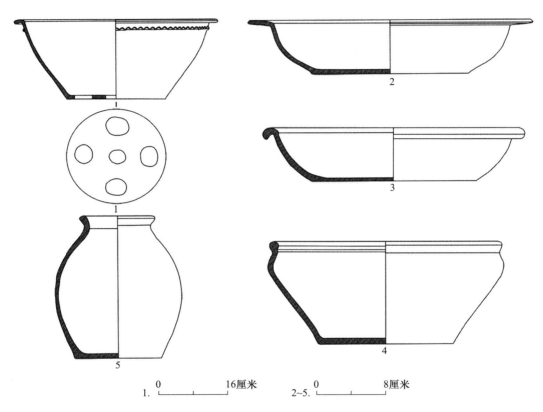

0　　　　　16厘米
1.

2~5.　0　　　　8厘米

图一五　H1 出土陶器

1.甑（2011SSTH1：1）　2、3.盆（2011SSTH1：2、2011SSTH1：3）　4.钵（2011SSTH1：4）　5.罐（2011SSTH1：5）

三、结　论

　　北通天街南段位于沈阳明清老城的南端，通过对这个区域地下人防工程跟踪调查、勘探发掘，使我们对沈阳的城市沿革以及通天街的历史有了进一步了解。

　　1）该区域内辽至清各时期的地层堆积衔接紧密，出土遗物丰富，从辽代到清代长达千年发展未曾间断，说明这个区域从辽至清都属于城内。这次没有发现早于辽代的遗迹和遗物，说明早期的沈阳城应该在它的北部，还没有扩展到这个区域。

2）本次调查，不仅了解到明代沈阳中卫城内南北向大街与清代盛京城城内北通天街的路况，并发现在明代道路的下面压着元代道路，说明这条南北大街是从元代开始形成的。如前所述，这三个时代形成的土路皆为夯筑，路宽10米。清代的路被近代路打破，残存一层。明代路为两层，保存状况良好。明代路的下面尚有两层夯筑路，依据该区域地层堆积深度总体比照分析，上层厚22～42厘米，深褐色土，含少量沙，经夯致密，应为元代形成。明代、清代、现代一直在此基础上筑路并使用。而下面一层厚33～40厘米的褐色夯土是否为辽金时期沈州城内的道路，因没有发现遗迹和遗物，还不能断定，有待于今后的工作。

3）沈阳是一座拥有2000多年建城史的古城，但我们现在仅知道明清时期沈阳城的规模和城墙四至，辽代及其以前的沈阳城虽然也位于明清老城区的范围内，但其规模和四至目前都不清楚。通过这次考古勘探，探明了南北主要大街——通天街始建于元代，这为我们探讨元代沈阳城规模和四至，提供了重要的依据。在元代，这条大街可能也是城内南北的主要大街，那么，这能否说明元代的沈阳城与明清的沈阳城在大体相同的位置上呢？当然，要证明这一点，还需要今后进一步的工作。

调查人员：刘焕民　张洪涛　庞志辉
绘　　图：张洪涛　庞志辉
执　　笔：姜万里　刘焕民

注　释

[1] 北通天街：通天街一名可能始于后金迁都沈阳以后，它是贯穿于元、明沈阳城内的主要南北大街。沈阳故宫建成后，将通天街从中截断，只存北段和南段，民国时期地图上还称其为通天北街和通天南街。何时将通天南街改为北通天街，不得而知。

沈阳小南山清代墓园发掘报告

沈阳市文物考古研究所

2002 年 7 月，沈阳市东陵区房产局在方凌路凌云小学和预制板厂院内进行开发建设。为保护地下文物，7 月 2 日～10 月 8 日，沈阳市文物考古研究所对该工程范围内进行了文物勘探和考古发掘工作。通过发掘，发现和清理了 1 座清代墓园。现将本次发掘的具体情况报告如下。

一、地理位置及地层堆积

（一）地 理 位 置

该工程项目位于沈阳市东陵区方凌路中段南侧凌云小学和预制板厂院内，其北邻方凌路，东接居民住宅平房区，南傍奉系军阀军械库旧址，西靠工厂区，占地面积约 3 万平方米（图一）。

（二）地 层 堆 积

通过发掘，了解到该工程范围内地层堆积自上而下可分为 3 层，依次介绍如下：

第 1 层：回填土层。质硬。包含物有砖瓦碎片、石块等。厚 20～25 厘米。

第 2 层：黑褐色土。质较硬。包含物有石块、青花瓷片、泥质灰陶片等，为陵园废弃后堆积形成。厚 60～80 厘米。本次发现的墓葬及围墙等即开口于该层下。

该层下为黄土层，质密，干燥，纯净无杂物，为生土层。

二、遗迹与遗物

根据文物勘探情况，本次发掘共布 12 米 ×6 米、6 米 ×4 米、5 米 ×5 米、12 米 ×5 米、6 米 ×2 米、8 米 ×5 米探方和探沟 6 个，发掘面积 233 平方米。通过发掘，清理出墓园门址、南围墙、碑额、赑屃碑座、神道，以及火葬墓（编号 M2）、土坑竖穴

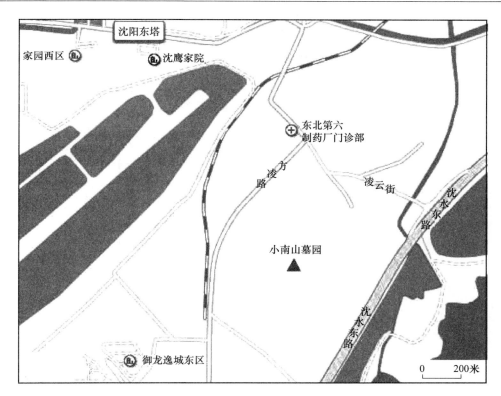

图一 小南山墓园地理位置示意图

墓（编号 M1）各 1 座（图二）。依次介绍如下。

（一）墓 园 门 址

　　墓园门址为一面阔 3 间、进深 1 间的土木建筑，方向 55°。平面呈长方形，由门廊、门道、门房、散水、台阶等部分组成。东西长约 41.4、南北宽约 7.65 米，面积 81.4 平方米（图三；图版二三，1、2）。

　　门廊长约 10.8、宽约 2.3 米，残存西侧青砖平砌地面、1 个砖砌柱础。

　　门道长约 6.64、宽约 2.84 米，残存门内青砖平砌地面、2 个门础石（抱鼓石，已残）。础石长 0.86、宽 0.34、残高 0.34 米。

　　门房位于门道两侧，东、西各 1 间。西侧门房南依墓园围墙，平面呈长方形。东西长 3.76、南北宽 3.38 米。房内残存部分砖铺地面和 3 个砖砌柱础；东侧门房保存较差，仅余部分砖砌地面和 1 个砖砌柱础。

　　门房北侧外有散水，系用河卵石铺就，散水外有一圈青砖包围。残长 7.66、宽 0.62 米。

　　门房北侧平台下承台阶，台阶共 3 级，系用青砖一横一纵，分级铺就。台阶后与卵石铺就的神道相接。台阶东西宽 2.6、南北长 0.7、高 0.6 米。

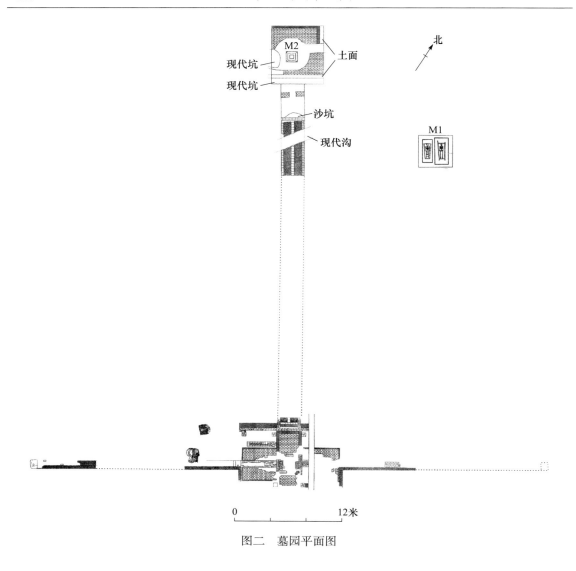

图二　墓园平面图

（二）南　围　墙

南围墙长约 57.2、宽约 0.54 米，由东、西两部分组成，与墓园门址相接。东半部围墙仅余一小段，外侧保留有长约 8.12、宽约 0.38 米卵石铺就的散水。西半部围墙保留墓园门址西侧长约 5.92、宽约 0.38 米卵石铺就的散水、南围墙西端长 2.04、宽 0.54 米青砖墙体和长 5.92、宽 0.38 米卵石铺就的散水以及围墙西南拐角基础坑（图四）。

（三）碑额和赑屃碑座

墓园内门址西侧空地发现有碑额、赑屃碑座各 1 件（图五）。

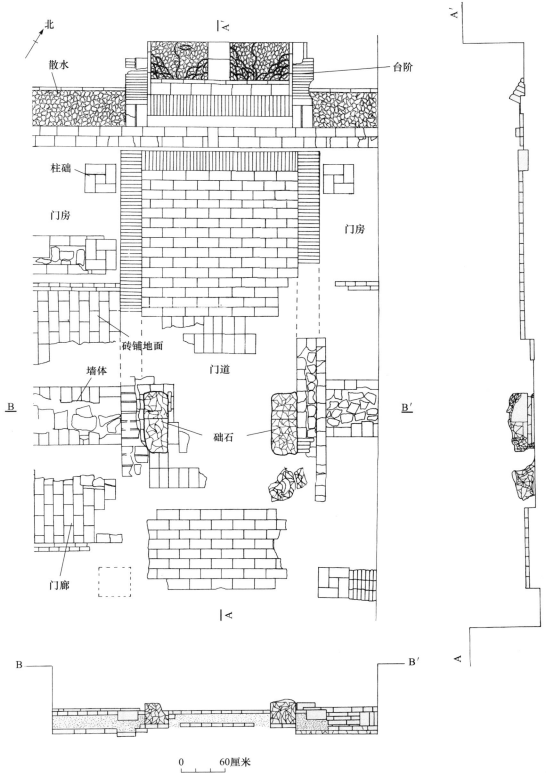

北

散水

台阶

柱础

门房

门房

砖铺地面

墙体

门道

础石

门廊

0   60厘米

图三　墓园门址平、剖面图（局部）

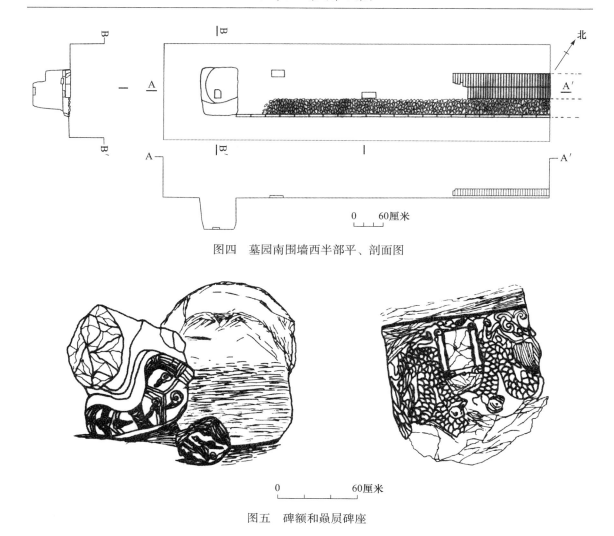

图四　墓园南围墙西半部平、剖面图

0　　　60厘米

图五　碑额和赑屃碑座

　　碑额为花岗砂岩，顶部残损。残高 1.28、宽 1.08、厚 0.4 米。碑额系用浮雕方法雕刻而成，纹样为盘龙形象，在盘龙之间有 7 个圆孔，碑额中部有一平台，其上文字已模糊，不可辨识。

　　赑屃碑座残端为 3 部分，部分缺失，从残存部分可看出赑屃的四足和龟背花纹。

（四）神　　道

　　神道将墓园门址与 M2 相连，平面呈长条形。由于发掘面积所限及局部被现代沟破坏，仅揭露出与门址相连和与 M2 相连的 2 段（图二、图八）。神道残长 38.06、宽 2.48、厚 0.25 米。神道正中为方形青砖平砌，两侧为河卵石对称平铺，两侧边缘对称平铺有两竖一平青砖。

（五）M1

1. 形制与结构

　　M1 位于墓园内东北部神道东侧，正方形土坑竖穴墓，为夫妻合葬墓，方向北偏西33°（图六；图版二三，3）。墓室边长3.7米。东、西两棺并列，棺板均为木质，周围铺一层40厘米的三合土，底部铺一层约5厘米厚的木炭。

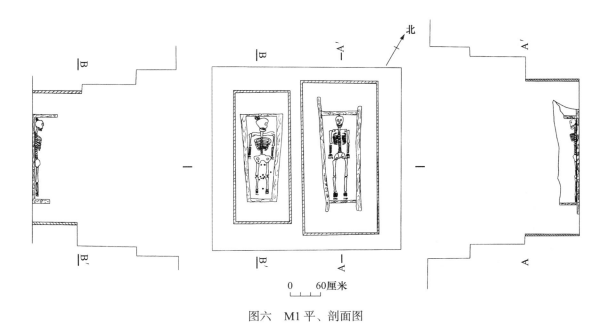

图六　M1 平、剖面图

　　东（男）棺南北长2.3、东西宽0.7~0.9米。葬式为仰身直肢，头向北。出土遗物有官帽顶1件、香囊1件、"康熙通宝""雍正通宝""乾隆通宝"48枚，蝶纹葵花扣13枚。

　　西（女）棺南北长2.2、东西宽0.6~0.8米。头向和葬式与东棺一致，头部发髻卷曲，保存少量。出土遗物有龙首银簪2件、铜钗1件、蝶纹葵花扣5枚、"康熙通宝""雍正通宝""乾隆通宝"43枚、铁棺钉1枚。

2. 遗物

　　青花瓷盘　2件。M1：1，残。瓷质。侈口，尖圆唇，弧壁内凹，平底，圈足。内壁装饰青花缠枝花卉纹样和双蓝圈。口径20.6、底径10.9、高3.7厘米（图七，1）。M2：2，残。瓷质。侈口，尖圆唇，弧壁内凹，平底微外凸，圈足。外壁饰青花花卉纹样，内壁饰青花缠枝花卉纹样和双蓝圈。口径15.7、底径8.4、高2.8厘米（图七，9）。

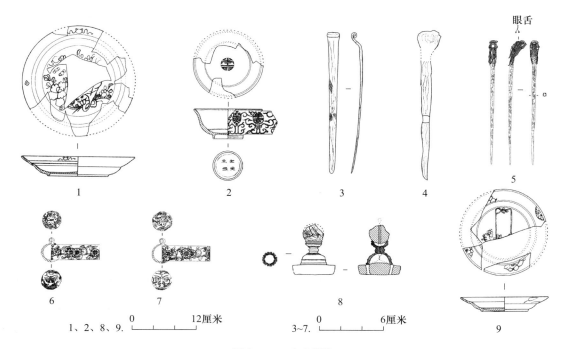

图七　M1出土器物

1、9.青花瓷盘（M1：1、M2：2）2.青花瓷碗（M1：3）3.铜钗（M1：6）4.铁棺钉（M1：8）5.龙首银簪
（M1：7）6、7.蝶纹葵花铜扣（M1：5、M1：9）8.官帽顶（M1：4）

青花瓷碗　1件。M1：3，残。瓷质。侈口，尖圆唇，弧壁内收，平底，圈足。外壁饰青花缠枝花卉和团寿纹，内底饰双蓝圈和团寿纹，外底有四个鸟虫书款。口径12.4、底径5.4、高5.7厘米（图七，2）。

铜钗　1件。M1：6，完整。铜质。扁长条状，一端卷曲，另一端略尖，侧面微弓，正面刻有缠枝草叶纹。长12.54、宽0.34～1.15、厚0.2厘米（图七，3）。

龙首银簪　2件，形制相同。M1：7，银质。长条状，一端为龙纹形象，眉目须发，栩栩如生，另一端略尖，簪身刻有龙鳞纹样。长11.5、截面径0.14～0.75厘米（图七，5）。

蝶纹葵花铜扣　18枚，分为两类。M1：5，完整。铜质，圆球状，顶端有圆环。顶端呈五点梅花形，中部一周为缠枝单瓣葵花纹，底为蝴蝶纹样。高2.24、横截面径1.75厘米（图七，6）。M1：9，完整。铜质。圆球状，顶端有圆环。顶端呈五点梅花形，中部一周为缠枝重瓣葵花纹，底为蝴蝶纹样。高2.31、截面径1.75厘米（图七，7）。

官帽顶　1件。M1：4，略残。近亚腰形，由顶部水晶珠和铜质底座两部分组成。水晶珠顶部残损。素面。截面径3.6厘米。铜质底座呈毡帽形，器表饰有2道圆珠纹带和2道卷草纹带。高6.34、截面径1.5～7.66厘米（图七，8）。

铁棺钉　1件。M1：8，略残。长条状，通体锈蚀，一端较粗，另一端略尖。长13.77、截面径0.48～2.07厘米（图七，4）。

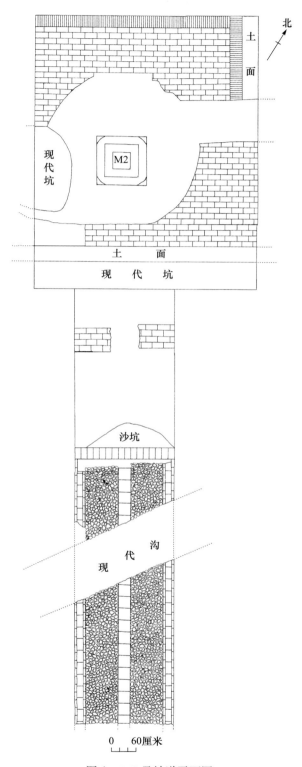

图八　M2 及神道平面图

（六）M2

M2 位于墓园北部正中，神道尽处的最北端，墓上部封土周围铺一层青砖，封土西部被一现代坑打破（图八；图版二三，4）。墓葬为土坑竖穴火葬墓，方向北偏西33°，基本为正方形，边长1.26米。木质椁板距墓葬开口0.8米，椁室周围作圆角处理，椁板周围有0.23～0.28米的三合土。两椁一棺。椁室东西0.51、南北0.55米，椁厚0.06、棺厚0.08米。棺内为散放烧骨，无任何随葬品，部分残骨十分细小（图九）。

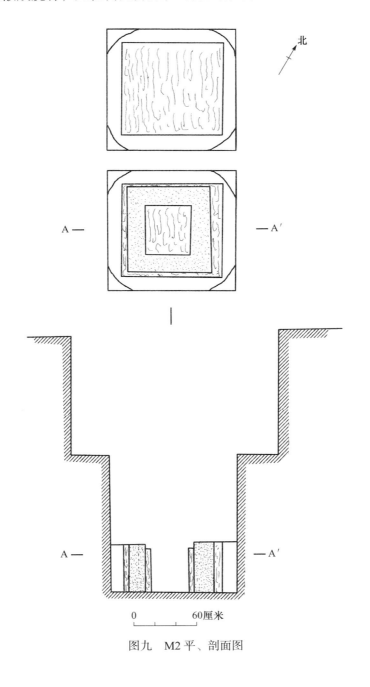

图九　M2 平、剖面图

三、结　语

通过文物勘探和考古发掘，我们有以下认识。

1）该墓园残存部分平面近方形，南北残长约53、东西宽约57米，占地面积5000余平方米，为一座清代官员家族墓园。M2为墓园的主墓，M1为陪葬墓。从墓园布局情况来看，该墓园内墓葬以左昭右穆的形式排列，应还分布有多座陪葬墓，限于发掘面积和其他原因，未能对其他墓葬进行考古发掘。

2）关于墓园的年代。M2为火葬墓。火葬早在辽金时期即已流行，至清代康乾时期逐渐被土葬所代替，乾隆以后至民国时期，火葬已绝迹。因此，推测M2的年代为清代早期。

M1为夫妻合葬墓。男性墓主位于东侧，根据墓主官帽水晶顶戴可判定为清代五品官员；女性墓主位于西侧，为其夫人。从墓葬形制和随葬品情况来看，该墓的年代大致在清乾隆时期。

根据M1、M2的年代，初步推测该墓园应修建于清代早期，至清乾隆时期一直沿用。

3）关于墓园的墓主身份。据附近居民介绍，该墓园称为"关家坟"，也称郡马坟、郡主坟，又叫关大臣墓，更有沈阳市民关杰、关澄立、关桐鹤、关瑜等称其为自己家族关姓祖坟。据上述关姓市民口述介绍，该墓园是一片家族墓地，共埋葬了镶黄旗瓜尔佳氏14位男性祖先和他们的配偶。关姓是辛亥革命以后，满姓瓜尔佳氏改的汉姓。在关姓族谱上记载有该墓园的墓主身份。

有人认为郡马坟其实是瓜尔佳·黄海与皇太极第四子辅国公叶布舒长女乡君格格郡主的合葬墓。《钦定八旗通志》中载："黄海，系长白山地方瓜尔佳。轻车都尉安崇阿长子，仕至副都统、上驷院大臣。"此外，《清实录》中记载："康熙二十七年三月，黄海由一等侍卫（正三品）、上驷院大臣晋升为满洲镶黄旗副都统（正二品）、都统（正一品）。"

黄海的曾祖玛库礼在天命七年（1617年）阵亡，努尔哈赤赐号"巴图鲁"。黄海的祖父尼汤阿亦阵亡，康熙皇帝追赠其为资政大夫。黄海的父亲安崇阿以战功被顺治皇帝赐号"巴图鲁"，并封骑都尉加二等轻车都尉。康熙二十一年（1682年），安崇阿逝世，先葬北京，康熙五十七年七月八日，迁葬在沈阳下木厂并立祖，与其父亲尼汤阿在城北辉山的墓遥遥相对。

本次发现的两座墓葬从形制和随葬品情况来看，都与郡马坟的情况不符。

M2为火葬墓，且并无随葬品，可能为迁葬，由于地处沈阳下木厂地区，与上述黄海父亲安崇阿迁葬沈阳下木厂并立祖的事件相吻合，且墓园中发现的碑额及碑座从形制看可能是康熙年间的敕建碑。据此，推测M2的墓主身份为黄海的父亲安崇阿。

M1的墓主是五品官员，因此不可能是黄海本人，推测其可能为黄海的后辈子孙。

该墓园的修建时间应为清康熙五十七年，即公元1718年。

4）小南山清代墓园的发现具有重要的考古及历史价值。该墓园是新中国成立以来沈阳地区发现的首例木制葬具的火葬墓，其墓园结构及墓葬形制为研究沈阳地区清代早期至中晚期的葬俗、葬制等过渡、转变过程，提供了十分难得的珍贵实物。

勘探、发掘：刘焕民　赵晓刚　沈彤林
　　　　　　付永平　孙　波等
绘　　　图：付永平　韩玉岩　刘卫民
照　　　相：赵晓刚　付永平
执　　　笔：付永平　刘焕民

沈阳市沈河区大南街清盛京城德盛门瓮城遗址考古发掘报告[*]

沈阳市文物考古研究所

2007 年 5 月，为配合沈阳市国家税务沈河分局开发的"沈河区国家税务局服务楼"工程建设，沈阳市文物考古研究所于 5 月 28 日上午进场开展文物勘探工作，在勘探的过程中发现遗址，报上级主管部门后于 6 月 11 日开始进行抢救性考古发掘，至 7 月 23 日考古发掘工作全部结束，考古发掘面积 90 平方米。所发现的遗址经专家确认为清盛京城德盛门瓮城遗址，现将此次考古发掘情况介绍如下。

一、地理位置及地层堆积

"沈河区国家税务局服务楼"工程位于沈阳市沈河区大南街 1 号，其东为祥顺小区，南接乐郊路，西靠大南街，北为南顺城路。该工程用地地处"方城南部、西南部地区文化遗存"片内，属沈阳市 21 片重点文物考古勘探范围之一，整个工程规划建设用地面积 7421 平方米（图一）。

进场时，工地内除西北部尚留有一段混凝土地面高台外，地面建筑基本已拆除平整，整个工地形状呈长方形，北部、西部、南部边上都基本打上混凝土桩，西北角处做了一个混凝土吊车台座，在其所挖坑壁发现有明代砖墙，旁边在前期施工中发现民国时期建筑构件。现存地层情况如下（图二）。

第 1 层：黑褐色土。为回填土层。此层又可分数小层，每层包含有大量建筑垃圾、生活垃圾、炉灰、煤渣等，由于扰乱严重，故定为一层，年代应为现代至明清代层。厚 3.2～4.4 米。

第 2 层：灰褐色土。此层只有工地中心及偏西、北部位可见，为东西走向。含有少量炭灰，土质较黏，应为汉代层。深 3.5～5.2、厚 1～1.7 米。

第 3 层：黄褐色土。土质较纯净。土中含大量沙子，含水量较大。推测该层的年代在汉代之前。深 4.4～6、厚 0.4～0.7 米。

该层下即为浅黄色沙层，质纯净，为生土。

* 本文为国家社科基金重大项目"盛京城考古与清代历史文化研究"阶段成果，项目编号：14ZDB038。

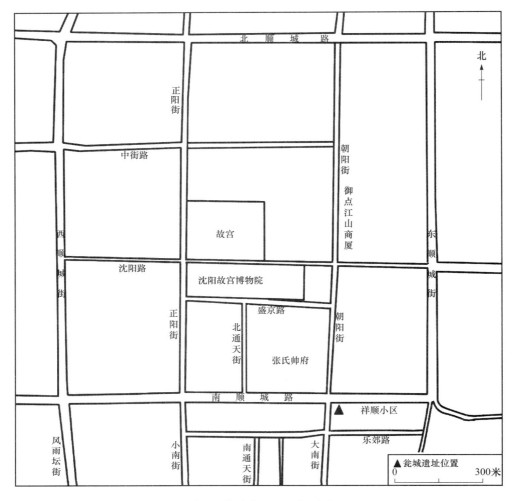

图一　瓮城遗址地理位置图

图二　遗迹全景照

二、遗迹和遗物

由于现场工作环境所限，此次考古发掘面积仅为 90 平方米，且探方内有大量的现代建筑基础（混凝土浇筑），为发掘工作造成了不便，部分区域难以发掘。通过考古发掘，我们发现整个遗迹为两层结构，外部砌筑墙体，内部高处再砌一高台，台上砌砖墙，两墙之间为一层层垫土。内墙里面为夯土。这次发掘，由于位置限制，仅暴露出东、南两侧部分结构（图三）。

内部高台，中间被一现代沟打破，沟宽约 1 米，外侧仅剩东、南侧条石基础，东侧分两段（中间被打破），残长 6.7、南侧长 4.4 米，高台面积约为 29.07 平方米。条石

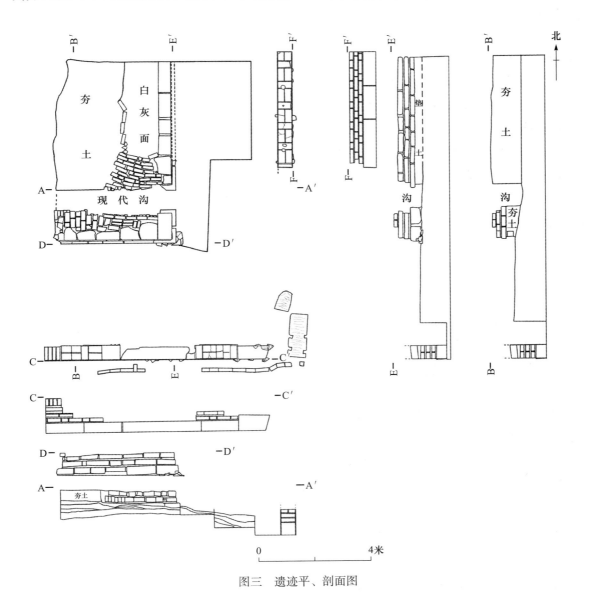

图三　遗迹平、剖面图

基础均为 3 层，宽 0.45、高 0.74 米。条石基础内侧为小规格青砖砌筑基础，砌筑方法皆为白灰口竖砌，分为 2 层，砖上有较厚白灰层，砖下用夯土垫底，砖规格为 38 厘米 ×18 厘米 ×11 厘米（图四，1），再里全部用夯土筑成，夯土残高 1.1～0.95 米，内侧砖砌基础内边与条石基础外边距离为 1.82 米，青砖基础宽 1.37 米。

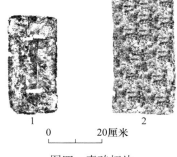

图四　青砖拓片

　　外部墙体，即从内部高台外缘条石再向东、向南方向，为条石基础及几行青砖所砌。上部用大型青砖砌成，砌筑方法为白灰两横一竖错缝，灰口一般为 3 厘米，砖规格为东侧 48 厘米 ×24 厘米 ×13 厘米，南侧 48.5 厘米 ×23.5 厘米 ×13 厘米（图四，2），也有部分稍大或稍小规格的砖。墙基础皆为大型条石，条石高 0.48～0.56 米，在条石下用茬石垫底。东部外部墙体残长 4.2、宽 0.5、残高 0.94 米，仅剩 3 行砖。南部外部墙体残长 8、宽 0.5、残高 1.24～0.56 米，最高剩 4 行砖。

　　外部墙体与内部高台之间有几层垫土。东侧两墙间距离为 3.85 米，南侧距离为 3.9 米，高台条石基础底部高出外侧墙体条石基础底部 0.9 米。由于后期破坏严重，目前只可见东侧墙体与内部高台之间垫土。

　　另外，此次发掘又具体测了一些数据：遗址东面墙体距大南街中心线 34 米，距东顺城街（与清抚近门平行）275 米，距通天街（明代保安门外）中心线 293 米，距小南街（清天佑门外）中心线 508 米，距西顺城街（与清怀远门平行）918 米，遗址南面墙体距南顺城路中心线 38.5 米，距路北自行车道 52.5 米（图五）。

三、结　　语

　　1）在遗址发掘过程中，省市有关专家曾到现场考察论证，依据遗址的位置、残留条石基础和砖墙的状况以及筑墙城砖等情况，认为该遗址为清代盛京城德盛门外瓮城遗址的一部分[1]。另鉴于德盛门"瓮城遗址"的重要意义，沈阳市文物考古研究所（沈阳历史文化名城研究中心）决定对该遗址进行保护展示，在 2009 年 6 月、8 月两次有关该遗址保护的论证会上，省市有关文物考古、清史、古建专家进一步确认该遗址为清代盛京城德盛门外瓮城遗址（部分）[2]。

　　2）清代盛京城是在明代沈阳中卫城的基础之上扩建的，后金天命十年（1625 年），努尔哈赤从辽阳迁都沈阳后，即着手增拓沈阳城。努尔哈赤在沈阳只住一年零六个月就死去了，皇太极继承汗位，继续修建沈阳城，于 1631 年基本完成。这时的城墙为"其制内外砖石，高三丈五尺，厚一丈八尺，女墙七尺五寸，周围九里三百三十二步，四面垛口六百五十一，明楼八座，角楼四座。改旧门为八：东向者，左曰内治（小东门）、右曰抚近（大东门）；南向者，左曰德盛（大南门）、右曰天佑（小南门）；西向者，左曰怀

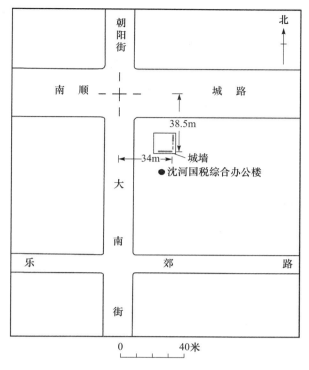

图五　遗迹周边位置图

远（大西门）、右曰外攘（小西门）；北向者，左曰地载（小北门）、右曰福胜（大北门）。池阔一十四丈五尺，周围十里二百四步"。1634 年，皇太极改沈阳为盛京，满语叫谋克敦（兴盛之意）。清崇德三年（1638 年），在城内修筑钟楼、鼓楼。1644 年清迁都北京后，称盛京为留都或陪都[3]。

该建筑遗址位于沈阳清代盛京城德盛门外，通过此次考古发掘，发现该建筑遗址所用青砖尺寸与明代城墙砖尺寸相同或相近。另外，一些基础条石的规格不等，大量利用了早期的或其他建筑所用石材，这些都比较符合当时的历史形势，此亦可作为该遗址为清代盛京城德盛门外瓮城遗址的有力佐证，该瓮城遗址建成年代应为 1625～1631 年。

3）通过对遗址周边进行的实地测量，得到了一些该遗迹与清盛京城相关的详细数据，为掌握德盛门瓮城遗址的具体尺寸提供了有力依据。一般认为，盛京城南城墙就在南顺城路北自行车道边缘附近，大南街即为清代连接福胜（大北）门、德盛（大南）门及大南边门的大街。由此可见，从以上所测数据来看，遗址东面墙体距大南街中心线 34 米，南面墙体距南顺城路北自行车道 52.5 米，如果以大南街中心线为清德盛门中心线，德盛门的瓮城大体上宽为 68 米左右，长为 52.5 米左右。

总之，此次考古发现，为研究沈阳这座历史文化名城的形成与延续发展，以及盛京城瓮城建筑规模和形式等提供了重要的科学依据。

发　　掘：沈彤林　尤瑞年　刘德才　庞志辉

绘　　图：沈彤林　尤瑞年　庞志辉　韩玉岩

照　　相：沈彤林

执　　笔：沈彤林　赵晓刚

注　　释

[1] 2007 年 7 月，辽宁省文物保护专家组成员李仲元研究员、姜念思研究员以及沈阳故宫博物院佟悦研究
    员等到遗址发掘现场论证，认为该遗址是清盛京城德盛门瓮城遗址的一部分。

[2] 2009 年 6 月、8 月，在沈阳市文物考古研究所组织的两次清盛京城德盛门"瓮城遗址"保护方案论证
    会上，该遗址为清盛京城德盛门瓮城遗址（部分）得到进一步确认。参加论证会的专家有辽宁省文物
    保护专家组成员郭大顺、辛占山、姜念思、王晶辰等，沈阳故宫博物院院长武斌研究员、沈阳建筑大
    学陈伯超教授、辽宁省文物保护中心李向东研究员等。

[3] 《盛京通志》卷十八《京城一》。

沈阳青年大街清代水井发掘报告

沈阳市文物考古研究所

2004年3月21日，沈阳市青年大街东侧"圣世豪林广场"工地施工过程中发现1座清代火葬墓和9口水井。4月7~16日，沈阳市文物考古研究所对该墓葬[1]和其中的6口水井进行了考古发掘清理。现将本次发掘的具体情况报告如下。

一、地理位置及地层堆积

（一）地理位置

"圣世豪林广场"位于沈阳市沈河区青年大街东侧，其东接大西路360号居民楼，南临大西路，西傍青年大街，北靠杏林街成平二巷，工程占地面积32 157.2平方米（图一）。

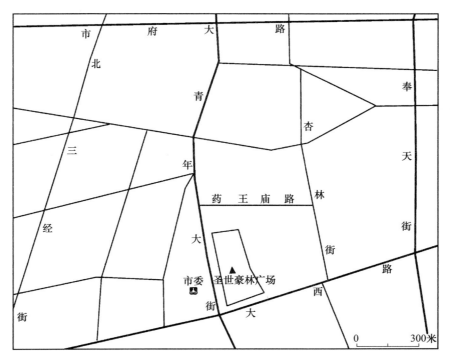

图一　圣世豪林广场地理位置图

（二）地 层 堆 积

通过发掘，了解到该工地地层堆积自上而下可分为 3 层，依次介绍如下。

第 1 层：现代路面及垫土层。深 35～40 厘米。

第 2 层：现代回填层。呈深灰褐色。包含物有现代砖瓦残片。深 45～60、厚 10～24 厘米。该层下有许多规模较大的现代灰坑。

第 3 层：浅灰褐色黏土。土质较硬，黏性大。包含物有青花瓷片、黄釉陶盆口沿残片及残碎青砖等。该层分布不均匀，局部区域内被上层灰坑所打破。深 50～85、厚 0～30 厘米。此次发现的遗迹皆开口于该层下，打破生土及沙层。

该层下即为生土。生土下为沙层，沙质较纯净。

二、遗迹与遗物

本次发掘共清理水井 6 口（图二），编号 2004SSJ1～2004SSJ6（以下简称 J1～J6）。水井皆开口于第 3 层下，平面多近圆形，青砖砌就，砖壁外侧有近圆形的外圹，内填沙土。井身口小底大，现存口径及深度不一而齐。口径最大者为 3.4 米，最小者为 1.2 米；井壁最深者深约 3 米，最浅者深 1.1 米。井壁皆用青砖错缝砌就，井底用单层木枋砌成六角形或八角形底座。除 J4 及 J5 外，其他形制基本接近。依次介绍如下。

（一）J1

1. 形制与结构

J1 平面近圆形，井身上部被破坏。外圹直径 2 米，残存井口外直径 1.4、残深 1.06 米。井壁自上而下共 15 行青砖，错缝叠压砌就，井底为长 0.72、宽 0.12、厚 0.17 米的木枋砌成正六角形底座，底座下为沙石层。井壁与土圹之间用细沙填土填充（图三）。

2. 遗物

J1 中出土陶球和酱釉瓷碗底各 1 件。

陶球　1 件。J1：1，泥质灰陶。略残。球形，表面有不规则坑点。直径 3.6 厘米（图四，1）。

酱釉瓷碗底　1 件。J1：2，残。平底，圈足，足根外侧有刀削痕，内底有支圈垫烧痕，酱釉。底径 6、残高 1.6 厘米（图四，4）。

图二　遗迹总平面图

（二）J2

1. 形制与结构

　　J2 平面近圆形，井身上部被破坏，口小底大。外圹直径 2.86 米，残存井口外径 2.4、井底外径 2.6、残深 3.16 米。井壁自上而下共 52 行砖，错缝叠压砌就，井底为长 0.84、宽 0.13、厚 0.07 米的木枋砌成正八角形底座，底座下为砂石层。井壁与土圹之间

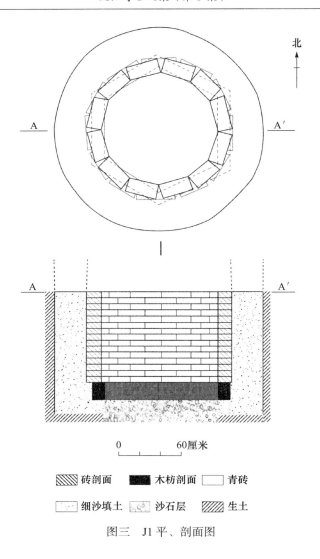

北

A　　　　　　　　　A′

A　　　　　　　　　　　　　　　A′

0　　　　　60厘米

▨砖剖面　　■木枋剖面　□青砖

┈细沙填土　▨沙石层　▨生土

图三　J1 平、剖面图

用细沙填土填充（图五；图版二四，1）。

2. 遗物

J2 中出土器物 5 件，介绍如下。

瓷碗底　1 件。J2：1，瓷质。残。圈足，足跟外侧有刀削痕，底微外凸。器表施青色釉。底径 9、残高 2.2 厘米（图四，2）。

陶盆底　2 件。J2：3，泥质灰陶。残。平底，外底微内凹。素面。底径 20、残高 6.4 厘米（图四，3）。J2：5，泥质红陶。残。平底。素面。底径 24、残高 3.3 厘米（图四，7）。

黑釉瓷罐口沿　1 件。J2：2，瓷质。残。口微敛，溜肩，鼓腹，器表施黑釉，唇部施酱釉。口径 8.4、残高 5.3 厘米（图四，5）。

黑釉瓷缸口沿　1 件。J2：4，瓷质。残。敛口，平沿，尖圆唇，斜壁。口径 23.8、残高 7.8 厘米（图四，6）。

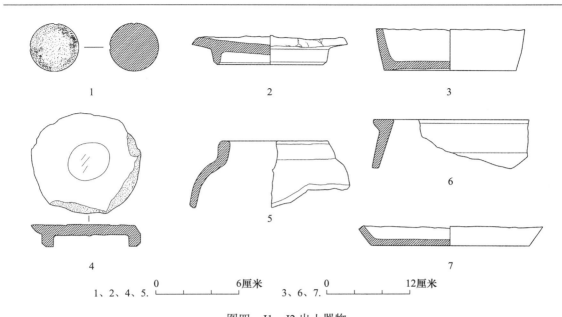

图四 J1、J2 出土器物

1.陶球（J1：1） 2.瓷碗底（J2：1） 3、7.陶盆底（J2：3、J2：5） 4.酱釉瓷碗底（J1：2） 5.黑釉瓷罐口沿

（J2：2） 6.黑釉瓷缸口沿（J2：4）

（三）J3

1. 形制与结构

J3 平面近圆形，井身上部被破坏，口小底大，底部坍塌，未清理至底。外圹直径 3 米，残存井口外径 2.2、井身下部外径 2.7、残深 2 米。井壁自上而下共 34 行青砖，错缝叠压砌就。井壁与土圹之间用细沙填土填充（图六）。

2. 遗物

J3 中出土器物 8 件，介绍如下。

青花瓷碗 3 件。J3：1，瓷质。青花橘皮釉。残。侈口，尖圆唇，斜弧壁，平底，圈足。口径 11、底径 5.2、高 4.8 厘米（图七，1）。J3：7，瓷质。残。斜弧壁、平底、圈足。底径 4 厘米（图七，2）。J3：8，瓷质。残。斜弧壁、平底、圈足，圈足根有刀削痕。底径 7.5 厘米（图七，7）。

灯盏 1 件。J3：2，泥质红褐陶。盏身下部残断。侈口，平沿，尖唇，弧折壁。素面。口径 7.8、残高 3.5 厘米（图七，3）。

酱釉罐底 1 件。J3：3，粗瓷质。残。弧壁内收，平底，圈足，通体施酱釉。底径 4.2、残高 4.5 厘米（图七，4）。

陶瓶 1 件。J3：11，泥质红褐陶。残。敛口，斜沿，方唇，束颈，折肩，斜腹。素面。口径 5.1、残高 8.5 厘米（图七，5）。

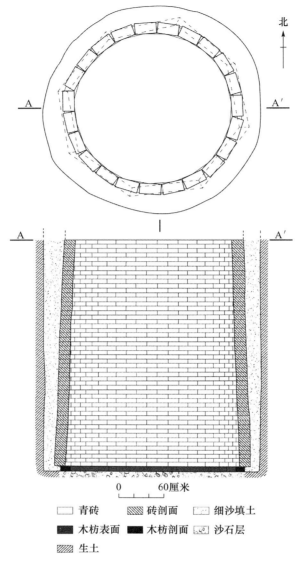

图五　J2 平、剖面图

兽面纹瓦当　　1 件。J3∶10，泥质灰陶。残。浅浮雕，当面中部为一猛兽面部形象，外圈饰一周珍珠纹。当面径 11.1 厘米（图七，6）。

盆底　　1 件。J3∶9，泥质灰陶。残。斜壁，平底，底部正中有一圆形穿孔，穿孔上大下小。素面。底径 14、穿孔上径 1.4、下径 0.9、残高 3.6 厘米（图七，8）。

（四）J4

1. 形制与结构

J4 平面近圆形，井身上部被破坏，口小底大。外圹上大下小，口径 2.9、底径 2.4 米，

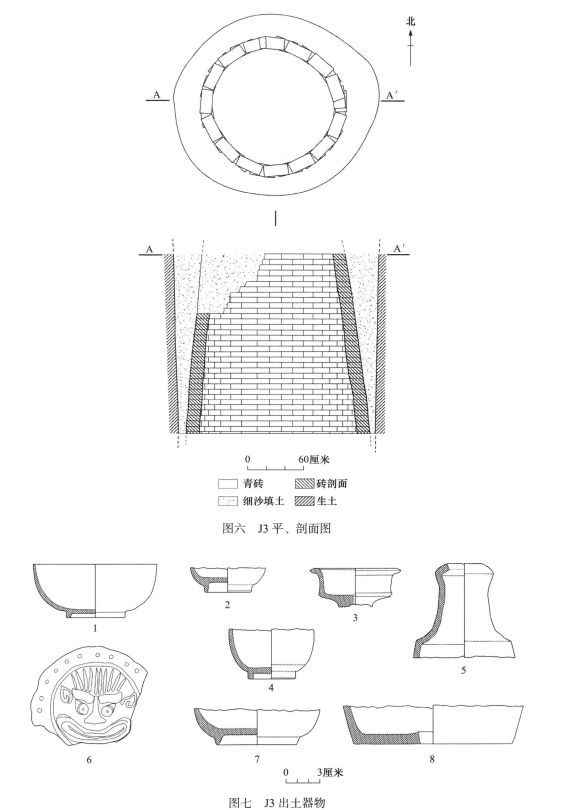

图六　J3 平、剖面图

图七　J3 出土器物

1、2、7.青花瓷碗（J3：1、J3：7、J3：8）3.灯盏（J3：2）4.酱釉罐底（J3：3）5.陶瓶（J3：11）6.兽面纹瓦当
（J3：10）8.盆底（J3：9）

残存井口外径 1.9、井底外径 2.3、残深 2.67 米。井壁自上而下共 33 行青砖，错缝叠压砌就，井底为木板砌成的底座。底座下部用边长 2.24、宽 0.1、高 0.44 米的木板砌成正四边形，上部用长 0.92、宽 0.24、厚 0.1 米的木枋固定四角。底座下为沙石层。井壁与土圹之间用细沙填土填充（图八；图版二四，3、4）。

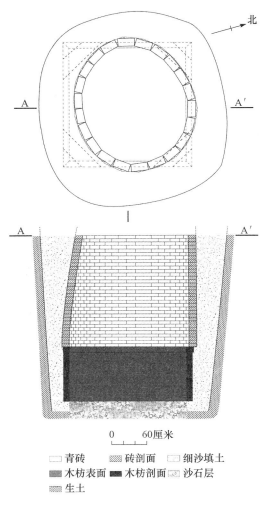

图八　J4 平、剖面图

2. 遗物

J4 中出土器物 6 件，介绍如下。

陶盆　1 件。J4：5，泥质灰陶。残。斜壁，平底，底部正中有一圆形穿孔，穿孔上大下小。素面。底径 23.2、穿孔上径 3.6、下径 1.8、残高 8.3 厘米（图九，1）。

釉陶盆　3 件。J4：3，泥质红陶。残，可修复。内施绿釉，盘口，圆唇，弧壁内折收，平底。口径 27、底径 18、高 7.4 厘米（图九，2）。J4：4，泥质红陶。残。内施酱釉，斜弧壁，平底内凹。底径 22、残高 6 厘米（图九，4）。J4：2，泥质红陶。残，可修复。外施酱釉，内施绿釉，侈口，平沿，圆唇，束颈，溜肩，斜弧壁内收，平底内凹。口径41.3、最大腹径38.3、底径25、高16.6厘米（图九，8）。

瓷盘　1件。J4：9，瓷质。残。豆青釉，弧壁内收，平底微外凸，圈足。底径15.8、残高4厘米（图九，7）。

瓷罐　1件。J4：6，瓷质。残。黑釉，斜壁折收，平底，圈足外撇。底径13、残高7厘米（图九，9）

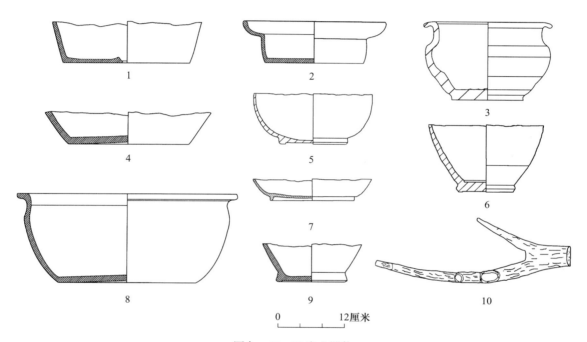

图九　J4、J6 出土器物

1.陶盆（J4：5）　2、4、8.釉陶盆（J4：3、J4：4、J4：2）　3.陶罐（J6：1）　5.酱釉碗（J6：3）　6.酱釉罐（J6：2）
7.豆青釉瓷盘（J4：9）　9.黑釉瓷罐（J4：6）　10.鹿角（J6：4）

（五）J5

1. 形制与结构

J5 平面近圆形，井身上部被破坏。外圹上大下小，口径3.43、底外径2.7米，残存井口外径3米，井底外径2.49、残深2.06。井壁自下而上可分为两部分，结构相同，青砖错缝叠压砌就，井底为木板砌成的底座。外壁共21行砖，底座用长1.17、宽0.13、厚0.07米的木枋砌成正八角形；内壁共20行砖，井底用长0.91、宽0.13、厚0.07米的木枋砌成正八角形。内壁底座下为沙石层。井壁与土圹之间用细沙填土填充（图一○；图版二四，2）。

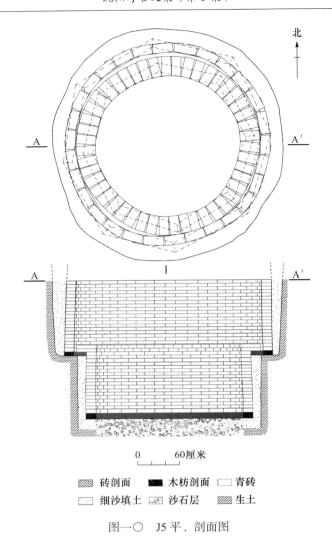

北

A———A'

A———A'

0   60厘米

▨ 砖剖面   ■ 木枋剖面   □ 青砖
▨ 细沙填土   ▨ 沙石层   ▨ 生土

图一〇　J5 平、剖面图

2. 遗物

J5 中出土器物 14 件，介绍如下。

青花瓷盘　1 件。J5：10，瓷质。残，可修复。侈口，尖唇，弧腹内收，平底，圈足。口径 17、底径 7、高 5 厘米（图一一，1）。

青花瓷碗　6 件。J5：6，瓷质。残，可修复。侈口，尖唇，弧腹内收，平底，圈足，足底有砂钉。口径 11、底径 5、高 4 厘米（图一一，2）。J5：13，瓷质。残。弧腹内收，平底，圈足微外凸。底径 8、残高 3 厘米（图一一，3）。J5：8，瓷质。残，可修复。侈口，尖唇，弧腹内收，平底，圈足。口径 12.6、底径 6.2、高 6.5 厘米（图一一，5）。J5：14，瓷质。残。弧腹内收，平底，圈足微外凸。底径 8.6、残高 5 厘米（图一一，7）。J5：4，瓷质。残。弧腹内收，平底，圈足。外底有"□□轩制"款。底径 5、残高 2.5 厘米（图一一，10）。J5：5，瓷质。残。弧腹内收，平底，圈足。外底有"土□"款。底径 8、残高 3 厘米（图一一，11）。

陶盆　1件。J5：11，泥质灰陶。残，可修复。侈口，圆唇，弧腹内收，平底内凹。素面。口径24、底径13.2、高10厘米（图一一，4）。

青花瓷杯　1件。J5：7，瓷质。残，可修复。直口，尖唇，弧腹内收，平底，圈足。口径8、底径3.8、高5.8厘米（图一一，6）。

釉陶盆　1件。J5：12，泥质红陶。残，可修复。外施酱釉，侈口，圆唇，弧腹内收，平底内凹。口径24、底径13、高9厘米（图一一，8）。

酱釉瓷碗　1件。J5：9，粗瓷质。残，可修复。外壁施酱釉，不及底。侈口，尖唇，斜腹内折收，平底，圈足。口径16、底径6.2、高5厘米（图一一，9）。

青花瓷片　1件。J5：3，瓷质。残。为碗底一部分，内底有青花花卉纹样，外底有"大明成化年制"款（图一一，12）。

烟袋　2件。J5：2，为烟袋杆。木质。残。圆柱形，中有圆孔。残长17.4、截面径0.95、圆孔径0.25厘米（图一一，13）。J5：1，残。由木质烟袋杆和铜质烟锅两部分组成。烟袋杆圆柱形，内有圆孔，烟锅弧形，中有圆孔。通长31.8、烟袋杆截面径0.9、圆孔径0.2、烟锅径1.9、烟锅高1.2、颈部截面径0.7厘米（图一一，14）。

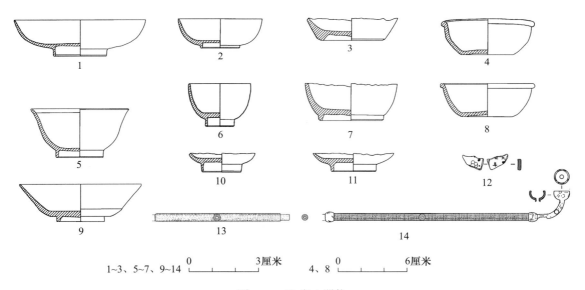

图一一　J5 出土器物

1.青花瓷盘（J5：10）　2、3、5、7、10、11.青花瓷碗（J5：6、J5：13、J5：8、J5：14、J5：4、J5：5）
4.陶盆（J5：11）　6.青花瓷杯（J5：7）　8.釉陶盆（J5：12）　9.酱釉瓷碗（J5：9）　12.青花瓷片（J5：3）
13、14.烟袋（J5：2、J5：1）

（六）J6

1. 形制与结构

J6平面近圆形，井身上部被破坏，口小底大。外圹直径2.84米，残存井口外径

2.16、井底外径 2.4、残深 2.68 米。井壁自上而下共 52 行砖，错缝叠压砌就，井底为长 0.98、宽 0.13、厚 0.07 米的木枋砌成正八角形底座，底座下为沙石层。井壁与土圹之间用细沙填土填充（图一二）。

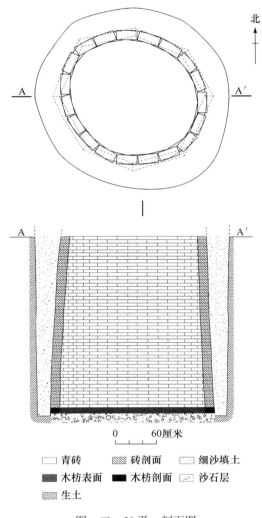

图一二　J6 平、剖面图

2. 遗物

J6 中出土器物 4 件，介绍如下。

陶罐　1 件。J6∶1，泥质黄褐陶。残，可修复。口微侈，斜展沿外翻，圆唇，束颈，溜肩，斜弧腹，平底。素面。口径 24、最大腹径 23、底径 13.5、高 7.2 厘米（图九，3）。

酱釉碗　1 件。J6∶3，粗瓷质。残。外壁施酱釉，弧壁内收，平底，圈足。底径 12.4、残高 9.6 厘米（图九，5）。

酱釉罐　1 件。J6∶2，粗瓷质。残。外壁施酱釉，施釉不及底，弧壁内收，平底，圈足方折。底径 11、残高 12.5 厘米（图九，6）。

鹿角 1件。J6：4，残。骨角质，有切割痕。通长35厘米（图九，10）。

三、结　语

通过对"圣世豪林广场"工程范围内火葬墓和水井的考古发掘，我们有以下三点认识：

1）关于这批水井的年代。火葬早在辽金时期即已流行，至清代康乾时期逐渐被土葬所代替，乾隆以后至民国时期，火葬已绝迹。M1中所出土的满文"天聪通宝"铜钱，为清太宗天聪年间所制。故结合M1中所出随葬品的年代及地层情况，可将M1的年代定在清代早期。

J1～J6底层堆积中的包含物，时代为明末至清代早期，故认为这批水井的建造年代应很可能在清代早期。

2）除J5外，本次发现的其余水井都是一次性建造，并使用废弃。从J5结构来看，其上、下井壁可能同时砌筑，也可能下部是先筑的，后来再加宽上部，而深度并没有变化。由此，也可反映当时该地区地下水位应存在下降变迁的过程。

3）关于这批水井的用途。本次发掘的水井数量较多，且位于清代盛京城大西边门附近，其用途可能是给当时盛京城内居民生活供水。另据附近居住的老人介绍，该工地所处位置以前曾是一片菜地，称之为"李家园子"。因此，这批水井，究竟是给当时盛京城内生活供水，还是与菜地浇灌用水有关，尚有待进一步研究考证。

勘探、发掘：赵晓刚　付永平　韩玉岩

刘卫民　张宏涛　孟仲凡等

绘　　图：韩玉岩　刘卫民

照　　相：付永平

执　　笔：付永平

注　释

[1] 该墓葬材料已发表在《沈阳清墓出土"天聪通宝"满文大钱》，《沈阳考古文集》（第2集），科学出版社，2009年。

新乐遗址发现的一座清墓[*]

沈阳市文物考古研究所
沈阳市新乐遗址博物馆

新乐遗址[1]发现于1973年，因发现于新乐电工厂宿舍附近而得名。它位于皇姑区龙山路以北、黄河北大街以西的黄土高台地上，其南侧为浑河故道，是一处以新石器时代时期为主体的大型聚落遗址（图一）。遗址分布面积约为17.8万平方米，中心区域面积约为2.25万平方米。新乐遗址自发现以来，历经了6个阶段的考古发掘，分别是1973年、1978年、1980～1982年、1982～1988年、1991～1992年及2014年，通过发掘发现了新石器时期新乐文化的房址，青铜时代的新乐上层文化的房址、灰沟、灰坑及墓葬，

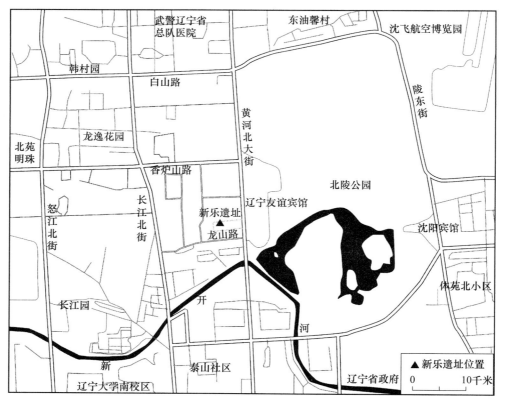

图一　新乐遗址地理位置图

* 本文为国家社科基金重大项目"盛京城考古与清代历史文化研究"阶段成果，项目编号：14ZDB038。

辽代墓葬及清代的墓葬等遗迹，出土了大量的遗物，包括陶器、石器、瓷器、玉器、煤精、炭化谷物等遗物。

其中的清代墓葬是在1991～1992年的第5阶段的发掘中发现的。此次发掘，共布置了43个探方，于T0402和T0302间发现了一座清代墓葬，将墓葬编号为92M1（图二）。本文主要介绍这座清代墓葬的基础材料。

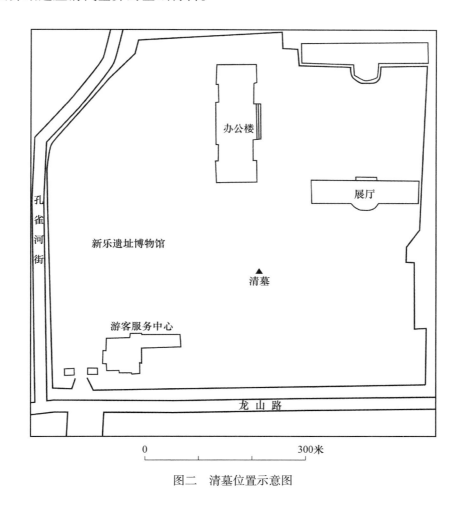

图二　清墓位置示意图

一、墓 葬 形 制

92M1位于T0402的西北部，并向西延伸到T0302内，开口于第1层下。92M1是一处土坑竖穴墓，上口部长3.7、宽3、深0.5米，底部长3、宽2.2、深1.4米（图三、图四）。墓内有4具木棺，其中3具木棺在一具木椁内，包含1具儿童木棺。墓葬保存情况不甚理想，能辨认出2具女性尸骨和1具儿童尸骨。

图三　92M1 清墓上部清理后状态（从东北向西南）

图四　清墓棺椁状态（从西南向东）

二、出土遗物

92M1 出土遗物数量较多，遗物按材质可分为金器、银器、玉器、铜器等，器形主要有金耳环、银耳环、鎏金银簪、银挂钩、银佩、玉佩、铜簪、铜钱、铜扣等。

（一）金　　器

金耳环　2 件，系一对。M1：12，金质。完整。椭圆形环状。素面。直径 1.9～2、环径 0.15 厘米（图五，1）。M1∶13，金质。完整。椭圆形环状。素面。直径 1.7～2.1、环径 0.15 厘米（图五，2）。

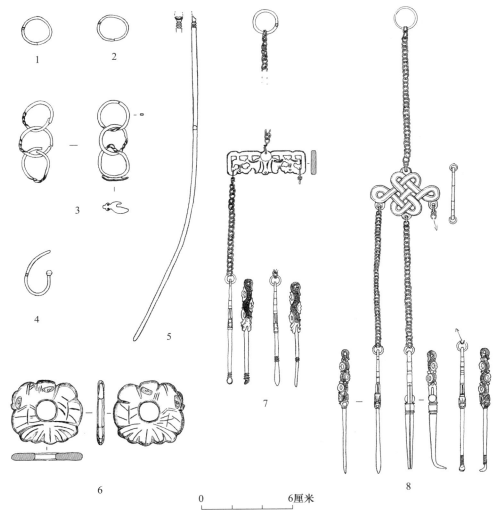

图五　金器、银器与玉器

1、2. 金耳环（M1∶12、M1∶13）　3. 银耳环（M1∶31）　4. 银挂钩（M1∶2）　5. 鎏金银簪（M1∶14）　6. 玉佩（M1∶10）　7. 银玉佩（M1∶18）　8. 银佩（M1∶11）

（二）银　　器

银耳环　系 1 对，每组由 3 件银环串在一起。M1∶31，皆银质。较完整。通体生黑锈，圆形。其中 5 件耳环底部装饰波纹，1 件耳环底部装饰鱼形图案。环径 2.2、环体宽 0.2、厚 0.1 厘米（图五，3）。

鎏金银簪　1 件。M1∶14，鎏金银质。残。簪首缺失。簪身长条柱形，稍弯曲，簪尾呈锥状。簪尾处鎏金脱落，露出银质本体。残长 23、直径 0.2 厘米（图五，5）。

银挂钩　1 件。M1∶2，银质。基本完整。整体弯曲，尾部是一个小圆球。圆球直径 0.3、挂钩长 3.1、宽 1.8、厚 0.2 厘米（图五，4）。

银佩　1 件。M1∶11，挂环、挂链及中国结是银质，而牙签、夹子、耳勺是铜质。基本完整。上部是挂环，中部是中国结，下部是牙签、夹子、耳勺，三者通过 4 条银链串联成一个整体。挂环直径 1.5、厚 0.1 厘米，中国结宽 4.7、高 3.6 厘米，牙签长 8.8、宽 0.2~0.7 厘米，夹子长 8.5、宽 0.2~0.8 厘米，耳勺长 8.5、宽 0.2~0.7 厘米，银佩全长 32.4 厘米（图五，8）。

银玉佩　1 件。M1∶18，挂链是银质，挂环、牙签及耳勺为铜质，中间有一个玉质挂件。残。上部是挂环、中部是玉挂件，下部是牙签、耳勺，三者通过 3 条银链串联成一个整体。挂环直径 1.7、厚 0.2 厘米，玉挂件宽 5.3、高 1.7 厘米，耳勺长 7.7、宽 0.2~0.8 厘米，牙签长 7.7、宽 0.2~0.9 厘米（图五，7）。

（三）玉　　器

玉佩　1 件。M1∶10，玉质。基本完整。扁平状，双面阴刻荷花纹样，中部是一个双面钻穿孔。圆孔直径 1.5、玉佩长 4.8、宽 4.3、厚 0.5 厘米（图五，6）。

（四）铜　　器

铜簪，按形状可分为二型。

A 型　扁平条形，2 件。M1∶15，鎏金铜质。基本完整。表面可见少量铜锈。扁平条形。簪头圆卷，有 6 个凸棱。簪身扁平，尾圆，簪身正面刻有花卉图案。簪首长 0.5、宽 2.2、高 0.6 厘米，簪身长 13.2、宽 2.2、高 0.1 厘米，簪全长 13.7 厘米（图六，1）。M1∶19，铜质。基本完整。表面可见少量铜锈。扁平条形。簪首卷曲，有 6 个凸棱。簪身正面刻有花卉图案，尾圆。簪首长 0.6、宽 1.5 厘米，簪身长 16.7、宽 0.5~1.1 厘米，簪全长 17.3 厘米（图六，2）。

B 型　长条柱形，2 件。M1∶16，簪首为银质，簪身铜质。基本完整。簪身大部分生铜锈。簪首是一个葫芦，葫芦腰部有一花瓣形装饰，与簪身缠绕焊接。簪身为圆柱形，稍弯曲，尾端为锥形。簪首葫芦宽 0.8、高 2.2 厘米，簪身长 10.4、直径 0.2 厘米，簪全长 11.2 厘米（图六，3）。M1∶17，簪首为银质，簪身铜质。基本完整。簪身大部分生铜锈。簪首是一个葫芦，葫芦腰部有一花瓣形装饰，与簪身缠绕焊接。簪身为圆柱形，稍弯曲，尾端为锥形。簪首葫芦宽 0.8、高 2.2 厘米，簪身长 10.5、直径 0.2 厘米，簪全长 11.3 厘米（图六，4）。

铜钱　46 枚，有 5 枚铜钱锈蚀严重，无法识别年号。主要有三种年号钱币：乾隆通宝、嘉庆通宝、道光通宝。

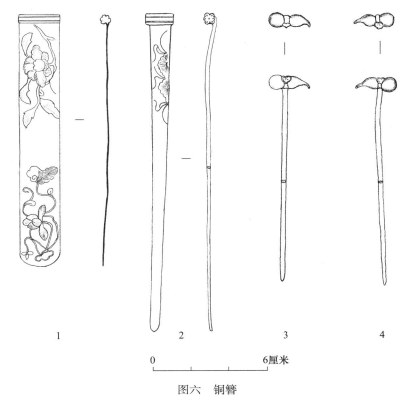

图六　铜簪

1、2. A 型（M1 : 15、M1 : 19）　3、4. B 型（M1 : 16、M1 : 17）

乾隆通宝　19 枚。M1 : 24，基本完整。圆郭方穿，钱文较清晰。阳文，楷书，直读，背直读两满文文字。直径 2.4、厚 0.1、孔径 0.6 厘米（图七，1）。M1 : 28，残。圆郭方穿，钱文较清晰。阳文，楷书，直读，背直读两满文文字。直径 2.3、厚 0.1、孔径 0.6 厘米（图七，2）。M1 : 32，基本完整。圆郭方穿，钱文较清晰。阳文，楷书，直读，背直读两满文文字。直径 2.5、厚 0.1、孔径 0.6 厘米（图七，3）。M1 : 44，基本完整。圆郭方穿，钱文较清晰。阳文，楷书，直读，背直读两满文文字。直径 2.3、厚 0.1、孔径 0.6 厘米（图七，4）。

嘉庆通宝　17 枚。M1 : 21，基本完整。圆郭方穿，钱文较清晰。阳文，楷书，直读，背直读两满文文字。直径 2.4、厚 0.1、孔径 0.6 厘米（图七，5）。M1 : 35，基本完整。圆郭方穿，钱文较清晰。阳文，楷书，直读，背直读两满文文字。直径 2.4、厚 0.1、孔径 0.6 厘米（图七，6）。M1 : 41，基本完整。圆郭方穿，钱文较清晰。阳文，楷书，直读，背直读两满文文字。直径 2.4、厚 0.1、孔径 0.6 厘米（图七，7）。M1 : 57，基本完整。圆郭方穿，钱文较清晰。阳文，楷书，直读，背直读两满文文字。直径 2.4、厚 0.1、孔径 0.6 厘米（图七，8）。

道光通宝　5 枚。M1 : 26，基本完整。圆郭方穿，钱文较清晰。阳文，楷书，直读，背直读两满文文字。直径 2.2、厚 0.1、孔径 0.6 厘米（图七，9）。M1 : 29，圆郭方穿，钱文较清晰。阳文，楷书，直读，背直读两满文文字。直径 2.1、厚 0.1、孔径 0.6 厘米（图七，10）。

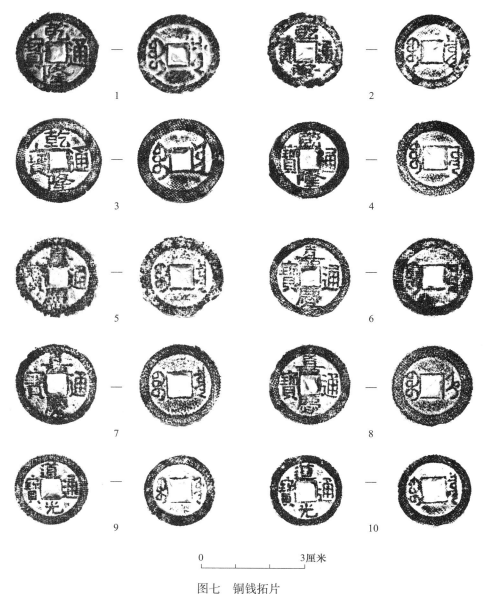

图七　铜钱拓片

1~4.乾隆通宝（M1：24、M1：28、M1：32、M1：44）　5~8.嘉庆通宝（M1：21、M1：35、M1：41、M1：57）

9、10.道光通宝（M1：26、M1：29）

铜扣　发现 3 组共 45 件。按扣身形状可分为三型。

A 型　24 件。扣身截面呈圆形。M1：7，铜质。空心，扣身截面呈圆形，纽顶连缀小环。器表素面。直径 1.2、高 1.7 厘米（图八，1）。M1：65，铜质。空心，扣身截面呈圆形，纽顶连缀小环。器表装饰布纹图案。直径 1.2、高 1.8 厘米（图八，2）。M1：67，铜质。空心，扣身截面呈圆形，纽顶连缀小环。器表素面。直径 1.2、高 1.8 厘米（图八，3）。M1：71，铜质。空心，扣身截面呈圆形，纽顶连缀小环。器表素面。直径 1.3、高 1.9 厘米（图八，4）。

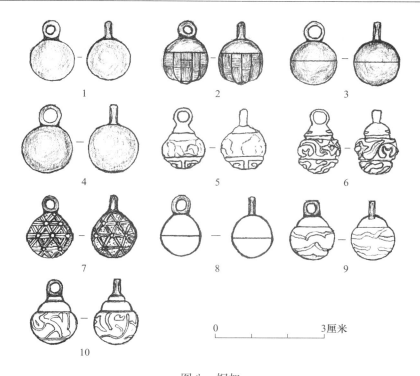

图八 铜扣

1～4.A型（M1：7、M1：65、M1：67、M1：71） 5～8.B型（M1：8、M1：64、M1：66、M1：69）

9、10.C型（M1：68、M1：70）

B型 17件。扣身截面呈椭圆形。M1：8，铜质。空心，扣身截面呈椭圆形，纽顶连缀小环。扣表面有文字图案。直径1.2～1.3、高1.7厘米（图八，5）。M1：64，铜质。空心，扣身截面呈椭圆形，纽顶连缀小环。扣表面镂空。直径1.2～1.4、高1.8厘米（图八，6）。M1：66，铜质。空心，扣身截面呈椭圆形，纽顶连缀小环。扣表面装饰菱形纹图案。直径1.2～1.3、高1.7厘米（图八，7）。M1：69，铜质。空心，扣身截面呈椭圆形，扣表面素面。直径1.1～1.2、高1.7厘米（图八，8）。

C型 4件。扣身截面呈葫芦形。M1：68，铜质。空心，纽顶连缀小环，扣身截面呈葫芦形。扣器表装饰水纹图案。直径1.2～1.3、高1.7厘米（图八，9）。M1：70，铜质。空心，扣身截面呈葫芦形。直径1.2～1.3、高1.8厘米（图八，10）。

三、结　语

92M1的随葬品比较丰富，出土的A形铜簪M1：15与沈阳八王寺地区清墓[2]出土的铜簪（M58：1、M78：1-1）形态相近，出土的C型铜扣M1：68与八王寺地区清墓出土的铜扣M10：8风格类似，并且92M1随葬的纪年钱币与八王寺地区清墓的M10、M58、M78随葬的钱币年代都在清代早中期，多是乾隆通宝、嘉庆通宝、道光通宝等，说明这些随葬器物大致是清代中期的。由此，可将92M1的年代定为清代中期。

　　92M1 是土坑竖穴的多棺合葬墓，应是一个家庭单元的合葬墓，这种形制在沈阳市城建东逸花园清墓中[3]发现过数座。按照清墓一般成群分布的特点，在附近应该是一个家族墓地。92M1 的随葬品中大多数是清代平民墓葬中随葬的发簪、铜钱、铜扣等，也有少量的玉佩、金银器等，这说明墓主人可能是家境较殷实的平民。

　　新乐遗址发现的清代墓葬，对于研究清代盛京城城外清代墓葬的分布提供了基础材料。此外，由于发掘时对清代遗存的重视不够，并没有对新乐遗址范围内的清代遗存进行调查或勘探，这为以后在该地区进行相关考古工作时提供了参考。

　　附记：此次发掘工作由沈阳市文物管理办公室和沈阳新乐遗址博物馆联合发掘，参加发掘和整理工作的有刘长江、刘慧珠、刘艳华、刘文治、刘文奇、王广海等。本文的线图由韩玉岩、张宏涛、汤钰绘制，铜钱拓片由张宏涛制作。

执　笔：常　乐　李树义

注　释

[1]　沈阳市文物管理办公室：《沈阳文物志》，沈阳市出版社，1993 年，7～11 页。

[2]　沈阳市文物考古研究所：《沈阳八王寺地区考古发掘报告》，辽海出版社，2011 年。

[3]　内部资料，待刊。

沈阳大馆墓葬发掘报告

沈阳市文物考古研究所

2007 年 10 月，沈阳青年大街西侧"华润沈阳万象城"工程施工过程中发现一批墓葬。10 月 26～29 日，沈阳市文物考古研究所对这批墓葬进行了考古发掘清理。现将本次发掘的具体情况报告如下。

一、地理位置及地层堆积

（一）地理位置

"华润沈阳万象城"工程（原址为"辽宁体育馆"，俗称"大馆"）位于沈阳市和平区青年大街 284 号，其东邻青年大街，南靠辽宁工业展览馆，西邻彩塔街，北接文艺路，工程占地面积约 8.05 万平方米（图一）。

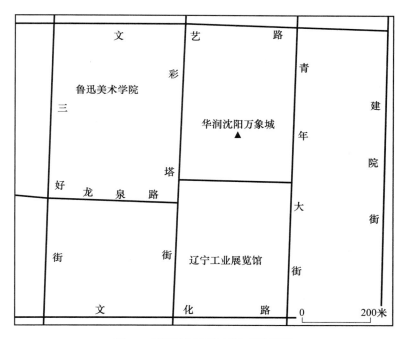

图一　华润沈阳万象城地理位置图

（二）地层堆积

通过发掘，了解到该工地地层堆积自上而下可分为 4 层（图二），依次介绍如下。

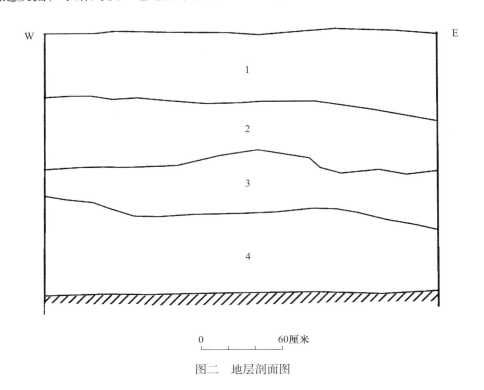

0　　　　　　　60厘米

图二　地层剖面图

第 1 层：现代地表及回填层。包含物有现代建筑砖瓦碎块、沥青碎块及生活垃圾等，本次发现的清墓就开口于该层下。厚 47～65 厘米。

第 2 层：深黄褐色沙土。土质较松。包含物有青花瓷片、泥质灰陶片、石子、白灰粒等，推测该层的年代为明清时期。深 47～110、厚 37～55 厘米。

第 3 层：黄褐色沙土。土质疏松，含沙量大。包含物有酱釉瓷碗残片、泥质灰陶片等，推测该层的年代为金元时期。深 102～149、厚 21～50 厘米。

第 4 层：浅黄褐色沙土。土质疏松，含沙量大。包含物有辽白瓷碗残片、泥质灰陶卷沿盆口沿及底部残片、泥质灰陶罐口沿及腹片、布纹瓦片等，推测该层的年代为辽代。深 123～198、厚 57～75 厘米。

该层下为沙层，质纯净，应为生土。

二、遗迹与遗物

本次发掘共布设 5.5 米 ×4 米、8.5 米 ×6 米探方各 1 个，依次编号 T1、T2，面积共

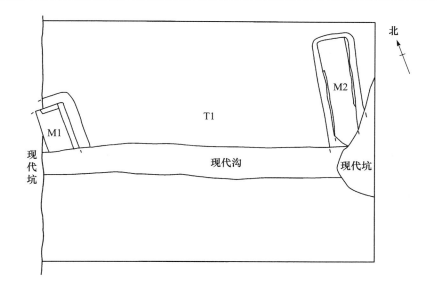

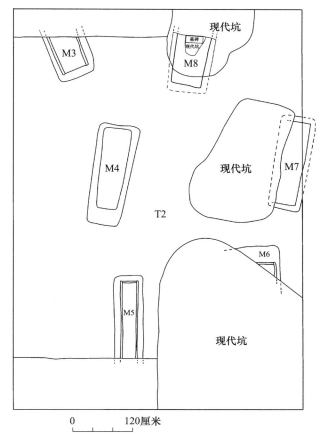

图三　墓葬平面分布图

129 平方米；发现并清理了墓葬 8 座（图三），编号 2007HQTM1～2007HQTM8（以下简称 M1～M8）。这 8 座墓葬皆为长方形土圹木棺墓，开口于第 1 层下，打破第 2 层。

其中 M1、M2 位于 T1 内，M3～M8 位于 T2 内。除 M4 保存较完整外，其余各墓均被施工开槽、挖坑或现代沟打破，保存情况差，共出土银元宝饰件、铜钱 10 余件，石碑 1 甬。

（一）M1

M1 位于 T1 西部，正方向，单棺，被基槽打破，仅保留棺身前端一部分。残长 0.8、宽 0.5、深 0.38 米，未见人骨及随葬品（图四）。

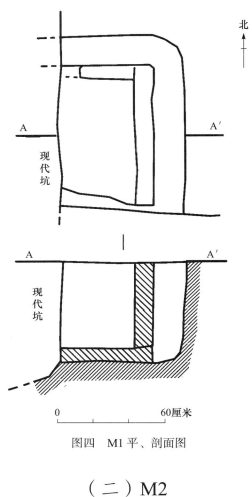

图四　M1 平、剖面图

（二）M2

1. 形制与结构

M2 位于 T1 东北部，方向 10°，单棺，被现代沟打破，棺身尾端缺失，仅余棺底。残长 1.8、宽 0.4～0.5 米。墓内未见人骨（图五）。随葬品有"大清铜币"铜钱 5 枚。

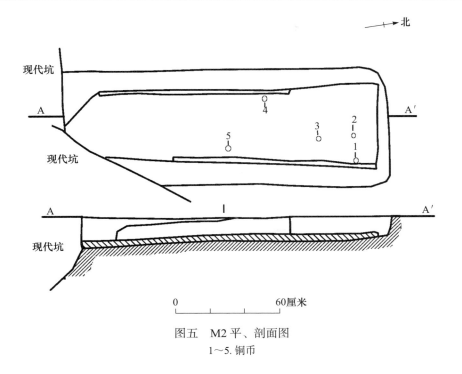

图五 M2平、剖面图
1～5.铜币

2. 遗物

大清铜币 5枚。残，仅3枚保存稍好。铜质，钱外郭局部残损，钱面文字模糊，依稀可辨"大清铜币"，钱径3.4、厚1.5厘米。

（三）M3

1. 形制与结构

M3位于T2西北部，正方向，单棺，被现代沟打破，棺身前端缺失。残长0.85、宽0.64、深0.5米。墓内人骨仅余胫骨部分（图六）。随葬品有"嘉庆通宝""光绪通宝"铜钱2枚。

2. 遗物

嘉庆通宝 1枚。M3：1。完整。通体锈蚀。圆郭方穿。楷书对读"嘉庆通宝"，背面有满文。直径2.33、穿边长0.66、外缘宽0.2、外郭厚约0.1厘米（图一一，1）。

光绪通宝 1枚。M3：2。完整。通体锈蚀。圆郭方穿。楷书对读"光绪通宝"，背面有满文。直径2.24、穿边长0.56、外缘宽0.2、外郭厚约0.1厘米（图一一，2）。

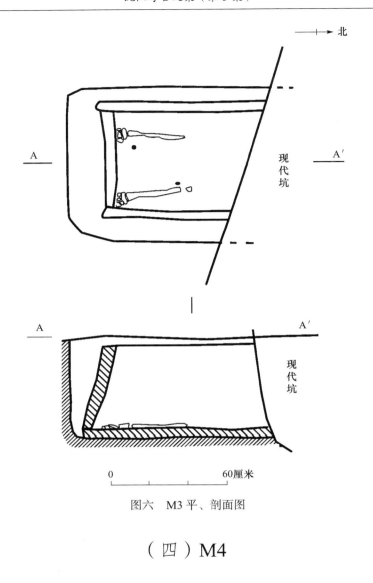

图六　M3 平、剖面图

（四）M4

1. 形制与结构

M4 位于 T2 中部偏西，方向 30°，单棺，仰身直肢葬。棺长 1.74、宽 0.4～0.6、深 0.45 米。墓内人骨保存较完整（图七）。随葬品有"宽永通宝""乾隆通宝""咸丰通宝"等 5 枚，其中 2 枚钱文模糊，不可辨读。

2. 遗物

宽永通宝　1 枚。M4：1，完整。通体锈蚀。圆郭方穿。楷书对读"宽永通宝"。直径 2.1、穿边长 0.46、外缘宽 0.2、外郭厚约 0.1 厘米（图一一，5）。

乾隆通宝　1 枚。M4：2，完整。通体锈蚀。圆郭方穿。楷书对读"乾隆通宝"，背面有满文。直径 2.24、穿边长 0.61、外缘宽 0.25、外郭厚约 0.1 厘米（图一一，6）。

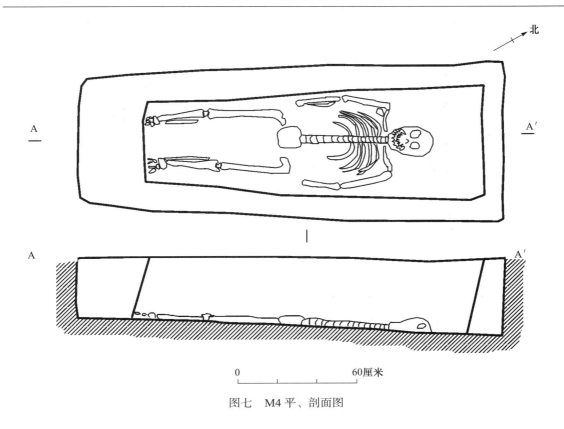

图七 M4 平、剖面图

咸丰通宝 1枚。M4：3，完整。通体锈蚀。圆郭方穿。楷书对读"咸丰通宝"，背面有满文。直径2、穿边长0.4、外缘宽0.1、外郭厚约0.1厘米（图一一，7）。

（五）M5

M5 位于 T2 南部偏西，方向 20°，单棺，被现代坑打破，棺身尾端缺失，仅余棺底。残长 1.64、宽 0.4、深 0.2 米。未见人骨及随葬品（图八）。

（六）M6

1. 形制与结构

M6 位于 T2 东部偏南，方向 10°，双棺，被现代坑打破，棺身仅余东棺前端一部分，其余部分均被破坏。残长 0.3、宽 0.38、深 0.4 米。墓内未见人骨（图九）。随葬品有银元宝饰件 1 件及"大清铜币"铜钱 3 枚。

2. 遗物

银元宝饰件 1枚。M6：1，银质。完整。应为头饰一部分。元宝形，一侧有一小

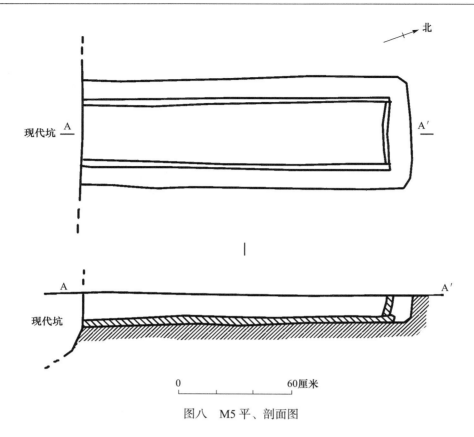

图八　M5 平、剖面图

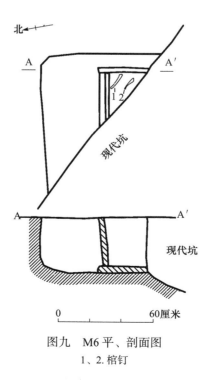

图九　M6 平、剖面图

1、2. 棺钉

环。宽 2.1、高 1.3、厚 0.7 厘米（图一一，8）。

大清铜币　3 枚。M6 : 2、M6 : 3，铜质。完整。圆形。钱面正中为楷书对读"大清铜币"，外侧一周有"户部""当制钱十文"等文字。直径 3.4、厚 1.5 厘米（图一一，3、4）。

（七）M7

1. 形制与结构

M7 位于 T2 东部中央，方向 30°，单棺，仰身直肢葬，棺右侧局部被现代坑破坏。棺长 1.98、残宽 0.36~0.48、深 0.35 米。保存较完整（图一〇）。随葬品有"道光通宝"铜钱 1 枚。

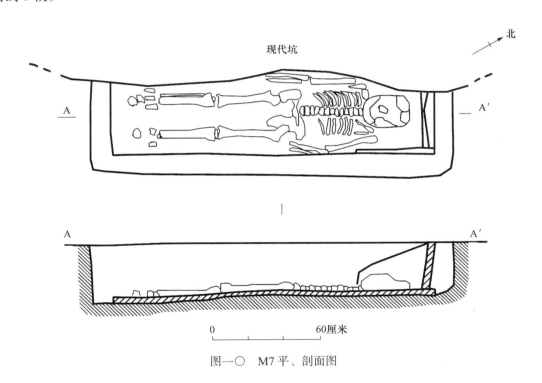

图一〇　M7 平、剖面图

2. 遗物

道光通宝　1 枚。M7 : 1，完整。通体锈蚀。圆郭方穿。楷书对读"道光通宝"，背面有满文。直径 2.13、穿边长 0.56、外缘宽 0.25、外郭厚约 0.1 厘米（图一一，9）。

（八）M8

1. 形制与结构

M8 位于 T2 北部偏东，方向 25°，单棺，被现代坑打破，棺身前端缺失，仅余棺底。

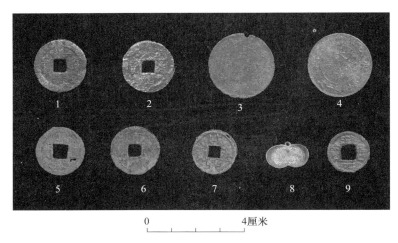

0　　　　　　4厘米

图一一　墓葬出土钱币

1.嘉庆通宝（M3 ：1）　2.光绪通宝（M3 ：2）　3、4.大清铜币（M6 ：2、M6 ：3）　5.宽永通宝（M4 ：1）
6.乾隆通宝（M4 ：2）　7.咸丰通宝（M4 ：3）　8.银元宝饰件（M6 ：1）　9.道光通宝（M7 ：1）

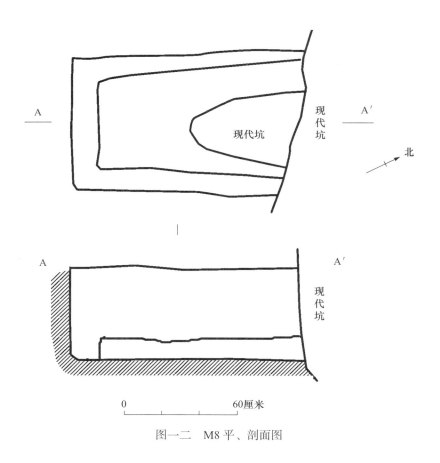

0　　　　　　60厘米

图一二　M8 平、剖面图

残长 1.1、宽 0.5～0.6、深 0.45 米（图一二）。墓内未见人骨，随葬品有石碑 1 甬。

2. 遗物

石碑　1甬。M8：1，花岗岩。通高76.5、宽26.6～29.6、厚10.6～19.6厘米。碑文为："黄县涧村，华故由培业之墓，民国十三年八月廿一日立。"（图一三）

图一三　M8墓碑拓片

三、结　　语

通过对这批墓葬的考古发掘清理，我们有以下认识：

1）本次发掘的8座墓葬，皆为竖穴土圹木棺墓，主要随葬品为钱币。除一般清代常见钱币外，还有始铸于1626年、清代大量流通于中国各地的日本钱币"宽永通宝"，以及铸行于 1900～1911 年的"大清铜币"机制钱币。另外，M8 出土民国十三年（1924年）的墓碑。因此，可确定这批墓葬的年代为清代末期至民国早期。

2）关于墓主身份，依墓葬形制和随葬品情况来看，推测其应为平民。

从 M8 所出土的墓碑来看，该墓主为由培业，系山东黄县涧村人氏，民国十三年八月死于奉天（今沈阳市）。由此可以推定，这里可能是山东"闯关东"来的移民墓地。

勘探、发掘：付永平　赵建学　张宏涛　尤瑞年等
绘　　　图：张宏涛　刘卫民
照　　　相：付永平
执　　　笔：付永平

关于偏堡子文化的几点思考

张翠敏

（大连市考古研究所）

一、偏堡子文化相关遗存的考古发现与分布

1958 年，原东北博物馆文物工作队在辽宁新民县沙岗发现了偏堡子文化[1]，此后相当长时间内在下辽河流域、辽南沿海及丹东地区、科尔沁沙地三个中心区域发现了与偏堡子风格相似的文化，特别是 2008 年开始对内蒙科尔沁沙地的南宝力皋吐墓地的发掘[2]，发现了一批与偏堡子文化极度相似的陶器，为学者打开了充分的想象空间。以夹滑石、器表外贴或挤压竖向附加堆纹筒形罐和以各种刻划几何纹为显著特征的壶成为偏堡子文化最具有代表性的器物。这种文化特征特别突出，与周边文化有显著不同，目前尚未发现偏堡子文化明确的源头线索。如它与下辽河流域新乐下层文化区别明显，显然不属于同一系统文化，而且继承关系不明显，应有不同的源头。与辽西文化兴隆洼、赵宝沟、红山、小河沿文化也没有明显的渊源和承继关系，也不属于辽西文化系统。新民东高台遗址发掘，发现了偏堡子文化地层，介于新乐下层和高台山文化之间[3]，这说明偏堡子文化晚于新乐下层而早于高台山文化。1991 年辽南地区瓦房店长兴岛三堂遗址的发掘[4]，进一步了揭示了这一文化的突出特征，在遗址的最下层（三堂一期）发现了与偏堡子文化非常相似的大量陶器，这些陶器与大汶口文化晚期（相当于北庄一期）少量陶器共出，同时也发现了少量本地传承下来的陶器。三足钵与北庄一期和白石村二期同类器相似[5]，因此三堂一期的年代基本可以界定在北庄一期范围内，距今 5400～5100 年[6]。2006～2008 年小珠山遗址发掘，明确了小珠山四期属于三堂一期[7]，介于小珠山中层（第三期）和上层（第五期）之间，三堂一期的年代界定于大汶口晚期与龙山早期之间，时代距今 5000～4500 年。

偏堡子文化发现于下辽河流域的沈阳地区，沈阳肇工街也发现了与偏堡子文化风格相似的陶器群[8]。此后这种文化在下辽河流域一直没有太多进展。通过第三次全国文物普查和相关考古调查，这类文化遗存的发现也不太理想，除了沈阳新乐、千松园、新民东高台，辽中的北岗、后沙岗，康平的张家窝堡、沙金鹿场、馒头山，法库的叶茂台、黑山下、开原新房子[9]等遗址外，辽中区及其他地方则很少见到它的踪迹。沈阳与辽南

之间区域，新石器时代遗址发现较少，沈阳地区至科尔沁沙地之间这类遗存也鲜有发现。

　　在辽南地区，三堂一期遗存主要分布于辽南沿海与岛屿，渤海沿岸分布比较集中，包括三堂、交流岛蛤皮地、大潘家、石灰窑、蛎渣岗、文家屯、郭家村、王家村、小珠山遗址[10]等，在四平山积石塚也发现了少量偏堡子文化因素的陶器[11]，但这类陶器主要在遗址中发现，墓葬中发现较少。

　　丹东地区在石佛山、蚊子山、石固山、西泉眼、左木山、十字街、前营砖瓦厂、宽甸臭梨崴子[12]、岫岩北沟西山[13]等发现类似特征的文化，与典型偏堡子文化有一定区别。本溪马城子和北甸 A 洞曾发现少量与偏堡子文化相关的遗物[14]，但不很典型，应视为受偏堡子文化影响所致。

　　近年在内蒙古科尔沁沙地也发现了偏堡子文化，主要是内蒙古通辽辖区，包括南宝力皋吐墓地、昆都岭墓地[15]、大沁他拉等地发现了类似风格陶器，与其他地区所不同的是，在科尔沁沙地偏堡子文化陶器出现于墓地中，发现数量较多，而且与遗址中出土的器物相似度极高。其他地区偏堡子文化主要是遗址，墓葬中发现较少。在南宝力皋吐墓地偏堡子文化陶器与小河沿文化、小拉哈一期乙类[16]陶器共出，那么在南宝力皋吐墓地偏堡子文化的年代就有了参考坐标，即与小河沿和小拉哈一期乙类年代大致相当。

　　偏堡子文化及相关遗存主要集中于三个地域，主要有辽南沿海和丹东地区鸭绿江下游、下辽河流域以及内蒙古科尔沁沙地，前二个区域这类遗存都是以遗址形式存在，在墓葬中发现较少，后者则主要以墓葬形式存在，遗址发现较少。目前尚未发现与南宝力皋吐墓地相对应的聚落遗址。

二、偏堡子文化及其相关遗存的时空关系

　　1992 年三堂遗址的发掘为我们研究偏堡子文化提供了难得的资料。三堂遗址分为两期，第一期与偏堡子文化相似，称为"三堂一期"，第二期属于小珠山上层文化。三堂一期出土陶器绝大多数与偏堡子文化陶器相似，以夹滑石附加堆纹筒形罐为主要器形，还有夹细砂红陶壶，但没有发现完整器，均为口沿和底残片，腹部情况不明，但从残存的颈部饰附加堆纹来看，应与偏堡子文化陶壶相似，但数量远远少于筒形罐。三堂一期以罐、壶为主要器物组合的特征与偏堡子文化相同。从三堂一期还看到了另外一种文化因素，就是受山东白石村二期影响的三足钵（也与北庄一期同类器相似）和受大汶口文化影响下的磨光黑陶盂、碗、钵[17]等，但数量较少，占绝大多数的是饰有各种附加堆纹的筒形罐。三堂一期筒形罐共有 440 件，包括复原的 7 件，其余均为口沿残片，其中 A 型筒形罐数量最多，有 353 件，B 型筒形罐仅为 87 件。三足钵，敞口、平底，三足外撇，与白石村二期和北庄一期晚段同类器相近，黑陶盂和钵的形制与大汶口文化同类器物相近，这些山东文化因素陶器年代大致为大汶口文化中期，距今 5500~5000 年，北庄一期年代距今 5400~5100 年，三堂一期测年在距今 5000 年左右，因此年代基本上比较

吻合。与三堂一期相似的遗存还有交流岛的蛤皮地遗址的丙类遗存[18]，陶片最多，与三堂一期基本相同。从三堂一期大汶口文化晚期陶器与偏堡子文化陶器共出分析，三堂遗址是目前已知偏堡子文化遗存最早的地点。

2006～2008 年小珠山遗址发掘，在中层和上层之间发现了与偏堡子文化相似的地层，即第四期，虽然出土遗物较少，但从地层上确定了偏堡子文化的年代介于小珠山中层与上层之间，早于龙山文化，相当于大汶口晚期。小珠山第四期出土的篦划纹罐在沈阳肇工街Ⅰ期[19]多见，而在石佛山[20]和北沟西山遗址也见到少量相似的器形和纹饰，石佛山、北沟西山年代相当于龙山时期，这说明这类纹饰可延续至龙山时期。

石佛山和北沟西山相似的成分较多，二者应该属于同一文化类型，在石佛山和北沟西山遗址偏堡子文化风格陶器与龙山文化陶器共出。北沟西山测年数据距今 4390 年 ±150 年、4650 年 ±100、4210 年 ±110 年[21]。虽然石佛山和北沟西山出土类似偏堡子文化的附加堆纹陶器，但形制与偏堡子文化已经有所区别，而且时代偏晚，相当于龙山时期，这类遗存应该是偏堡子文化延续发展的结果。

从辽南偏堡子文化分布看，三堂一期最早，北沟西山和石佛山应该是三堂一期延续的结果。另外，在郭家村上层也发现了素面叠唇罐[22]。叠唇的形制与偏堡子文化一致，应该是三堂一期遗风影响的结果。四平山积石塚 37 号墓出土的类似附加堆纹筒形罐与龙山早期的盆形鼎[23]共出，说明这类筒形罐的年代不晚于龙山早期。

辽中区的沈阳和新民一带是偏堡子文化的首次发现地，有一定的分布范围，陶器也比较典型，但除了前述早年发现的几个地点外，新的地点极少发现，所以这类遗存分布并不理想，即使有所发现但面积很小，出土物比较少，比较典型的遗址有偏堡子、东高台、肇工街等，而肇工街已不存在。东高台与南宝力皋吐出土的与偏堡子文化相似陶器最为接近，二者之间的联系最为密切。

在东高台遗址，东高台一期与新乐下层相似但又有一定区别，发掘者认为有可能是新乐下层的延续，晚于新乐下层，东高台偏堡子文化地层测年距今 5000 年左右。陶器比较典型，以夹砂红褐陶为主，夹滑石红褐陶和灰褐陶也占一定数量，器物组合为壶、罐等，壶为长体壶，器表装饰各种形状的复线几何纹，颈部和中下腹饰横向附加堆纹，罐多为饰竖向附加堆纹或者附加堆纹和刻划纹相结合的纹饰，口沿多为叠唇，这类罐少见三堂一期筒形罐在中下腹横向附加堆纹，但叠唇口沿与三堂一期十分相近。

南宝力皋吐墓地发现了大量的墓葬，共清理了 395 座墓葬，出土遗物丰富。遗址出土器物分三部分：一是小河沿文化器物，如网纹筒形罐、高领双耳壶、尊形器、钵等；二是与偏堡子文化相似器物，如竖向附加堆纹筒形罐、叠唇弧腹罐、复线几何纹陶壶等；三是与嫩江流域小拉哈一期乙类遗存相似，如横条附加堆纹筒形罐、复线几何纹鼓腹罐。三种文化在同一墓地出现，甚至在同一个墓葬中存在，说明南宝力皋吐墓地属于多元文化聚集区，表现出多种文化融合现象。其中仍保留本地浓厚的文化特征，如各种动物形态的陶器群、抹光深腹筒形罐以及骨冠、骨梗石刃刀等，反映了当时以渔猎和采集为主的生业形态。根据南宝力皋吐 AM119 人骨 ^{14}C 测年，距今 3700 年 ±35 年，树轮校正为 BC2200～BC2010；AM125 人骨 ^{14}C 测年，距今 3985 年 ±40 年，树轮校正为 BC2620～BC2400，因此南宝力皋吐墓地年代距今晚于 5000 年，而早于 4000 年[24]。

小拉哈一期乙组陶器测年：H3062 陶片热释光距今 4000 年 ±360 年，G3002 动物骨骼测年 3688 年 ±140 年，树轮校正为公元前 2130～1777 年[25]。偏堡子文化和小河沿文化以及小拉哈一期乙组陶器在南宝力皋吐墓地同出一个墓室，说明这些陶器大致是同时的，这意味着上述三种文化在南宝力皋吐墓地存在的时间基本一致。由于南宝立皋吐墓地发掘资料尚未全部发表，特别是有共存关系的三种文化情况尚未全面了解，墓葬早晚关系还有待于进一步深入研究。

三、偏堡子文化及其相关文化遗存的关系

根据发掘和调查材料，偏堡子文化及其相关遗存主要分布于三个区域，主要有辽南沿海和鸭绿江下游、下辽河流域以及科尔沁沙地。这些区域在地理上互不连接，地貌相差很大，既有沿海丘陵，也有内陆平原，还有草原沙地。为什么会在一个时间段出现相似的文化因素？让我们选取几个代表性的遗存作一分析。

在辽南沿海，以三堂一期为代表，沈阳地区以东高台偏堡子文化为代表，在科尔沁沙地，以南宝力皋吐墓地为代表。从时间看上，三堂一期最早，其次是偏堡子，再次是南宝力皋吐。南宝力皋吐墓地出土偏堡子文化陶器，与沈阳地区偏堡子文化典型陶器相似度较高，而与三堂一期陶器风格相差有一定区别，如虽然都是夹滑石陶器，但器形和纹饰变化较大，三堂一期筒形罐纹饰基本在上腹部和口沿，中腹部有一周横向附加堆纹，竖向附加堆纹在陶器表面挤压或另贴上去。而偏堡子文化陶器腹部横向附加堆纹比较少见，叠唇罐的数量也少于三堂一期，而且形制上也有所区别。

沈阳地区偏堡子文化在南宝力皋吐墓地反映得最彻底，附加堆纹罐和复线几何纹的长体壶在南宝力皋吐墓地发现较多，而且复线几何纹又体现在小河沿文化陶壶上，说明偏堡子文化对南宝力皋吐墓地的影响深远，但这是否意味着偏堡子文化从三堂一期经沈阳地区传到科尔沁沙地呢？辽南与沈阳之间新石器时代遗址极少发现，除了岫岩北沟西山遗址发现偏堡子文化的遗风（但其时代要晚于三堂一期和偏堡子文化，相当于龙山时期）外，其他地区也极少发现，几乎是空白，如是，三堂一期又是如何从辽南传到辽中区的呢？三堂一期的源头在哪？目前还没有足够证据证明偏堡子文化是从南向北传播的。

南宝力皋吐 AM58 墓出土 1 件玉牙璧[26]，与辽东地区出土的牙璧非常相近，这类牙璧主要出现于辽东半岛和山东半岛，牙璧在南宝力皋吐墓地出现说明两地存在文化交流。在通辽尚古博物馆我们也看到了一件扇贝壳装饰品[27]。这种扇贝来自海洋，与南宝力皋吐墓地出土较多的河蚌装饰完全不一样，因此这件器物很可能来自沿海一带，同样说明两地存在文化交流。

在大南沟墓地我们看到了小河沿文化典型陶器。南宝力皋吐墓地出土的小河沿文化器物可以在大南沟墓地找到几乎相同的器形[28]，如网纹筒形罐（A型）[29]、盘式豆、折腹盆、钵、双耳壶等，这些类型的器物在大南沟墓地的分期中多数属于第三期[30]，也就是墓地的最晚期，但大南沟墓地出土的彩陶较多，多属于第一期，而南宝力皋吐墓地出土彩陶较少，繁缛的复线几何纹纹饰在大南沟墓地不见，说明大南沟墓地小河沿文化器物比较单纯，其他外来文化因素极少。南宝力皋吐墓地是多种文化因素汇聚之地，同一个墓地有三种不同文化因素共存，但从彩陶看要晚于小河沿文化。彩陶在大南沟墓地主要出现在一期和二期，三期基本看不到，而南宝力皋吐墓地虽然发现少量彩陶，根据大南沟墓地分期，南宝力皋吐墓地彩陶应该是早于晚期出土器物，属于墓地早期陶器。大南沟墓地出土的骨柄石刃刀、骨冠、玉器、细石器与南宝力皋吐墓地相同。

南宝力皋吐墓地规模庞大，当时的社会形态究竟是怎么样的？为什么三种文化会在同一墓地出现，这些墓主人究竟是什么人？难道是从不同地区迁徙过来的移民？通过对南宝力皋吐墓地出土的人骨分析研究，以及对其附近的哈民忙哈墓地和小河沿文化墓地人骨分析，得出这样一个答案："红山文化时期及小河沿文化时期，'古东北类型'居民是生活在科尔沁沙地及其邻近地区的主要人群。"[31]那么，南宝力皋吐墓地墓主人最有可能也是"古东北类型"居民。由于南宝力皋吐墓地墓葬几乎没有打破关系，因此三种文化共存说明它们的时代应该相近，尤其是有共存关系的墓葬。

南宝力皋吐墓地有些陶器可能也存在早晚关系。筒形罐（AM99：1）[32]在小拉哈一期甲组陶器[33]中有相同的纹饰，说明该墓地有时代略早的器物。南宝力皋吐出土的矮领鼓腹壶（BM61：1）[34]，上腹部是多条竖向附加堆纹，下腹部饰一周横向附加堆纹，这种器形在南宝力皋吐墓地首次发现，且仅发现1件，其器形与大连金州王宝山积石塚出土的同类器[35]相近，但后者只有横向附加堆纹，没有竖向附加堆纹。王宝山积石塚相当于龙山文化早期，由此看来这件器物应该不会早于距今4600年，所以南宝力皋吐墓地陶器的年代也有早有晚，而不是同一时期的。

小河沿文化可分四期，早期距今5300年，属于红山晚期，最晚到距今4300年。根据小河沿文化分期，南宝力皋吐墓地出土的小河沿陶器的分期比较清楚，早晚的区别一目了然，与小河沿陶器同出的偏堡子文化和小拉哈一期乙组陶器时代就可以界定，因此如果把南宝立皋吐墓地每个墓葬出土陶器共存关系进行对比分析，不难确定偏堡子文化陶器的大致时代范围。南宝立皋吐墓地陶壶（AM177：1）[36]和（BM52：1）[37]属于比较典型的偏堡子文化器物，BM52出土小河沿文化罐、尊形器（BM91：1）[38]和豆（AM87：2）[39]都是小河沿晚期的器物，AM216附加堆纹筒形罐和圆腹双耳壶[40]与小河沿二期陶壶相近，二者时代相近，南宝力皋吐墓地与上述器物共出的其他文化陶器也应该是这个时期，所以南宝力皋吐墓地小河沿文化陶器还是略有早晚的。筒形罐（M162：2）[41]与小拉哈一期甲组同类器相似，时代应该偏早一些，与南宝力皋吐墓地的测年数据基本吻合，应该不早于距今5000年。根据索秀芬先生的研究，"小河沿文化最早可能出现在大汶口文化早期偏晚阶段，经由半坡四期、庙底沟二期，进入龙山文化时期”[42]。因此，南宝力皋吐墓地小河沿文化陶器有些是偏早的。

以上材料分析，下辽河流域与科尔沁沙地偏堡子文化陶器最为接近，二者之间距离相对较近，说明他们之间的交流比较密切，时代也应该大致相同，由于下辽河流域只发现遗址，未发现墓葬，而科尔沁沙地主要是墓葬，因此偏堡子文化在墓葬和遗址方面出土器物基本是一致的。三堂一期时代最早，陶器形态与偏堡子虽然有相似之处，但有较大区别。比如，偏堡子文化附加堆纹筒形罐腹部少见横向附加堆纹，内填斜线的刻划几何纹陶器是偏堡子文化的一大特色，而三堂一期则缺少这类纹饰，但这类纹饰在南宝力皋吐墓地却大量存在，不仅表现在陶壶上，也表现在筒形罐上，纹饰非常丰富。南宝立皋吐墓地除了少量陶器略早以外，多数陶器相当于小河沿中晚期，时代偏晚，因此下辽河流域和科尔沁地区偏堡子文化的关系究竟尚需要深入研究。有学者认为科尔沁沙地偏堡子文化是受下辽河流域影响的结果[43]。至于偏堡子文化与三堂一期的关系，目前仅仅知道三堂一期在偏堡子文化遗存中最早，但没有足够证据证明偏堡子文化是受三堂一期影响所致。当然，辽南常见的玉牙璧、贝饰等在南宝力皋吐墓地发现，至少说明二者存在文化交流。

偏堡子文化以竖向附加堆纹筒形罐和复线几何纹陶壶最具有典型特征，虽然从辽南到科尔沁沙地都发现了这种类似风格的陶器，那么是否可以归属于同一文化或可区分为不同文化类型？各地含偏堡子文化遗存内涵相近，但还是有一定差别的，附加堆纹和复线几何纹表现的形式也不同。同样这类遗存也有延续发展现象，延续轨迹比较明显，时代早晚还是可以清晰区别出来。

目前对偏堡子文化的源头仍存在较大分歧，有学者认为是山东北辛文化与辽东筒形罐结合产物[44]，有学者认为“叠唇筒形罐、条形堆纹和掺滑石粉的制陶工艺来自 A 区以三堂一期为代表的遗存是构成偏堡子类型的主体文化成分”[45]；“偏堡子类型只是三堂一期因此代表的考古学文化的派生类型”，“是辽东半岛南端含条形堆纹陶器遗存向下辽河平原逐步发展，与该地区固有文化因素相融合并受到鸭绿江下游及邻近地区文化影响而形成的”，是由“鲁西南经胶东传入辽东半岛的，而北辛文化正式这一传统制陶工艺的传播者”[46]。也有学者认为“偏堡子类型可能是受南宝类型影响而产生的”[47]，南宝类型或许与西梁类型[48]有关。

从偏堡子文化最典型器物组合附加堆纹筒形罐和刻划纹陶壶看，筒形罐属于东北土著文化器物毫无疑义，山东未发现同类器物。最主要的是纹饰，竖泥条附加堆纹从哪来？虽然北辛文化有附加堆纹，但器物几乎都是鼎之类，没有发现类似筒形罐，而且附加堆纹与三堂一期和偏堡子文化有较大区别，况且北辛文化时代与三堂一期相差甚远，山东没有发现偏堡子文化因素。山东大汶口与龙山文化之间联系紧密，没有其他文化，在辽南，三堂一期介于小珠山中层和上层之间，如果说三堂一期是北辛文化影响的结果，那么山东应该有偏堡子文化因素，因此偏堡子文化附加堆纹的源头来自于山东北辛文化还需要更多证据。而西梁遗存中的竖泥条装饰最发达、最具有特征，与偏堡子文化同类纹饰最为接近，其他刻划纹也有一定相似因素，或许它们之间存在有亲缘关系。"西梁类型中发达的条形堆纹，其谱系线索可追溯到松嫩平原甚至更北的黑龙江中游地区。"[49]

四、结　　语

偏堡子文化在东北地区如此强势，与其前后文化内涵差别甚大，显然不属于同一文化谱系，如在东高台山，偏堡子文化地层介于新乐下层和高台山之间，与新乐下层文化缺环较大，没有发现直接承继现象。在南宝力皋吐墓地，偏堡子文化与小河沿、小拉哈一期乙类陶器共存，在辽南三堂一期介于小珠山中层与上层之间，与小珠山中层内涵差别较大，明显不属于同一谱系，更看不到继承现象。偏堡子文化可能另有的源头。到目前为止，偏堡子文化仅与西梁类型纹饰相似度较高，但西梁类型测年距今 7000 年左右，与偏堡子文化年代差距悬殊，因此二者之间的关系有待更深入研究。偏堡子文化发展趋向在辽南小珠山上层和北沟类型反映的则比较清楚，甚至它的遗风影响到青铜时代的上马石上层和双房类型。

注　　释

［1］东北博物馆文物工作队：《辽宁新民县偏堡沙岗新石器时代遗址调查记》，《考古通讯》1958 年 1 期。

［2］内蒙古文物考古研究所等：《内蒙古扎鲁特旗南宝力皋吐新石器时代墓地》，《考古》2008 年 7 期；内蒙古文物考古研究所等：《内蒙古扎鲁特旗南宝力皋吐新石器时代墓地 C 地点发掘简报》，《考古》2011 年 11 期。

［3］沈阳市文物管理办公室：《新民东高台山第二次发掘》，《辽海文物学刊》1986 年 1 期。

［4］辽宁省文物考古研究所等：《辽宁省瓦房店市长兴岛三堂村新石器时代遗址》，《考古》1992 年 2 期。

［5］烟台市博物馆：《烟台白石村遗址发掘报告》，《胶东考古》，文物出版社，2000 年，62 页，图二〇，2。

［6］北京大学考古实习队等：《山东长岛北庄遗址发掘简报》，《考古》1987 年 5 期。

［7］中国社会科学院考古研究所等：《辽宁长海县小珠山新石器时代遗址发掘简报》，《考古》2009 年 5 期。

［8］中国社科院考古研究所东北工作队：《沈阳肇工街和郑家洼子遗址的发掘》，《考古》1989 年 10 期。

［9］华玉冰：《与偏堡子类型相关遗存的比较研究》，《庆祝宿白先生九十华诞文集》，科学出版社，2012 年。

［10］张翠敏：《论辽南地区偏堡子类型因素》，《东北史地》2004 年 4 期。

［11］〔日〕澄田正一等：《辽东半岛四平山积石塚の研究》，柳原出版株式会社，2008 年，54 页，图 48，171。

［12］丹东市文化局文物普查队：《丹东市东沟县新石器时代遗址调查和试掘》，《考古》1984 年 1 期。

［13］许玉林等：《辽宁岫岩北沟西山遗址发掘简报》，《考古》1992 年 5 期，392 页，图五：2。

［14］辽宁省文物考古研究所：《马城子——太子河上游洞穴遗存》，文物出版社，1994 年。

［15］朱永刚、霍东峰：《从科尔沁沙地东部考古发现看下辽河流域新石器文化的向西传布》，《边疆考古研

究》（第 15 辑），科学出版社，2014 年。

［16］黑龙江省文物考古研究所等：《黑龙江省肇源县小拉哈遗址发掘简报》，《北方文物》1997 年 1 期。

［17］辽宁省文物考古研究所等：《辽宁省瓦房店市长兴岛三堂村新石器时代遗址》，《考古》1992 年 2 期，图八。

［18］辽宁省文物考古研究所等：《瓦房店交流岛原始文化遗址试掘简报》，《辽海文物学刊》1992 年 1 期。

［19］中国社科院考古研究所东北工作队：《沈阳肇工街和郑家洼子遗址的发掘》，《考古》1989 年 10 期。

［20］许玉林：《辽宁东沟县石佛山新石器时代晚期遗址发掘简报》，《考古》1990 年 8 期。

［21］许玉林等：《辽宁岫岩北沟西山遗址发掘简报》，《考古》1992 年 5 期，398 页。

［22］辽宁省博物馆、旅顺博物馆：《大连市郭家村新石器时代遗址》，《考古学报》1984 年 3 期，317 页，图
　　　二三：2。

［23］〔日〕澄田正一等：《辽东半岛四平山积石塚の研究》，柳原出版株式会社，2008 年。

［24］塔拉、吉平：《内蒙古扎鲁特旗南宝力皋吐新石器时代墓地》，《考古》2008 年 7 期。

［25］黑龙江省文物考古研究所：《黑龙江省肇源县小拉哈遗址发掘简报》，《北方文物》1997 年 1 期。

［26］内蒙古自治区文物考古研究所：《科尔沁文明——南宝力皋吐墓地》，文物出版社，2010 年。

［27］见通辽市尚古博物馆藏品。

［28］辽宁省文物考古研究所等：《大南沟——后红山文化墓地发掘报告》，科学出版社，1998 年。

［29］辽宁省文物考古研究所等：《大南沟——后红山文化墓地发掘报告》，科学出版社，1998 年，图二九，
　　　29 页。

［30］辽宁省文物考古研究所等：《大南沟——后红山文化墓地发掘报告》，科学出版社，1998 年，图五七，
　　　64～65 页。

［31］张全超等：《科尔沁沙地及其邻近地区先秦时期居民的体质人类学研究》，《边疆考古研究》（第 15 辑），
　　　科学出版社，2014 年。

［32］内蒙古自治区文物考古研究所：《科尔沁文明——南宝力皋吐墓地》，文物出版社，2010 年，92 页，图
　　　版 37。

［33］黑龙江省文物考古研究所：《黑龙江省肇源县小拉哈遗址发掘简报》，《北方文物》1997 年 1 期，35 页，
　　　图三：1～4

［34］内蒙古自治区文物考古研究所：《科尔沁文明——南宝力皋吐墓地》，文物出版社，2010 年，60 页，图
　　　版 13。

［35］见大连市文物考古研究所王宝山积石塚发掘资料，尚未发表。

［36］内蒙古自治区文物考古研究所：《科尔沁文明——南宝力皋吐墓地》，文物出版社，2010 年，54 页，图
　　　版 9。

［37］内蒙古自治区文物考古研究所：《科尔沁文明——南宝力皋吐墓地》，文物出版社，2010 年，56 页，图
　　　版 10。

［38］内蒙古自治区文物考古研究所：《科尔沁文明——南宝力皋吐墓地》，文物出版社，2010 年，130 页，
　　　图版 72。

［39］内蒙古自治区文物考古研究所：《科尔沁文明——南宝力皋吐墓地》，文物出版社，2010 年，132 页，

图版 73。

［40］塔拉、吉平：《内蒙古扎鲁特旗南宝力皋吐新石器时代墓地》,《考古》2008 年 7 期, 27 页, 图九：2。

［41］塔拉、吉平：《内蒙古扎鲁特旗南宝力皋吐新石器时代墓地》,《考古》2008 年 7 期, 26 页, 图四, 2;
内蒙古自治区文物考古研究所：《科尔沁文明——南宝力皋吐墓地》, 文物出版社, 2010 年, 92 页, 图版 37。

［42］索秀芬等：《小河沿文化年代与源流》,《边疆考古研究》(第 7 辑), 科学出版社, 2008 年。

［43］朱永刚、霍东峰：《从科尔沁沙地东部考古发现看下辽河流域新石器文化的向西传布》,《边疆考古研究》(第 15 辑), 科学出版社, 2014 年。

［44］张星德：《下辽河流域新石器文化的年代及谱系问题初探》,《边疆考古研究》(第 8 辑), 科学出版社, 2009 年。

［45］朱永刚：《辽东地区新石器时代含条形附加堆纹陶器遗存研究》,《青果集——吉林大学考古专业成立二十周年考古论文集》, 1993 年, 150 页。

［46］朱永刚：《辽东地区新石器时代含条形附加堆纹陶器遗存研究》,《青果集——吉林大学考古专业成立二十周年考古论文集》, 1993 年, 150 页。

［47］华玉冰：《与偏堡子类型相关遗存的比较研究》,《庆祝宿白先生九十华诞文集》, 科学出版社, 2012 年。

［48］吉林大学边疆考古研究中心等：《内蒙古林西县井沟子西梁新石器时代遗址》,《考古》2006 年 2 期。

［49］朱永刚：《论西梁遗存及其相关问题》,《考古》2006 年 2 期。

康平马莲屯两座墓葬的年代与族属考

周向永

（铁岭市博物馆）

20 世纪 80 年代初，第二次全国文物普查期间，康平县文物管理所张少青先生曾在县城北郊的胜利乡马莲屯村清理了两座墓葬，连同在文物普查中发现的多座辽代墓葬，张先生将这些墓葬材料整理后写出一篇题为《辽宁康平发现的契丹、辽墓概述》的报告，发表在 1988 年第 4 期的《北方文物》上（以下简称《概述》）。张老师在《概述》的结语部分"对这批墓葬的认识"中，谈及马莲屯墓葬，通过对墓中随葬品的形制比较，认为其"具有契丹早期文化特征"，因与在康平方家乡后旧门村发现的骨灰葬相同；《概述》认为两地所见"当属同一类型墓葬"。这个材料发表之后，多年来业内只当马莲屯的这两座墓为辽代早期墓葬，墓葬所反映的深层问题也从未引起人们的注意。尽管张先生在报告后面的结语部分曾对这两座墓葬的形制及所反映的关于族属、年代方面的问题有过初步认识，而且在认识的表述中，不乏关于马莲屯墓葬的发现表明康平"在隋唐以前，上限可至十六国时期或更早些，就是契丹民族游牧生息的地方"这样带有突破传统认识的惊世之语，但包括笔者在内的很多学界同仁对这两座墓也终未给予更多的关注与深究。2013 年年初，笔者应邀为新建的康平博物馆撰写内容设计大纲，检索到马莲屯的这两座墓葬，在仔细查阅报告以及到康平文物库房检索墓葬出土器物后，觉得这两座墓葬实则反映出一系列关乎契丹先世族群涉足辽北的时间、区域等问题，是一个很值得深研的重要学术课题。本文对这两座墓葬反映的一些问题提出自己的意见。

一

马莲屯是康平县胜利街道所属的一个行政村，位于康平县北郊，距康平县城约 3 千米，康平至彰武公路在墓葬南约 1 千米处东西向经过。跨过康彰公路再南 1 千米，就是当年的西泡子今称卧龙湖。墓葬所在之处，东边是修李窝堡村、西边是马莲屯村，相距各约 1 千米。两座墓葬即位于卧龙湖北岸略微高敞的沙包地上，因为这里河沙较厚，形成村里的采沙场，墓葬就是在村民采沙的过程中发现的。其实在这两座墓葬发现之前，村民在取沙过程中就曾发现过古墓，但均未引起注意，文物部门也没接到相关报告，村民采沙中发现古墓当时即将其捣毁，墓中随葬陶器也被认为不值钱而被全部打碎。这种情况直到 1981 年文物普查时才有所改变，古墓破坏的情况方得到一定程度控制。《概述》中提到的这两座墓就是在普查之后，通过宣传，村民发现后及时告知文管所才得以清理的。

墓葬编号为 M1 号和 M2 号。M1，墓底距地表 1.5 米。墓圹用黑砂土夯实，厚 5～6 厘米。墓口长 2.17、宽 1.25 米。北端有头箱，用黑砂土墙相隔。墓底长 1.65、宽 0.54、高 0.6、头箱长 0.54、骨架长 1.63 米。尸骨头北脚南，从骨盆特征看应为女性（图一，左）。"头箱两侧置一堆羊骨，东侧置 2 件陶罐。"墓中出土陶罐 2 件，铁刀 2 件。陶罐一件有较粗的篦点纹，另一件篦点纹则较细密。均为泥质灰陶，圆唇外卷，高领，口微外侈，广肩鼓腹，假圈足，凹底有拉坯纹（图三）。

M2 也是一座带头箱的墓，在 M1 墓西约 10 米处。墓制、葬式均与 M1 相同，发现的当时，墓圹已被掘毁。墓底距地表 1.43、墓坑长 1.84、宽 0.71、高 0.6 米，头箱长 0.71 米。墓坑内置一骨架，从骨盆特征来看，为一男性，身长 1.75 米（图一，右）。M2 出土了两件陶壶，当时就被砸碎扔掉，形制纹样均不详。同时出土的一件双鱼铜牌饰被文管所征集收藏。双鱼牌饰为红铜铸造，由相对的双鱼组成。双鱼之上为圆孔，又以马

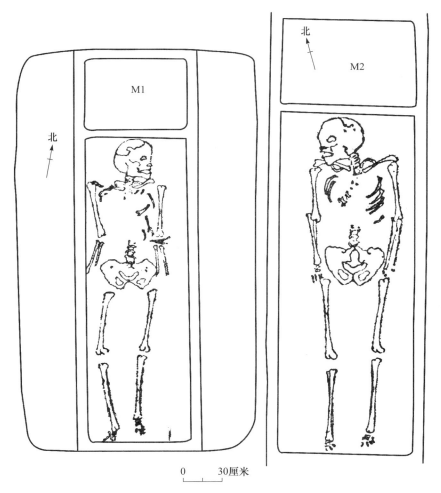

图一　马莲屯 M1、M2 平面图

莲垛编织纹相连，两侧各有大小不同的 3 个圆孔，孔周阴刻曲线纹。双鱼牌饰长 5.3、最宽 3、厚 0.4 厘米（图四，1）。

带头箱墓在康平绝少发现，除马莲屯发现的这两座之外，迄今，境内尚未见同类发现；邻近地区与之可做比较的，只有吉林榆树老河深墓地中发现的两座带头箱墓 M5 和 M11。老河深 M5 与 M11，在《榆树老河深》专题发掘报告中都有介绍，并有线图发表。M11，成人墓，未见盖和底。墓口在地表 0.4 米处，墓圹深 1.5 米，显示棺具的黑色木灰遗迹清楚，宽窄不一，四角处较宽，约 10 厘米。棺具长为 3.15、宽 0.85、残高 0.3 米，头箱宽 0.75 米，此墓人骨被扰乱，随葬品掺杂在填土中。该墓在老河深墓地整个墓葬规模排序中属大型墓（图二，左）。M5，有底，不见盖，也为成人墓。墓口在地表下 0.95 米处，墓圹深 1.38 米，棺具有灰黑色木灰遗迹，宽 4 厘米。因修水渠，此墓遭到破坏，棺具残长 1.42、宽 0.65、残高 0.48 米。棺具上宽下窄，呈斗状。头箱宽 0.45 米。棺的外侧，东西两角各有一木柱遗迹，直径为 8 厘米，棺北侧中部也有一木柱遗迹，直径为 8 厘米（图二，右）。

值得注意的是，老河深的这两座墓是男女异穴合葬墓，这类墓葬在老河深发现有 20 组，共 40 座，均为两墓并列，男右女左，相距很近，有的并有简单的打破关系，可知两墓埋葬时间有先后不同。老河深这类墓葬的随葬品均较丰盛，与康平马莲屯墓只有少量的陶器或铜器随葬形成区别。老河深的男女异穴合葬墓两墓相距很近，甚至有简单的打破关系，与马莲屯两墓间距达 10 余米也形成差异。但相同点是：马莲屯发现的两座墓，也是一男一女的男女异穴墓，据《概述》介绍，马莲屯 M1 为女性墓，M2 为男性墓，虽然两墓在距离上与老河深男女异穴墓有一些不同，但就其墓葬性质而言，在一些关键点上如男女异穴、男右女左、均带头箱、墓葬形制均为较规矩的矩形等方面还是相同的。

老河深墓地位于吉林省北部，在第二松花江流域；康平马莲屯墓，位于辽宁西北部，在辽河流域。老河深墓地中，带头箱的墓在老河深墓中并不多见，《概述》中，也就仅此两座。老河深墓的两座带头箱墓均为墓地中层墓葬，通过对墓中出土铜镜、金属生产工具、车马具和兵器等形制的比较研究，发掘者认为墓地中层墓葬所处年代当于"西汉末至东汉初"[1]。

马莲屯墓葬与老河深墓地的两座中层带头箱的墓有共同点，但就随葬器物而言，似乎又不能简单地加以比附。马莲屯 M1 出土的两件陶罐形制，在老河深墓群中不见相似者，那种泥质灰陶而下部带有或粗或细箆齿纹的形制，似乎与在东北地区普遍发现的辽时期墓葬存在关系；而就那件非常罕见的双鱼佩饰来说，更是在老河深墓地不见踪影，而与辽契丹乃至佛教意蕴可能存有千丝万缕的联系。

双鱼，作为一种纹饰，或见于辽代瓷器的装饰纹印中，或见于内蒙古乌兰察布盟察右前旗豪欠营子辽墓 M5 出土的白釉盘内印双鱼[2]、内蒙古巴林右旗查干坝 M11 辽墓出土白釉盆内底用绿彩装饰双鱼[3]、内蒙古赤峰市宁城县小刘杖子辽墓 M1 出土的长盘内底印双鱼戏莲花水波纹[4]。作为佩饰或与佩饰有关的器物，这种双鱼装饰除在康平

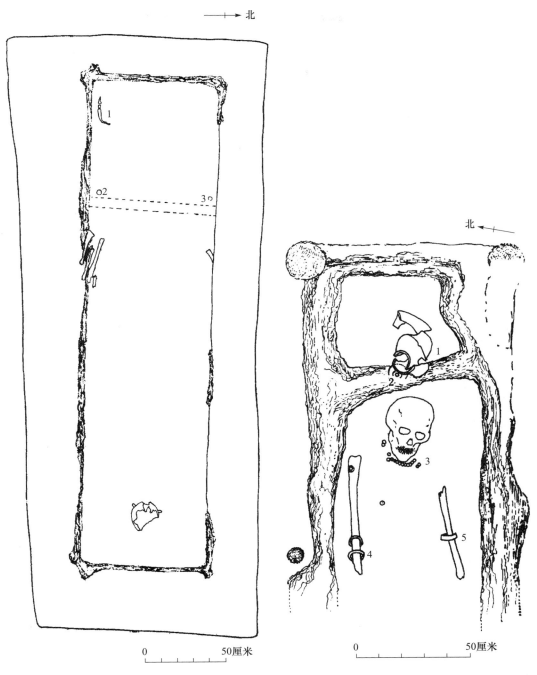

图二　榆树老河深 M11、M5 平面图
左：M11（1. 环首刀　2、3. 鎏金铜环）　右：M5（1. 双耳陶壶　2. 陶豆　3. 玛瑙珠　4、5. 铜钏）

马莲屯墓中出土之外，与之可做比较或联系的同类发现例证还可举如下两例：其一，义
县奉国寺泥塑佛像第 5 号大佛两侧的第 7 号胁侍，手持盘长，盘长上雕有双鱼，双鱼也
是两首相对，两尾后翘，与马莲屯墓所见双鱼牌饰形态基本相似（图四，2）[5]；其二，
法库叶茂台 5 号墓也出土有双鱼佩[6]，外观形制与马莲屯所出大体相似但两相比较，叶

图三　灰陶篦齿纹罐

图四　马莲屯出土双鱼牌饰与相关双鱼牌饰的比较

1.马莲屯出土的双鱼牌饰　2.义县奉国寺胁侍塑像及双鱼饰　3.法库叶茂台五号墓出土的双鱼饰　4.佛教八宝之金鱼纹饰

茂台 5 号墓所出已简略了双鱼之上的马莲垛形装饰，只剩下双鱼和其上用于佩戴的圆孔，甚至鱼身上的鱼鳞、头上鱼眼等也都统统省略，只有外形还能让人看出那是两条首首相对的鱼（图四，3 ）。

　　对包括马莲屯墓葬及上述两例遗物所处年代的考订，或有助于将已知的双鱼装饰加以排队，进而分析其形制演变规律。

　　义县奉国寺的始筑年代，是辽圣宗时期的开泰九年（1020 年）[7]，按史学界和考古学界对辽代历史的分期意见，这时正介于辽代早期和中期的交界点上。关于辽代历史的分期，学界曾对辽墓的分期有过研究，而本文对所见双鱼佩饰的年代讨论，因为涉及墓葬出土器物，也必须结合辽墓的分期成果来进行。奉国寺是罕见的现存辽代建筑，始建年代清楚，完全可以参照学界对辽墓的分期将其给予适当的期段定位。学界对辽代墓葬一般分作早中晚三期（个别分为早晚两期），对晚段自道宗始，直至辽亡的认识比较一致，分歧只在对早中两期的年代分界。项春松认为早期从太祖到澶渊之盟订立的 1004 年[8]；徐苹芳认为辽代考古可分为前后两期，两期的分界线在重熙时期的 1030 年左右，而辽代前期也应包括自 907 年辽太祖阿保机建国的契丹时期[9]；李逸友[10]、杨晶[11]、王秋华[12]都属意辽代早期是自太祖到景宗时期的 916～983 年；冯恩学则将早期定在太祖到穆宗时的 916～969 年[13]。本文倾向将辽代墓葬分为早中晚三期的意见，而赞同将辽太祖到景宗时期作为辽代早期的分期。实际上，紧接景宗之后的圣宗时期，正是辽代社会文化最为鼎盛的历史时期，奉国寺如作为辽代早期的建筑，也已是早期的晚段阶段建筑；而作为辽代中期建筑，则是中期的早段文化成就。

叶茂台辽墓群是辽北地区迄今发现的最大规模的一座辽代萧氏后族家族墓群，自 20世纪 70 年代初发现以来，在这一区域不断有辽墓被发现，出土了大量珍贵文物。该墓群的起讫年代，因有 6 号墓出土的辽代天祚帝时期北府宰相萧义的墓志，可将其固定在辽代晚期，对此，学界没有异议。

通过以上比较，可对所见 3 件双鱼佩做出如下归纳：就其工艺水平而言，康平马莲屯最精，义县奉国寺稍次但规格硕大，法库叶茂台最简。依据考古常识，一件器物的形制和加工工艺，似乎存在这样的潜规则：时代较早的，往往做工仔细、装饰考究，关注具象，体现出认真而重视细节的风尚；时代较晚者，往往草率粗糙，省略细节，概括抽象，摄取灵魂或中心意象，就其加工工艺与制作工艺而言，体现出的普遍是一种漫不经心的作风。虽然这其中不应排除分布地域的因素，但就其实质而言，时代的演变，往往是同一件器类形制前后相差悬殊的动因所在。这件双鱼佩饰就很好地说明了这一点。据此理念与判断原则可对 3 件双鱼佩做出时间排序：康平马莲屯所出最早，义县大佛寺盘长双鱼居次，法库叶茂台 5 号墓所出最晚。

马莲屯出土的两件陶壶，同样是判断墓葬年代的最好标尺。笔者检索了很多辽代墓葬资料，发现与马莲屯墓所出两件陶壶相类者委实不多，辽代晚期墓葬中或出有陶壶，也是器身带有细密的篦点纹，但大都体态颀长，或小口大底，或长颈溜肩，马莲屯 M2所出陶壶大口短颈，阔腹小底假圈足，纹饰只施于器身近底部，显示出的时代特征较早。与之相类者，在内蒙自治区兴安盟行政公署编著的《图说大兴安岭古代史》一书第 129页收录一件灰陶罐，图中标注此件陶罐的年代为"蒙古族早期"。这一时期的概念，可依该书第五章"蒙古族——发轫兴安的大漠天骄"前言文字中得其概略："蒙古族是大兴安岭孕育的北方民族，也是中国古代史上声名赫赫的马背天骄。约在汉初或其前，蒙古族起源于大兴安岭北段丛山密林中。当时是一个以狩猎为生业的弱小氏族部落，到隋唐时期，逐渐崭露头角，形成较强的游牧群团，跃为北方草原上的强势民族之一。"[14]结合这段文字理解书中所标时代为"蒙古族早期"的陶罐，保守估计也应在蒙古族业已崭露头角的隋唐时期。与隋唐时期对应，也正是契丹族发展历史上的古八部时期，当然，这种简单的对应离科学解释马莲屯墓葬的年代和族属还有一定的距离，但尽管如此，粗线条的隋唐时期与蒙古族兴起时期的对应比照，还是可以为马莲屯墓葬所处的大致年代划出一个概略的轮廓。本文认为，康平马莲屯两座带头箱的墓葬年代，至迟也应与兴安盟蒙古族出现的隋唐时期相当，而晚于榆树老河深 M5 和 M11 两座墓葬，具体年代在 6 世纪到 7 世纪之间或略早。

二

康平马莲屯墓葬的族属，是讨论该墓性质的题中应有之义，而讨论这一族属，则不能不再提榆树老河深的那两座带头箱的墓。

前已叙及，老河深 M5 和 M11 是老河深墓群中的中层墓葬，时代在西汉至东汉初。在分析这个墓地中层文化主人族属的讨论中，《概述》认为"从其地望、基本时代和文化特征，应属于鲜卑族的一个部落"[15]。鲜卑族进入今榆树老河深的历史参照是，汉建武二十五年（49 年），乌桓大人郝旦率众诣阙，使居塞内，布列辽东属国，为汉侦备。后乌桓南迁，鲜卑乘势进至乌桓原来旧地，东汉初的辽东塞外，此时已尽属鲜卑，故有辽东太守祭肜于建武二十一年（45 年）击破鲜卑万余骑、斩首三千余级、获马数千匹的史录详载[16]。随着时代的变迁，鲜卑族分有慕容、宇文、段氏等若干不同部分。4 世纪初，鲜卑慕容部势力强大，慕容皝自称燕王，即前燕王。东晋咸康四年（338 年），前燕王慕容皝联合赵王石虎攻灭段部；之后不久又北攻宇文，宇文部首领逸豆归走死漠北，其残部分为契丹和库莫奚。北魏登国三年（389 年），契丹和库莫奚相继又被北魏所破，从此，契丹退到西拉木伦河和老哈河之间，成为后来建立辽国的契丹祖源地。

契丹族称见史亦早，据研究，契丹名最早见于史籍的，是北齐成书的《魏书》[17]，《魏书》记载"契丹国，在库莫奚东，异种同类"；《辽史·世表》也说"契丹国在库莫奚东，异族同类，东部鲜卑之别支也，至是（元魏），始自号契丹"。契丹出自鲜卑可成定论，库莫奚，北魏时地在今河北平泉一带，今平泉旅游广告所谓"契丹祖源"之说完全是混淆了奚与契丹的区别。库莫奚东，即今辽宁西北部一带区域，一个最有力的证据是，辽宁义县万佛堂石窟北魏景明三年（502 年）石刻《韩贞造像记》中即刊有韩贞的职衔为"尉（慰）喻契丹使员外散骑常侍"[18]，从一个侧面证明契丹在当时已经成为北魏时期边疆民族中的大族，以至于朝廷要特别设立"慰喻使"这样一个官职来应对与契丹族人的沟通联系，同时也证明《魏书》中关于契丹当时分布于"库莫奚东"的记载是准确的。义县万佛堂在锦州义县，慰喻契丹使的造像记刻在那里，说明契丹人的活动范围也在这一带或在此不远。实际上，在韩贞耽于佛教不惜重金刻石以记于万佛堂题壁的当时，他所要"慰喻"的契丹部族已经在正史中有了很明确的记载了。《魏书·契丹传》将当时的契丹八部名称完整地记载了下来：悉万丹部、何大何部、具伏佛部、郁羽陵部、日连部、匹絜部、黎部和吐六于部，这就是契丹远古时期的古八部。古八部的分布与活动范围大多无考，但有记载说，至迟在北魏太武帝拓跋焘时起，契丹古八部就分别"各以其名马、文皮入献天府，遂求为常，皆得交市于和龙、密云之间，贡献不绝"[19]。和龙在今辽宁朝阳，密云在今北京市左近，看来，契丹古八部当时还不相统属，各部都是单独地向北魏朝廷进贡，并分别与北魏互市交易，古八部还没有形成部落联盟。康平马莲屯墓葬所反映的，可能正是活动在今彰武、阜新和康平一带的古八部之一，按迄今考古发现所得到的信息，康平马莲屯所属的契丹古八部，极有可能也是当时古八部分布在最东面的部落之一。

最早意识到马莲屯墓葬有可能时代偏早的，是负责清理马莲屯墓葬的张少青先生。张先生在研究马莲屯带头箱墓葬时注意到这种墓葬和榆树老河深墓葬的关系，这其实已经触摸到了马莲屯墓来源的文化脉搏，但他却以"老河深 M1（应为 M11，张少青笔误）为木棺，而马莲屯 M1、M2 用黑沙土做墓圹，出土文物亦不相同，马莲屯出土器物具有契丹文化特点，随葬羊骨也反映了契丹民族的生活习俗。因而，这种葬俗当是契丹民族的墓葬，不是鲜卑墓"[20]，把鲜卑和契丹两个民族做了人为的割裂，没能意识到这两个民族的本身就存在着渊源关系。老河深带头箱的墓确是木棺，时代在东汉时期；契丹族的出现最早是在东晋时候，青牛白马的传说就反映出那个时候他们是以氏族邑落的社会组织形式存在的，属于刚刚萌芽的历史时期。在东晋以前，还没有资料显示契丹族已经出现，虽然如此，但是作为契丹祖先的鲜卑族却已经在历史的大舞台上驰骋千年了。鲜卑族和后来的契丹族是有连带关系的，通俗点说，他们是祖宗和子孙的关系，其间经过近千年的时间，子孙和祖宗的文化样式不可能不发生一些改变，但正如所知，墓葬作为一种文化现象，它改变的步履是相当缓慢的，有变化，但万变不离其宗，拿马莲屯墓来说，墓带头箱这个特征就一直在保留着。应该指出，老河深墓群里的墓也不都是带头箱的，带头箱的只是极少的墓例，大部分是不带头箱的土坑墓。从出土的随葬品来看，老河深出的陶壶形状有和马莲屯所出相似的，但前者的陶质是"夹细砂泥质黄褐陶"，后者则是"泥质灰陶"，时代自然不一样，陶器的形状也有很大差别。而且张少青老师还没注意到另外一点，那就是老河深墓的墓圹大部分都是一头宽、一头窄的近梯形形状，这和马莲屯墓"北端较南端宽"的墓圹形状是一样的，不一样的只是吉林榆树老河深和辽宁康平马莲屯两个地方墓葬两头的宽窄比例有所变化罢了：马莲屯墓宽窄比例小，老河深宽窄比例大。榆树老河深墓是鲜卑墓，正好印证契丹来源于鲜卑的历史记载，马莲屯墓保留着鲜卑祖先带头箱的历史文化传统，又是一头宽一头窄的墓葬形状，据研究，契丹早期墓葬中随葬陶器的篦齿纹应是唐代中晚期的风格[21]，而唐代中晚期已是契丹族遥辇氏最后一个可汗痕德堇初立，阿保机被推为夷离堇的前夜了。这种篦齿纹到这一时期无论是装饰技法还是创造工艺，都已经是非常成熟的一个纹样，溯其源起，逻辑上自应由此再上溯至隋唐时期，因为那时的大兴安岭深处已有蒙古族的兴起，他们使用的陶器器表所施印的篦齿纹看上去也不是最早的形态，也还应有一个发展的过程。如此，联系到康平马莲屯两座带头箱墓葬中所出的两件陶罐上的篦齿纹，似乎也还有再向上追溯的余地，但无论怎么说，康平马莲屯头箱墓所出的两件带篦齿纹的陶罐形制、纹样，依据器物类型学的原理，在同类器形比较中，都应是年代最早的。

因此可以说，康平马莲屯两座带头箱的墓葬可能是辽北乃至整个中国东北境内已经发现的时间最早的两座与契丹族有关的墓葬了。

　　由此仍想到那个双鱼铜牌饰，真是无独有偶：老河深鲜卑墓里也出铜牌饰。不过那里的牌饰动物纹多为有角有翅的神兽形状，像天马行空的姿态，带着有强烈的神秘色彩。而马莲屯墓所出的双鱼牌饰，是一件相对写实的艺术品，这件双鱼铜牌饰物件虽小，但因为有明确的出土地点，有与之相似的同类物件的发现比较，时代也就不难判定。关于这件双鱼铜佩饰所体现的文化内涵，也是一个耐人寻味的议题。通过义县奉国寺大佛胁侍所持盘长双鱼的提示，我们知道那应该是佛教中的一种法器，是带有强烈宗教性格的艺术造型。双鱼，我们估计应该是佛教八宝中的"金鱼"的写意（图四，4）。佛教八宝分别是宝伞、金鱼、宝瓶、莲花、法螺、吉祥结、宝幢和法轮，各个宝物都有着不同的象征意义。鱼在佛教八宝中，象征自由和超越，代表富裕和祥和。鱼行水中，畅通无碍，可透视混浊的泥水，故金鱼有慧眼之意。佛教以金鱼的形象喻示超越世间、自由豁达的解脱的修行者，以雌雄一对金鱼象征解脱的境地，又象征着复苏、永生、再生等意。金鱼的眼睛象征佛眼，金鱼眼睛常开，就像佛时时刻刻照顾众生，永不舍离众生。世间法而言，她象征着我们可以洞察事物本质，有着超人的智慧，从而可以更自由自在地获得财富及自由，鱼在佛法中所隐喻的活泼、健康，充满活力和趋吉避邪的精神内涵，被广泛地应用于社会广大俗众的日常生活中，金代著名的双鱼纹铜镜，也应取意于此。康平马莲屯所出鱼佩饰当为雌雄双鱼，也是在佛教各种相关法器形态中常见到的形象。

　　凝视这件双鱼佩饰，千年前康平广袤粗阔的原野和一望无际的卧龙湖仿佛变得渐渐清晰起来，装饰感浓郁的双鱼让人分明感到中古时期康平沃野的宁静中正蕴藏着一股强劲的历史张力，一个影响康平数百年历史的大时代正在健步走来。契丹早期的作品无论出土还是传世的都不多，康平马莲屯墓葬中出土的双鱼铜牌饰和两件陶罐，是非常珍贵的历史遗存，理应引起学界的重视与深入研究。

注　释

［1］　吉林省文物考古研究所编：《榆树老河深》，文物出版社，1987 年，116、117 页。

［2］　内蒙古自治区文物工作队、乌盟文物工作站：《豪欠营辽墓第二次清理简报》，《契丹女尸》，内蒙古人民出版社，1985 年。

［3］　董文义：《巴林右旗查干坝十一号辽墓》，《内蒙古文物考古》1984 年总第 3 期，91～93 页。

［4］　内蒙古自治区文物工作队：《昭乌达盟宁城县小刘杖子辽墓发掘简报》，《文物》1961 年 9 期，44～49 页。

［5］　辽宁省文物保护中心等：《义县奉国寺》，文物出版社，2011 年。

［6］　铁岭市博物馆馆藏资料：法库叶茂台 5 号墓双鱼佩。

［7］　王飞：《奉国寺与世界文化遗产之比较》，《辽金历史与考古国际学术研讨会论文集》（上辑），辽宁教育出版社，2012 年，295 页。

［8］　项春松：《昭盟地区的辽代墓葬——兼谈辽墓分期及其随葬品的断代问题》，《内蒙古文物考古》1981 年总第 1 期，73～79 页。

［9］《中国大百科全书·考古学卷》，中国大百科全书出版社，1985 年。

［10］李逸友：《略论辽代契丹与汉人墓葬的特征与分期》，《中国考古学会第六次年会论文集》，文物出版社，1987 年，187～196 页。

［11］杨晶：《辽墓初探》，《北方文物》1985 年 4 期，26～32 页。

［12］王秋华：《辽代墓葬分区与分期的初探》，《辽宁大学学报》1982 年 3 期，43～46 页。

［13］冯恩学：《辽墓初探》，吉林大学博士学位论文，1995 年。

［14］内蒙古自治区兴安盟行政公署：《图说大兴安岭古代史》，北京出版社，2012 年。

［15］吉林省文物考古研究所：《榆树老河深》，文物出版社，1987 年，116、117 页。

［16］《后汉书·乌桓鲜卑列传》《后汉书·祭肜传》。

［17］杨树森：《辽史简编》，辽宁人民出版社，1984 年，2 页。

［18］王晶辰主编：《辽宁碑志》，辽宁人民出版社，2002 年，18、19 页。

［19］《魏书·契丹传》卷 100。

［20］张少青：《辽宁康平发现的契丹、辽墓概述》，《北方文物》1988 年 4 期，41 页。

［21］张柏忠：《契丹早期文化的探索》，《考古》1984 年 2 期。

试论辽代墓葬的排水系统

林　栋

（沈阳市文物考古研究所）

在辽代大型高等级砖室墓中，建造专门的排水系统者占有一定比例，整个系统前后贯穿于墓室至墓门的底部，并一直延续至墓外，形成完整体系，特征十分鲜明。排水系统是辽代统治阶层墓葬保护理念的重要体现，是契丹贵族墓葬研究的重要内容之一。以往学界对此方面的专门性研究较少，本文拟在较为全面收集梳理资料的基础上，对辽代墓葬排水系统的类型、时代及演变等情况进行初步的探索。

一、类型划分

根据现有资料，辽墓排水系统按照结构、功能和在墓葬中分布位置的不同，均可大致分为前、中、后三个部分：前部基本位于墓（主）室内，是排水系统的起点，主要作用是将外界进入墓室内的积水吸入排水系统中；中部基本位于甬道处，主要起到过渡作用，将墓室内的积水由此引向墓门；后部基本位于墓葬（砖结构）之外，是排水系统的终端，墓室内的积水由此排出。根据以上各部分形制和结构的不同，可将整个辽墓排水系统分为三类。

（一）甲　　类

排水沟类，即整个排水系统从前到后全部由排水沟组成。排水沟类数量较多，是辽墓排水系统中最主要的形式。此类排水沟前部大多有分支沟，至中部汇集成一条主沟，一直通向墓门方向，至墓外仍有地沟将水汇入山体自然冲沟内。分支沟数量较多，尺寸较主沟略小。也有少数排水沟前后仅为一条直线，且沟的尺寸前后也相同。根据排水沟前部是否暴露于地表，可将其分为二型。

A 型　全部为暗沟。前中后各段排水沟都隐蔽于墓底砖之下，根据地表是否带有排水孔可分为二亚型。

Aa 型　地表带排水孔，孔多位于沟的正上方，与沟配合使用。根据分支沟的差异可分为二式。

　　Ⅰ式　关山 M5[1]。水沟前面总体呈"树"状，前部有三条分支沟，形同"树杈"，后部为主干（图一，1）。耳室有分支沟但结构简单，仅为一条直线。

　　Ⅱ式　鸽子洞墓[2]。平面呈"蛛网"状，由一个中心点向四周扩散（图一，2）。

　　变化趋势为水沟平面造型由简单到复杂，分支沟分布范围逐渐扩大。

　　Ab 型　地表不带排水孔，地面积水或通过墓壁或砖缝等途径进入地下水沟。分二式。

　　Ⅰ式　耶律宗教墓[3]。沟前部和中部形成一条直线，结构较为简单（图一，3）。

　　Ⅱ式　萧德让墓[4]。树杈形，在墓室及甬道处各有一分叉（图一，4）。

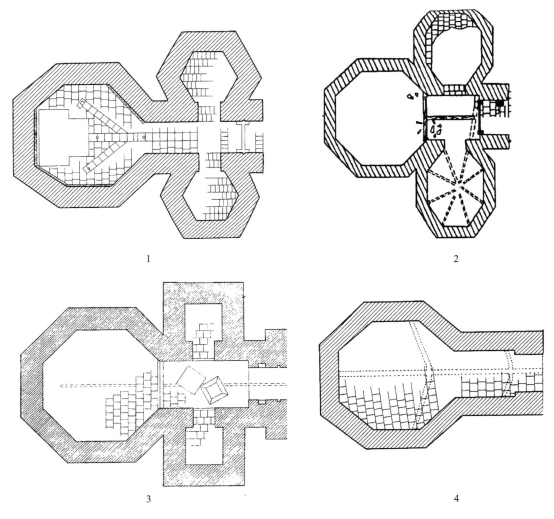

1　　　　　　　　　　　　　　　　　　　2

3　　　　　　　　　　　　　　　　　　　4

图一　甲类 A 型

1、2. Aa 型Ⅰ、Ⅱ式（关山 M5、鸽子洞墓）　3、4. Ab 型Ⅰ、Ⅱ式（耶律宗教墓、萧德让墓）

　　变化趋势为水沟平面造型由简单到复杂，分支沟的分布范围逐渐扩大。

　　另外，耶律延宁墓[5]和季杖子墓[6]，原报告无排水沟的图像资料，依据文字描述应该为不带排水孔的 Ab 型暗沟，具体平面形状不详。

　　B 型　明沟暗沟相结合。前部墓室内为明沟，转入甬道后变为暗沟。根据沟的平面形状不同，可分为三亚型。

　　Ba 型　树形。分二式。

　　Ⅰ式　大平滩墓[7]（图二，1）。

　　Ⅱ式　萧袍鲁墓[8]（图二，2）。

　　变化趋势为分支沟由单叉变为双叉，造型逐渐复杂。

　　Bb 型　环形。即在墓室壁四周底部设环形沟，以韩匡嗣墓[9]为代表（图二，3）。

　　Bc 型　树形与环形结合。以萧府君墓[10]（图二，4）和萧义墓[11]为代表。

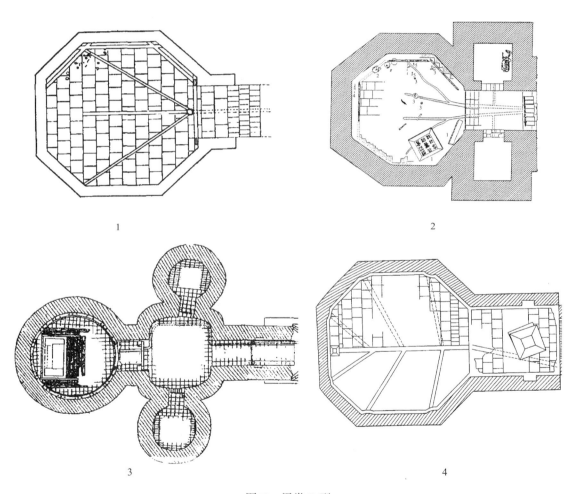

1　　　　　　　　　　　　　　　　　　2

3　　　　　　　　　　　　　　　　　　4

图二　甲类 B 型
1、2. Ba 型Ⅰ、Ⅱ式（大平滩墓、萧袍鲁墓）　3. Bb 型（韩匡嗣墓）　4. Bc 型（萧府君墓）

（二）乙　　类

排水井类，仅在前部墓室位置发现有排水井。这类墓葬发现较少，目前仅见韩氏 M1[12]

一例。原报告对此报道称："在后室北侧用砖砌出一东西长 2.7、南北宽 1.57、高 0.35、深 0.18 米的砖砌小井，疑似排水之用。"无图像资料。

（三）丙　　类

丙类为排水井与排水沟相结合的类型。目前仅见平原公主墓[13]一例。该墓前部为明沟，中部为暗沟，而后部没有排水沟而设置了蓄水井，水排入井中之后，慢慢渗入地下或挥发（图三）。

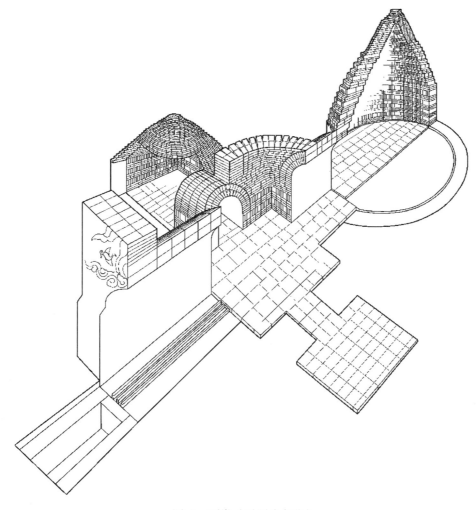

图三　丙类（平原公主墓）

（四）丁　　类

排水孔类，在关山萧知行墓[14]甬道处（图四）和耿氏 M3[15]墓东侧尸床与墓壁之

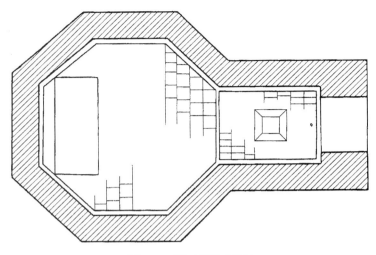

图四　丁类（萧知行墓）

间的位置，都发现有单独的排水孔，耿氏墓原报告将其称之为"泉眼"，别无其他排水设施与之配合使用。

二、时代与分期

上述各类型排水沟有些出自纪年墓中，时代明确，其余者年代也可大致进行推断。其中甲类 Aa 型 I 式的关山 M5，依原报告分析，时代相对较早，大约在圣宗时期；II 式的鸽子洞墓时代较晚，大致在道宗咸雍（1065～1074 年）年间。Ab 型 I 式的耶律宗教墓为 1053 年；II 式的萧德让墓时代为 1076 年，另外属 Ab 型的耶律延宁墓时代为 986年，季杖子墓的年代大致在辽中期晚段，二者原报告中未对沟的具体形制进行描述，从其年代上看相对较早，沟的造型应大体与耶律宗教墓相同，为直线的可能性较大，这也可能是原报告未做更多描述的原因所在。B 型墓中 Ba 型 I 式的大平滩墓，原报告将其时代大致定为辽中晚期；而 II 式的萧袍鲁墓时代为 1090 年，已近辽末，从大平滩墓的总体等特征其时代下限应早于萧袍鲁墓。Bb 型的韩匡嗣墓时代为 985 年。Bc 型的萧府君墓为 1072 年，萧义墓为 1112 年。乙类的韩氏 M1 经考证墓主人应为韩德威，下葬时代为997 年[16]。丙类平原公主墓的时代为 1051 年。丁类的萧知行墓为 1068 年，耿氏 M3 的年代，根据原报告分析，该家族墓地耿知新（1026 年）和耿延毅（1019 年）墓时代大体相当，故应在 11 世纪初。

通过上述对辽墓排水系统年代的分析可以看出，目前所见年代较早的耶律延宁墓和韩匡嗣墓等均已进入圣宗纪年，已属辽中期早段，而不见更早者。而目前已知的辽早期大型墓葬则均不见排水系统，因此这里认为排水系统在辽代出现的时间上限应不会太早，可能是在辽墓发展过程中，不断总结经验，并吸收借鉴其他朝代墓葬排水设施的基础上产生并逐渐发展起来的。根据上述排水系统所体现出的总体时代特征，可将整个辽墓排水系统分为前后两期。

一期：时代大致为圣宗至兴宗时期。本期排水系统主要流行甲类 Aa、Ab、Ba 型的 Ⅰ式，Bb 型以及乙类、丙类和丁类。本期排水系统的总体特征是水坑、水井和排水孔的使用比较普遍。排水沟分支沟的平面造型相对比较单一，多以直线形、环形和树形为主，且主要集中于墓主室，树形沟普遍为三支分支沟。

二期：时代大致为道宗至辽末期。本期排水系统主要包括甲类 Aa、Ab、Ba 型的 Ⅱ式和 Bc 型，丁类排水孔依然存在。本期特征为带有排水井和蓄水坑的乙、丙类逐渐消失。排水沟类的平面造型也更加丰富多样，除了前期的环形和树形沟外，新出现了蛛网状沟，而且树形沟的造型也比前期复杂了许多，萧府君墓前后共计有六条分支沟，而萧袍鲁墓则出现了带"双叉"的树形沟。分支沟的分布范围也不再限于主室，鸽子洞墓和萧义墓等多室墓的耳室的分支沟已十分发达，而如萧德让墓的单室墓分支沟则从墓室延伸至甬道位置，说明排水系统的分布范围较有逐渐扩大的趋势。这些也都是辽代墓排水逐渐发展并走向成熟的标志，与前期相比，二期可视为辽墓排水系统发展的新阶段。

三、排水系统与埋藏条件

辽墓排水系统前高后低，出水口多面向自然冲沟的特点，都是与辽墓依山而建的地势密不可分的。由于山体本身就带有坡度，而山前多有雨水形成的自然冲沟，辽墓排水系统"因地制宜"，巧妙利用了墓葬的埋藏环境，是将排水功能与墓葬建造的外部环境有机结合的成功范例。这类特征的排水系统对于平原地带埋藏的墓葬而言是完全不适合的。丁类萧知行墓仅发现一个排水孔。该墓群的发掘者对整个关山墓群所发现的排水沟全部进行了解剖，因此可确定萧知行墓除一个单独排水孔外确无其他排水沟结构，可证明确有这样一类排水系统存在。另一座丁类墓耿氏 M3，发现时墓内仍有积水，保留深度约 30 厘米，原报告根据水位线遗留痕迹，确定该墓最初积水深度可达 1 米以上，可见辽墓在建成后确有积水的情况发生，且排水孔在一定程度上确实能起到排水作用，但如耿氏 M3 这一仅有一个排水孔而无其他配套排水设施的墓葬，其排水效果也是有限的。

同时我们也看到，依山而建的大型辽墓很多，但其中带有排水系统的墓葬比例确很小，排除辽早期墓葬不算，自排水系统出现后的辽中晚期开始，排水系统在辽代大型砖室墓也未得到普及。关山辽墓群发掘的 9 座墓葬，带有排水沟或排水孔的墓葬仅有 3 座。这些墓葬埋藏位置相对集中，周边自然地理环境大致相同，时代也大体相当，为何只有其中少数墓葬设置了排水系统？辽墓的排水系统在时空分布上并没有一定的规律可言，显示出了一定的随机性和不确定性。笔者推测造成这种现象的原因，可能与墓葬建造时的天气情况有关。有几座带有排水系统的墓葬中出有墓志，可明确墓葬建造时的月份和季节。在已明确的 8 座墓葬中，韩匡嗣墓、萧府君墓和萧德让墓下葬均在十月，耶律延宁墓为十一月，萧义和萧袍鲁墓均在三月，萧知行墓和耶律宗教墓在八月。关山墓群中不带排水系统的萧德温墓为五月，萧德恭墓为十一月。上述月份多指墓主人下葬的时间，而墓葬建造的时间有可能较之提前，但相距不会太远。可见有半数以上的墓葬下葬时间选在了夏末至深秋的连雨季节。相比于夏雨的急骤，秋雨则更加绵延，而且不排除下葬当年雨水较大的可能性。修建一座大型砖室墓并非一朝一夕能够完成，且墓葬后部的墓道是逐渐向上升的，而目前尚未在任何辽墓中发现建墓时有搭棚的迹象，因此如在建墓施工中出现连雨天，势必造成墓圹或墓室内的大量积水。为不影响工期，在墓内修建排水系统是在当时情况下最好的选择，许多位于墓底的排水沟就是直接在墓圹底部的山岩上直接开凿的，在修墓的过程中随时都能起到排水作用。由此看来，排水系统不但能够在墓葬建成之后起到排水作用，而且在墓葬修建过程中能及时地排水，可能也是其建造的一个重要原因。排水系统有可能是在墓葬建筑开始或建造过程中根据天气变化的临时性选择。现将所收集辽墓排水系统的基本情况统计如附表。

四、结　语

我国砖室墓中建造排水设施的历史，目前至少可以追溯到东晋南朝时期南方的大型陵墓。这一时期的大型墓葬"墓前有长长的排水沟，一端起自墓内墓室底部，为阴沟。在墓室铺地砖上砌阴井口，以泄墓内积水，阴井口用铜漏板盖住。一端直抵墓前低洼之地或水塘内。它们均用七八层平砖砌成很长的通道式"[17]。另外的南京吕家山东晋李氏家族墓地的两座中型砖室墓（M1、M2），墓室内未发现排水沟，但墓室外从墓门开始也用砖砌筑的排水沟，可直接将墓室积水排除室外[18]。至五代十国时期，同处于长江下游的杭州、临安地区的吴越国贵族墓葬中，同样发现有砖筑排水系统，其中杭州的吴越国文穆王钱元瓘天福七年（942 年）墓[19]，排水沟设于墓外，特征与上述吕家山东晋李氏墓相同，而另一座吴越贵族墓葬临 M22[20]，墓室地面以下设排水暗沟，同样呈树杈形，并一直通向墓外，特征与辽代排水沟已十分接近。由于目前仅见的辽代帝陵庆陵的三座墓葬，形制均为前、中、后三正室并带四个耳室的七室墓，这种形制与十国南唐二陵和前蜀王建陵特征相同，很可能是受其直接影响所致。说明契丹皇室墓葬与南方十国贵族墓葬间有着较为密切的联系。因此，辽代贵族墓葬中的排水系统，很可能也是直接借鉴和模仿上述南方吴越等国的贵族墓葬排水系统而产生的。

另外由上述分析可以看出，在长江下游以南的江浙地区，自东晋南朝以来至十国时期贵族墓葬排水系统的发展脉络是比较清晰的，至北宋中晚期时，在四川成都青龙村的小型单室砖墓（M3）中也发现有排水沟[21]，说明这一时期排水沟在南方的分布范围有所扩展，并且由高等级墓葬向低级别墓葬有所扩散；而与之同时期的辽代小型砖室墓中存在排水系统的可能性则很小，说明排水系统在南方的适用范围和历史传统明显要高于北方。这势必由南方温暖、潮湿、多雨的气候特点所决定的。联系上述已知时代最早的排水系统也发现于南方，因此我国砖室墓排水系统的起源可能就在南方。

辽墓排水系统在建造的规模和工艺上，也能体现出一定的等级差异。关山墓群分别埋藏于马掌洼和王坟沟两个墓区的墓葬，在等级上有明显的差别。出有排水系统的 M5 和萧德让墓，与萧和墓同在级别较高的马掌洼区。而全墓只见一个排水孔的萧知行墓，则位于墓葬整体级别较低的王坟沟墓区，两区墓葬整体规格和墓主人身份级都有较为明显的差异。与萧知行墓同属丁类的耿氏 M3，级别和规模在耿氏墓群中同样偏小。另外的大平滩墓高排沟的深度和宽度较其他墓葬明显偏小，宽仅 5、深度仅 1～2 厘米，而该墓的规格等级在所有排水沟类墓葬中也是比较低的。因此，排水系统的形制规模和墓葬级别大体上也是相对应的。

注　释

［1］　辽宁省文物考古研究所：《关山辽墓》，文物出版社，2011 年。

［2］　内蒙古文物考古研究所等：《宁城县鸽子洞辽代壁画墓》，《内蒙古文物考古文集》（第二辑），中国大百科全书出版社，1997 年。

［3］　鲁宝林：《北镇辽耶律宗教墓》，《辽海文物学刊》1993 年 2 期。

［4］　辽宁省文物考古研究所：《关山辽墓》，文物出版社，2011 年。

［5］　辽宁省博物馆文物工作队：《辽代耶律延宁墓发掘简报》，《文物》1980 年 7 期。

［6］　韩宝兴：《北票季杖子辽代壁画墓》，《辽海文物学刊》1995 年 1 期。

［7］　辽宁省文物考古研究所：《辽宁省北宁市鲍家乡桃园村大平滩辽墓》，《北方文物》2002 年 1 期。

［8］　冯永谦：《辽宁法库前山辽萧袍鲁墓》，《考古》1983 年 7 期。

［9］　内蒙古文物考古研究所等：《白音罕山辽代韩氏家族墓地发掘报告》，《内蒙古文物考古》2002 年 2 期。

［10］内蒙古文物考古研究所等：《宁城县岳家杖子辽萧府君墓清理记》，《内蒙古文物考古文集》（第一辑），中国大百科全书出版社，1994 年。

［11］温丽和：《辽宁法库县叶茂台辽萧义墓》，《考古》1989 年 4 期。

［12］内蒙古文物考古研究所等：《白音罕山辽代韩氏家族墓地发掘报告》，《内蒙古文物考古》2002 年 2 期。

［13］辽宁省文物考古研究所等：《辽宁阜新县辽代平原公主墓与梯子庙 4 号墓》，《考古》2011 年 8 期。

［14］辽宁省文物考古研究所：《关山辽墓》，文物出版社，2011 年。

［15］朝阳博物馆等：《辽宁朝阳姑营子辽代耿氏家族 3、4 号墓发掘简报》，《考古》2011 年 8 期。

［16］金永田等：《韩德威和耶律元佐墓志铭考释》，《文物》1998 年 7 期。

［17］张之恒：《中国考古学通论》，南京大学出版社，1991 年。

［18］南京市博物馆：《南京吕家山东晋李氏家族墓地》，《文物》2000 年 7 期。

［19］浙江省文物管理委员会：《杭州、临安五代墓中的天文图和秘色瓷》，《考古》1975 年 3 期。

［20］浙江省文物管理委员会：《杭州、临安五代墓中的天文图和秘色瓷》，《考古》1975 年 3 期。

［21］朱章义等：《成都市龙泉驿区青龙村宋墓发掘简报》，《成都考古发现（1999）》，科学出版社，2001 年。

附表　辽代墓葬排水系统统计表

序号	墓葬	年代	类、形、式	建造地点	建造月份	分支沟尺寸（米）		资料来源
						宽	深	
1	关山 M5	约圣宗时期	甲 Aa Ⅰ	阜新关山马掌洼				［1］
2	鸽子洞墓	咸雍年间	甲 Aa Ⅱ	鸽子洞山石崖下				［2］
3	耶律宗教墓	1053 年	甲 Ab Ⅰ	医巫间山东麓谷地崖下	8	18	15	［3］
4	萧德让墓	1076 年	甲 Ab Ⅱ	阜新关山马掌洼	10			［4］
5	耶律延宁墓	986 年	甲 Ab	柏木山坡下	11	12	10	［5］
6	季杖子墓	辽中期晚段	甲 Ab	太子山洼东梁坡地		25	20	［6］
7	大平滩墓	辽中晚期	甲 Ba Ⅰ	医巫间山东麓南坡		5	1～2	［7］
8	萧袍鲁墓	1090 年	甲 Ba Ⅱ	蝴蝶山北山南坡	3	9.5	1.5	［8］
9	韩匡嗣墓	985 年	甲 Bb	白音罕山南坡	10	10	8	［9］
10	萧府君墓	1072 年	甲 Bc	桦树沟东山坡上	10	14	11	［10］
11	萧义墓	1112 年	甲 Bc	叶茂台西山南坡	3	16	15	［11］
12	韩氏 M1	997 年	乙	白音罕山南坡				［12］
13	平原公主墓	1051 年	丙	乌兰木图山南麓山坡		20	10	［13］
14	萧知行墓	1068 年	丁	阜新关山王坟沟	8			［14］
15	耿氏 M3	11 世纪初	丁	姑营子村八角山				［15］

沈阳近代公益慈善事业的开拓者——左宝贵

李 鑫

（沈阳市文物考古研究所）

在甲午中日战争中，左宝贵是抗击日本帝国主义侵略，血战疆场，壮烈牺牲的第一位清朝高级将领。同时，他也是沈阳近代公益慈善事业的开拓者。为纪念这位与沈阳有着特殊关系的民族英雄，特撰此文。

左宝贵，字冠廷，山东省费县地方镇（今属平邑县）人。1837年10月18日生于一个贫苦的回族农民家庭；父母早逝，幼失怙恃，饱尝了人间疾苦；被迫携两弟投效江南军营，开始了他的戎马生涯；因作战勇敢，积功以副将尽先补用，并赏加总兵衔。光绪元年（1875年），应奉天将军崇实征剿"马贼"之请，左宝贵奉调来奉，因诛杀宋三好等有功，"赐号铿色巴图鲁，晋记名提督，授高州镇总兵，仍留奉天"[1]；后为总理营务翼长，统领奉军马步等营，驻奉天达20年。

光绪二十年（1894年）七月，中日甲午战争爆发，左宝贵奉命率奉军入朝，进驻平壤，防守平壤北面的牡丹台、玄武门一线。1894年9月15日，在平壤保卫战中，左宝贵率所部全力据守，虽予日军以极大的伤亡，但在日军步炮夹攻下，平壤最终失守，左宝贵以身殉国。其牺牲的过程，据当时在沈阳的英国医疗传教士杜格尔德•克里斯蒂所记是这样的："在平壤，面对数倍于己的日军，左将军率部进行了英勇的抵抗。部下将士们相信，如果左将军还活着，平壤仍然会在中国军队手中。三天的大部分时间里，战斗一直没停。日军占领了平壤周围的山头和树林，炮轰城防工事。十五日下午，左将军正在指挥一门重炮开火，炮手在他身边牺牲了。此时，左将军虽已多处负伤，但仍然扑过去，亲自装填炮弹开火，结果，腿上又一次中弹，他马上用布条包扎了伤口，站了起来，督促部下奋勇杀敌。可就在他对部下大声呼喊的时候，另一颗子弹击中了他。他倒下了，伤势沉重。几个部下把他放在马背上准备突围，此时一颗炮弹落在他们中间，结果除一名骑兵队长之外，所有的人都炸死了。就是这名骑兵队长，给我讲述了上面的故事。炮弹爆炸时，他被震晕了。等他苏醒过来，夜幕降临，日军已经占领了平壤。为带回将军的遗体，他们费了很大的劲。但是，敌人正在向西推进，没有办法，只好放弃原来的计划，潜逃回国。对左将军这样的敌人，日本人非常钦佩，以军礼埋葬了他，并在其坟前立了一块纪念碑。"[2]

这位英国传教士中文名字叫司徒阁，1883 年到奉天，1922 年回国，在奉天医疗传教整整 40 年，创建了盛京施医院和盛京医学院。他与左将军是好朋友，对左将军十分敬重。在他的回忆录《奉天三十年》中写道："在满洲，左宝贵所部是唯一真正意义上的部队，训练有素，一直保持着激昂的斗志，在剿匪战斗中一贯勇猛顽强。"[3] 左宝贵在出发赴朝鲜的前一天，专程到施医院向司图阁道别，心情有些忧郁。"在他看来，自己已经把士兵训练得最好，并尽其所能去装备他们，只要他发布命令，没有人害怕战死沙场。但是，他也知道，与已经现代化了的日本军队相比，自己所说的最好是多么可怜。他特别清楚中国军队和将军们之间的钩心斗角。"所以他和司徒阁说"这次战斗与以往的剿匪不同"，"我必死无疑"[4]。这说明，他对当时中日双方的情况十分了解，他也深知，中国要在战争中取胜是很难的，但他却没有像叶志超等那样，放弃责任，采取逃跑路线来偷生，而是抱定以死尽忠，用自己的牺牲来宣告中国不可辱！左宝贵将军大无畏的战斗精神，永远值得我们学习和发扬。

左宝贵是清末军队将领中最杰出的代表。他"在军中与兵勇同甘苦，部下有受伤战殁者，皆以私财抚恤其家属，因此士乐为用"。他"治军严肃，重文士，爱材勇，有奇技异能者，辄罗之麾下。功不吝赏，罚不私刑，士乐为用"[5]，因此，他带领的军队战斗力最强。在当时的沈阳人看来，"左宝贵不仅是名优秀的将军，而且也是满洲安全的保障，当人们得知他战死的消息时，奉天笼罩在巨大的悲痛和恐惧之中。无论官员还是百姓，人们都尊敬他，爱戴他。对我们来说，他的死使我们失去了一位好朋友。即使到了今天，缅怀他给我们留下的记忆仍然是亲切的，而在普通人们的心目中，没有哪个将军能够取代他的位置"[6]。这是司徒阁在在他的回忆录《奉天三十年》中的一段话。一百多年过去了，沈阳人仍然记得左将军为沈阳人民做的那些好事和带来的福祉。

左宝贵驻军沈阳的二十年，正是清末奉天（沈阳）的多难之秋，社会动荡，自然灾害频仍，牛痘肆虐，无医无药，人们生活在水深火热之中。左宝贵出身贫寒，对人民大众的疾苦甚为了解，十分关怀部下和驻地民众的疾苦，始终与这座城市同呼吸，共命运。在练兵执勤的同时，他扶危解困，积极参与各种灾难的救助活动，热心地方的慈善公益事业。史志说："将军虽好武乎，然性慈善，于地方公益，尤倦倦。"[7] 在驻沈 20 年间，在慈善公益事业方面，他做了大量的工作，可以毫不夸张地说，左宝贵是沈阳近代慈善公益事业的开拓者。

一、创办慈善机构同善堂

同善堂是沈阳最早、最大的慈善团体。清光绪初年开始，常驻奉天的爱国将领、总兵左宝贵，先后在省城内创设了赈灾粥厂、栖流所、育婴堂、牛痘局、惜字局、义学馆、育婴堂等慈善机构，这些慈善机构统归属同善堂名下。

"施医院附设同善堂内，清光绪十三年五月创办，以施药济人为宗旨。"[8] 单日为男子诊病，双日为女子诊病。据当时统计，全年就诊的病人约有 18 000 余人。

"牛痘局附设同善堂内，光绪十三年五月创立，其宗旨在保赤济生。"[9] 当时奉天的医疗条件极差。特别是天花肆虐，使许多儿童夭折。为了"保赤济生"，左宝贵设立了牛痘局，为儿童接种天花疫苗，每年接受种痘者达 2500 多名。

栖流所，设于同善堂后院，光绪十二年创办。传说，奉天步军老营一士卒的姐姐，因家乡遭灾出关寻弟，被人拐卖至妓院，不堪凌辱逃出，找到弟弟的兵营。左宝贵了解情况后，决定建立栖流所，又名栖良所，收留从妓院逃出的妓女和不堪忍受封建家庭迫害而出走的青年妇女及婢女。左宝贵为栖流所制定的章程中规定：凡遭受迫害的妇女，逃进栖流所门前的石桥者，就受栖留所保护，妓院或其他干预者无权索要。后来栖留所收留妇女渐多，便安排她们学习各种手艺，读书识字，使她们以后能以一技之长谋生。妓女愿出嫁者，可择良婚配，建立家庭；愿娶者需取保立据，不准转卖，不准虐待等。因此，许多妇女获得了新生。

左宝贵还设立了育婴堂，收留弃婴、流浪孤独以及残疾儿童，同时设立粥厂两处，专供鳏寡孤独或老弱残疾者就食。每年冬春两季缺粮时，每日施粥 500 人；夏秋两季施粥两个月，每日以百人为限。这种社会福利事业的创立，受到社会各界广泛好评。

至今沈阳还流传这样一个从传说：有一天，一个老汉背着一个面黄肌瘦的小女孩前来总兵衙门告状。原来那老汉在粥厂喝粥时，说了一句顺口溜："总兵施粥好心肠，想起包公来放粮，可怜粥官太贪婪，害得百姓喝米汤。"因此，被施粥官痛打一顿。左宝贵一听有这样的事情，非常气愤，遂脱去官服，穿上老汉的破衣烂衫，径自去了粥厂。左宝贵领完粥，端起粥碗一看，果然是米粒稀少可数，全是汤水。左宝贵气得把粥碗向施粥官掷去，施粥官刚要还手打左宝贵，被粥厂的一个小兵挡住，因为这个小兵已经认出是左大人了。施粥官慌忙跪地，在左宝贵的追问下，施粥官不得不承认自己私贪了粮米。左宝贵一声令下，施粥官被拖下去，当场斩首示众。

可见，同善堂下属的各个慈善机构是陆续建立的。但作为当时沈阳慈善机构总汇的同善堂到底建于何时，目前见到的记载说法不一。1927 年的《沈阳县志》卷十四《慈善》记载："奉天同善堂，设立怀远关高庙台西。光绪十一年（1885 年）左愍公宝贵、马建侯、魏振之、蔺天成诸公倡捐创办，为本城慈善事业之总汇，禀准制军裕禄咨部立案。"而据 1937 年同善堂编写的《奉天同善堂要览》却作如下记载：清光绪八年（1882年），常驻奉天的爱国将领、盛京总兵左宝贵，鉴于太子河、浑河泛滥成灾，贫民百姓流离失所，传染病流行，先后在省城内创设各种慈善机构。然各部创设之初，"各自为计，不相统辖"。光绪二十二年（1896 年），即左宝贵在中日甲午战争中牺牲后二年，当时的盛京将军依克唐阿，将左宝贵创办的各慈善事业汇总，咨部立案，并取"万善同归"之意，定名为"同善堂"[10]。

然而不论同善堂在左宝贵生前是否已经定名，但这个慈善机构的创办左宝贵贡献最大，甚至同善堂在沈阳怀远关高庙台西的办公地点（今沈阳红十字医院），也是左将军捐献的故居。据 1942 年重立的《左忠壮公善宅以彰义举碑记》记载：左将军"当逊清光绪甲午之役，奉命进军平壤，濒行嘱家人曰：'吾今远行，班师无日，义学馆、牛痘局以及栖流所，虽经设立，仅具规模，倘吾不归，应将全部住宅捐助该局所等，永远为慈善基础，以完吾未竟之志。'旋公果战殁，家人即遵治命，全部施舍"[11]。

从此，同善堂依靠自有土地房屋、商号庙产及社会各界赠施、群众捐助，得以不断地扩充和发展。到民国初年，同善堂所属已有施医院、牛痘局、栖流所、济良所、孤儿院、同善男女两等小学校各一处。以后，同善堂的名称或有改易，所属机构时有增减，但它作为沈阳近代最大的慈善机构，一直在为救死扶伤、赈灾救难，保障人民的身体健康，发挥着积极的作用。直至沈阳解放后为其他机构所替代。

二、赈灾扶贫，赞助地方公益事业

清末的沈阳，自然灾害频仍，灾民流离失所。而每次灾害来临，左宝贵都积极率部赈灾济困，救助了大批灾民。特别是 1888 年秋天的那场水灾，左将军做出了极大的贡献。

"光绪十四年（1888 年）七月秋大水，万泉河溢，附郭东南尽为泽国，宝贵督率所部，救饥拯溺，倡赈助捐，灾黎全活无算。"[12]

据《申报》1989 年 11 月 5 日刊发的《光绪十五年十月初二日京报全录》报道：光绪十四年秋，奉天遭遇水灾，"被水之广、灾难之骤、办赈之不易，实为历来所罕有"。当地文武官员协同赈灾，"尤以奉军统领记名提督左宝贵最为出众"。他不仅"督率弁兵昼夜河干"，而且"亲往各村屯履勘查实灾民，散放钱米、饼饵、衣絮"。在整个赈灾过程中，"无滥无遗"，"拯救全活生灵无算"。

为灾民"筹久远之计"，又"劝募绅商集资十二万千，远近设立粥厂十处"一直施粥到第二年七月中旬始止，"全活不下数十万人"。翌年春，左将军又派弁购运粮食，亲自遍历穷乡僻壤，一一散给，赢得"远近灾民齐声歌颂"。为此，奉天总督安定上奏称，左宝贵"本无抚民之责"，但办理赈务时，"能慈惠爱民，殚竭心力，实事求是"，"劳苦出众"。他因为在这次赈灾中"异常出力"，奉上谕"遇有提督缺出，尽先题奏"。

修建道路桥梁是左宝贵赞助地方公益事业的另一个重要方面。沈阳"县治四境，津梁道路，多宝贵捐廉葺修"。

仅据民国六年《沈阳县志》的记载，左宝贵捐建的桥梁就有：光绪八年捐建的城西二十里的转弯桥、光绪八年捐建的城西南三十里的板桥、光绪十二年捐建的城南二十里的白塔桥、光绪十八年捐建的城东二十里的马官桥，此外还有城南五里的万宝石桥等。左宝贵倡捐重修的还有沈阳的东岳庙、风雨坛等。

另外，《沈阳碑志》还收录了光绪十八年（1893 年）《德胜桥碑》和光绪十九年《重修辽河大堤碑记》。前碑记述：为了解决盛京城南浑河轮渡的安全，"爰筹千金巨款，造官船六只，既便商民，更利兵役"。后碑记述：石佛寺"频临辽河，近年屡被水患，兼以去岁六月间，大雨时行，河水暴涨，该处新筑堤埂，悉被冲坏，田禾淹涝，民不聊生。现在重议修筑"，受益三十二屯共同议定章程等事项。这两项工程皆由左宝贵督理监工。由此可见，作为地方驻军将领的左宝贵，参与地方公益事业的情况。

三、热心资助文教事业

左宝贵少年时代，因家庭贫困，仅读过两年私塾。从军后深怀有武无文之憾，因此在练兵讲武的余暇，勤奋读书，还聘请了知识宏博、品德端正的饱学之士为师。左宝贵极聪慧，思维敏捷，加之善读和苦读，文化水平提高很快。从现存其匾额题字和书信原件来看，他的颜体书法颇有造诣。苦学使他增长了知识，也扩大了视野，接受了许多新思想、新事物。他感到，欲振兴国家，必须振兴教育，而教育之本在育人。而要使国家富强，则必须提高整个民族、整个社会的文化水平。为此，左宝贵在治军之余，"每欲振兴学校"，筹资办学。军队驻到哪，学校办到哪。他在营口海神庙、沈阳练军公所、南北寺等地设立了大小义学多处，免费接收平民子弟入学，并亲自为学校物色教师，筹措薪膏。尹锡崧是一位学识丰富但却生活贫困的教书先生，左宝贵对他十分尊重，常向他请教学问，还安排他到营口乔营官处义学任教。尹锡崧对左宝贵的关怀十分感激，写信表示一定"安心课业"，以报答左宝贵"振兴教育之至意"[13]。

他亲自为这些学校"筹薪水，给膏火"，还常于军务之暇，"轻裘缓带，亲至学中考其课程，循循然有儒士风"[14]。

四、捐助修建清真寺

左宝贵出身于回族家庭，是一位虔诚的穆斯林信徒。据他的孙子回忆说，左宝贵"在奉天驻军时，家中供养着阿訇，设有小教堂，坚持做礼拜"，即使在行军中，"每到一处都询问当地有没有清真寺，如果有，一定前去做礼拜"[15]。他一生关心回族人民的疾苦，关心穆斯林事业，突出地表现在做官之后多次为各地捐资修建清真寺。至今他的家乡还保留着一甬《左军门捐资重修清真寺碑》，记载他前后捐资 700 两银子，重修了本村的清真寺。他长期驻军沈阳，东北各地的清真寺得到他捐助的更多，可惜，由于方志失载或碑碣遗失，他捐助清真寺的许多故事没有保存下来。我们见到的仅有他捐助重修营口清真寺和奉天清真南北寺两甬碑。光绪十年（1884 年）左宝贵在营口"筹办海防，督修炮台"之时，发现当地清真寺"膏火不继，房间亦多坍塌，又成岌岌之势"，于是倡议并带头捐资，添修大殿，请儒师建立义学，又"一面派人赴辽购办木石灰斤，一面在附近定购砖瓦，鸠工庀材，克办兴修""大殿五间、楼殿一间以及院墙大门、院墙凡六间"，一月告竣[16]。

另外，《重修清真寺南北寺工程花费碑》记载，左宝贵还曾"独立捐资垫款将（沈阳）南北寺重修各门，添盖讲堂、水房、井亭，建修照壁、□房各工程，多多之善，一时称极盛焉"[17]。

为各地清真寺题写捐献匾额，也是左宝贵捐助清真寺的另一项善举。史载，在奉天、平邑、梁邱、马庄、南京、扬州、天津等地的清真寺都有他撰写并捐献的匾额。林声主编的《中华名匾》即收录了两块左宝贵题写的匾额。一块是光绪八年（1883 年）九月初九左宝贵为黑龙江省依兰清真寺题写的"开天古教"木匾，款书"钦命提督军门统领奉天督标亲军马步军营满汉翼长巴图鲁左宝贵、管带绥军右营右哨蓝翎尽光守备东河督标左营把总王德标敬"。另一块是左宝贵于光绪九年为沈阳新民县清真寺题写的"诚意敬心'木匾，上款竖书'总理奉天营务翼长统领中前后亲兵马步等晋记名提督军门左宝贵"。两匾均为左宝贵所书，书法端庄遒劲，雄壮有力，可见左宝贵的书法功力与文化修养[18]。

总之，左宝贵驻军沈阳 20 年，时刻关心着这座城市人民的疾苦，为慈善公益事业呕心沥血，做了大量的善事、好事，可惜这些好事许多并没有记录下来；而民间流传不绝的关于"左大人"的传说故事，正说明沈阳人民对这位慈善家的怀念之情。

五、沈阳人民不会忘记

左宝贵是甲午战争中清军高级将领血战沙场、壮烈殉国的第一人。左宝贵作为一位封建军事将领，在当时的社会环境和条件下，能够忠于职守，"为官一任，造福一方"，实属难能可贵，所以受到沈阳人民的尊敬和爱戴，亲切地称他为"左大人"。在他牺牲后的第三年，专为他在奉天省城西关建立了"左公祠"，列入祀典。但随着历史的变迁和城市的发展，"左公祠"早已不存。"九一八事变"后，日本人侵占了沈阳，他们打着"亲善"的幌子，企图利用左宝贵的声望来笼络人心，便在日本金泽市铸了一尊左宝贵铜像，并于 1940 年派专人运到奉天同善堂，还举行了"隆重"的"揭幕仪式"。可是不久，太平洋战争爆发，前方战事吃紧，他们急需武器弹药，遂不顾群众的反对，强行将铜像熔炼，做了杀人的武器。

左宝贵将军牺牲不过才 120 年，如今的沈阳已经找不到一处可以缅怀左将军的遗迹，实在是一件憾事。

在沈阳漫长的历史上，有许多人为这座城市的发展和人们的福祉，做了许多好事、善事，至今他们的名字仍然活在沈阳人民的记忆中，他们的奉献精神，也永远是沈阳人建设美好未来的精神力量。而在这些历史名人中，左宝贵就是其中最杰出的代表。他不怕牺牲、英勇抗敌、为国捐躯的奋斗精神，他热爱人民、热心慈善公益事业的爱心，值得沈阳人代代继承和发扬。因此，在结束这篇小文的时候，建议有关部门在加强文化建设、弘扬沈阳精神的规划中，能够考虑建设一座左宝贵将军纪念馆或一座塑像，让他永远活在沈阳人民的心中。

注　释

［1］《清史稿》卷四六〇《左宝贵传》。

［2］〔英〕杜格尔德·克里斯蒂：《奉天三十年》，湖北人民出版社，2007年。

［3］〔英〕杜格尔德·克里斯蒂：《奉天三十年》，湖北人民出版社，2007年。

［4］〔英〕杜格尔德·克里斯蒂：《奉天三十年》，湖北人民出版社，2007年。

［5］《辽阳县志》，1928年。

［6］〔英〕杜格尔德·克里斯蒂：《奉天三十年》，湖北人民出版社，2007年。

［7］《沈阳县志》卷九《人物》，1927年。

［8］《沈阳县志》卷九《人物》，1927年。

［9］《沈阳县志》卷九《人物》，1927年。

［10］《奉天同善堂要览》，奉天德源书局，1937年。

［11］沈阳市文物考古研究所：《左忠壮公善宅以彰义举碑记》，《沈阳碑志》，辽海出版社，2011年。

［12］《沈阳县志》卷九《人物》，1927年。

［13］李常松：《左宝贵书信集的发现与意义》，《蒙山文化研究》2013年1期。

［14］《费县志》，清光绪二十五年刻本。

［15］左钟崃：《先祖父左宝贵轶事》，《民族英雄左宝贵》，陕西人民出版社，1994年。

［16］王晶辰等：《营口左宝贵重修清真寺碑》，《辽宁碑志》（下编），辽宁人民出版社，2002年。

［17］沈阳市文物考古研究所：《重修清真寺南北寺工程花费碑》，《沈阳碑志》，辽海出版社，2011年。

［18］林声主编：《中华名匾》，辽宁人民出版社，1992年。

1. 沈阳农业大学后山遗址航拍

2. 沈阳农业大学后山遗址地形地貌

沈阳农业大学后山遗址全貌

1. 2013年发掘区坑状遗迹

2. 2014年发掘区坑状遗迹全景

3. 出土石器

沈阳农业大学后山遗址遗迹、遗物

1. M1清理中

2. M1清理后

沈阳辽中偏堡子汉墓M1

2. M2陶罐出土情况

1. M2清理前

3. M2南壁

4. M2清理后

沈阳辽中偏堡子汉墓M2

2. M7墓室

4. M9全貌

1. M7券顶

3. M8全貌

沈阳青桩子汉魏墓群M7、M8

1. M5全貌

2. 陶罐（M5：1）

3. 陶圆盖盒（M5：8）

4. 陶瓮（M5：5）

5. 陶耳杯

沈阳青桩子汉魏墓群M5及其出土器物

1. 长身陶壶

2. 陶仓（M5：7）

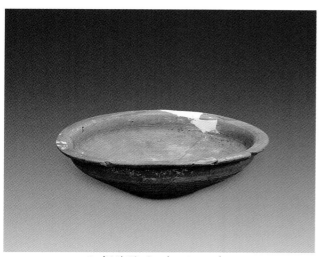

3. 折腹陶盘（M5：12）

4. 陶澄滤器（M5：9）

5. 陶奁（M5：13）

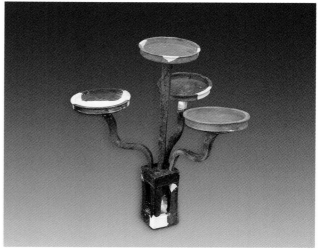

6. 多枝陶灯（M5：35）

沈阳青桩子汉魏墓群M5出土器物

1. 陶耳杯

2. 陶釜

3. 陶奁（M7：27）

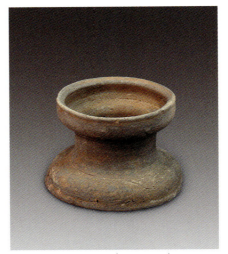

4. 陶器座（M7：28）

5. 陶井（M7：31）

6. 陶灶组合（M7：36）

7. 陶盖罐组合

沈阳青桩子汉魏墓群M7出土器物

1. 陶樽（M8：1）

2. 三足陶炉（M8：27）

3. 陶灶组合（M8：4）

4. 三足陶壶（M8：26）

5. 三足陶鼎（M8：23）

6. 陶灯座（M8：2）

沈阳青桩子汉魏墓群M8出土器物

1. 圆盖陶奁（M8：3）

2. 陶枕（M8：16）

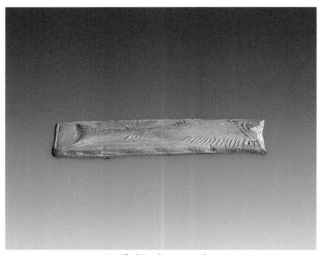

3. 陶俎（M8：5）

4. 陶甑（M8：6）

5. 陶盏

6. 陶盘

沈阳青桩子汉魏墓群M8出土器物

1. 陶器座

2. 长颈陶瓶（M9：3）

3. 陶樽（M9：8）

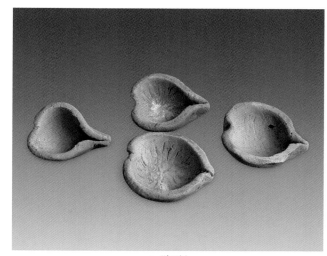

4. 陶瓢

5. 陶奁（M9：4）

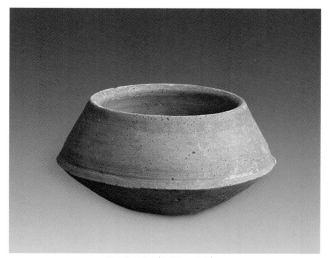

6. 陶釜（M9：16）

沈阳青桩子汉魏墓群M9出土器物

1. 工地全景（从东向西）

2. G4全景（从北向南）

3. M6全景（从北向南）

河北元氏县殷村遗址遗迹

1. M1全景（从南向北）

2. M2全景

3. M3全景（从东向西）

4. J1全景（俯视）

5. H17全景（俯视）

河北元氏县殷村遗址遗迹

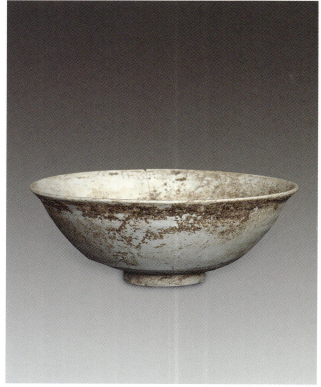

1.C型瓷碗（M5：1）

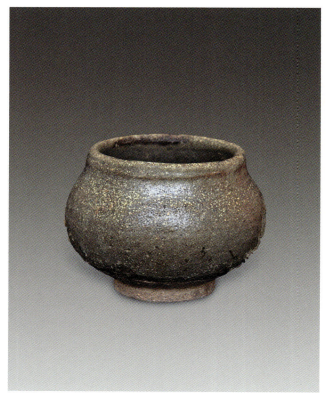

2.瓷钵（M6：2）

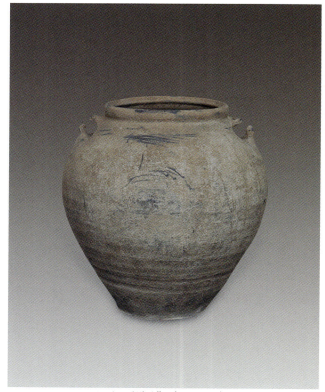

3.双系陶罐（M2：1）

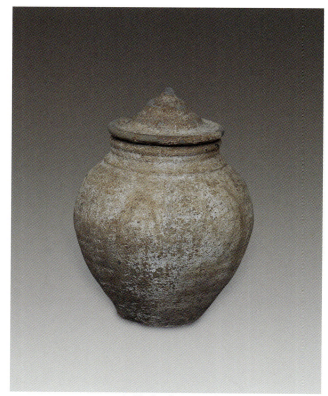

4.陶盖罐（M2：2）

河北元氏县殷村墓葬出土器物

1. 铜钱（G34：2）

2. 铁器（TE04N03⑤：1）

3. 石夯（M1：2）

4. 瓷盏（TE01N02③：2）

5. 铜簪（M5：5）

6. 铁镞（TE01N02③：1）

河北元氏县殷村遗址出土器物

1. 北四台子遗址发掘现场

2. 室外灶址

3. 瓷灯盏（T7③：2）

4. 瓷马（H33①：3）

5. 瓷马（T7③：5）

沈阳北四台子辽金遗址及出土器物

1.1号遗迹点远眺（从北向南）

2.跑兽

3.海马纹琉璃建筑构件

4.2号遗迹点出土的柱础石

沈阳康平县官宝窝堡遗址及出土器物

1. 凤纹琉璃建筑构件

2. 龙纹琉璃建筑构件

3. 兽面纹瓦当

4. 凤纹滴水

5. 筒瓦

6. 青瓷莲瓣碗

沈阳康平县官宝窝堡遗址出土器物

1.北通天街遗址考古发掘现场

2.明代南北大街与清代北通天街南段
　路土剖面

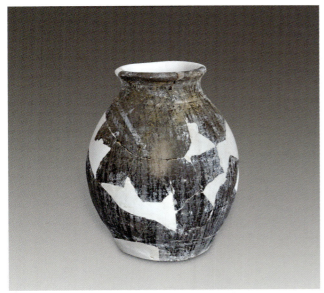

3.陶罐（2011SSTH1：5）

4.陶甑（2011SSTH1：1）

沈阳盛京城内北通天街南段考古遗址及出土器物

1. 白釉褐彩盘

2. 白釉褐彩碗

3. 陶钵（2011SSTH1：4）

4. 陶盆（2011SSTH1：2）

沈阳盛京城内北通天街南段考古遗址出土器物

1. 第5层出土遗物

2. 第6层出土遗物

3. 第7层出土遗物

沈阳盛京城内北通天街南段考古遗址出土器物

1.黑釉碗

2.青瓷碗

沈阳盛京城内北通天街南段考古遗址出土器物

1. 墓园门址西侧及南墙外散水

2. 墓园门址抱鼓石

3. M1椁室

4. M2神道（北端局部）

沈阳小南山清代墓园

图版二四

2. J5清理后

4. J4井底局部结构

沈阳青年大街清代水井

1. J2清理后

3. J4清理后